眉屋私記

上野英信

海鳥社

装画＝山福朱実　装幀＝恵比寿屋

眉屋私記◉目次

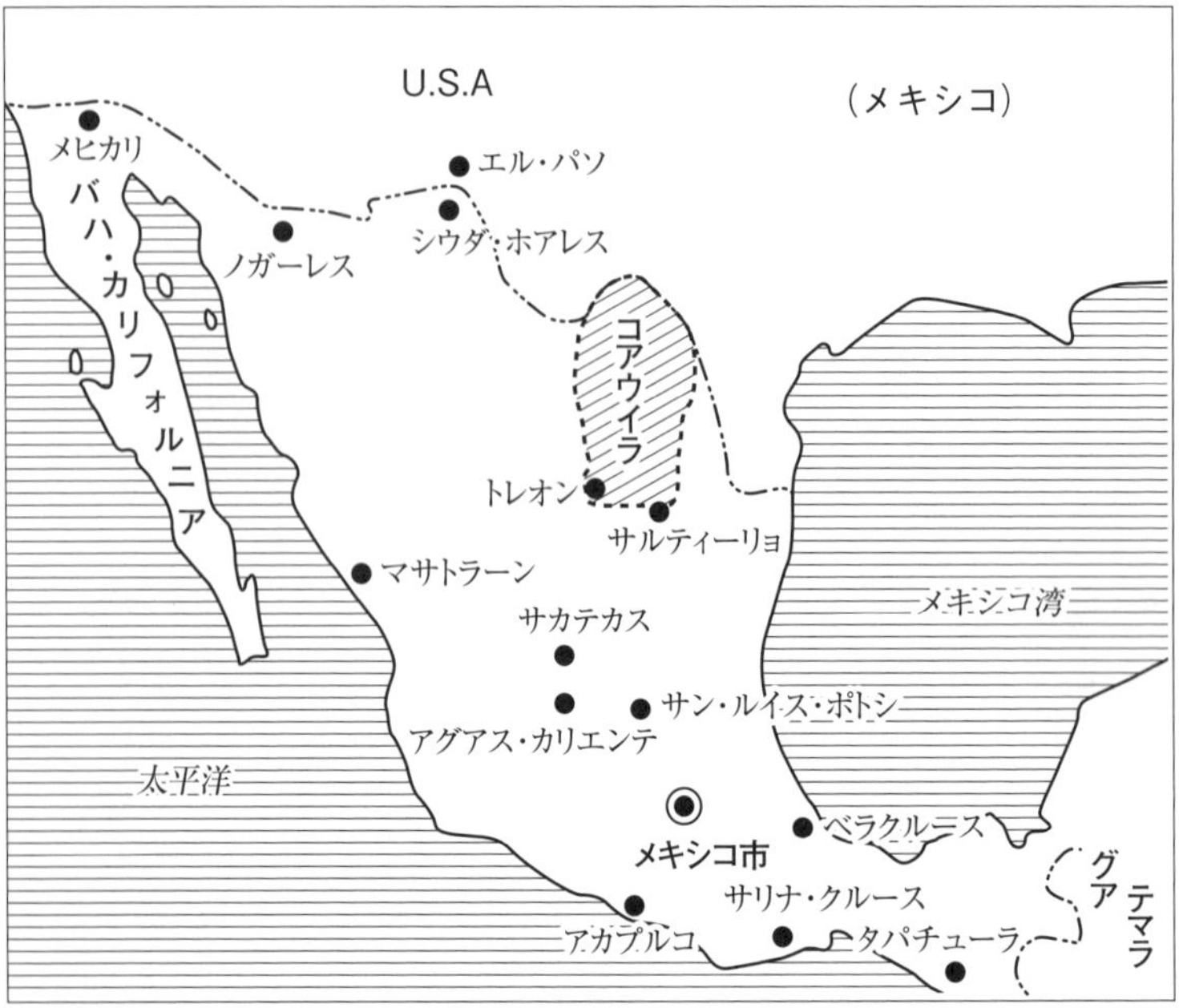
U.S.A
（メキシコ）
メヒカリ
バハ・カリフォルニア
ノガーレス
エル・パソ
シウダ・ホアレス
コアウイラ
トレオン
サルティーリョ
マサトラーン
サカテカス
アグアス・カリエンテ
サン・ルイス・ポトシ
メキシコ湾
太平洋
メキシコ市
ベラクルース
サリナ・クルース
アカプルコ
タパチューラ
グアテマラ

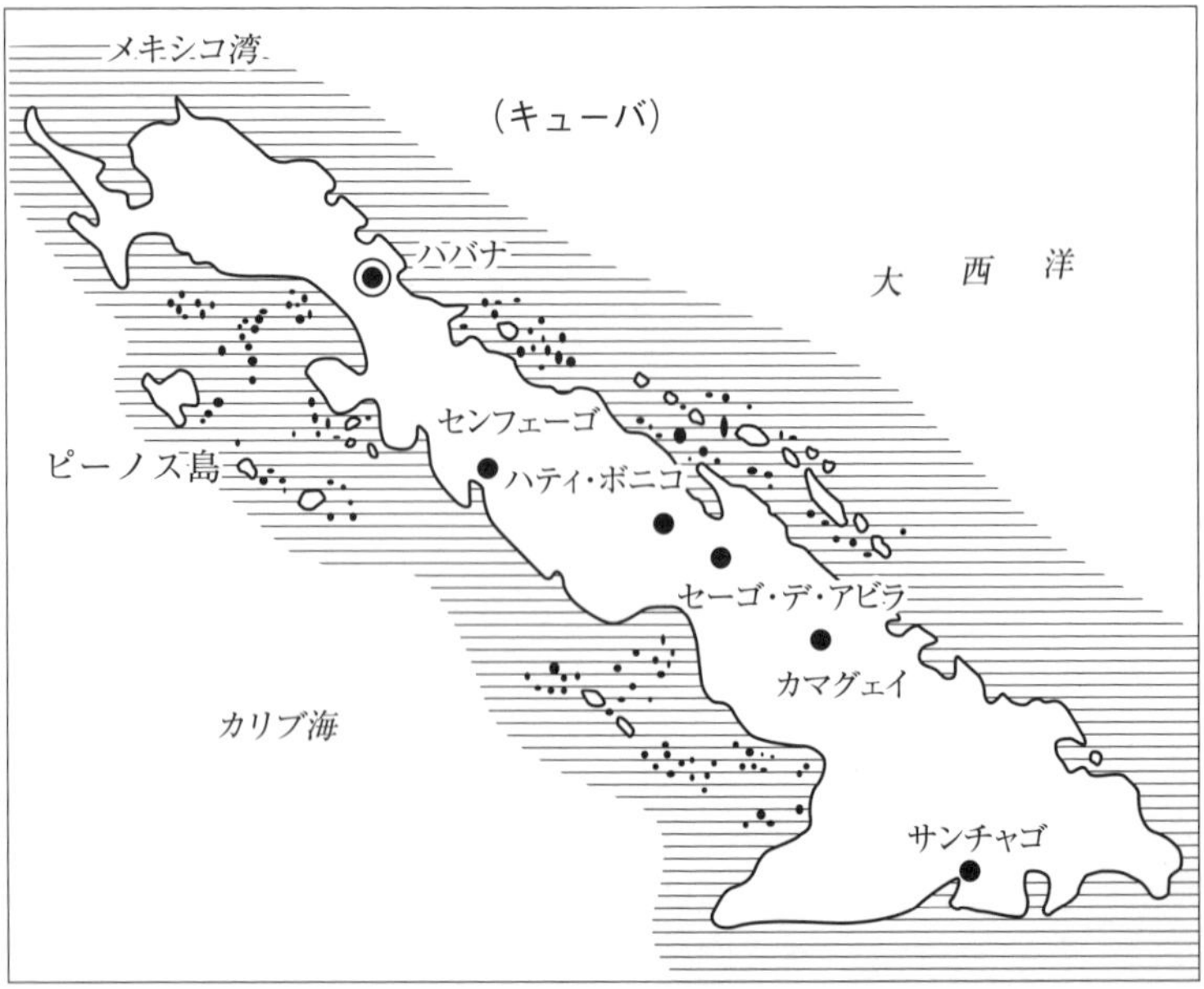
メキシコ湾
（キューバ）
ハバナ
大　西　洋
センフェーゴ
ピーノス島
ハティ・ボニコ
セーゴ・デ・アビラ
カマグェイ
カリブ海
サンチャゴ

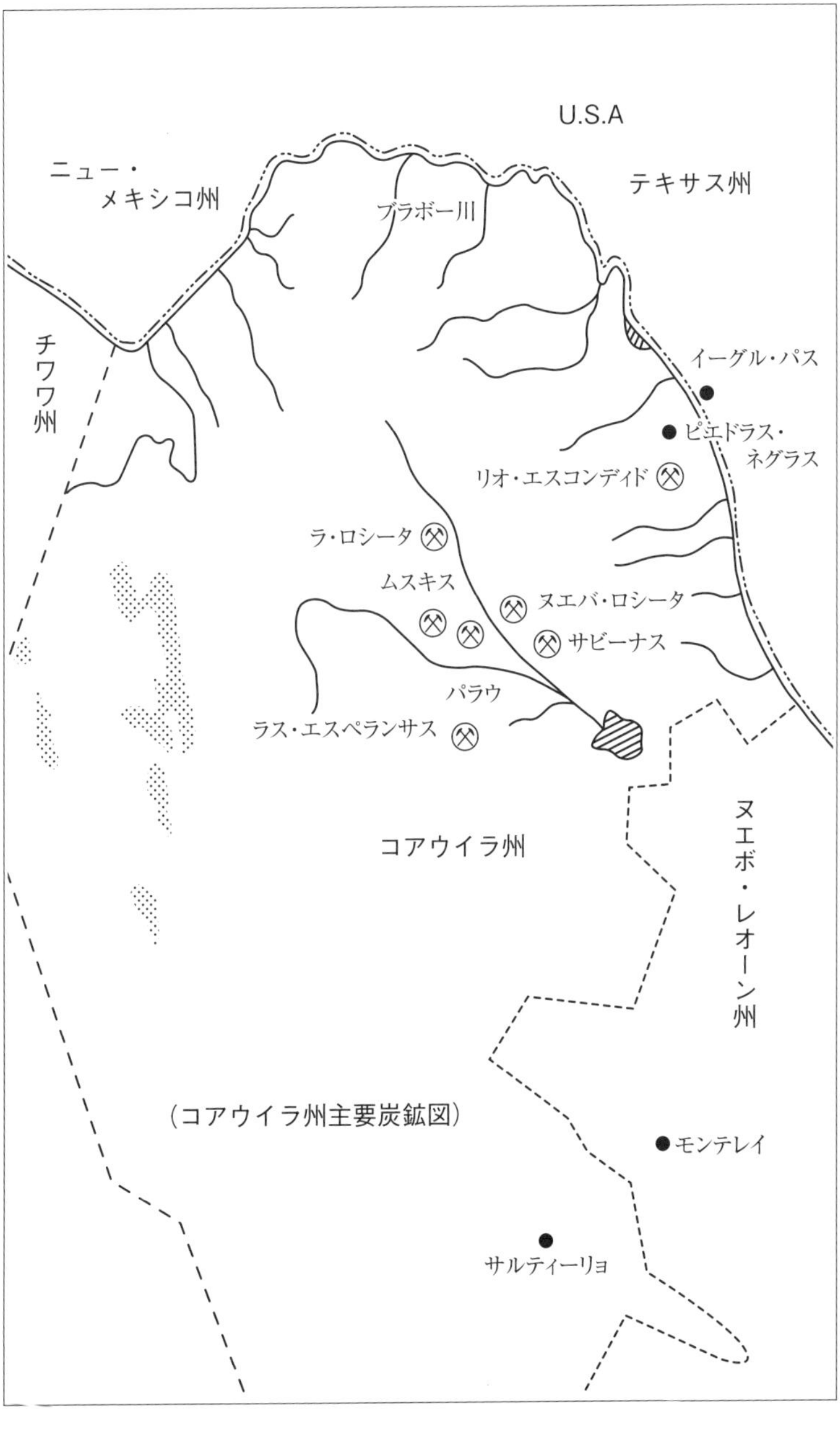

（コアウイラ州主要炭鉱図）

（名護市周辺図）
伊江島
備瀬崎
伊江水道
備瀬
古宇利島
炬湾
今帰仁村
渡嘉仁
運天
天底
山里
乙羽岳
大井川
満名川
屋我地島
湧川
渡久地
水納島
本部町
並里
呉我山
羽地内海
瀬底島
八重岳
問部山
嘉津宇岳
安和岳
旭川
親川
勝山
羽地川
西屋部川
田井等
安和
部間
山入端
東屋部川
名護市
屋部
宇茂佐
宮里
名護
名護岳
世富慶
名護湾
数久田
部瀬名岬
許田
石岳
幸喜
久志岳
名嘉真
恩納村
宜野座村
加知味崎
安仁堂
漢那
金武町
大久保
宜野座川
中川
漢那湾
金武
与論島
伊平屋島
伊是名島
辺戸岬
伊江島
辺士名
大宜味
名護
太平洋
石川
宮城島
与那原
那覇
糸満
久高島
魔文仁
〈沖縄本島〉

眉屋私記

眉屋系図　山入端萬栄きょうだいを
中心として作成。
ナベ・ウシ・ツル姉妹には
多くの養子があるが略す。

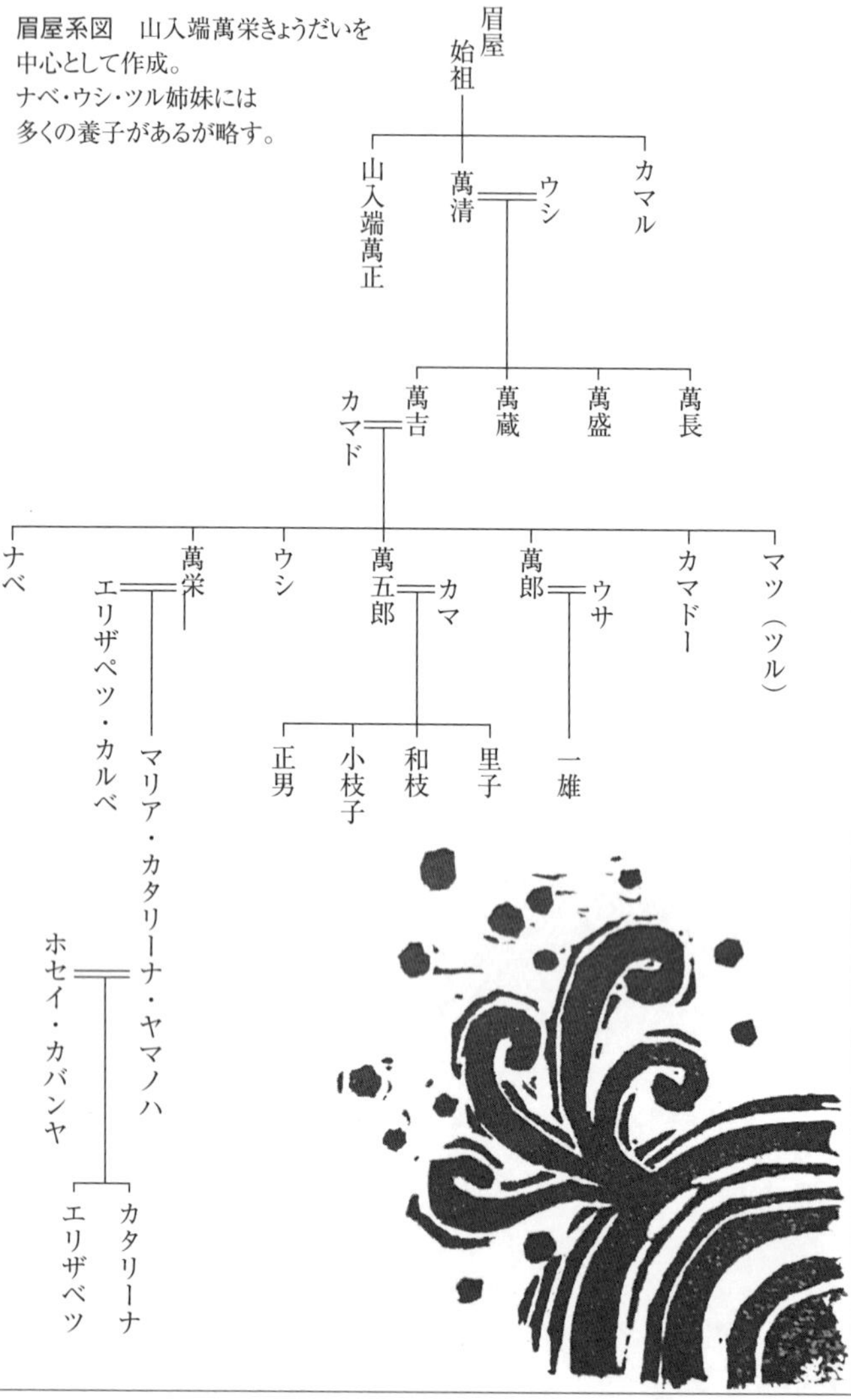

序章　嘉例吉《かりゆし》の渡波屋《とわや》

渡波屋は双頭の岩座である。

根もとは一つだが、上のほうは風浪に削られて、南北にそれぞれ独立している。根まわりはおよそ五十メートル。高さは八メートルあまり。その根の部分から頂上まで、まわりはすべて、切り立った断崖絶壁《フチバンダ》である。

いつごろから渡波屋と呼ばれるようになったのか、あきらかではない。しかし、その頂きに登ってあたりを展望すると、みごとにその体をあらわした名であることがうなずかれる。それというのも、ここに立つかぎり誰しも、さながら彼自身が綾船《あやぶね》のへさきに立ち、いままさに大海原にのりだそうとしているような、心のときめきを覚えるからである。

船の左舷にあたるのが東屋部川である。右舷にあたるのが西屋部川である。その二つが合流して、一気に名護湾にそそぐ三角洲の頂点に、渡波屋は物見やぐらのように屹立している。前方はさえぎるものもない東シナ海の黒潮であり、背後はなだらかに起伏する本部《もとぶ》半島の山野である。

そんなかなめの岩座であるところから、この三角洲に住む屋部《やぶ》の村びとは、渡波屋を村の風水《ふんし》としてあがめてきた。風水とは、吉兆をうらなう相のことである。村が海に呑まれないのは、ひとえに渡波屋のおかげであり、もし渡波屋がなくなれば、村もたちまち消える。村びとはそう信じてきたのである。

渡波屋の根岩の西側中央には、拝所《うがんじゅ》が設けられている。祭神は賓頭盧《びずる》、神体はびずる石である。そのびずる石は、海の底から浮かびあらわれた石と信じられており、まんまるな球形である。渡波屋のそれは、嬰児の頭ほどの大きさであったといわれるが、第二次世界大戦中に姿を消し、いまは拝むことができない。沖縄の悲惨な運命を予知し、海底に戻ったのであろう、と説く者もある。

屋部の村びとは、この聖なる拝所にもうでて海路の平安を祈願する。重い石が海に浮かぶ、その奇跡にあやかるためである。びずる石を手にかかえて、もし軽ければ、船旅は安泰であるとうらなわれる。重ければ、その反対である。あとの場合は、さらに供物を鄭重にして祈願をかさねる。そうすれば、石はおのずから軽くなるといわれる。

渡波屋の頂きは、船送りの庭である。村びとはその巌頭で琉球松の青葉を焚き、つきぬ名残りの白煙を立ちのぼらせるのをならわしとした。また、涙ながらにつづみを打ち鳴らし、手巾《ていさじ》をふりかざしつつ、惜別の唄と踊りをくりひろげた。

だんじゅかりゆしや選《いら》でさし召《み》せる
船《ふに》の綱《ちな》とれば風《かじ》や真艫《まとむ》
　さーさかりゆし　ちゃーかりゆし
絹《いーちゅ》の上《うい》から

「だんじゅかりゆし」は、まことにめでたいという祝詞であり、「かりゆし」には嘉例吉という漢字があてられる。げにも佳き日を選ばれけるよ、船綱とれば追風帆風、めでためでたよ、絹なせ潮路、という祈りをこめた船出祝い唄である。「絹の上から」というひとことに、八重の潮路をいのちの道とした民の悲願のすべてが織りこまれている。絹の海を恋えばこそ、綾船の讃め唄も生まれたのである。

舳《うむち》花咲かち艫《とむ》に虹曳かち
かりゆしの船の走《は》るが清《ちゅ》らさ

しかし、ひとしきり儀礼的なことほぎがまわると、村びとは待ちかねたように、それぞれの胸深くたぎる想いを即興に託した。当然のことながら、そのなかには、母と子の身を切られるような別離の哀れをうたったものが多い。

島名《しまなぐ》残り立ちゅみ国名《くになぐ》残り立ちゅみ
大和《やまと》行くまでや母《あんまあ》の名残り
行《い》ぢくようや吾子《なしぐわ》行《い》ぢちゃびら吾母《あんまあ》
母《あんまあ》や此所《くま》居《う》とうて朝夕《あさゆう》拝《うが》ま

大和から沖縄《うちなあ》黄金橋《くがにばし》掛きて
わったぁ生子《なしぐわ》や絹《いーちゅ》の上《うい》から

初めの唄は、旅にでた吾が子の夢枕に立つのは、ふるさとのおもかげだろうか、国のおもかげだろうか、いや日本の土をふむまで母のおもかげばかり立ちつづけるだろうという意味であり、二番目の唄は、行ってきなさい吾が子よ、行ってきます吾が母よ、母はここで朝夕おまえのぶじを祈りつづけているよ、という意味の対話になっている。また、終わりの唄は、日本から沖縄まで黄金橋を掛けて、わたしの生みの子に絹の戻り路を、という母の願いをうたいあげたものである。

こうした涙まみれの唄と踊りのあいまあいま、親たちは、遙か西方の水平線を北上する吾が子の船影に向かって、声をかぎりに絶叫した。

くまー、うやどう！（ここだぞ親は）

くまー、みいよう！（ここを見よ）

那覇港をでた本土通いの船が、名護湾の沖を通過するのは、いつもきまって陽があかあかと西にかたむくころであった。別離の悲哀はひとしお痛切であったにちがいない。

もっとも屋部村の場合、渡波屋で船送りの松葉を焚くようになったのは、それほど古いことではない。一八八七年（明治二十）のころ、吉元栄仁というひとが初めて大和旅にでた。そのときにおこなったのが、そもそもの起こりであるといわれる。

嘉例吉の渡波屋に立つ松葉の白煙がにわかにその数を増すのは、二十世紀に入って、本土はもとより、遠くは南洋諸島やハワイ、南北アメリカ諸国などへの出稼ぎが盛んになってからのことである。その最盛期には、鹿児島や神戸へ向かう汽船が名護湾の沖を通るたびに、渡波屋の巌頭に白い煙が立たないことはないほどだったともいわれる。

いまのように渡波屋が屋部の浜《ばま》部落と陸つづきになったのも、二十世紀に入ってからである。それまでは着物のすそをからげて、浅瀬を渡らなければならなかった。また、その切り立ったフチバンタは、仙人のひげのように長くたれさがったガジュマルの気根につかまって、あえぎあえぎ、よじのぼるほかはなかったのである。

その断崖に根を張るガジュマルの樹を、村びとは潮食《うしく》いガジュマルと呼んでいる。どれほど激しい波浪をかぶっても、枯れないからである。この不死身の樹々のたくましい下枝や気根には、ときどき猫の死骸をいれた袋がつりさげられていて、その腐臭が、水浴びに興じるわらべたちをたじろがせた。

ハブの毒ほどひどくはないが、猫も体に毒をもっているので、不用意にその死体を土に埋めると、毒が草に吸われ、その草に足をふれた人間にわざわいをおよぼす。こう信じて村びとは忌み嫌った。

それゆえ、猫の死体はみだりに人家の近くに土葬せず、渡波屋の岩かげで風葬したのである。

ハブのほうは、保健強精の特効薬として珍重されてきたので、猫のように風葬されることはない。ただ、その猛毒をもった頭の部分だけは、もっとも人馬の往来の多い十字路《あじまあ》の中央に埋められた。そこだけは草がはえるひまがないからである。もしもその毒を吸った草にふれたが最後、足はハブに噛まれたとおなじように腐ってしまうといわれる。

ながらく跣の生活をつづけてきた村びとは、土や草などの汚染に対して、極度に敏感であった。ふとした病毒や病菌によって、たちまち一命をうばわれたり、廃人同様の不自由な生涯を送るようになることが、あまりにも多かったせいである。

名護湾の潮水と屋部川の真水とが溶けあう渡波屋周辺は、魚介類のゆたかな生息地でもあった。体に似合わず大きな爪をもったタウチ蟹《ガイ》やトントンミー（とびはぜ）のむれ遊ぶ浅瀬は、三月に入るとアーサー（石蓴）採りでにぎわった。五月の火照《ぶでぃ》（稲妻）のころになると、カラス小《ぐわ》（スクガラス）が大量に採れた。また、薬用の貝として珍重されるチンボーラも、どっさり採れた。

ただ一つこまったことに、潮の流れが運ぶのか、名護あたりで投げ棄てられた鯨などの頭があげられるのも、きまってここからトーヌチンマガイにかけての浜辺であった。トーヌチンマガイは、渡波屋から少し東北寄りの入江であり、昔は唐船の碇泊地であったと伝えられる。その奇妙な地名は、じつは唐船まがりの訛ったものらしい。

一度だけではあるが、若い男女の心中死体が漂着したこともあるという。一九二二、三年のころである。男は日本陸軍の兵卒、女は遊女であった。引取り人が来るまでの数日、ふたりの遺体は渡波屋の砂浜に安置され、村びとが日夜交替して保護にあたった。その場所にはのちのちまで目じるしとして草花が植えられ、恐怖心の強い子供は学校の行き帰り、ここばかりは一目散に走り過ぎていたとのこと。

大和の兵隊にとられることをなにより嫌悪した村びとたちは、兵役の苦しみを逃れて遊女との死を選んだ男に対して、よくよく同情したのであろう。道づれにされた遊女の名は忘れはてたいまも、哀れな一兵卒の姓名だけはよく記憶している、阿嘉某と。

渡波屋が現在見られるような形にあらたまったのは、一九六〇年（昭和三十五）以降である。その最大の功労者は比嘉徳元という人であり、彼の功を顕彰する「渡波屋建堂記念碑」が拝所のそばに建てられている。碑文の起草者は比嘉宇太郎。『名護六百年史』の著者である。碑文は左のとおり。

当区出身比嘉徳元翁、年少にして布哇《ハワイ》に渡り、彼地に在ること五十有余年、既に耆老余生を楽しむと雖も、他山新交なお故山故旧の睦みに勝たず、時に故友を偲び、或は夢路遥かなる屋部川の水辺に馳せ、望郷の情綿々たり。乃《すなわ》ち心の逢瀬を景色佳なる渡波屋に求め、此所巌頭上村人知己と共に相見えんと欲し、巨費を寄進して不忘の塔建設に充《あ》てんことを乞う。村人感銘措《お》く能わず、則ち力を戮《つく》して工遂に成る。依って玆《ここ》に翁の奇特を顕彰し碑を建つ。

一九六〇年二月　屋部区民

おなじ碑面に、「つながれる御縁何時までん　結《むす》で変るなよ村人　年や経てん」という琉歌も刻まれている。これは、比嘉宇太郎の作ではなく、比嘉徳元その人の作である。

徳元がハワイ移民の一人としてホノルルに上陸したのは、一九〇七年（明治四十）一月十四日――十八歳の新春である。ちなみに最初の沖縄出身移民二十六名が同島の土を踏んだのは、一九〇〇年（明治三十三）一月十六日のこと。以来ようやく七年の歳月を経ているとはいえ、彼ら沖縄出身者の地歩はいまだ定まらず、牛馬同然の苦役に呻吟している時代であった。

徳元の生家は、屋号《やーな》を新伊豆味《ミイジミ》屋と称する旧家であり、村では有数の財産家として知られる。しかも彼はその家督を継ぐべき嫡子として生まれながら、なぜわざわざハワイ移民を志したのだろうか。

「此の島国にぐずぐずしていては、一生働いても知れたことだ。人の話によれば布哇島は黄金が木になり、馬のフンを足で蹴ったら黄金が湧きでて来ると、色々の噂がはやり、ぬれ手で粟をつかむような話でしたから、四、五年間黄金をとって戻れば、琉球国の王様に成れるかも知らんと、大きな夢と希望を抱いて……」

これは、後年、彼が生まれ島の親友にあてた手紙の一節であるが、これにつづいて次のような悔恨の言葉が記されている。

「新伊豆味屋の財産を棒にふってハワイに渡航して来たと言うことが大きな誤りである。何の不自由も無くわがままをして生い育ったわたしが、父の言うのも聞かず、夢に見る、木に成る黄金を取りにきたと言う事は、何と馬鹿げた狂いでした」

夢破れた徳元は、父親の秀幸におのれの不明をわび、帰国の費用を送ってほしいと訴えたが、秀幸は「自分の旅費は自分で稼いで戻れ」といって受けつけなかった。

彼秀幸は、村びとが「アダン地の石」と呼んで畏怖した硬骨漢である。アダン地とはワタン地の訛りであり、渡波屋のように海中に屹立した岩礁のことをいうが、まわりの圧力に屈せず、断固として自己の信念をつらぬく人物の比喩としてもちいられる。

とくに彼がアダン地の石としての面目を遺憾なく発揮したのは、大正時代の中期、屋部村に分蜜製糖工場が建設された折のことである。一部有力者の甘言にまどわされ、多くの村民が出資した。出資しない者は村民とみなさず、死んでも葬式をしてやらないとおどされ、泣く泣く娘を身売りして金をつくった者もある。しかし、新伊豆味屋の当主だけはついに屈服せず、こう言い放った。

「茶毘《だび》など無用である。わしが死んだら、海に棄ててくれ。ひとりで徳元のところへ流れてゆく」

彼は生きているあいだに自分の遺言を実行した。死んで海へ流されるまえに、みずから海を渡ってわが子のところにゆき、ハワイの土となったのである。

いかにも「アダン地の石」らしい孤高の生涯であるが、反骨の血は争えない。嫡子徳元は七千ドルの大金を投じて渡波屋に「不忘の塔」を建立し、あっぱれ新伊豆味屋の復権を果たしたのである。

「それもわたしがしたのではなくて、私の父がしたと思って下さい。只だ私は父の遺志を継いだだけであり、永遠に新伊豆味屋の名前を屋部区にしるして置きたい一心からです」

徳元はこう強調している。その真意はどこにあったのか。保育所建設を訴えた趣意書のなかで、彼は例の製糖工場建設の折に父秀幸が受けた辱しめにふれ、次のように説きあかす。老徳元の真情はここにきわまり、あますところがない。

「これも皆、知識のない、無教育者のする事だから、此の上は、わたしの一代の中に、無教育者を出さないように、良い人物を造るのが、急務中の急務と思い、あれから今日まで歯を食いしばって辛抱を重ね、心はあせれど仲々お金は残らず、時期を待っておりましたが、日一日と迫り来る老衰には勝てず、夜に嵐無きにしもあらず、気が狂わんばかりで、とうとう待ちきれず、お恥しい事ですが、微々たる小さい保育所を造り、せめて我が先祖の冥福を祈ると共に、天使のように可憐な子供を、我が区民が一人残らず一丸となり、腹の底よりほとばしる、温情あふれる慈愛をもって、教え導く成らば、きっと三つ子の魂百までも、必ずや尊い人物が現われて、区のため、社会の為に尽くし、我が区の発展と幸福をもたらす事を信じています」

無教育の根絶こそ「急務中の急務」と力説する徳元の熱情の底に、許しがたい諸悪の根元としての無智に対する、炎のような憎しみがひめられていることは、一読してあきらかだろう。まことに彼は、父秀幸の屈辱を生涯忘れず、その元凶を鬼のように怨みとおした孝子である。

そんな烈しく熱い執念につらぬかれた彼の寄金目標額は、もともと一万ドルであった。彼はこれを達成するために、妻カマドとつれだっての里帰りを断念したばかりか、長年辛苦して手に入れたアパートまで売りはらったという。しかし、じっさいに寄付することができたのは七千ドルにとどまった。白内障の手術を受けるために、不本意ながら、三千ドルを支出しなければならなくなったからである。

とはいえ、徳元が献じた金額は、これまで海外移住者が生まれ島に寄付した最高額の五千ドルを大きくうわまわるものであり、村びとを驚嘆させてやまなかった。

この巨額の浄財をえて、戦禍に荒廃した渡波屋は、たちまちその面目を一新する。海に近い南側の巌頭には、屋根のついた六角形の展望台が設けられ、北側の巌頭には、平和之塔が建てられた。その途中にはコンクリートの階段と鉄製の手すりもでき、これまでのようにガジュマルの気根にすがって昇降する難渋が消えた。また、拝所わきの埋立地には、「天使のように可憐な子供を」教えみちびくための幼児保育所が建築され、その名も徳元保育所と命名された。

渡波屋の中腹には、昔から巨人の左足の跡と伝えられる、大きなくぼみがある。右のほうの足跡は、ここから三百メートルばかり東屋部川をさかのぼった立杵岩《あじむ》のそばの、たいらな岩の上にある。しかしいまやその巨人伝説に替わって、比嘉徳元の宿願どおり、新伊豆味屋の足跡がとわに残ることになったのである。

これより六年後の一九六六年、徳元は七十七歳をもってハワイで永眠した。思い残すことのない大往生である。

渡波屋には、比嘉徳元の顕彰碑のほかにもう一基、「渡波屋賛歌碑」と名づけた碑が建てられている。その碑面に彫られた琉歌四首は、ひろく公募されて村びとが詠進した七十五首のなかから選ばれたものである。選者は本部町の仲宗根仙月。地もとでは琉歌の名手と仰がれた人である。

吾が村の風水《ふんし》かれよしの渡波屋

内外《うちふか》も揃て千代の栄《さかえ》
かれいよしの渡波屋白黒の煙
幾春になても名残のこち

渡波屋呼ぶ由緒《ゆかり》旅行《たびい》ちと結《むす》で
船送《ふなうく》いかたみ昔かたら

山水の美《ちゅら》さ青空の広さ
眺めてもあかぬ屋部の渡波屋

詠者は右から、キャーキ屋の儀部真幸、セイコー屋の岸本清幸、メーダ屋の前田有瑩、コーチョー屋の上原盛栄である。

その二首目、岸本清幸の歌に詠みこまれている「白黒の煙」というのは、渡波屋で見送人の焚く青松葉の白い煙と、見送られる沖の汽船の黒い煙をさす。この言葉がつきぬ惜別の情の象徴として親しまれるようになったのは、昭和初期、稲垣国三郎作「白い煙と黒い煙」が中学校の教科書にとりいれられてからである。稲垣は一八八七年（明治二十）愛知県三河郡に生まれ、広島高等師範付属小学校の訓導をへて、一九一七年（大正六）から一九二六年（昭和一）にわたって沖縄師範学校で教育学を担任、また付属小学校主事を兼務して、綴方教育の改革に尽力した人として知られる。

この稲垣によって「白い煙と黒い煙」が書かれたのは、彼が沖縄に赴任した翌年の一九一八年である。大正七年三月三一日作、と記されている。折しも国頭郡《くにがみ》の教員講習に招かれて名護に出張中の彼は、案内されて名護城《なんぐしく》に遊ぶみちすがら、丘のうえで松葉をけぶらせている老夫婦を見かけたので、わけをたずねてみると、紡績女工として大阪へ出かける娘を見送っているところであると答え、黒煙をたなびかせながら名護湾の沖を通過する汽船をゆびさした。その哀切な別れのさまに胸をうたれて、稲垣は早速これを文章にしたのである。次のような言葉で結ばれている。

合図の煙――親子の別れ――汽船のデッキの上からは彼の乙女が涙で曇った眼で、ふる里の山河を慕ひ父母を恋ひてこの白煙を見つめてゐることであらう。／白い煙と黒い煙――かうして若い乙女と老いたる親とが山と海とでたがひに切ない思慕恩愛の情を交はしてゐるのである。／春の日は静かに夕靄の中にうすれて行く。やがて汽船は本部半島にその影を隠した。／つきせぬ名残りを一抹の黒煙にとどめて。

これを記念して一九五九年（昭和三十四）、名護城の丘に「白い煙と黒い煙」の碑が建てられ、その隣には「白い煙発生の地」と刻まれた碑も建てられた。前者は高く、後者は低い。それはあたかも背のびして沖を見つめる老父と、背をまるめて涙ながらに松葉をいぶす老母の姿のようにも見え、空高くたちのぼる煙と、うずくまって悲嘆にくれる老父母のようにも見える。

稲垣はその光景がよほど忘れがたかったのであろう。「白い煙と黒い煙」碑の除幕式に招かれた際、彼は往年を回顧して自作の琉歌三首を献じた。

〈白い煙黒い煙、娘を見送る老夫婦の情〉
かなし思《うみ》わらべ大和旅しめて
残るふた親やいちゃし待ちゅが

〈別れ行く乙女の心〉
恋し名護山《なぐやま》に白煙《しるけむい》あがて
二人の親がなし拝む心地

〈哀別離苦の情景〉
山や白煙《しるけむい》船や黒煙《くるけむい》
互《たげ》にふやかれの百《むむ》のくれしゃ

「ふやかれの百のくれしゃ」とは、切っても切れないきずなをなま裂きされる苦しみのたとえがたさをくやしむ詠嘆であるが、渡波屋もまた名護城とおなじように、「ふやかれの百の」悲涙を吸いつづけた末、やがてついにその最たる慟哭の夜を迎えなければならなかったのである。

その地獄の夜の記念として、村寄りの巌頭には「平和之塔」が建てられている。尖端のとがった、高いコンクリートの塔である。台座の正面には、「戦歿者之霊」という五文字が大きく彫りこまれている。また、その左から後ろにかけての側面には、陸軍大尉宜保豊猛ほか三百六名の陸軍戦死者名と、海軍上曹具志堅興盛ほか百十八名の海軍戦死者名がぎっしりと彫りこまれており、さらにその右側面は、戦闘参加者として、山入端ウシほか百六十五名にのぼる一般村民の名で埋まっている。

ここに名をつらねる戦死者の多くは、沖縄戦の犠牲となったひとびとである。

一九七八年（昭和五十三）は、この痛ましい犠牲者たちの三十三回忌にあたる。その一年間、どこかの家で法要の営まれない日はなかったといわれる。沖縄では三十三回忌を終えると、死者は神になると信じられている。一九七八年という年は、ここ屋部川のほとりに村がひらかれてこのかた、もっとも多くの死霊が神となった年である。

渡波屋はまことに、この村びとのありとあらゆる希望と絶望、栄光と悲惨を一身に負うた、旅路の始まりであり、またその終わりである。その嘉例吉の渡波屋をかなめとして、屋部の陸と海は、結びあった一対の雄扇と雌扇のように、かがよう緑と藍の綾羽を南北にひろげている。

第一章　出　関

一

屋部の村びとが古島《ふるじま》と呼び、彼らの先祖が住んでいた土地としてあがめる寄揚森《ゆやぎむい》は、東屋部川の河口に近い左岸にある。

その小高い丘はくろぐろと生い茂る樹林におおわれて自然に戻り、もはやそれらしい人家の跡ひとつ見あたらないが、川をへだてて現在の村と向かいあうふもとのあたりには、苔むした井戸《はあ》が幾つか点々と残っている。どれもみな、入念に小石で組まれた円筒形の井戸である。直径は一メートル程度。古島の民が掘ったものであるが、いまは水が涸れて落葉のみ厚い。

この寄揚森から北へ、東屋部川の清流にそって一キロメートルばかりさかのぼると、仲よく南北に並んだふたつの丘がある。その南のほうの丘は七月森《なないきやむい》と呼ばれ、北のほうの丘は大土原《ぶうみちやばる》と呼ばれている。ここが古島の民の墓所である。

墓にあてられているのは、七月森のほうは山頂の巌窟であり、大土原のほうは山すその巌窟である。その暗い岩かげに、風雨に洗われて白茶けた人骨が、るいるいと折りかさなって眠っている。

このように風葬の場を古人が島の北方に設けたのは、風に乗って屍臭が流れてくるのを防ぐためでもあったろう。このあたりで北《にし》の風が吹きおろしてくるのは、短い冬の、それもほんのひとときにかぎられる。

大土原の墓前には、「屋部大一門《うふいちむん》之拝所ぷうみちゃ」と彫りこまれた石碑が建てられており、いまも大一門のひとびとは毎年ここで祭りをおこなっている。祭日は陰暦十一月の吉日が選ばれ、五年ごとにいけにえの牛一頭が献じられる。一九一九年（大正八）に刊行された『沖縄県国頭郡志』によれば、この特異ないけにえ祭りは俗に「ウンネー」と称され、「牛一頭を屠り、之を犠牲として神に捧げ、而して字内諸々の災難払除を祈禱する祭祀ありしが、近年之を廃するに至れり」という。しかし、屋部大一門は今日まで廃止することなく伝統を守りつづけており、いけにえの牛は、子孫全員が焼いて贄《にえ》とする。

この牛焼きは、その昔、あけてもくれても藷しか口にできない子供たちにとって、ゆめのようにうれしい行事であった。それだけにいっそう、次の牛焼きがめぐってくるまでの五年という歳月は、気が遠くなるほど長い時間のように思われた。それがいつのまにやら、ああもう牛焼きの年がきたのか、と光陰の速さに驚くようになって、村びとはしみじみとわが身の老いをかみしめたのである。

鬼哭啾々の神域とはいえ、七月森には、こんな楽しい笑い話の花も咲いている。

――昔、この島の衆が大和へ旅をしたおりのことである。おなじ船に乗りあわせたひとびとが、退屈しのぎにそれぞれお国自慢を競うた。そのひとり、駿河の男は、わしの生国には日本一の高い山があり、頭を雲のうえにだしている、といって富士の高さを誇った。

しかし、この島の衆も負けてはいない。わが生まれ島にはその名も七月森といって、登るのに七か月かかる高山がある。こう語って駿河男の高慢の鼻を折った。

ところがそれから何年かあと、負けた駿河の男が島までたずねてきて、船のなかで話にきいた高山を、ぜひこの目で見とどけたい、といった。そこで島の衆は彼を七月森へつれてゆき、天を仰ぎながら、「あきさみよう、まことに気の毒なことをした。うんじゅがくるのがひとあし遅かったわい。なにしろ山があんまり高すぎたので、根もとからぽっきり折れ、くずれおちてしまったのじゃ。見てみなされ、このあたりに散らばっておる山は、どれもみんな、そのかけらさ」こういって慰めたと。

この古島の民が川を渡って現在の土地に移り住んだのは、いったい、いつのころであろうか。残念ながら、正確なことはわかっていない。村の歴史にくわしい人に聞いても、はっきりした答えはえられない。ただ、どんなに古く見つもっても、せいぜい三百年ばかり昔だろうという。

もしそうだとすれば、西暦なら一六八〇年前後である。琉球王の治世でいえば、尚貞王の十年代にあたる。念のため、旧家の系譜をたどってみても、ほぼおなじような年代が浮かびあがってくる。それがどれほど恐ろしい世であったか、知らない人はあるまい。一六〇九年（尚寧二十一）に強行された薩摩藩の武力侵攻以来七十年あまり、琉球王国は疲弊のどんぞこに沈んでいた時代である。
「大和の御手打に相成候てより五十余年、いかやう候へばかほどまでに衰退致し候や」
これは一六六六年（尚質十九）以降、摂政として難局の打開にあたった羽地王子向象賢の言葉であるが、いかにも断腸の趣が深い。

そもそも薩藩が三千の軍勢をひきいて琉球征討をあえてした最大の目的は、琉球王府による進貢という名の中国貿易の利を、おのれの手におさめることにあった。以後、南島の王朝は、まったく鵜匠にあやつられる鵜のような存在となりはてたのである。しかも与論島以北の奄美諸島は島津にうばわれたうえ、あくことを知らない征服者への貢租は、年一万石にのぼっている。

この致命的な「大和の御手打」の傷にあえぐ琉球王府が、起死回生を賭して推進したのは農業生産の拡充であり、農民の収奪強化であった。十七世紀の後半、国頭地方に大規模な行政改革の波が襲ったのも、ひとえにそのためである。

従来ひさしく国頭の地は、今帰仁《なきじん》、羽地《はねじ》、国頭《くにがみ》、名護《なご》、金武《きん》の五箇間切《まぎり》と伊江島《いえじま》より成っていた。いわゆる国頭一島五箇間切の体制である。しかしその五つを割いて、あらたに大宜味《おおぎみ》、本部《もとぶ》、久志《くし》、恩納《おんな》の四箇間切が設けられ、一島九箇間切の体制が生まれた。行政区分の再編成ばかりではない。首長の総入れ替えも断行された。これまで各間切を治めていたのは土着の按司《あじ》であったが、彼らに替わって首里王統の王子や親方が封じられた。親方とは、王子の子孫をいう。

名護間切もその例外ではありえない。羽地王子向象賢が摂政となった一六六六年、尚質王の第三王子向朝元が按司に封じられ、誇りたかい北山王系の伝統はここに絶えた。またこれより六年後には、久志間切の独立によって太平洋岸をうしない、版図を西のかた名護湾ぞいの馬蹄形の地域に限定される。その結果、かかえる村落の数も二十三から十三に減り、名護間切十三箇村と称されるようになったのである。

十三箇村とは、南のほうから喜瀬《きせ》、幸喜《こうき》、許田《きよだ》、数久田《すくた》、世富慶《よふけ》、東江《あがりえ》、大兼久《おおがねく》、城《ぐしく》、宮里《みやさと》、宇《う》茂佐《んさ》、屋部《やぶ》、山入端《やまのは》、安和《あわ》の十三をいう。これらの村々が、今日見られるように名護の浦浜に肩を並べるようになったのも、やはりこの呪われた暗黒時代のことである。

史家の説くところによれば、ながらく名護城守護のために山中の生活を余儀なくされていた間切民が海ぞいの平地へとくだりはじめたのは、十六世紀初頭、尚真王によって首里王朝の中央集権制が確立され、泰平の世がおとずれてからであるという。それはそのとおりであるとしても、彼らのゆるやかな移動の動きに非情な拍車をかけたのが、ほかならぬ「大和の御手打」であることもまた、否定しがたい事実であろう。

一七三五年（尚敬二十三）、屋部よりもおよそ半世紀遅れて西隣の砂浜におりてきた山入端村のごときは、まさに民草よりも山林の保護を優先する、村ぐるみの追放にほかならない。

もともと彼ら山入端村民の古島は、嘉津宇岳《かつうだけ》のふもとに近い山入端原である。ところが尚敬王の十六年に三司官となった具志頭《ぐしちゃん》蔡温は、この地方を巡視して山林の荒廃を見とがめ、ただちに村民の退去を名護間切地頭代に命じた。このとき、まず初めに移住地として選ばれたのは、名護の兼久《がにく》原《ばる》である。しかし地元民が受けいれを拒んだので、次に宇茂佐兼久が選ばれた。しかしこれもまた受けいれられなかったので、やむなく安和兼久におちのびることになり、うばわれた父祖の地名をとって山入端村と称するようになったのである。

兼久とは海浜の砂地のことであるが、彼ら山入端原を追われたひとびとの移り住んだ安和兼久は、とりわけ不毛の地であった。加えて水源に恵まれなかったので、田をつくったところで水をあてることができない。それゆえ村民は代々、瘦畑の雑穀をもって上納米に替えている。

二

このような激動の世に生まれた屋部の先祖たちによって、まず最初に屋部川の三角洲にひらかれた村落は大島《ぶすま》である。次にひらかれたのが久護《ふぐ》である。久護は大島の東北方に位置している。

大島には屋部祝女《ヌル》が祭祀をつかさどる拝所があり、その西北方の森に御嶽《うたき》がある。この神聖な拝所と御嶽のあいだには、なにびとも家を建てることは許されない。祝女家は、屋部祝女殿内と尊称されている。正しくはヌルドゥンチと読むのであろうが、ここでは訛ってヌンドゥルチと呼びならわされる。祝女は国家安泰と五穀豊穣の祈願を職とし、祭神は火の神である。

名護間切十三箇村のうち、首里王府の任命する祝女が置かれていたのは、城、屋部、喜瀬の三箇所であり、屋部祝女は、宇茂佐、屋部、山入端、安和の四箇村をつかさどる。その食禄としてヌルクモイ地が供され、司祭する四箇村民が奉仕作業に従った。作得は、米が二石四斗七升一合五勺二才、雑穀が七升四合二勺五才と記録されており、城祝女や喜瀬祝女の作得をうわまわる。

ちなみに屋部ヌンドゥルチは、源八郎為朝を始祖としてあがめ、いまもその由緒ふかい血統を誇りとする。

　保元の乱に敗れた為朝が伊豆大島に流されたあと、脱出して琉球へ渡り、大里《うふさと》按司の妹と結婚して舜天王を生んだという「為朝渡琉伝説」がある。これを史実としてひろめたのは、羽地王子向象賢の『中山世鑑』であり、その意図するところは、薩摩藩の支配下に置かれて衰退しきった王国を、日琉同祖思想によって再興することにあったといわれるが、屋部ヌンドゥルチもまた、その哀しい虚構を権威と栄光の拠りどころとする必要にせまられたのであろうか。

　いっぽう、大島から分かれて久護をひらいた一門の主は、屋号を久護と称する岸本家である。『名護六百年史』など郷土史の類は久護家と記すことが多いが、一般には屋部ウエーキの名で親しまれている。ウエーキとは長者のことである。

　同家に伝わる「元祖歴代日記」は、仲北山崎山《ちゅうほくざんさきやま》按司の長男を始祖として書きおこされている。その生歿年はあきらかでないが、一六〇〇年代の前半に生まれ、後半に死んだ人であろう。「字名ハ宇茂佐地頭ト名付ケタリ」「宇茂佐古島ニ居住セリ」「御墓ハ大土原ニアリ」と記録されている。宇茂佐古島とは、寄揚森一帯の古島をいう。

　従って久護家の先祖が現在の屋部の地に移ったのは、二代目の世ということになる。この二代目の生年も不明だが、およそ一六六五年前後であろうと子孫は推定している。歿年のほうは大清雍正三年乙巳七月六日と家譜に明記されている。琉球では尚敬王の十三年にあたるが、当時は中国を敬ってその元号をもちいるのを慣例とした。西暦一七二五年である。生前の役名は伊豆味親雲上《いずみぺーちん》。妻は屋部親雲上の娘。

つづく三代目の生年は康熙二十五年（一六八六）、歿年は乾隆二十五年（一七六〇）となっている。役名は東江《あがりえ》親雲上。大和名は岸本仁也。家譜には「喜瀬村ニ隠居セラル。子孫俗ニ喜瀬ノ御主前《うしゆめえ》ト称ス」とある。

『名護六百年史』（比嘉宇太郎著）はこの三代目を久護家の初代と見なし、「当家の初代喜瀬親雲上なる人物は、久米島で広大な土地を抱え込んだばかりに地民から払出され、屋部村に移った後も大地主たらんとする野望は断たなかった。村内だけでなく他村、他間切にも触手を延ばし、喜瀬村では七穎田《かや》を支配する位土地に執着深い男であった」と述べている。

比嘉宇太郎のいう「初代」の役名と、家譜のいう「三代」の役名とは異なっているが、これは比嘉が東江親雲上の隠居地と役名とを混同したためであろう。両者はまちがいなく同一人物である。久護家の子孫の一人、岸本久康も『屋部寺由来記』のなかでこの特異な先祖の事蹟にふれ、「資性豪放精力絶倫で現在の屋部ウエーキの基礎を築いた人」と評している。

確かに岸本仁也こと東江親雲上は、そのたぐいまれな精力をもって土地私有の野望を満たし、久護家百年の富を築きあげた男であったろう。しかし、『名護六百年史』のいうように、彼を「当家の初代」と見なすことは到底できない。屋部の開村が一六八〇年前後とすれば、彼はまだ生まれていないか、生まれてまもないころだからである。

凌雲という仏僧がこの創成期の屋部村に草の庵をむすび、天災に苦しむ村びとのために加持祈禱をおこなったと伝えられるのも、彼の父親の在世中である。仁也は青年時代、父伊豆味親雲上にともなわれて、しばしば凌雲和尚の教えを受けたというようなことを、岸本久康は語っている。疑いもなく屋部村における久護家の初代は、伊豆味親雲上のほうであろう。
彼ら父子が師事したといわれる凌雲は、のちに屋部寺の開祖にまつりあげられ、その遺徳を記念するために、寺の名も凌雲院とあらためられた。寺の由来についていては、このほかにも各種の口碑があって一定しないが、凌雲開祖説をとなえるひとびとが拠りどころとしているのは、『球陽』附巻におさめられた屋部霊験記である。漢文をもってこう伝えられている。

一年、球陽大干シテ都鄙ノ人民甚ダ以テ愁憂ス。凌雲村人ヲ招キ、之ヲ慰メテ曰ク、愁ウルナカレ、怕《オソ》ルルナカレ、我汝ノタメニ雨ヲ祈ラント、草庵ノ後松嶺ノ内ニ地ヲ払イテ壇ヲ設ケ、昼夜怠ラズ経ヲ念ジ法ヲ咒スルコト已ニ七日ニ至レバ、果然黒雲四起シ、沛然トシテ雨降ル。村落人民鼓腹シテ歓喜ス。誠ニコレ凌雲徳ヲ以テ天ニ感ゼシメタルモノナルカ。又屋部村常ニ火多クシテ房屋ヲ焼ク。凌雲自ラ草庵ヲ結ビ亦壇ヲ設ケテ経ヲ念ズ。コレヨリ以後火災ヲ起コサズ。亦コレ凌雲徳ヲ以テ災ヲ消スヤ已ニ疑ナキナリ。

とはいえ、凌雲はけっしてこのような加持祈禱のみをこととしていたわけではなく、すすんで村づくりの指導や助言もおこなったのであろう。『屋部寺由来記』によれば、「現在の屋部部落は和尚在住当時は今の大島だけであった。此の地のみでは狭隘なるに依り、先づ旧家の一たる久護家を現在の処に移し、他の者もこれに従った。かくして久護なる部落が出来た。これは総て和尚の指図によるもので、また大島、久護も和尚の命名したものであるといふ」

このありがたい命名によって、仲北山崎山按司の後裔は、以後ひさしく久護を屋号とするようになったわけであり、歴代先祖の位牌を祭る二番座の正面には「久護殿」と彫られた一間幅の扁額もかかげられて、名門の象徴とされた。その重厚な文字は、一番座の床の間にかかげられた「和気致祥」の扁額とおなじく、鄭国華の筆になるといわれる。国華は名書家鄭家訓の弟であり、ともに鄭迴の流れを汲む。

ただ、この貴重な扁額のいずれも第二次大戦中、家人が米軍の攻撃を避けて山にこもっているあいだに、何者かによって盗みさられた。さいわい、「和気致祥」のほうは戦後ひそかに返納されたが、「久護殿」のほうはいまだにゆくえがわからず、在りし日の威光をかろうじてしのばせるのは、仏壇の左右にかけられた柱聯のみである。

その右側のほうは、久護の頭文字をふまえて「久持勤倹昌其後」と記され、左側のほうは、護の字をふまえて「護守箕裘顕厥先」と記されている。「勤倹ヲ久持シテ其ノ後ヲ昌《サカン》ニシ、箕裘《キキユウ》ヲ護守シテ厥《ソ》ノ先ヲ顕ワス」と読むのであろう。

その家訓どおり、久護家は久しく屋部長者の名と実を護りとおした。異常に土地私有の欲望が強かった三代目の東江親雲上以来、久護家が権勢にまかせて占有した土地は、屋敷地一千五百坪、仕《し》明請地《あけうけち》四万八千坪に及んでいる。仕明請地とは、開墾によって私有を許された土地をいう。この仕明政策は、薩摩藩の苛斂誅求によって危機におちいった王府の財政を建てなおすために、向象賢がとった農業振興政策の重要な柱のひとつであるが、じっさいにその恩典にあずかることができたのは、間切地頭代など、一部の土豪階級にかぎられた。

久護家の獲得した仕明請地の面積もさることながら、一千五百坪の屋敷地そのものが、すでに法外の広さであった。なぜならば、当時一般百姓の屋敷地は、きびしく八十坪程度に制限されていたからである。「当代の特権貴族でもよく成し得ないこと」(『名護六百年史』)といわれるのも当然だろう。

その不可能を可能にしたのは、久護家歴代の役職と、これにともなう特権の活用であったろう。四代目、五代目、六代目、九代目はそれぞれ名護間切地頭代を勤め、間切全体の行政をとりしきった。蔡温親方の怒りにふれて追いだされた山入端原の村民を、安和兼久に移した地頭代はその四代目である。国王尚穆が国頭地方を巡幸した一七七七年、久護家を行在所と指定された当時の地頭代は、その五代目である。『名護六百年史』はこの史実をふまえて、「王家とは何かと関係があったであろう」と述べているが、その関係はつまびらかでない。

地頭代制は、仕明制とおなじく、薩藩の侵略後に実施された新制度である。これによって、従来各間切の行政をつかさどってきた掟《うっち》の職責は、それぞれの地の名門実力者が地頭代として代行することになった。いたずらに煩雑なばかりで、さっぱり成果のあがらない形式的な中央集権制を簡素化するために採られた、一種の地方分権化政策と見なす説もある。しかし、隠された真の狙いは、地方豪族の名誉欲と権勢欲を満足させて懐柔し、支配と管理の網の目を、よりいっそう強めることにあったといえよう。

島津の傀儡になりはてたとはいえ、もし琉球王朝がどれほどかの余命をたもちつづけたとすれば、久護家の家譜には、さらに幾人かの地頭代の名が書き残されたにちがいない。しかし、現実には、九代目を最後として、その栄光と権勢の幕をとじる。

久護家の九代目、岸本久光こと東江親雲上が第四十代目の名護間切地頭代をおおせつかったのは、一八七八年（尚泰三十一）二月であるが、それからわずか一年一か月後、日本政府は琉球の廃藩置県を宣告した。

——時に明治十二年三月十一日。

この月二十五日、琉球処分官松田道之は、随員三十二名、警察官百六十名、九州熊本鎮台分遣隊の将兵四百名にのぼる、なんとも仰々しい護衛を従えて来島し、天皇の命令によって首里城のあけわたしを迫った。同月三十一日、ついに王城はあけわたされ、尚泰は中城御殿《なかぐすくうどん》にくだった。つづいて五月十七日、亡国の王は、明治天皇に臣従を誓わせるために東京へつれ去られる。同月十九日、旧佐賀藩主鍋島直彬が初の沖縄県令に任ぜられた。

新政権は琉球処分の実をあげるため各行政区に県属を派遣し、事務引継ぎをふくめて官治体制の確立を急いだ。国頭の地にもあらたに地方役所と警察分署が設けられ、国頭鎮圧の拠点となる。国頭地方役所は羽地間切親川村の羽地番所に置かれ、首里警察分署は平井等《たいら》村に置かれた。

ただし、間切制とその役職はこれまでどおり存続と決まり、久護の九代目は命じられてふたたび名護間切地頭代となった。

彼が羽地の警察分署に連行され、羽地間切地頭代、今帰仁間切地頭代らとともに拷問の責めを受けたのは、それからほどなくのことである。新政府の命にそむき、官紀を乱したというのが、その理由とされている。具体的には、天皇政権への屈従をいさぎよしとしない各間切首脳が屋部ウエーキ久護家に集まって密議し、旧慣事務の報告、重要書類の提出などの指令をいっさい拒否するよう、堅く誓約したからである。

官憲の拷問は残酷をきわめ、地頭代たちの呻吟は隣村まできこえた、と語りつたえられている。屋部ヌンドゥルチの当代祝女の話によれば、燃えさかる炭火のなかに手をつっこまされたともいう。

もちろん、地もとの村びとは座視していたわけではない。急を知って決起した屋部村民は、手に手に棍棒や斧をたずさえ、地頭代を奪還するために羽地へと向かった。その数はおよそ百五十名。首領をつとめたのは、石根のぴらぐみ御主前こと岸本太一である。石根家は久護の四代目からの分家にあたる。

しかし、一行は途なかばでゆくてをさえぎられた。阻止したのは、東江殿内の山入端親雲上である。彼は村びとの悲壮な決意をたたえながらも、「いまは国王さえも大和のとりこにされており、大勢はいかんとも動かしがたい。もし実力をもって地頭代をうばい返すようなことをすれば、かえってどんなに大きなわざわいを招くかしれない。それはまた、地頭代を救うみちでもあるまい」と必死に説得したので、一揆勢はようやく鉾をおさめてひきあげた。山入端親雲上は、地頭代夫人の兄である。その人の忠告にそむくことはできない。

久護の九代目は、それより二か月後にようやく釈放された。しかし、拷問による心身の痛手からついに立ちなおることができないまま、悲運の生涯をとじた。享年五十四。彼が拘留中に剝奪された地頭代の職は、山入端村の惣山屋比嘉栄仁が継いだ。

悲運であったとしても、九代目は死期をえたといえるかもしれない。なぜか。彼が痛憤にもだえながら世を去って三年後の一八八三年（明治十六）のこと、さきに彼を奪還するために羽地分署の襲撃をくわだてた村民は、突如その鉾さきを屋部ウエーキに向けかえたからである。もし九代目がその日まで生きながらえていたとすれば、彼の苦悶は、大和の拷問にまさるとも劣らぬものとなったであろう。

「暴民は突如久護家に乱入して宅地内東北側の植樹を伐採し、得手勝手に宅地を両分する一方では、当主に迫って阿蘇原《あそばる》の返還を要求した」

四年前まではおよそ想像もされなかった一揆の動きを、『名護六百年史』はこう記録している。阿蘇原は阿楚原のことであり、安楚原とも書かれる。嘉津宇岳の東南方にひろがる丘陵地であり、久護家の占有する広大な仕明請地もここにあって、俗に屋部ウエーキ毛《もう》と呼びならわされている。久護家は代々ここに多くの小作人を投入し、その辛苦の汗を富にかえたのである。

その専横の座にどっかりとあぐらをかいていた久護家に対する「暴民」の挑戦は、ながらく農奴の苦役をしいられた極貧層の不平と不満の爆発であると説かれている。これまでその爆発をおさえてきた力は、首里王朝の威光であり、これを笠に着る屋部ウエーキの権勢であった。しかし、いまや、その二つながら、村民の眼のまえで瓦解してしまったのである。この機に乗じて積年の怨みを晴らし、かつは富のわけまえにあずかろうというのが、彼らの素朴な動機であると同時に、切実な要求でもあった。

久護家の十代目を継いだ仲兼久大屋子《うふやく》こと岸本久明は、ただちに間切番所に訴えたが収拾がつかず、ついに沖縄県庁の裁きにゆだねられることになった。三年まえに父を悶死に追いやった大和の権力にすがるのである。久明の心中は、さぞ複雑であったろう。しかしもはや、恥も外聞もない。あるのはただ、なんとしても先祖伝来の財産を護りぬこうとする執念だけであった。

久明は時の沖縄県令西村捨三に提出した嘆願書のなかで、阿楚原の地所は、かつて康熙年間の国王巡幸のみぎり、御端布、御馬具などとともに拝領したものであるむねを主張して、こう苦衷を吐露する。

「右地所引揚ラレ候テハ子孫ノ本意ヲ失フノミナラズ、先祖ニ対シ不孝コノ上ナキ次第ニテ、至極胸痛マカリアリ……」

これに対して、西村県令より、「書面願ノ趣、岸本久明ガ拝領地トハ認定致シ難シト雖モ、百年内外開墾耕作セシヲ以テ該地所有ノ権コレ有リ候条」という判定がくだされたのは、一八八五年(明治十八)一月十九日である。いっぽう、屋敷地のほうは請地状がなかったので、一千五百坪のうち六百坪を解放することで和解に達した。

なお、これは余談になるが、唐手中興の祖とうたわれる松茂《まつむら》良興作(一八二九~一八九八)も、若いころ、小作料取立役として屋部ウエーキに雇われ、阿楚原のヒザ森に住んでいたことがあるという。久護の九代目久光の在世にあたり、最後の栄光を誇っていた時代である。

三

非情な時代の風浪にもまれながらも、屋部の村と民は潮食いガジュマルのようにたくましく、嘉例吉の渡波屋とともにいのちをつちかった。

屋部ヌンドゥルチを中心とする大島も、屋部ウエーキを中心とする久護も、整然とした格子状路の集落である。村は東西と南北に走る小路で碁盤目に仕切られ、家々は福樹の防風林でかこまれている。

そのなかでもとびぬけて広大な屋部ウエーキの屋敷と小路を挟んで西隣に、大正時代の初めのころまで、眉屋《まゆや》と呼ばれる貧しい家があった。その珍しい屋号は、この家の始祖がすこぶる眉の美しい人であったので、時の王がこれを賞でて名づけられたと伝えられている。異説もあるが、この家の子孫はその由来を信じ、誇りにしている。

この眉の美しい始祖は、もともとこの村の生まれではない。名護の大兼久の人である。生家の屋号はアカミヤという。その家の息子と屋部ウエーキの娘が夫婦になったのが、眉屋の起こりである。それがいつの代であるかはあきらかでないが、子孫のほうからさかのぼってみて、たぶん一八四〇年（尚育六）のころであろうと推測される。

当時はまだ、屋部ウエーキ久護家が、最後の権勢をたもっていた時代である。それなりに見込むところがあって、両人の結婚もみとめられたのであろう。夫婦のあいだには、三人の子が生まれた。

その二人は男、一人は女である。
しかし、三人の子まで儲けながら、彼ら夫婦は、やがて屋部ウエーキによってひき裂かれてしまった。その原因は、男が芸能に熱心のあまり、家も妻子もかえりみなかったからであるといわれる。

世にもすぐれて眉の美しかった始祖は、また人並すぐれて歌舞音曲の才にめぐまれた人でもあった。そのたぐいまれな容姿と天分を買われて、彼は年少のころから首里の都の名護御殿に召しかかえられていた。結婚してのちも、屋部の家に戻るのは、年に数日しかなかったという。

もっとも、これは、子孫の話である。当代の屋部祝女の話によれば、彼が屋部ウエーキの勘気をこうむったのは、花の島にいりびたって家庭を棄て、放蕩三昧の日々を送ったからであるという。花の島とは、遊里のことである。

いずれにしても、遅かれ早かれ、破局は避けがたい縁組であったのだろう。大兼久は、昔から遊芸のさかんな土地柄として知られている。いっぽう、屋部ウエーキのほうは、ひたすら「久持勤倹」を家是とし、先祖伝来の財産を護ることのみを生き甲斐とした家柄である。到底そりが合うはずがない。女は屋部ウエーキにつれ戻され、宇茂佐の人と再婚させられた。三人の子は、屋部ウエーキにひきとられた。

しかし、不幸にして宇茂佐での再婚生活も長くはつづかず、今度は女のほうが屋部へ追い返された。そのわけは、屋部ウエーキによって仲を裂かれた大兼久の前夫が、彼女を恋い慕って夜ごと宇茂佐の浜をさまよい歩きながら、想いのたけを述懐節《しつくぇーぶし》に託したからであるといわれる。

述懐節は、きぬぎぬの別れのつらさ、断ちがたい恋情の悶えなどを詠んだ歌で、古来すこぶる秀歌も多い。そのひとつひとつが、眉屋の始祖の狂おしい情念そのものであったろう。

あけやうこれきゃしゅが思切《うみち》りやならぬ引かされて行きゆさ我身の肝《ちむ》や

(ああどうすればよいのか、思い切ることもかなわず、わが心はそなたにひかれてゆくばかり)

一期このごとゐ夜夜の夜夜ごとに畜生げな我身や露にぬらち

(生涯このまま終えるのであろうか、夜ごと夜ごと畜生のようにわが身は露にぬれながら)

おきり火にゐして焼くよりもまさてかなしふやかれのもものくりしゃ

(燃えさかる炭火のうえに坐らされて身を焼くよりもなお烈しく、別れの苦しみが身をこがしてやまない)

いきゃす忘れゆがなれし面影のうち向かる方に向かて立てば

(どうして忘れることができよう、馴れ親しんだ面影はわが向くかたに立ちあらわれて離れないのに)

その歌詞にもまして哀切をきわめるのは曲調である。いや、哀切というより、悽愴をきわめている。琉歌の名手として知られる池宮喜輝はかつてその師から、これを唄うときには、「さらばこれまで」と断崖絶壁より身を投げる心にて唄うべし、こう教わったとか。

いわんや、眉屋にとってはひとごとではない。加えて生来の芸能の鬼である。深夜の名護浦にとよむその唄声は、波頭をも凍らせるほど悲痛であったろう。それゆえついに宇茂佐の夫は、「あの歌をきくとわたしは殺される」といってふるえおののき、ついに妻を屋部へ戻らせることにしたのである。

彼女は屋部で息をひきとり、久護家の墓地の一隅にほうむられた。初めの夫は大兼久で息をひきとり、アカミヤの墓地にほうむられた。二人が晴れて夫婦とみとめられ、一つの墓穴に眠ることを許されたのは、それからおよそ六十年あまり過ぎた、大正世も末のころである。

これには深いわけがある。眉屋の始祖夫婦が仲を裂かれたのち、屋部ウエーキには不幸がつづいた。久護の八代目は、妻も持たず、子も儲けないまま、一八四六年（尚育十二）陰暦五月に二十三歳で世を去った。彼の弟が九代目を継いだが、その嫡子も夭折した。次男が十代目を継いだが、またもやその嫡子は夭折した。そこで次男が十一代目を継いだけれども、子が生まれなかった。妻を替えてあらたに十六歳の娘を迎えいれたが、やはり子はできなかった。妾腹に頼ってみたが、これまた一人の子も生まれなかった。十一代目には弟が一人いたが、彼もついに子を儲けることはできなかった。そこでやむなく彼ら兄弟は、それぞれ十代目の弟たちの子に家を継がせた。

久護家ではあまりに長い不運つづきをあやしみ、その因果を占ってもらったところ、かつて先祖が生木を裂くようなことをした祟りであるという託宣を受けた。それなら眉屋の初代にちがいないということになり、あらためて彼我の先祖を夫婦としてみとめ、眉屋の墓に合祀することにしたのである。

おのおのの遺骨が、それぞれ生家の墓から出され、眉屋の墓へ運ばれた。すると、なんの打ちあわせをしたわけでもないのに、眉屋の墓地へゆく路かどで、二人の遺骨がぱったり出会った。これを見た村びとたちは、やっぱり夫婦だね、早く会いたかったのだね、こういって思わず涙をこぼした。

その不思議な出会いにも劣らず村びとを感嘆させたのは、久護家の墓から運びだされた厨子甕のみごとさであった。ウエキンチュは生きておるあいだもぜいたく、骨になってからもぜいたく、こういってつくづくと見惚れた。

眉屋の始祖夫婦が仲よく一つの墓に眠るようになったおかげで、久護の十二代目はたちまち子宝にめぐまれた。十三代目もそうである。それも、二代つづいて男の子ばかり出生した。昔ながら男子相続の伝統を固守するこの島では、これほど心強いことはあるまい。

眉屋の始祖夫婦のあいだに生まれ、屋部ウエーキに養われた三人の子のうち、兄のほうは、廃藩置県後の新戸籍名を山入端《やまのは》萬正と称した。弟のほうは萬清と称した。萬正は生涯ついに妻をめとらなかったので、眉屋の血統は萬清によって継がれた。女の子は、おなじ久護部落のダルギにとついだ。

兄の萬正が一生独身で通したわけは、直系の子孫がいないせいもあって、いまでは誰にもわからない。わずかに門中の老人たちの思い出話として残っているのは、彼が夜も昼もない働き者であったこと、働きすぎてひどいクサフィリャーをわずらったこと、またそのために大脚者《うふびしゃあ》になったことくらいである。

クサフィリャーというのは、風土病のフィラリヤ症のことである。重症の場合は、脚が象のように大きくなったり、焼物の狸のような大睾丸《やっくわなあ》になったりする。やっくゎなあと呼ばれるのは、その形が薬罐《やっくわん》を連想させるからである。

萬正が妻帯しなかったのも、あるいはこの不運な風土病のせいかもしれない。しかし、彼は芸能に身をささげて一家を破滅におとしいれた父に替わって、眉屋をささえた恩人として尊敬され、孫たちは彼を祖父小《ぶっぷうぐゎ》と呼んで慕った。

兄に替わって眉屋の二代目を継いだ萬清の妻は、名をウシという。彼女もやはり、片脚だけだが、うふびしゃあであった。

ウシは子を四人生んだ。四人とも男子である。新戸籍名は、上のほうから萬吉、萬蔵、萬盛、萬長と名づけられている。嫡子の萬吉は一八六二年（尚泰十五）の生まれ。末子の萬長は一八七二年（尚泰二十五）の生まれ。琉球藩が廃せられ、沖縄県が置かれたのは、萬長が生まれて六年後である。

久護の九代目が不服従の科で羽地分署の拷問を受けたとき、萬清とその兄は四十歳前後に達している。萬清の嫡子萬吉もすでに十七歳である。彼らも囚われの地頭代を奪還するために、一揆勢に加わったのであろうか。またそれから四年後、土地の奪還を叫んで一揆勢が久護家を襲ったとき、彼らはどのような行動を選んだのであろうか。残念ながら、なんの語りつたえも聞かれない。

萬吉は長じて眉屋の三代目を継いだ。妻は大島部落のキャーキ屋の人。名はカマド。一八六四年の生まれであり、萬吉よりも二歳若い。

萬吉は、名だたるイギャナーとして、いまも村の語り草になっている。イギャナーというのは吃音者のことだが、彼はよほどひどい吃音だったのであろう。名護湾名物の一つ、ヒートゥ狩りが話題にのぼるたびに、萬吉の名がでないことがない。ヒートゥとは五島鯨《ごんどうくじら》のことである。五島海豚《ごんどういるか》ともいう。

このヒートゥの大群が名護湾深くおし寄せてくるのは、毎年二月から六月にかけてである。それもきまって霧の深い日である。昔から村びとは、名護岳が霧にかくれて見えないので、ヒートゥが海とまちがえて迷いこむのだ、と信じている。また、好物の烏賊《いか》につられて入りこむのだ、と説く者もある。じつはそのいずれでもない。鯨類のなかではもっとも体も大きく、性質も強暴な逆叉《さかまた》（一名を鯱《しゃち》）に追われて、浅い湾内へ逃げこんでくるというのが事実のようだが、逆叉よりもさらに強暴な動物が湾岸で待ちぶせているとも知らないのが運のつきである。彼らが逃げこんでくるたびに、澄みきった名護湾はたちまち血の池地獄と化した。

つねに餓えがちな沿岸の村びとたちにとっては、待ちに待った海のさちの到来である。それだけに昔は、ヒートゥが豊漁であるか、不漁であるかによって、間切の首長は鼎の軽重を問われるほどであった。もし不漁であれば、首長に徳がないからであるといって、うとんぜられた。それゆえ、代々の地頭代は、ヒートゥ狩りの季節になると、ひたすらその豊漁を神に祈ってやまなかったのである。

獲物は、協力者全員が分かちあう。浜に曳きあげる綱の端に、手をあてただけの幼児たちまで、ひとしく配分を受ける権利が与えられた。大きいものになると、体長も十メートルを越し、目方は三トンにも及ぶが、そんな獲物を独占できるのは、久護家やヌンドゥルチのような、ひとにぎりのウエキンチュにかぎられた。彼らは常時二、三十人の下僕をかかえていたので、他の人手を借りる必要がなかったのである。

ヒートゥの肉は、塩漬けにして甕に貯蔵され、脂は溶かして照明用に使われた。また、その白身の屑は、砂糖黍の茎をかじる野鼠の害をふせぐため、畑にまかれた。そうすると、鼠たちはその臭いを嫌って、黍畑に寄りつかない。鼠ばかりではない。ヒートゥの肉は、犬も食わない。猫も食わない。

しかし、人間だけは、その特異な臭気を消す方法を知っていたから、好んでこれを食膳にのぼせた。臭消しには、香気の強い蓬葉《ふうちば》がもちいられる。

その肉は、また、薬用としても珍重されており、「さげ薬」と呼ばれてきた。体毒をさげるというのである。のぼせ症のひとは、これを食うと、たちまちのぼせがさがるともいわれる。ヒートゥは南の海でたっぷり海人草《なちょろ》を食って北上してくるので、それが病気にきくのだ、とひとびとは信じている。

そんな貴重な食料であり薬品であるから、ひとたびヒートゥの到来が発見されるや、名護番所は早馬を仕立て、法螺貝を吹き鳴らしながら、村々に告げてまわるのをならわしとした。これを聞く者もまた、口々に、「ピットゥーどぅい！」「ピットゥーどぅい！」と声をかぎりに呼びかわしながら、手に手に矛や鉈をにぎりしめ、老若男女一斉に海岸へと殺到した。ピットゥーは、ヒートゥの訛りである。

ところが、哀しいかな、稀代のイギャナーである眉屋の萬吉は、興奮すればするほど、その「ピットゥーどぅい！」という呼び声がでない。彼の家から海辺までの距離は、およそ三百メートルあまりだが、萬吉はその間ただもう、ピッピッ、ピッピッ、と激しくどもるばかり。やっと最後の「どぅい！」がでるのは、いつも浜に着いてからであったとのこと。

これも哀れな話であるが、一九〇〇年代の初めのころまでは、屋部の浜べにも、よくヒートゥがおし寄せていたという。ところがある年、ある家の女が、ヒートゥの脂を大鍋で溶かしているうちに、背負っている子をあやまって鍋のなかに落とし、死なせてしまった。それで彼女は身も世もないほど歎き悲しみ、今後二度とふたたびおなじ不幸がないよう、そのためにもぜひ二度とふたたびヒートゥが来ないように、と神さまにお願いした。以後ぱったり、ヒートゥはこの村に近寄らなくなった。いまでもこの家では、毎年そのお願いをつづけているはず、といわれる。

イギャナーの萬吉より二年あとに生まれた萬蔵は、幼いころから、マグイと呼びならわされていた。彼の甥や姪たちも、親しみをこめて「マグイ叔父《うんちゆう》」と呼んでいる。マグイというのは皺のことであるが、彼がそんな愛称をたてまつられたのは、顔ではなくて頭が皺だらけ、つまりひどいちぢれ毛であったためである。

マグイの萬蔵は、若くして西表《いりおもて》島の炭鉱へ出稼ぎにゆき、そのまま帰らなかった。死亡年月日も死因もわからない。のちに彼の位牌を護ることになった萬吉の次男の萬五郎は、わざわざ西表まで遺骨を捜しにでかけた。しかし、遺骨どころか、埋葬の場所すら判明しなかったので、海岸の小石を持ち帰って墓に納めた。

西表島炭鉱は、一八八六年（明治十九）、三井物産会社が沖縄監獄の囚人を使役して開発してのち、幾多の経営者の手から手へと渡ったが、終始その恐るべき圧制とマラリア病の猖獗によって、地獄ヤマの悪名をとどろかせている。

「入坑当時は非常なる健康の保持者なるも漸次過労と疾病によりて、潑剌たる意気消耗し去り、昔日の勇姿を留めず。諸種の疾病を誘発し、風土病たる各種のマラリヤ、脚気等の疾病も加わって遂に重病に陥り、死を招くもの相当あり、その死たるや酸鼻の極にして之を焼くに家なく、葬るに墓なし。そのまま附近の土中に埋葬す。誰れか幾年の後その人あるを知らむや。弦月ひとりその幽光を彼の土饅頭の上にそそぐのみ」

これは、沖縄県警察部健康保険課の発行した『沖縄県の宝庫西表島と健康保険事業の概況に就て』と題する調査報告書の一節だが、その作製は一九三九年（昭和十四）である。昭和も十年代に入りながら、この惨状であったとすれば、三井が開坑した当時のさまは想像にあまりがあろう。マグイ叔父の骨を求めて甥の萬五郎が島へ渡りながら、むなしく小石をひろって戻るほかはなかったのも、まことにやむをえないなりゆきだ。まさに「誰れか幾年の後その人あるを知らむや」という言葉どおりである。

萬蔵より三年遅れて一八六七年（尚泰二十）に生まれた三男の萬盛も、もし体が強健であれば、兄とともに死の波路を渡ったかもしれない。しかし、彼は生まれつき虚弱であったので、ついに村をでることはなかった。妻は宇茂佐のアヤ小《ぐわ》の娘。名はムタ。二人は結婚後、浜部落《ばま》に分家した。屋号を浜の眉屋という。

浜部落は、大島や久護から分かれた子孫を中心に、他村や他間切からの転入者も加わって形成された部落であり、屋部村の海ぞいにひろがっている。その成り立ちが新しいせいもあって、住民の性格も自由で開放的なところがあるといわれ、大島や久護の保守的で閉鎖的な気風と対比されることが少なくない。

三男の萬盛より五年遅れ、長男の萬吉より十年遅れて一八七二年（尚泰二十五）に生まれた末男の萬長は、大変なシカムンとして名を残している。シカムンというのは、臆病者のことである。

しかし、彼はその臆病のおかげで、いのちをながらえることができたといえよう。次兄の萬蔵とともに彼も西表炭鉱へ出稼ぎにいっているが、もとよりシカムンの耐えられる職場ではない。たちまち怖気づき、一目散に逃げ戻ったという話である。もしそうでなかったとすれば、萬蔵兄とおなじ運命をたどったにちがいない。

萬長は日本を恐れることもまた格別で、若いころ、清国へ逃げたという話もある。帰ってきたときには、当時の中国人のように、辮髪を長く垂らしていたという。あるいはまた、どこかの外国へ移住しかけたこともあるが、岸壁で働く黒人の姿を見ただけで怖気づき、そのまま引き返したという話もある。

果たしてどれがどこまで事実であるか疑わしいが、そんな笑い話の種にされるのも、彼がおよそけたはずれのシカムンであった証拠ではあろう。しかしそれと同時に、彼のおびえきった姿は、幼くして琉球処分という未曾有の国家暴力にさらされ、屋部ウエーキをめぐる一連の騒動の波にもまれて、風の音にも驚き、逃げまどうよりほかにすべを知らなかった島の民の、一つのきわめて象徴的な姿でなかったとはいえまい。

萬長は名護の原から嫁を迎え、久護部落の西のはずれの新島《みいじま》に萬長屋を建てた。新島はその名のとおり、屋部村ではもっとも新しく形成された部落である。萬長夫婦は三人の子を儲けたが、やがて離別した。後妻は大島部落のインビャー屋から迎えた。後妻とのあいだには子はできなかった。結婚後も萬長の臆病はなおらなかった。畑仕事にでていても、飛行機の爆音が聞こえるやいなや、たちまち作業道具を投げ棄て、韋駄天走りで砂糖黍畑に身をひそめた。おかしがって笑う者に対して、彼は、飛行機がおれにつかみかかってくる、と真剣に答えた。

四

眉屋の三代目を継いだ萬吉は、ひどい吃音癖のせいもあって、平素すこぶる無口であった。しかし、そのかわりに手のほうはすこぶる器用で、三線《さんしん》を握ると、その演奏は巧みをきわめた。また、料理の腕にかけても、村一番の評判が高く、村のウエキンチュはなにか客ごとがあるたびに、彼を呼んで御馳走をつくらせたり、三線を弾かせたりした。

彼はまた非常に綺麗好きの性格であり、どんなに畑仕事がいそがしいときでも朝晩、屋敷内はもとより、まわりの小路まで、塵ひとつないように掃き清めた。どの家も屏風で仕切ったように防風林にかこまれており、そのときどきの落葉や花や実などが道にこぼれる。しかし、眉屋の前だけは萬吉の掃除気ちがいのおかげで、目をつぶって通ってもわかるといわれたほどである。

眉屋の東隣、高い珊瑚礁の石垣を積みめぐらした屋部ウエーキの防風林は福樹であり、花の季節になると、白色の固い花が、まるで霰のように道に散った。また、その実が熟れると、夜ごとこうもりの群れが襲って、実を食いちらした。その実は地に落ちて腐ると、ちょうど銀杏のような悪臭を放った。

屋部ウエーキばかりではない。どの家もほとんど福樹を防風林にしていたが、眉屋だけは珍しくシークヮーサーの樹であった。シークヮーサーはクニブとも呼ばれる。ヒラミレモンの一種である。

その一本一本を植えて育てたのは、萬吉の伯父にあたる萬正である。彼の生前、租税が納められなかったため、村役人の手によって切り倒されかかったこともあるが、萬正は樹に抱きついて、これだけは切らないでくれと哀願した。そのおかげで、どうにか生きのびることのできた林であるといわれている。

生涯独身の萬正がこの世に遺した唯一の形見ともいうべき樹々は、毎年枝もたわわに実を結び、実は売られて貧しい眉屋の生計を助けた。また、その実が黄金色に熟れたころの美しさは格別で、わざわざ遠くから見物にくる者もあった。部落の若者たちが、毎年陰暦八月のお盆前、ヨーカ火を見張るための屋倉《やっくわ》を掛けるのも、この樹であった。足場を組むのにもってこいの枝ぶりであり、見晴らしもきいたからである。

ヨーカ火は、八月八日から十一日までの間に出現するので八日火という説もあれば、妖火日、あるいは妖化火という説もあって一定しないが、いずれにしてもその火は人の死を予告する不吉なタマガイ（魂上り）であると信じて、村びとは恐れおののいた。それゆえ当日になると、彼らは宵の口から竈《かまど》の火を消し、息をひそめて高所から家々を見張ったのである。

眉屋にとって、この防風林は、恐るべき毒蛇の防禦線でもあった。屋部ウエーキの厚い石垣はハブどもの巣窟になっていたので、油断はできない。その姿を通りすがりに見つけた者は、すぐさま隣り合う家々に知らせてまわった。すると萬吉の妻は、急いでシークヮーサーの樹々の根もとで硫黄を燃やした。そうすれば、ハブはその悪臭を嫌って引き返すといわれている。

萬吉の妻になったカマドは、まことにおもだちの美しい人であった。そのうえ、ぬけるように色が白く、背丈も高かったので、娘のころは若者たちのあこがれのまとになっていた。隣村の宇茂佐の若者たちまでがおしかけるので、兄弟が彼女を海岸に隠したこともあったという。また、小路をへだてて南隣の屋部ヌンドゥルチを訪れた首里王府の役人が、彼女の姿をかいまみて一目で惚れこみ、焦がれる想いを歌に託したこともあったといわれている。

カマドは、姿かたちが美しいばかりではなかった。夫の萬吉に輪をかけたような綺麗好きであり、いつも鍋釜の底まで、鏡のように磨きあげていた。

この似た者夫婦の見本のような夫婦のあいだには、七人の子が生まれた、その四人は女子であり、三人は男子である。ただ、三女は生後まもなく死亡した。

長女ナベは一八八五年（明治十八）、長男萬栄は一八八八年（明治二十一）、次女ウシは一八九三年（明治二十六）、次男萬五郎は一八九六年（明治二十九）、三男萬郎は一八九九年（明治三十二）の生まれである。そして末女のマツは、一九〇五年（明治三十八）生まれ。

長女のナベが生まれた翌年は、まれにみる大災大厄の年になった。まず春さきにはチュラガサ（天然痘）が流行し、県下の患者は五千名、死者一千名をかぞえた。また、四月に入るとコレラが流行して患者は一千五百名にのぼり、その三分の二が死亡した。村びとはこれを通り魔のしわざと信じてなすすべも知らず、村の入口にしめなわを張ったり、豚をいけにえとして献げたりするのみであった。

しかもこの魔病に追い討ちをかけるかのように、もっとも強暴な颱風が襲来した。雨はもたらさず、塩害のみをもたらす、魔性の颱風である。

「十一月が来ると文字通り火の風が襲来して、作物という作物は木ッ葉微塵に打ち砕かれ、農地は赤く染まって漠々の焼野ケ原と化した。間もなく食糧事情が悪化して、翌一八八七年四月迄には山野の蘇鉄は細大採り尽された。餓死の脅威は虎列剌《コレラ》以上で、銭枕時代の再現を思わせるものがあった。五月に入ると伊平屋《いへや》から蘇鉄が移入され、本物の蘇鉄地獄がやって来た」

その惨状を『名護六百年史』はこう述べるとともに、日本政府の責任を次のように鋭く糾弾する。

「それでいて何等救済の手が差し延べられず、見殺しにして置いた当代の政治の貧困さ加減に至っては、聖代というもそれは虚偽であった。……これを要するに、日本政府が沖縄に尽した内政上の諸施策とその業績が顕著でないのは、琉球の置かれた歴史的、民族的特殊事情に由因する日本当路の差別的偏見の現れであって、新政権の下敷にされた琉球人は、何の足しにもならない聖恩優渥の美しい空手形で黙々我慢しなければならなかった」

この蘇鉄地獄にあえぐ名護間切の民を救ったのは、折しも名護湾におし寄せたヒートゥの大群である。その豊漁か不漁かは、もっぱら地頭代の陰徳の有無によるといわれるようになったのは、このときからである。また、地頭代が名護より西方の村からでたときは豊漁、その反対方向の場合は不漁といわれるようになったのも、やはりこのときからである。これもたまたま当時の地頭代が西方の山入端村からでた仲兼久安吉、通称倭《ちゅうぐわ》小地頭代であったからのことで、別になんの根拠があるわけではない。ただ、飢餓と絶望のどん底にあえいでいた折だけに、地獄で仏の歓喜が、そんな身びいきの因果論を生んだまでである。

わきあがる「ピットゥーどぅい！」の喊声に呼応して、イギャナーの萬吉が矛をかざして海岸へ走りながら、ピッピッ、ピッピッとどもる声も、ひときわ弾んだことだろう。

萬吉とカマドが待望の世継ぎをさずかったのは、その翌年のことである。萬栄と命名されたのは、眉屋に萬代の栄えをもたらすようにとの願いによる。

萬栄が屋部川のほとりに呱々の声をあげたころ、沖縄は、天皇政権による「琉球処分」からよう十年近い歳月をかさねていた。しかし、その「処分」という名の「御手打」の傷は、かつて羽地王子を慨嘆させた「大和の御手打」のそれよりも、さらに致命的であった。ハブの毒のようにそれは沖縄の骨髄を腐蝕し、年とともに深く進行をつづけた。しかも新政府の官員はもとより、寄留商人に至るまで、その大部分は不倶戴天の敵ともいうべき旧薩藩士族によって占められ、彼らのおごりたかぶりは王朝時代よりいっそう甚だしかった。

こうした事態は、薩藩の武力侵攻以来の根ぶかい「親唐反和」感情にますます拍車をかけ、旧士族階級を中心として清国への脱出者が続出した。殊に日清戦争当時、王政復古派は清国の勝利を確信し、その「黄色艦隊」が祖国を解放してくれることを期待してやまなかった。一門や一村が日清両派に分裂し、沖縄版の日清戦争を演じた例もまれではない。

富国強兵政策の一環として、日本政府がようやく旧慣改革に乗りだしたのは、その戦後からである。時の内務大臣野村靖は、「沖縄県地方制度改正ノ件」において、その好機たるゆえんをこう強調している。

政略上尚今日ヲ以テ改正ノ時機ト定ムベキ理由ノ存スルモノアリ。何ゾヤ。曰《イワ》ク従来本県ノ人民殊ニ士族輩ハ頑然藩制ノ旧套ヲ脱セズ、甚シキハ清国ニ対スル関係ノ復旧ヲ期待セル者アリシナリ。然ルニ清国我ト事ヲ起スニ及ビ、清国毎《ツネ》ニ我優勢ニ一着ヲ輸スルヲ視ルヤ、即チ彼等百年ノ長夢ヲ驚醒シ、殆ンド向背ニ迷ヒツツアリタリシ民心ハ茲ニ概シテ適帰スル所ヲ得タルモノノ如シ。此ノ一頓挫ハ裕ニ本県第二次ノ変遷期ヲ成シタルモノナレバ、宜シク此ノ時機ヲ利用シ、以テ断然旧幣ノ浸潤セルモノヲ打破シ、漸ク新制度ニ馴致セシメテ、益々《マスマス》民心ノ帰向ヲ鞏《カタ》クスベシト為スモノ是ナリ。

この好機逸すべからずとばかり、これよりのちにわかに、土地制度の改革を中心として日本同化の波が、古色につつまれた沖縄の山野を洗いはじめる。

まず一八九六年（明治二十九）には郡区制が施行され、八重山、宮古、島尻、中頭、国頭の五地方は郡、首里と那覇は区と定められた。一八九八年（明治三十一）には徴兵制が施行された。その翌年には土地整理法が発布された。また、従来の共有林を国有林と定められた。一九〇四年（明治三十七）には沖縄本島の二区三郡に地租条例と国税徴収法が施行された。

この未曾有の変革期、終始その陣頭指揮にあたったのは、第八代沖縄県知事の奈良原繁である。その在任期間は、一八九二年（明治二十五）から一九〇八年（明治四十一）までの十六年間にわたっており、「琉球王」と称された。

彼は、一八六二年（文久二）五月、薩摩藩主島津久光の命を奉じ、勤王の志士八名を殺した寺田屋騒動の首魁として、その血なまぐさい名を知られている。また、彼の兄喜左衛門は、おなじ年の九月、島津久光の行列を乱した科《とが》によって英国人を斬った生麦事件の下手人といわれる。

政権が明治天皇に奉還されると、奈良原繁は藩閥の勢力に乗じて内務権大書記官、農商務大書記官、静岡県令、日本鉄道会社社長、貴族院議員、元老院議員、宮中顧問官などの顕職を経て、沖縄県知事の座に着いたのである。それだけに彼の権勢は、「単なる一介の地方長官ではなく、中央政府の支配外に独立し、独裁王として君臨するに必要な条件を完全に備へ」、「沖縄人圧迫のために、睨下の警察力を駆使する姿は、植民地に於ける総督のそれにも比すべきもの」（湧川清栄）であったとまで評される。

彼は「琉球王」の権力を遺憾なく発揮し、着任して二年後の一八九四年（明治二十七）には早くも杣山開墾地の無償払いさげを強行した。無禄士族の救済と農業振興を名目としており、その面積は四千町歩にのぼる。当時県庁の開墾事務取扱主任であった謝花昇は、極力その非を説いて反対したが、奈良原は一蹴した。

まして地方人民の反対など、ものの数ではない。その経過を伝える『琉球新報』の記事によれば、「最初杣山開墾を断行せんとするとき、名護間切屋部村辺の有志者が非開墾説を唱へ、其総代として岸本某等が県庁に出頭したるとき」のこと、奈良原はこう放言してはばからなかった。

「凡《およ》そ事は一利起れば一害これに伴うて生ず。これ数の免かれざる処、実に止むを得ざる義云々。一二故障の為めこれを停止せんか、耕地狭隘殖産興業を如何せん。且つ寸土も有せざる無禄士族輩の前途甚だ困難なるものあり云々」

しかし、彼が口で大義を唱えながら、じっさいに土地を与えたのは、多額の金禄をはむ旧特権階級や、お気に入りの側近官僚、寄留商人ばかりであった。

奈良原はまた、杣山の「民地民木」説を主張する謝花昇らを弾圧し、「官地民木」説による土地整理法の制定に力をつくした。謝花は野にくだって当山久三らとともに「沖縄倶楽部」を結成し、奈良原の暴政に抗して自由民権運動を展開したが、参政権獲得の悲願も実を結ばないまま、一九〇八年（明治四十一）に孤独の死を遂げた。

当山久三によって推進されたハワイ移民の運動もやはり、暴君奈良原の妨害に苦しめられている。「日本語を知らない沖縄人を海外に出すことは絶対にいけない。少なくともここ十年間は時機尚早だ」というのが、奈良原の口実であった。当山は「外国へゆくのに日本語は要らぬ。どこまで沖縄人の前途を封鎖する腹か」と反論、強硬に交渉をかさねた結果、ようやく奈良原は試験的に移住させることをみとめた。ただし、移民からの信書はすべて、郡長を通じて知事に伝達せしめる、という条件つきの許可であった。

富国強兵を推し進めるために、新政権がもっとも力をそそいだ政策の一つは、いわゆる親唐反和感情の根ぶかい沖縄人民を、天皇制によって呪縛することであり、そのための義務教育の普及であった。明治も二十年代に入ると、いよいよその整備拡充が急がれ、文部大臣の来島もしきりになった。徴兵令施行の前提として、標準語の普及もまた緊急の業とされたのである。

名護間切で最初の小学校が名護村に設けられたのは、一八八二年（明治十五）四月五日である。定員は五十六名。しかし、住民はこれを大和学校と呼んで忌避し、一名の入学志望者もなかった。当局はその対策として、定員を間切十三箇村の人口に比例して割りあて、入学者を抽籤で選ばせることにした。また、入学生には特典として年額四円の補助金を支給し、卒業後は村番所文子《てくぐ》の資格を与えて優先登用すると約束した。なお、父兄に対しては、夫役公費の免除を約束した。

あの手この手の勧誘策が効を奏して入学志望者は順調にふえ、翌年度の補助金は二円にさがった。次にはまた一円にさがり、数年後には全廃された。いっぽう、在来の村学校のほうは大和学校に席巻され、やがて廃校に追いこまれた。

一八八七年（明治二十）九月には、生徒数の増加にともなって屋部村に分校が開かれ、その翌年には独立して屋部尋常小学校となった。定員は五十名。校区は、宇茂佐、屋部、山入端、安和の四箇村。

眉屋に萬栄が生まれたのは、屋部尋常小学校が生まれた年でもある。萬栄はかぞえ年十一の春、この小学校に入った。時あたかも一八九八年（明治三十一）——初めて沖縄県に徴兵令が布かれた年にあたる。彼の入学が三年遅れたのは、彼が入学を嫌ったからでもなければ、知能の発達が遅れたからでもない。眉屋が貧苦のどん底に沈んでいたためであった。袴をつくってやるだけでも大変な費用がかかった。

彼が小学校に入ると、父親の萬吉は、宝物のようにしまいこんでいたガラス製のランプを持ちだして、萬栄に使わせた。せめて夜だけでも勉強の時間を与えようという親心からである。そんな物があろうとは夢にも思ったことのない妹や弟たちは、夜になって兄の勉強部屋にあてられた庭さきの小屋《アサギ》に灯がともると、いつまでもうっとりと眺めてあきなかった。

いつ、どうしてそのランプが眉屋の手に入ったのか、誰も知らない。ただそれが屋部ウエーキのランプとおなじ物であることだけはわかった。屋部ウエーキで夜宴が催されるときなど、そのランプが幾つも並び、まるで魔法の火のように輝いているのを、彼らはよく見ていたからである。

その妖しくきらめく光にも劣らず子供心を吸い寄せたのは、ランプに使われた石油の香りである。この油はシチタンユー（石炭油）というものだ、と萬吉は教えたが、それは胸がむかつくようなピージャーの油にくらべると、この世のものとも思われないほどの芳香であった。

その貴重なシチタンユーが切れると、萬栄は弟や妹をつれて山の松葉をかき集め、それを山のように背負って名護の町まで売りにいった。そして、手に入れた金で一合か二合かのシチタンユーを買った。その帰り途は、幼い弟妹たちにとって、このうえなく楽しい時間となった。彼らはかわるがわるシチタンユーの入った瓶の口に鼻をすり寄せては胸いっぱいその香りを吸いこみ、酔ったようにはしゃいだ。妹のウシは晩年に至るまで、萬栄クーミーといえばすぐこの不思議な香りを思いだし、「どうしてあんなによい匂いがしたのかしら」となつかしがった。

祖父小の萬正の手で植えられ、護りぬかれたシークヮーサーの実が熟れる時季がおとずれると、萬栄はその実をかついで、父親とともに今帰仁や本部あたりまで売り歩いた。そのために、夜半から出かけることもしばしばであった。

そんな苦心をして萬栄が屋部尋常小学校を卒業したのは、一九〇二年（明治三十五）である。彼は母親に似て眉目冴え、少年のころから人がふりむくほどの美男子であったといわれるが、また群をぬいて頭が良く、四年間優等生としてとおした。教師はその才能を惜しみ、国頭高等小学校への進学を勧めた。しかし、もはや眉屋の家運はかたむきはてていたので、そんなぜいたくは許されない。あきらめて、屋部ウエーキに奉公することになった。

この年、眉屋の兄弟は萬栄をふくめて五人になっている。長女のナベは九つの年に右手の中指をハブに噛まれて以来健康が勝れず、労働には堪えなかった。次女のウシは八つの年から屋部尋常小学校の校長家に子守りとして雇われたが、それも口べらしにすぎなかった。次男の萬五郎はまだ五つ、三男の萬郎は三つになったばかりであった。

萬栄が生家の貧窮を救うために屋部ウエーキに奉公した当時、久護家はすでに十一代目の久訓の世になっていた。先代の久明は村民との土地争いにもまれたあげく、一八九一年（明治二十四）まだ三十九歳の若さで世を去り、久訓が十六歳で跡を継いだのである。彼は一八七五年（明治八）の生まれ。

例の杣山払いさげの是非をめぐって、屋部村辺の有志者が奈良原知事に非を訴えたという新聞記事のなかには、「総代岸本某等」の名が見えている。それが岸本久訓であるかどうかは不明だが、もしそうだったとすれば、彼が十一代目を継いだ年にあたる。

岸本久訓は、後年、保守と頑固のかたまりのように見られた。しかし、若いころはそれなりに開明主義者であったのだろう。彼より十歳も若い衆がまだ結髪していた当時、彼はすでに断髪していた。髷を落とした年はあきらかでないが、村内ではかなり早いほうであったはずといわれる。

屋部村の最長老として九十七年間を生きた儀部喜太郎翁（一八八二〜一九七九年）の記憶によれば、村でまっさきに断髪を敢行したのはキッチャーの信永であり、そのさまを見物するために村中の者が集まったという。次が屋部ヌンドゥルチとプージョーの当主。この二人はわざわざ専門のダンパチヤー（断髪屋）を名護から呼び寄せ、これ見よとばかりに、プージョーの前の十字路で髷を切り落としたとのこと。なにごとによらずヌンドゥルチに遅れをとるのを嫌った岸本久訓である。すぐさま断髪したかもしれない。年はさだかでないが、いずれにしても日清戦争後であったという。喜太郎翁自身が断髪したのは、それより少し後れて一九〇〇年（明治三十三）である。

最後の琉球王尚泰が世を去った一九〇一年（明治三十四）八月のことであるが、喜太郎翁の話では、玉御殿《たまうどぅん》の葬儀に参列する村民の代表を選ぶにあたって、屋部ヌンドゥルチや屋部ウエーキの当主たちは、代表者はもとより従者に至るまで、その資格の第一条件を断髪者にかぎったという。もちろんこれは、県当局の指示による規制ではない。結髪者の参列も認められており、その服装を「白朝衣、大帯着用袖結之事」並びに「素足にて草履を履く事」と定められただけである。従って屋部村における結髪者の排除は、あくまでも村内の自主規制にすぎまいが、当時すでにウエキンチュを中心として、断髪者が村の主流を占めていた事実を物語るできごとといえよう。

若い日の岸本久訓が時流に敏感であったのも、ひとつには先代たちの轍をふむまいとする、精いっぱいの努力であったかもしれない。彼は未婚の娘たちをつかまえては、「好きなひとと結婚するのだぞ。それが女にとって最高の幸福だ」と説いたりもした。これはよほど村びとを驚愕させたものとみえる。いまも老人たちの語り草になっている。

久訓は酒を好んだ。また、酒に強かった。酔えば愛馬にうちまたがって、村を駆けまわるのを悦びとした。そのすさまじい蹄のとどろきが絶えるまで、村の女たちは家に隠れてふるえていた。逃げ遅れて、恐怖のあまり、路上で失禁した者もあった。

馬丁は十五夜の栄恭であった。仲秋の十五夜に生まれたので、そう呼ばれるようになったという。久訓が尚泰王の葬儀に参列するさい、手綱をとって首里まで随行したのも彼である。彼は常時三、四十人をかぞえる奉公人の長を勤め、その采配はみごとであった。久訓は彼を厚く信頼し、貸金のとり立てなど重要な仕事も彼に一任した。十五夜の栄恭はながらく久護家に忠勤を励み、九十八歳で世を去った。

「あのころの下男は、みじめなものでありました。うちにも三十人ばかりの下男がいたけれどもよ、食事はいつも藷と塩汁だけでありました。その汁も、海から潮水を汲んできて水で薄め、味つけにちょっぴり真塩をまぜる程度でありました。よっぽど腹がへっておったのでしょう。わたしが子供のころは、こっそり下男から頼まれるたびに甕からピットゥーの塩漬けをだして、持っていってやったものです。子供ですから、なにも知らずによ」

こう語ったのは、屋部ヌンドゥルチの吉元カメ媼であるが、屋部ウエーキにつかえる男たちの生活も、やはりおなじようなものであったろう。

三番座に漆塗りの高膳を据えて、板の間の家族たちと、土間の下男下女を見おろしながら、シテイミチムン（朝食）もアサバン（昼食）もユウバン（夕食）も白米の飯を食うのは、久訓ひとりであった。

彼は酒好きであったから、スクガラスの塩漬けもどんぶりいっぱい平らげた。スクガラスは酒飲みの腸を洗うといわれている。

久訓が萬栄に与えた仕事は、米搗きであった。米を盗まないと見込んだ者にのみ、その役は与えられた。

萬栄が屋部ウエーキに奉公して五年目の一九〇六年（明治三十九）は、目がまわるほど多忙な年になった。久訓が家を建て替えたからである。

王朝時代からの厳しい禁制が解かれて、一般人民も瓦葺きの家を建てることが許されたのは、一八八九年（明治二十二）からであるが、この解禁より五年後、まず久護のハンゼーク屋が瓦屋を新築した。次いでヤンパ屋とウンサ屋が新築した。いっぽう、大島のほうでもいち早くヌンドゥルチがひときわ立派な瓦屋を建てた。

ここに至って久訓も、屋部ウエーキの面目にかけて、建て替えを急がざるをえなくなったのである。彼としては、ほかの家はともかく、屋部ヌンドゥルチに遅れをとったことが無念でならなかった。

新築工事は、陰暦八月十六日（陽暦十月三日）庚辰の吉日を選んで斧立ての儀式がおこなわれ、九月二十六日（陽暦十一月十二日）に上棟を見た。工事を担当したのは、棟梁の新垣根禄をはじめ、ことごとく国頭の大工ばかりであった。根禄は屋部村で初の徴兵検査に合格し、親兄弟を悲歎の涙にくれさせた寅年（一八七八年）生まれの一人である。

屋内の用材はイジュ、外部はハナシバヤー（離し柱）をふくめてチャーギが用いられ、屋根の正面は花模様の雄瓦六十四列、唐草模様の雌瓦六十五列をもってそびえ立つ、堂々たる赤瓦葺きの邸宅になった。

しかしそれでもなお、久訓の胸は晴れなかった。彼が初めて満足の笑みをもらしたのは、関帝乗馬図の掛軸をかかげた一番座の東側の庭に、池を築かせたときである。

「瓦屋を建てるのは、ヌンドゥルチにさきを越された。しかし、泉水を造ったのはわがほうがさきだ」

久訓はこう自慢して憂いを晴らした。

彼の建てた瓦屋は、それから三十八年後、奇しくも米軍による破壊をまぬかれた。屋部海岸に上陸した米軍の指揮所が、ここに置かれたからである。やがて当家は、沖縄県重要文化財にも指定された。すべて地もとの大工の手になる記念碑的建築として。

ただ、久訓がわざわざ首里の名工に頼んで造築させ、かろうじてヌンドゥルチに対する劣等感を帳消しにした石組みの池は、無残にも米軍によって破壊されてしまった。蚊の発生をふせぐためであった。

屋部ウエーキ久護家が瓦屋に替わった翌年の一九〇七年(明治四十)、萬栄の妹のウシは屋部尋常小学校の校長家の子守りをやめ、浜の原国《ハリグン》に奉公した。原国は、廃藩置県後、那覇泉崎から都落ちしてきた士族の商店である。

こともあろうにウシが原国に奉公したその夜、原国は火災を起こして焼失した。母親のカマドは、「もしやウサーが不始末をしたのでは……」と心配して、身も世もないほど泣き悲しんだ。

そのさまを見て、萬栄は母に告げた。

「ウサーをつれて戻りなさい。わたしがメキシコへ行こう。原国から借りた金は、わたしが儲けて、すぐ送るから」と。

眉屋はすでに破産寸前の窮乏におちいっていた。家は土中に穴を掘って柱を立て、屋根を茅で葺いただけの、至って原始的な穴屋《あなや》造りであったが、その粗末な小屋の材木までも次々に、滞納した租税の代わりとして村役に持ち去られ、かろうじて残された狭い一間に、親子全員折りかさなるようにして寝るありさまであった。山原竹《やんばるだき》を編んだ壁もなく、蓆をさげて雨風をしのいだ。萬栄がランプの灯をともして勉強に使った物置きのアサギもとっくに消えていた。増えたのは、借金と子供だけである。萬郎の下にさらに二人の女の子が生まれ、一人は死んだが、一人は生きのびた。

そんな貧苦の底で萬栄が、新伊豆味屋の比嘉徳元のように「木に成る黄金」を夢見たところで、彼の無知を笑う資格は誰にもない。沖縄の若者たちは、とりわけ山原の若者たちは、メキシコへ、東方の未知の国へと、雄飛のつばさを羽搏いている最中であった。

山入端萬栄は十九歳になろうとしていた。

第二章　砂の牢

一

日本からの移民集団が太平洋を渡り、初めてメキシコの土を踏んだのは、一八九七年（明治三十）である。眉屋の萬吉の子、山入端萬栄が移住する十年まえにあたる。

この第一陣は、創設者の姓を冠して榎本《えのもと》移民、入植地は榎本植民地と呼びならわされている。創設者の榎本は、オランダで航海術を修めて徳川幕府の海軍奉行を務め、明治維新の動乱にあたっては、北海道へ逃れて函館の五稜郭に拠り、孤軍よく官軍に抵抗した武将として知られる、榎本武揚その人である。

彼は官軍に降伏したあと、新政府につかえて駐露公使や各省大臣など幾多の顕職を歴任し、一九〇八年（明治四十一）に七十二歳をもって他界したが、メキシコ拓殖は、その疾風の生涯における、最後の特異な大事業として記念される。

榎本がメキシコ拓殖計画を積極的に推進したのは、彼が第一次松方内閣の外務大臣として入閣した一八九一年(明治二十四)五月以降のことである。当時メキシコは、独裁者として名高いポルフィリオ・ディアス大統領が国政を握り、その庇護のもとに欧米列強が資本の進出をきそっている最中であり、植民地の争奪も熾烈をきわめていた。

その悪魔の饗宴を、むなしく対岸から、指をくわえて眺めているのは堪えがたい。遅ればせながら、分けまえにあずかろうというのが、榎本の魂胆であったろう。彼は外相としての職権を十二分に活用して、その根まわしを進めている。

彼が入閣した年の七月、外務大臣官房に移民課が新設され、海外への出稼ぎと移住に関する、いっさいの業務をつかさどることになった。また、同年十月には、ラテン・アメリカ諸国における最初の日本帝国領事館がメキシコに開設され、領事事務代理の藤田敏郎書記官生は、榎本龍吉らとともに、五か月あまりの日数をかけてメキシコ西海岸地域の調査をおこなった。榎本龍吉は、榎本外相の甥である。

藤田らがその調査にもとづいて作製した報告と資料は、翌年八月、『墨国須知』として外務大臣官房課より発行され、わが国最初の本格的なメキシコ事情要覧となった。また、藤田と井上一男との合案になる「小植民実施計画」は、榎本植民計画の青写真となった。

榎本が松方内閣の崩壊によって外相の座を去ったのは、『墨国須知』の刊行をみた月であるが、彼はこれを機として懸案の実行にふみきり、朝野の有力者を結集して殖民協会を設立した。彼はその会長となり、杉浦重剛、志賀重昂、小村寿太郎、近衛篤麿、三宅雄二郎、星亨、立川雲平、林有造、金子堅太郎らが、評議員として参画した。

次いで一八九五年（明治二十八）には、殖民協会を母体として墨国移住組合が生まれ、さらに二年後には日墨拓殖株式会社の設立をみた。同社の定款は「墨国ニ於テ土地ヲ購入シ之ヲ開拓スルヲ以テ目的トス」とうたっている。資本金は二十万円。これを四千株（一株五十円）とし、榎本が一千株を持った。株主のなかには、榎本植民地の露払いをつとめた藤田敏郎や、駐日メキシコ代理公使ウォルハイムの名も見える。ウォルハイムは、榎本に対して、植民地の購入を極力勧めた人物である。

榎本植民地は、その候補地を二転三転した末、チャパス州ソコヌスコ郡エスクィントラ村の官有地に決まった。早急に契約しなければ、英国資本の手におちる危険がある、というウォルハイムの示唆によるものであった。

チャパスはグアテマラと国境を接するメキシコ最南の州であり、エスクィントラは州都タパチュ一ラ市の北方およそ百キロメートルの内陸部にある。

植民地として榎本が払いさげを受ける官有地の面積は六万五千ヘクタール、価格は一ヘクタール当たり一ペソ五十五センターボス（一ペソは約一円）、年賦払込期限は契約締結の日より起算して十五か年と定められ、その売買並びに植民地契約の調印は、一八九七年（明治三十）一月二十九日、メキシコ市においてとりおこなわれた。

この日は、日本の資本と移民が、初めてラテン・アメリカの地に進出することを公認された日として特筆される。ペルーが日本人移民に門戸をひらいたのは一八九九年（明治三十二）であり、ブラジルは一九〇七年（明治四十）である。

それにしても、メキシコ政府が、他国にさきがけて日本人に門戸をひらいた理由はなにであったのか。

一八八八年（明治二十一）に結ばれた日墨修好通商条約にみられるような両国の歴史的な友好関係や、榎本武揚とウォルハイムの厚い信頼と友情を説く者もある。それぞれが重要な掛け橋の役割をはたしているのは事実であろう。しかし、なんといっても日本からの移民導入は、ディアス政権がその移民導入政策の矛盾を克服するためにとった非常手段であり、窮余の策であったという事実を、見のがすことはできない。

当時のメキシコ政府蔵相は、さきに米国のワシントンで日本全権大隈重信とともに、日墨修好通商条約の調印をおこなったマチアス・ロメロであるが、彼が財政責任者として共和国議会に表明した移民導入政策は、この事実を裏づけるものとして注目される。

すなわち、ロメロ蔵相は、メキシコの人口の過半数を占めているのが文盲の原住民族インディオであること、彼らの生産がコロンブスの新大陸発見当時そのままの自給自足の域を出ないことをあげ、国家の発展を図るためには、積極的な移民の導入にまさる有効な手段はないと主張しながらも、その導入を妨げる、二つの重大な障壁を指摘する。

一つは賃金の壁であり、他の一つは土地の壁である。ヨーロッパ諸国と比較して、あまりに労働賃金が低すぎるので、本国より少ない賃金を得るために移住を希望する人間はないし、たとえ誘致したところで、入植に適した土地がない。なぜなら、わが国の土地は少数者に占領されており、しかも彼らはこれを売却することを欲しないからである。今日まで残されている土地についていえば、それが肥沃で交通運輸に便利な地域であっても、気候風土がヨーロッパ人の健康に適さない。

ロメロはこう矛盾をついているが、もとよりディアス政権にはこれを解決する意思も能力もない。とすれば、新たな移民の道をヨーロッパ以外の方向に求めるほかはないわけである。「メキシコの賃金」と題するロメロの論文には、より具体的にその方向が示唆されている。要約すれば次のとおり。

「冷温両地帯の住民は怠惰であるから、風土病や虫害などを理由にして、熱帯地方には下りてこない。たまたま下りたとしても、数日にして引きあげるのがつねである。従って、もっとも肥沃で有利な土地は、未開発のまま放置されているものが多く、これらの土地は、アフリカ人かアジア人でなければ開拓できない、という考えを地主階級は持っており、シナ人やアフリカ人を導入しようとする者が多い。これ、わが国憲法第十一条に、いずれの国民であるを問わず、わが国に来住する自由を認める、という箇条のあるゆえんである」

メキシコ政府が、榎本武揚に対してチャパス州ソコヌスコ郡の官有地を払いさげた狙いも、つまりは熱帯地における農業労働力の甚だしい枯渇を補うためであり、劣悪な賃金と苛烈な風土に耐えるアジア・アフリカ系移民の新種として、日本人が脚光をあびるに至ったまでのことである。

ちなみに、当時のチャパス州における農業労働者の雇傭条件を見てみよう。ロメロはみずからも七年間ソコヌスコ耕地にあって親しく確認した事実として、「熱帯地方に住む労働者はその数が少ないため、冷温両地帯の労働者よりも二つの利益を受ける。その第一は給料が高いこと、第二は有事の際に前借ができることである。ただ、奸悪な雇主のなかには往々、この前借金と労働者の無知と自己の資産とを利用して、労働者を束縛することがある。これが世間から奴隷と見なされるところのものである」と述べ、一日あたりの平均賃金五十センターボスという数字を示している。その最高は七十五センターボス、最低は二十五センターボスである。

前借金による奴隷的束縛という現象に目をつぶれば、たしかにロメロの説くとおり、チャパス州の賃金水準は、他の諸州に比べて低いほうではない。これをうわまわっているのは、ソノラ州の六十五センターボスと、コアウイラ州の五十三センターボスのみである。この二州の高賃金は、英米資本系の鉱山労働者が多数を占めていることに因る。これにつづいて第三位を保っているのが、チャパス、バハ・カリフォルニア、ドゥランゴ、ミチョアカン、モレーロスの五十センターボスである。なお、全国平均は、最高五十センターボス、最低二十三・五センターボス、平均三十六センターボスとなっている。

それでは、榎本移民の場合はどうであったのか。契約書には月俸十二円と定められているが、これは一か月の就労日数二十五日（二月は二十三日）を満たした場合の額であり、一日あたりの賃金は四十八銭（四十八センターボス）となる。従って彼らの賃金は、ほぼチャパス州の平均労賃に準じる額ということになる。

とはいえ、現実に榎本移民が身をもって立証したのは、たとえその二倍の賃金をえても耐えられないという厳粛な事実であった。

一行三十五名が目ざすエスクィントラの植民地にたどりついたのは、彼らが祖国を離れて五十六日後の一八九七年十月六日であるが、たちまちマラリア病患者が続出し、二か月以内に罹患しなかった者はわずか二名のみであった。これでは五年後に錦を故郷にかざるどころか、生命の安全も期しがたいという絶望にとらわれるのが当然だろう。

その深い不安といらだちにかられて、賃金増額の要求がつよまっている。しかし、草鹿砥監督は終始これを拒否したので、ついに契約移民二十八名中の十八名は、帰国の請願をするため、首府の日本公使館へ出向いた。それも入植後まだ一年たたないうちである。言葉も通じなければ、車馬を雇う金もない。彼らはただ「メヒコ」という言葉だけを頼りにして、一千二百キロメートルの道を歩き、高さ二千三百メートルの中央高原をのぼり、二十二日がかりで首都に到着した。一名の落伍者もなかったのは、奇蹟的な幸運であったといえよう。

室田公使は一行を説得して、ひとまずエスクィントラへ帰らせるとともに、みずから現地に出かけて対策にあたった。日清戦争に勝利した日本帝国の威信もさることながら、元外務大臣榎本子爵の体面を傷つけまいと気づかう、懸命な犬馬の労である。その調停によって彼ら契約移民の月俸は十五円に引きあげられ、食費五円を控除して十円が支給されるようになった。しかし、ついに再建は不可能に終わる。

誰よりも無責任なのは、監督の草鹿砥寅二である。彼は十八名の脱走事件にふれ、「逃亡者は労働者として決して優等の種類にあらず。不平、非難、攻撃、煽動、怠慢等は此内より出るを常とせり。

故に余は其逃亡を深く惜まざるなり。現在残り居る者は蓋し普通の労働者と云ふを得べし」と手記しているが、その「普通の労働者」まで見棄てて、まっさきに日本へ逃げ帰ったのは、草鹿砥監督自身である。彼は、後年、責任を感じて自殺したと伝えられる。

榎本植民地があえなく壊滅した原因の主なものとして、次の諸点が指摘されている。

一、入植期選定の誤り。移民が入植したのは雨季であり、開拓不能のまま乾季を待つほかなかったこと。

一、入植地選定の誤り。榎本植民地はコーヒー栽培を主目的として計画されたが、現実にはおよそ不適格地であったこと。

一、指導者選定の誤り。草鹿砥監督は優秀な農学士であり、謹厳なキリスト教徒であったが、移民の指導は無能に終わったこと。彼が移民を放棄してまっさきに帰国したことは、決定的に植民地の混乱と崩壊を早めた。

このほか、事前の調査研究と不足、資金の不足、移民に対する予備訓練の不足、雇傭契約の不備、賃金の不足、医療体制の不備、日本政府の移民政策の未熟と怠慢など、かぞえきれないほど多くの敗因があげられている。そのいずれを重く、いずれを軽しとすることはできないとしても、天の時、地の利、人の和の三つながら欠いたことは、榎本植民地にとって、最大の悲劇であった。

植民不成功の知らせを受けると、榎本武揚はあっさり事業を放棄し、彼が購入契約した六万五千ヘクタールの土地の一部は、滋賀県の代議士藤野辰次郎がゆずり受けた。また、榎本に替わって地代を納めた盟友ウォルハイムも、立替額相当の土地を取得し、残りの大部分はメキシコ国会議員カスティーヨに買いとられた。

榎本移民の入植七十周年を記念して、彼らが悲涙をのんだ大地の一角に榎本公園が建設されたのは、一九六八年（昭和四十三）である。その中央広場には、記念碑が建てられ、正面には「榎本殖民記念」、背面には「夏草やつわ者共の夢の跡」という文字が刻まれている。いずれも、エスペランサ農場の聖者とたたえられた松田英二の揮毫に成る。

エスペランサ農場は、藤野辰次郎の農場に入った布施常松の助手高田政助によって創設され、高田が帰国したあと、松田が経営を引きついだものである。彼は一八九四年（明治二十七）長崎県に生まれて一九二二年（大正十一）メキシコへ渡り、以後ながらくエスペランサ農場の経営にあたりながら、地域住民の教化に精励した。

松田が渡航したのは、メキシコが長い苛烈な革命戦争に入った当時である。混乱にまきこまれてなすすべも知らず、野盗の群れに加わる者も少なくなかった。松田はこれを見て深く憂い、青少年の教育に志した。それも彼の農場に働く人夫ばかりでなく、広くエスクィントラの村々にまで及んだ。彼によって文盲をひらかれ、中学校初級程度までの教育をさずかった者は、二十七年間に二千余名をかぞえるという。その功績は、彼が後年メキシコ大学教授として、植物学界で果たしたそれにも劣らず偉大なものであろう。

二

榎本武揚によって路をひらかれたメキシコへの移民は、〔別表Ⅰ〕（次ページ）の示すとおり二十世紀の幕あきとともに急増し、一九〇六年（明治三十九）には早くも頂点に達した。しかしその翌年の三千八百二十二名を最後としてにわかに激減し、長い干潮期に入る。

その原因の第一は、一九〇七年をもってメキシコ側が、日本からの労働移民の導入を打ち切ったことにある。第二は、アメリカ合州国がメキシコ行き移民の転航を禁止するとともに、日本政府に対して強くその取締りを要求したことにある。日本政府もこれに応じ、合州国への裏口入国を目的とする移民を排除するため、渡航者の審査を厳重にした。

一九〇一年から七年までの間、わが国からメキシコへ渡った移民の数は一万を突破しているが、その大半は、メキシコを合州国への渡り廊下として利用するのが目的であったといわれる。そうでない者も、過酷な重労働と低賃金に堪えきれず、結局は合州国へもぐりこむことが多かったのである。

それはさておき、まずはこの七年間にメキシコへ移民を送出した主な移民業者と、その送出数を見てみよう。熊本移民会社一千二百四十二名、東洋移民会社三千四十六名、大陸移民会社四千百十六名となっており、三社の合計は八千七百名を超える。このうち、熊本移民会社と東洋移民会社による移民の送り込みさきは、ソノラ、コアウイラ、バハ・カリフォルニアなど、北部諸州の金属鉱

〔別表Ｉ〕日本よりメキシコへの年次別出移民数と沖縄県出身者の全国比
（1899年～1930年）

年次	出移民数		全国比
	全国	沖縄県	
1899（明治32）年	1人	人	%
1900（〃 33）年	1		
1900（〃 34）年	95		
1900（〃 35）年	83		
1903（〃 36）年	281		
1904（〃 37）年	1,261	223	17.7
1905（〃 38）年	346	−	−
1906（〃 39）年	5,068	−	−
1907（〃 40）年	3,822	250	6.5
1908（〃 41）年	−	−	−
1909（〃 42）年	2	−	−
1910（〃 43）年	5	−	−
1911（〃 44）年	28	−	−
1912（〃 45）年	16	−	−
1913（大正2）年	47	−	−
1914（〃 3）年	35	1	2.9
1915（〃 4）年	19	−	−
1916（〃 5）年	22	−	−
1917（〃 6）年	53	2	3.8
1917（〃 7）年	128	−	−
1917（〃 8）年	64	−	−
1917（〃 9）年	53	15	28.3
1921（〃 10）年	69	5	7.2
1922（〃 11）年	77	19	24.7
1923（〃 12）年	68	8	11.8
1924（〃 13）年	76	10	13.2
1925（〃 14）年	160	43	26.9
1926（〃 15）年	336	58	17.3
1927（〃 2）年	319	38	11.9
1928（〃 3）年	353	20	5.7
1929（〃 4）年	249	9	3.6
1930（〃 5）年	434	18	4.1
計	13,571人	719人	5.3%

（『沖縄県史』第7巻による）

山や石炭山であり、大陸移民会社のほうは、ベラクルス州のオアハケニヤ砂糖耕地や、コリマ州の鉄道建設現場などであった。

「この移民は殆んど奴隷同様の待遇を受けて居たので、忠実に働いた者は風土病と栄養失調で倒れて、折角働きためた若干の貴重なる金員は周囲にうばわれてしまうという惨めな始末」であったと『日本人メキシコ移住史』に記しているのは、エスペランサ農場の聖者と仰がれた松田英二である。

松田はさらに言葉をつづけて、彼ら初期移民の「無智を利用して同胞を喰物にした無恥なる移民会社と、之を黙認した当時の政府は、長く国民のうらみを買った。……今日メキシコ国が外人の移住に非常に神経過敏になって居るのも一方的にのみはいえまい。メキシコの諺に、por uno paga todo（一人の為に皆が払わせられる）というのがある」と述べている。

温厚篤実な老植物学者が、こうまで厳しく非難するのもむりはない。彼ら「無恥なる」移民業者は、およそ女衒《ぜげん》にも劣る悪辣な手段による、暴利の追求のみを目的としていたからである。その罪業は計り知れない。

二十世紀初頭におけるわが国のメキシコ向け移民事業が、榎本移民という悲劇のつわものどもの夢の跡を突破口として、奔馬の勢いでなだれこんだのは事実である。と同時に、その悲劇からなにひとつ学ぼうとしなかったのも、また否定しがたい事実である。もし学んだものがあるとすれば、それは榎本武揚の二の舞いを恐れて植民地経営を避け、もっぱら労働移民の叩き売りに血みちをあげたことだけであろう。

この狂い果てたメキシコ移民市場に初めて沖縄の民が登場するのは、一九〇四年（明治三十七）である。人数は二百二十三名。その二百二名を東洋移民会社が占めている。

東洋移民会社の前身は、日本吉佐移民合資会社である。日本吉佐は、わが国最初の移民会社として一八九一年（明治二十四）、日本郵船会社重役吉川泰次郎と秀英舎舎長佐久間貞一によって創立された。社名は両名の頭文字を組みあわせたものである。

日本吉佐はニューカレドニア向け移民を手始めとして、ガードループ、西インド、クインスランド、フィジーなど、主として南洋方面への契約移民を取り扱ったが、一八九七年（明治三十）事業拡張のため新たに東洋移民合資会社を組織し、ハワイを始め、広くラテン・アメリカ方面へも進出するに至った。

一九〇四年に入って同社が初めて着手したメキシコ向け移民の第一陣は、バハ・カリフォルニア州サンタ・ロサリアのボレオ銅山行き五百七名である。沖縄からの移民はその第二陣になる。ただし後者の送りさきは、サンタ・ロサリアの銅山ではなく、コアウイラ州のラス・エスペランサス炭鉱である。なお、参考までにつけ加えておけば、最初にこの炭鉱へ移民を送りこんだのは熊本移民会社であり、東洋移民会社は一年あまり遅れての進出である。

当時沖縄に駐在して、メキシコ行き移民の募集をおこなった東洋移民会社業務代理人の名は、肥後孫左衛門という。いかなる経歴の人物かはあきらかでない。もう一人、本社出張員として狩谷三市の名も見える。一九〇四年五月十七日付の『琉球新報』には、次のような募集広告が出されている。

「特別広告／移民募集／メキシコ行移民募集致シ候間御望ノ方ハ至急名護間切役場へ御出可被下候／東洋移民合資会社業務代理人／名護一心館在／肥後孫左衛門／五月十七日」

時あたかも日露戦争の火ぶたが切られて三か月後である。この移民募集広告がのせられた紙面にも、「有馬中佐の海戦談」「沖禎介氏の半世」「日露開戦と対清貿易」「首里区の出征軍人」「海兵引率」など、硝煙くさいニュースがあふれている。

また、「各寺院の祈禱者」と題し、「日露開戦以来各寺院の祈禱者多くなりたるが、昨今は徴兵適齢者の家族が頻りに祈禱をなし居る故、各寺院とも非常に雑沓を極め居ると云ふ」ような記事も出ている。なにより恐ろしい徴兵検査が一月あとにせまった時季であるだけに、適齢者の家族は藁にもすがりたい心境であったろう。

戦争の恐怖ばかりではない。餓死の恐怖もまた、急速につよまっている。この年、沖縄を襲った旱魃は、新聞の報道によれば「七十余年来始ての大旱魃」という。農家の損害は総額四百万円を超え、蘇鉄地獄にあえぐ者も出ている。

まさに前門の虎、後門の狼という苦境であるが、却ってこれは移民業者にとって、乗ずべき絶好の機会となった。東洋移民会社にとってもそうである。もしこれが平穏ぶじの世であったら、一挙に二百人以上もの応募者を確保することは到底困難だったろう。

そもそも地元の新聞にメキシコ、あるいは墨国という活字が顔を見せるようになったのも、東洋移民会社の募集広告以来のことである。この年六月二十三日、『琉球新報』は初のメキシコ行き移民の出発を報道するとともに、やはり初めてメキシコという文字を使って、次のような世相を伝えている。

「昨今各郡部の状況を見るに、農家の子弟は小学校を卒業するも職業なきに苦しみ、巳むなく父兄の財産を喰ひ尽し、其の果ては布哇、マニラ、メキシコへ渡航して活計を営まんとするに至れること、是れ本県目下の一部社会の状態なり」

東洋移民会社が緒戦で獲得したメキシコ行き移民二百二名のうち、百五十二名は国頭地方の住民である。その数はじつに全体の七五％をうわまわっている。これは、同社の業務代理人肥後孫左衛門らがその募集基地を名護に設け、集中的に山原《やんばる》を攻略した成果であろう。以後ながらく同社は、沖縄本島の〝陸の孤島〟山原の地を、最大の移民田として手中におさめることとなった。小学校は出たけれど、の悲哀はとりわけ山原において深刻であった。

ちなみに各間切・島・区別の移民数をあげておこう。本部三十九、名護三十二、大宜味二十七、羽地二十五、恩納十六、今帰仁八、伊江島五（以上国頭郡百五十二名）、西原《にしはら》十八、中頭《なかがみ》十四、北谷《ちゃたん》三、読谷《よみたん》二、与那城《よなぐすく》一、越来《ごえく》一（以上中頭郡三十九名）、真和志《まわし》三（以上国尻郡三十名）、首里区四、那覇区四（以上二区八名）。

この二百二名中、移民名簿に年齢記載漏れの二名を除く二百名の年層は、次のような比率を示している。

十六〜　二十歳	十二名	六・〇％
二十一〜二十五歳	六十七名	三三・五％
二十六〜　三十歳	六十三名	三一・五％

三十一〜三十五歳　　　三十九名　　一九・五％

三十六〜　四十歳　　　十九名　　九・五％

応募者の年齢は、十六歳以上五十歳以下とさだめられている。しかしこの移民団の最年少者は二十歳（十二名）であり、十九歳以下の者は一人もいない。また、最年長者は三十九歳であり、四十歳以上の者はいない。その平均年齢は二十八歳である。

当時沖縄における男子の結婚年齢は、およそ二十歳から二十一、二歳である。従って彼らメキシコ行き移民の大部分は、妻子を残しての出稼ぎとみられる。

一行を那覇から神戸へ運ぶ長田丸は、その途中、異例の名護寄港をおこなった。数多い国頭地方の移民を地元で乗船させるためである。しかしそれはまた、彼らの多難な前途を予告するかのように、嵐の島立ちとなった。

長田丸が名護湾を出帆したのは六月二十三日午前一時十分であるが、それからわずか一時間後、濃霧のために航路をあやまり、瀬底島のそばで坐礁した。さいわい、乗員と船体に被害はなかったが、離礁作業は容易にはかどらず、ようやく錨をあげて神戸へ向かったのは二十五日正午である。

深夜の名護湾頭で声をかぎりに綾船のちゅらさを称え、海路の安全を祈った直後のできごとだ。親兄弟や妻子の驚愕と不安は、さだめし大きかったにちがいない。

しかし、この不吉な海難にもまして恐怖にみちた凶報が、やがて島に届く。それも、彼らメキシコ行き移民が七月六日に神戸を発って、やっと二月過ぎたばかりのときである。その血の凍るような知らせは、九月五日の『琉球新報』によってもたらされた。「墨国移民の危険（上）」と題され、

▲危険なる炭鉱▲七百名の同胞の運命如何▲内二百余名は本県人也危険至極、という見出しがつけられている。本文に転載されているのは、当時米国のサンフランシスコで発行されていた邦字新聞『新世界』七月三十日号の記事であり、沖縄県出身者から送り届けられたものという。

過日チャイナ号にて着したる墨国行炭鉱労働者二百名は、其後報道なしたる通り当地伊藤石丸一柳等諸氏の斡旋によりて無事仕向け地へ出発したるが、別報によれば本邦移民会社は郵船会社汽船曙丸を借り受け、既に五百名の労働者を同地へ輸送し、既に同地に着し居る筈なり。過日桑港に来て右の支那号二百名の移民到着を俟《ま》たず墨国に引き返し行きたる移民会社代理人小林直三郎は、全く右五百名の移民始末なりとのこと。

然るに茲にいとも奇怪至極危険千万なる報道こそ表はれたり。前記七百名の移民は、メキシコ、コーウエラーなるアメリカン・コール及コーク会社の炭鉱夫として出発したるものなるが、昨年十二月三日頃当港に着したる支那号には墨国行移民三十五名乗り込み来りしが、其仕向け先きは矢張前記のアメリカン・コール及コーク会社なりしと。然るに当時其移民と同乗し来りたる進藤氏は、同船移民中の一人大槻岩吉なるものと心易くなり、大槻が当地出発墨国へ行きたる後互に書簡を往復なし居たるが、程もあらせず大槻よりは一大悲報を齎《もた》らせ来たり。

即ち同行三十五名の労働者はメキシコより数百哩を隔てたる荒蕪の地に送られ、それより炭鉱に使役せらるることとなりたるが、其苛酷なると危険なるは筆紙に尽し難く、只想像の一例として特筆すべきは、三十五名の同胞中、就働後一ケ月にして生存するもの僅かに十数名、他は皆炭鉱内の瓦斯に窒息せしめられ、又は炭鉱用爆発物の為めに斃れ、或は粗雑なる小屋の倒れたるに圧し殺され、何れも無惨の最後を遂げたりとぞ。（中略）

事実は大槻より当地の進藤氏へ其窮状と危険に遭遇したるを報じ来りたる処なり。更に斯の如き危険の地に同胞を誘ひ行きたる当時の契約者は、矢張前記の小林直三郎なりと聞くに至っては、愈々危険なる炭鉱と云ふべし。更に怪むべきは、此度当地経由の労働者が総て琉球人にして、邦語を解せざるものたることとなり。

吾徒は右の移民を契約したる東洋移民会社なるものは如何程まで信用し得べきものたるを知らずと雖も、現在其代理人たる小林が三十五名を死地に陥入れおきながら更に数百名を輸送したるは、何等の理由其間に存するものぞ。吾徒は本邦労働者が需用せらるる新境地の拓かるるは悦ぶところなり。但それ移民会社が陰険なる手段を弄して労働者を自己営利の犠牲となすこと、其例尠からず。刻下憂慮に堪へざるは、合計七百名の本邦労働者が運命果して如何。

これを第一報として、『琉球新報』は、断続的にではあるが翌年八月十三日までの間、精力的に関連記事の掲載を継続し、安易な移民政策への警鐘を鳴らしつづけた。現地側の情報はすべて、『新世界』紙に拠っている。

もちろん、部分的には誤報もある。しかしそれとて、この一連の報道の価値をいささかも低めるものではない。初報は爆発事故をきっかけとしながらも、メキシコの地底へ送りこまれた沖縄出身移民の実情へとせまってゆくことによって、期せずして日本の移民政策そのものを告発する、稀有のルポルタージュとなったのである。

その意味では、三菱高島炭鉱で働く労働者の惨状を初めて報道し、奴隷制にひとしい納屋制度廃止のきっかけを作った『日出新聞』（明治二一・八・九）と並んで、『新世界』と『琉球新報』の功績は永く称賛されよう。

また、その報道記事は、今日われわれが当時のメキシコにおける炭鉱移民の生活と労働の実態や、彼らを食いものにした移民業者の仕組みを知るうえでの、もっとも貴重な資料ともなっている。それゆえ、その全文をここに紹介しておきたいという欲求はおさえがたいが、かなりの量にのぼるばかりでなく、文章も読みづらい旧体である。荒筋だけをたどるにとどめよう。

第二報も「墨国移民の危険（中）」と題して、ひきつづき『新世界』紙に掲載された大槻の書簡を中心に、移民業者の非人道的な営利主義の批判をおこない、「若し其れ先発三十五名と悲運を共にする如くんば、移民会社は奈如《いか》なる言辞を以て生霊に答へむとはするぞ吁々《ああ》」と訴えている。

第三報は「在墨国本県民に就き」という見出しで、東洋移民会社の代理人肥後孫左衛門が本社に問いあわせたところ、県出身移民はぶじに就労しているとの返電があったよし、と伝えながらも、「墨国の所在地より確実なる報道あるにあらざるよりは、右の如き単に在日人の取扱会社の返電のみにては安心しがたし」と結んでいる。

第四報は「墨国移民の危険」の最終回であり、▲移民四百余名は遂に送還せらる▲本県人の消息は尚ほ不明なり、という見出しがついている。これは八月三十日発行の『東京日日新聞』と『萬朝報』の記事を転載したものであり、その経過はこう記されている。

一、発端――東洋移民会社はバハ・カリフォルニア州の銅山と労働移民契約を結び、和歌山、広島、熊本、沖縄その他の諸県で募集した移民五百二名をメキシコへ送り、七月十六日に上陸させた。しかし、銅山側は鉱山労働の経験のある四十九名を除いて、他はすべて雇い入れを拒否した。

二、紛擾――そこで移民は総代を選んで移民会社代理人の小林某に談判しようとしたが、小林は無責任にも彼らを見捨ててメキシコ首府に逃走したので、移民は途方にくれ、「茲に一大紛擾を醸したるを以て、銅山主は武力を以て移民を追払ひしが、地方警察にても捨置かれず」中央政府に上申して訓令を仰いだ。

三、強制送還――地元警察の上申を受けた中央政府は応急手段として、出港まぎわの移民船明保野丸をさしとめ、前記四十九名を除く四百五十三名の移民を乗せて送還することになった。「尤も前記鉱夫四十九名も、雇入れはしたるも紛擾の際に十余名は生死行方共に不明となりたり」という。

四、上陸禁止運動――紛擾にまきこまれて十一日間の停船を余儀なくされた明保野丸は、ようやく七月二十七日に帰国の途につき、八月二十七日横浜に入港した。ところが、送還された移民の抗議を恐れた東洋移民会社代表の佐久間鋼三郎は、帰港にさき立って外務省に哀願し、外務省はこれを容れて横浜水上警察署と謀り、移民の上陸をさしとめた。

「彼等移民は往復六十日以上を船中に費し、食物及び飲料水の如きも十分ならず、栄養不良に陥り、上陸を欲するの念は燃ゆる如く、殊に移民会社に対しては大いに談ずる所あらんとせしに、無情にも差止めを喰い、目下警察官と交渉中なり云々」

「上記の如く四百余名送還せられたる外、本県移民の消息は不明なれども、何《いず》れ其詳細に接し次第、本紙に掲載すべし」

このように伝えている。

これとおなじ九月九日、『琉球新報』は第五報として、左のような東洋移民会社側の特別広告（メキシコ移民につき）を掲載する。

「五七両日の琉球新報へメキシコ移民危険との記事有之候得共、右は和歌山、福岡、鹿児島、宮崎、広島の五県よりメキシコ銅山へ出稼人の事にして、本県より出稼の諸氏は皆無事相働被居候旨本社より通知有之候間、移民諸氏の御親族御安心相成度、右広告候也／九月八日／東洋移民合資会社代理人肥後孫左衛門」

第六報は「本県墨国移民（会社よりの書面）」と題し、東洋移民会社が沖縄から募集した移民二百二名は七月六日神戸出発、海上つつがなく同月二十六日に米国サンフランシスコ到着、同月三十一日に炭鉱に着いて就業したこと、一時扇動者の誘拐のために逃走をくわだてる者もあったが、その筋の注意によってまったく鎮定し、その後はぶじに就労していることなど、同社の佐久間鋼三郎から沖縄県知事にあてて詳細なる書面が届いたと報じている。なお、同社の取扱い移民のうち、紛擾を起こして送還したコアウイラ州のコール・コーク会社の炭鉱と、今回本県移民の就労したエスペランサス炭鉱とは、「非常に土地隔絶し居りて何等関係なしとなり」と付記している。バハ・カリフォルニア州の銅山での紛擾とは別に、コアウイラ州の炭鉱でも騒動があって、送還者がでたことがうかがえる。

この年十二月七日号の第七報から翌一九〇五年（明治三十八）六月十七日号の第十一報に至るまで、『琉球新報』はもっぱらこの炭鉱紛擾と、その背景をなす非人間的な搾取の実情について、『新世界』紙の報道を伝えつづける。これに対抗して東洋移民会社側も、第十二報（八月五日号）から第十五報（八月十三日号）までをもちいて反論をくりひろげた。

その論争の口火を切ったのは、「在桑港同情生」を名乗る『新世界』記者である。「果然墨国行移民は騒擾を起せり」と前置きして彼は、十一月二日発行の同紙を示す。そこには次のような戦慄すべき情報がのせられていて、読者の眼をくぎづけにする。

——東洋移民会社がさきに五百名の移民をバハ・カリフォルニア州ボレオに送って大失敗を招き、ついに彼らを本国に送還するのやむなきに至り、いまなお移民と会社とは紛議中である。その東洋移民会社がエスペランサス炭鉱行き琉球人二百名を、当サンフランシスコ経由で送り込んだ当時、本紙は、彼ら沖縄県人移民が移民会社の甘言に迷わされたのではあるまいか、また、のんき千万の琉球人が過酷な労働に堪えられるかどうか、その結果を憂えていたが、案のじょう、彼ら二百名は「毫《ごう》も就業の念なきのみならず、裸体跣足等あらゆる醜態を演じたる為め」これまた送還は避けがたいものと心配された。さいわい関係者の非常な努力によって、彼らはひとまず就業し、送還の不幸をくり返すことだけはまぬかれたものの、八月十二日から十四日までの間に、三、四十名乃至五、六十名ずつの集団をつくって数度の逃亡をくわだてて、監督の説諭にも服さなかったので、ついにこれを制止するため巡査が発砲すること三、四度に及び、首謀者は投獄されて大騒ぎとなり、いまも混乱をきわめているよし。

「在桑港同情生」はこの報道をふまえ、「吾人は会社と移民間に結べる契約を詳細に知らざるが故に、此紛擾の処置につき早計に論断を下す能はずと雖も、兎に角会社にして彼の炭坑が斯く恐るべき地獄谷たるを知らば、必らず彼等を安全なる位置に救ひ出すべきを信ずる者なり。若し然らずして同会社が射利の為めに飽迄彼等を酷使せんか、吾人は憐むべき彼等同胞の為め、血あり涙ある志士仁人に向かって、一臂の労を惜まざらん事を切希するものなり」と訴えている。

日本とロシアが日本海を挟んで血なまぐさい戦争を開始した年、那覇とサンフランシスコの小新聞社が太平洋を挟んであい呼応し、積極果敢にくりひろげたメキシコ移民関係の共闘作戦は、ひとまずこれで中断されるが、あければ一九〇五年五月一日、『新世界』はふたたび東洋移民会社に対して攻撃の火ぶたを切った。

その論旨はこれまでになく具体的かつ詳細であり、悪徳移民業者を包囲殲滅に追いこもうとする意気ごみにあふれている。賃金問題を中心とする攻略の第一点は左のとおり。

——目下ラス・エスペランサス炭鉱には七つの坑区があり、日本から送られた移民はコンキスタ地区の第三、第四、第六号の三坑区で採炭に従事しているが、ここは不便きわまる僻地であって諸物価が高く、労賃との釣りあいがとれないため、これまで送りこまれた労働者はいずれも逃亡している。白人労働者などはわずか一両日就労しただけで、ことごとく逃げ去っている。これを見ても、どんな場所であるか、容易に想像できよう。現に米国にもこの炭鉱に関係して失敗した人が住んでいる。これもなによりの例証であろう。

ところが無責任な移民会社は、豪州その他の地方への移民の途が絶えそうになると、むりにメキシコへ移民を送りこみ、同胞の膏血を吸うて自己のふところを肥やそうとしている。なんとも憎むべきことではないか。

しかも移民会社が移民を募集するにあたっては、甘言をもって誘惑し、状況書なるものを配布して、毎月少なくとも二、三十円の剰余がえられると吹聴し、外国の事情にうとい彼らをあざむいて最愛の父母妻子と離し、遠いメキシコへ送って危険な採炭作業に従事させたのである。その賃金はどれほどかといえば、月収は四、五〇メキシコドル（日本円と大差なく、米国ドルの半額）にすぎず、ようやく日々の生計を営むことができるだけであって、なんの余裕もない。現在、採炭夫が一人一か月に果たす平均採炭量は八〇トン内外ということであるが、その賃金は一トンにつき六〇セントだから、八〇トンを採掘したとすれば、月に四八ドルの収入である。その場合、どれだけの余剰があるかを示そう。

四ドル八〇セント	移民会社手数料
九六セント	器具修繕費
五〇セント	家賃
一〇ドル	渡航費弁償
二ドル	保証金積立（同盟罷工等の場合には損害として没収されるものなり）
一ドル	器具損料
五ドル	採掘用火薬費

三ドル　　　同礦油
一五ドル　　食料（食物の粗悪なる事言語に絶し、味噌醤油等は一切用いず、一日に一
　　　　　　度はビスケットと水のみなり）
一五セント　風呂賃
総計四二ドル四一セント
差引残高五ドル五九セント

右の表のとおり、彼らが余すところはわずか五ドル五九セントの少額であり、煙草賃や郵便賃を支払えば、故国の家族を養うはおろか、十円の金を貯えるには一か年を要するのである。しかも月に八〇トンを採掘できるのは強壮な坑夫にかぎられ、過半数の者はそれほどの収入をえていない。それゆえ彼らが逃走をくわだてたり、または同盟罷工をなすのも、じつにやむをえない結果である。

（『琉球新報』明治三八・六・一一号に転載）

第二点は暴力支配の実態について。

「移民が就働を拒むが如き事あれば、会社は直に巡査を派して無理やりに就働せしむるものにして、若し其巡査の命令に抵抗せんか、同地一帯は炭礦会社の所有にして、巡査の如きも政府の公吏にあらずして会社が特に雇ひ置く特別巡査の事なれば、炭礦会社の命令ある時は殺人をも辞せざる程の勢ひを以て鞭撻を加へつつ、尚ほ夫《そ》れに応ぜざる事あれば是れを獄中に投じ、食物を与えず、飢の到るを待ちて就業を強《し》ゆる等、全然奴隷を遇すると同一にして、文明を誇る西大陸下に於て又見る可からざるの暴虐を演じつつある也」

こう前置きして、『新世界』紙はその一例を報じる。

——去る一月十九日の夜、小野粂蔵という広島県の移民が逃亡の意志を友人に告げ、ひそかに計略をめぐらしつつあったところを移民会社出張員に探知され、事務所に呼びだされて糾問されたが、小野は事実を白状しなかった。そこで会社側は、金沢某、吉田某の両移民をそそのかして、事務員の大浦某、桑原某とともに、小野が知覚を失うまで乱打し、それでもなお飽きたらずして彼を投獄した。このことが翌日になって移民全員に知れわたると、彼らはこのような場所で苛責の鞭に死ぬるより、いっそ就労せずに死を待ったほうがましであるといって、死を決しての同盟罷業に入った。これには会社側もあわてふためき、さっそく小野某を出獄させ、全移民を慰撫してふたたび就労させたが、この罷工が起きると同時に移民十二名がどさくさにまぎれて脱走を計った。

彼らは首尾よく坑区を脱出したが、いずれもアーギーパク移民局で捕えられた。移民会社の佐藤某が出張してこれを受けとり、炭礦会社は移民会社と協議の結果、そのうち四名をロスマスクエスの監獄に送って苦役に服せしめ、他の八名は入獄一か月の苦役に処せられ、出獄後も囚人同様、巡査の監視のもとに働かされた。

あけて三月二十日、広島出身移民はふたたび同盟罷業をくわだてたが、巡査四十名が抜剣して彼らの家屋を襲い、移民会社の指示した者たちを逮捕しようとした。他室にいた移民はなにごとが起こったのかと驚き、急いで現場へゆこうとしただけであるが、警官隊は逮捕に抵抗するものと誤解し、これに発砲して数人を傷つけ、ついに十五名の移民を拉致した。その後、彼ら十五名の消息は杳として知るすべもない。どこかに投獄されて苦役に服しているのか、それとも殺害されて地下に恨みを呑みつつあるか、さっぱり知るべき手がかりがない。

そこで残された移民たちは内々に協議した結果、白井某が代表としてひそかにメキシコ首都へ向かい、駐墨公使兼領事の杉村氏に面会し、不法監禁の処置を訴えた。公使は電報をもって会社に照会したところ、移民会社の返電は、「移民中不当の挙動ありたるをもつて監禁したるまでなり」という単純なものであったので、杉村公使はさらに熊本移民会社代理人の桑原直義に出府を命じた。その後、両者のあいだにどのようなやりとりがあったか知るところではないが、以後ふたたび被逮捕者たちの消息は聞かない。「嗚呼《ああ》思へば憐れなる移民の現況にして、暴戻極まる移民会社の奴輩こそ、憎みても余りある事と云ふ可き也」

大城五正、小橋川我甘という沖縄出身移民も、昨年逃亡して行方不明であったが、去る二月四日エルパソ移民局の手にとらわれて炭礦へ送り戻された。移民会社の代理人はただちに彼らをモスキスの獄舎に送って非常なる苦役に服せしめ、現在も服役中であるが、粗悪な食物と過重な労働によって心身ともに衰弱し、見るかげもないとのこと。

メキシコの法律制度が不完全であるのは今更いうまでもないが、ピヨネージと呼ばれる旧法もいまだに効力をもっており、これがそのまま日本人移民にも適用されている。裁判もなければ宣告もなく、ただ移民会社の一片の通知によって、移民はただちに罪人として自由を束縛されるのである。大兼久某、東江某なども、苦役中の友人を見舞うためだけに監獄をおとずれただけで巡査にとらえられ、数日の苦役に服せられた。

日本の移民保護法に照らせば、移民が移民地において困難する場合には、移民会社は充分の保護を与えるべしと規定されているにもかかわらず、彼らは却って移民会社によって苦しめられているのである。いかに日本政府の管督範囲外にあるとはいえ、あまりに人道を無視するものではあるまいか。(『琉球新報』明治三八・六・一三号と六・一五号に転載)

第三点は、渡航費の二重徴収、信書の検閲その他、移民会社の人権蹂躙について。

「移民会社の悪徳中特筆大書す可き」は、渡航費を自弁した者からも毎月一〇ドルを天引きしていることである。これについては移民から再々苦情がでているが、事務員は言を左右して応じない。領収書を見せてもむだである。「若し強ひて是れを取り戻さんと欲せば帰国の上本社に直接談判さるべし」といって返却しない。

彼らの悪事はこれにとどまらない。彼らは移民あての信書を無断で開封したり、焼き棄てたりしている。殊に移民がその窮状をアメリカ合州国の友人知己に書き送った書簡の返書などは、一通として移民の手に渡ったものはない。

また、移民会社は、移民が疾病にかかったり、事故のために労働できなくなったりした場合には相当の保護を加え、必要と認めれば本国に送還する義務があるにもかかわらず、その処置は冷淡をきわめている。移民はようやく朋友の看護を受けつつ、かろうじて治癒をまつのみであるから、往々にして助かるいのちも助からない。移民会社が移民を義務的に入院させるのは、すでに瀕死の状態におちいったあとである。それゆえ、生きて病院をでる者はほとんどまれであり、傷病人は万一の天運のみを頼りとし、死を覚悟するほかはないという。

大陸移民会社が移民を送った地方のごときは、飲料水が悪いうえ、蚊のような害虫が日夜むらがって顔や四肢を刺すので、その毒のために腫れあがって痘瘡のようになり、到底労働ができない。そこで移民たちは、労働現場を替えるか、それとも本国に送り帰すか、二者択一を監督者にせまったところ、聴きいれないばかりか、兵力をもって圧迫して首謀者を投獄、鞭撻をほしいままにして使役を強行している。しかもその賃金は一日十時間働いて五〇セントに過ぎない。このようなことはすべて、移民会社が中間に立って悪徳をほしいままにする結果であり、幾多の秘密があることは、誰も想像に難くはあるまい。(『琉球新報』明治三八・六・一七号に転載)

以上が『新世界』紙の記事を軸とした『琉球新報』の報道の概要であるが、もとよりこれを容認するような移民業者ではない。

「本年六月十一日より十七日に渉《わた》り、墨国移民の惨状と題する新世界の記事を貴紙上に転載せられる。日露戦争連勝の結果、今や将《まさ》に大和民族膨張の一大機運に向はんとし、移民事業拡張急を告ぐるの秋に当り、移民思想発達上妨害となるべき記事を見て之を黙過するに忍びず。且つ其出稼地に於ける移民の真相が彼等の郷里たる沖縄県に伝はり居らざるを遺憾とし、茲に其大要を述べ、併《あわ》せて新世界の記事が其事実を誤れる事を弁明すべし。但し本社の取扱に係るものは沖縄県人二百名にして、其他の移民は他の移民会社の取扱に属するものなれば、其取扱に付ては本社の与かり知らざる所なり」

こう、まっこう上段にふりかぶって東洋移民会社は反撃を開始し、まずまっさきに、同社に対する非難を『新世界』に伝達した者たちと、その情報をとりあげた『新世界』記者を槍玉にあげる。

よほど腹が立ったのであろう。窮鼠猫を嚙むの勢いである。

——そもそも『新世界』が事実として挙げているものの多くは、わが社の関するところではない。かつ、その材料の出所は、同記者のいうとおりだとすれば、逃亡移民の陳述によるものであり、それだけですでに信を置く値うちがない。彼ら逃亡移民はおのれの非を掩護するために、移住地の状況と取扱会社のことを悪口するのが例である。いわんやこの記事を書いたのは、かつて本社が通弁として雇ってメキシコに派遣し、その後不都合のかどがあって解雇した某である、と信ずべき事由があるとなれば、なおさら信用することはできない。

東洋移民会社はこう居なおって、同記者の不実を並べ立てているが、それによれば、彼は移民の通訳としてラス・エスペランサス炭鉱に派遣されていたけれども、「其移民に対する不親切なるの故を以て、昨年十二月本社代理人巡回の際解傭したるもの」という。その後、彼は熊本移民会社取扱い移民の通訳として石炭会社に雇われたが、そこで移民を扇動して同盟罷工を起こさしめ、またメキシコ駐在日本公使館に赴いて熊本移民会社の事をあしざまに告げ、ついに米国へ逃亡したものである。それゆえ、このたびの記事も、熊本移民会社と本社とを誹謗して損害を与えるために掲載せしめたと察せられると説き、次のように自画自賛する。

「本社が移民の安寧を重んじ、其福利を増進せんことを力《つと》むるは、其不親切なりと信ずる通訳を解雇し、他の適当にして懇切なる者をして之れに代らしめたるにても其一端を窺ふを得べし。これ、沖縄移民全体の知悉する所なり」

とはいえ、これで腹の虫がおさまったわけではない。

「是等小人の言は海外に於ては信ぜられざるも、移民の郷国に其語を伝播せしむるときは、其父兄の移民を思ふ切なるが為めに、或は徒らに憂慮するあらんことを慮《おもんぱか》り、著しき事実相違の点は弁明するの止むを得ざるに至る」として、左の十一項目についての弁明をおこなっている。要点のみを紹介しておく。

一、移民逃亡の原因を高物価低賃金に帰し、従来送った幾組かの移民はいずれも逃亡したというが、これは大いなる誤謬である。初めてエスペランサス炭鉱へ行ったのは、現在アメリカ合州国のユタ州ソルトレーキに住む橋口某であり、彼がこの炭鉱に働きかけて日本人移民若干の使用をみとめさせ、彼はその注文をもって日本に戻り、熊本移民会社を通じて所要の移民を送らせた。橋口自身も移民とともに炭鉱に赴いたが、言葉も通じない移民を放棄して、たちまち合州国へ逃亡した。それは事実であるが、これをもってただちに失敗の例証とすることはできない。後続移民は着々その成果をあげ、今日では「稍《や》や大成の域に近づきつつある」のである。

二、移民会社は移民募集にあたって甘言をもって誘惑しているというが、他社はいざ知らず、本社は応募心得書を発行して、志望者に出稼地の状況を知悉せしめるよう尽力している。その事項は一つ一つ本社代理人が親しく調査したものであり、行く者をして失望させないのみでなく、大いにその業に安んぜしめる所以でもある。

三、収支を示して貯蓄をなしえずという。しかし、仔細に吟味すれば、項目金高に誤りがあるのを発見できる。記事に一人一か月の採炭量を八〇トン内外としているが、移民は習熟するにつれて月に一〇〇トン以上採掘できる。かりに八〇トン以上は採炭できないとしてもよい。渡航費一〇ドル、保証金二ドルが差引かれているのは事実だが、その一〇ドルは本社が立替えた渡航船賃その他雑費を弁償するものであって、就業後十八か月に至れば立替え金額を満たす。その後も差引かれるようなことは、もとよりありえない。

なお読者に注意してほしいのは、この弁償船賃は契約年限中満足に就業した者に対し、返却される特典のあることである。従ってこれは、移民の貯金と見なすべきであろう。また保証金二ドルも、満期後は相当の利子をつけて、全額返却を受ける。ただし、逃亡などの場合には没収されるが、これは当然のことであって、会社のこうむる損害に対する弁償の一部にも足りない。しかし、契約を守って満足に就労すれば、往航船賃とおなじく返還されるのだから、これもやはり純然たる貯蓄であり、移民の所得である。

「右特典の如きは、我社が移民の為めに利益を計り、尽力したる結果の一なり」

火薬料として五ドルが算出されているが、これも過大の計算である。技量が未熟の間は火薬の使用法がまずく、少量の石炭をだすのに多量の火薬をもちいがちだが、習熟するにつれて用量を減じ、いまや八〇トン内外の採炭には三ドル以内で充分としている。かつ腕力の強い者のなかには、一日三、四トン掘るには火薬を使用しない者さえある。

食費として一五ドル計上しているが、これまた誇大の数字である。メキシコにおいては割合に安くない米と肉とをたべても、一二ドル内外で足りる。琉球移民は麦粉と肉などを常用し、六ドル乃至七ドル程度で生活している。

入浴賃は、本社移民はまったく雇主に納めていないが、雇主は日本風の入浴場を設け、鉄管で温湯を供給している。ただし、移民のなかに虚弱者があるのを利用し、彼に浴場の掃除などさせているので、その手あてとして移民がそれぞれ一五セントを毎月醵出しているのが現状である。

右の計算によれば、一か月に少なくとも一五ドルを余すことができるうえ、加えて別に一二ドル（渡航船賃と保証金の差引高をいう——上野）を貯蓄しているのである。どうしてこれを少なしということができよう。彼ら移民が続々我社の手を経て、家族に送金しているのも尤もなことである。今後彼らが仕事に馴れれば、ずいぶん多額の収入があるにちがいない。

四、移民が就労を拒めば巡査によって鞭打たれ、奴隷と変わらないというが、休業を許されているのは、日曜、国祭日、病気の場合などである。ただし、病気の際には附属医の証票を受ける規定になっている。これは移民の怠慢を防ぎ、規律を守らせるためである。記事にいうように、すぐさま巡査を使って無理に就労させることは決してない。移民が理由なく就労を拒むときは、まず通訳または監督をして説諭せしめ、それでもなお応じない場合に始めて相当の手続きをふみ、巡査をして処置させるのである。

けだしこれは雇主が当然採るべき順序であり、決して移民を虐待する意志があるのではない。また、鞭撻を加えたこともない。それどころか、かつてエスペランサスに不正不親切な巡査がいるのを発見して、会社代理人はただちに石炭会社に厳談し、その巡査を解職させたほどである。本社がいかに移民の人権を尊重しているか、この一事をみてもあきらかであろう。

五、移民会社事務員大浦某、桑原某らとともに、知覚を失うまで移民を虐待したといっているが、これは本社のあずかり知らないところである。大浦氏、桑原氏など、どの移民会社の社員であるかも十分に知らないが、とにかく当社移民に干与する権限のないひとびとである。もし万一にもこのような事実があったとすれば、本社として相当の処置をとる。移民もメキシコの法廷に訴える権利をもっているのである。

六、沖縄県出身移民の大城五正らをモスキス牢獄に送り、粗食を与えて心身衰弱に至らしめたというが、逃亡者を投獄するのはメキシコの法律が許しているところであり、なにびとといえども、その国に入るときは、その国法に服さなければならぬ。彼らは罪を犯した報いとして、モスキスに送られるのは正当なりとする。本社代理人の報告によれば、彼らはエルパソ移民局から炭鉱へ送り戻されたあと、他の移民を扇動して逃亡をくわだてているのを認めたので、逃亡の罪をもってモスキス監獄に投じたわけである。

本社代理人がその獄舎の模様を調べたところ、モスキスは新しい炭鉱の所在地であり、樹木鬱蒼たる健康地なるうえ、獄舎の設備や給食なども良好である。また、労働なども過重ではない。その取り扱いをみると、却って懲戒の実をあげることができないのではないか、と危惧されるという。

このことは弊社が早くから聞いていたところであるが、このような囚人の取り扱いは、もともと事理を失しているのみならず、懲戒の趣旨にも違うているので、心ひそかに真否を疑っていた。しかし、不幸にして事実であることが判明した。これは労働者を矯正するために実に憂うべきことながら、弊社としてはどうすることもできない。従って投獄中の移民が心身衰弱、昔日の面影をとどめず、などというのは荒唐無稽の言であって、深くその真相を究めていない者であることが知られよう。

七、ピオネージ法は十数年前までおこなわれていたが、今日では廃止されている。現在は移民といえども独立不羈の人民であって、白人やメキシコ人と同等の権利を有しており、決して不法に監禁されることはない。従って記事にあるような事実のあるべき理がない。

八、移民会社の悪徳として、自弁移民に対しても毎月一〇ドルを弁償せしめているというが、自弁移民は二百名中一名もなかった。本社は移民各自に渡航費のみならず、支度金まで貸与している。これに対して毎月一〇ドルあて差引くのは約束上当然である。移民が病気になって所得金が少ないときには、まず食費その他の生活費を支出せしめ、残余があれば弁償金を納入させているので、移民は少しも苦痛を感じることがない。

「何者の姦徒ぞ、無根の事実を構造し、移民会社を中傷する。思ふに我社の先きに解雇したるを含みて、如此《かくのごと》き挙に及びたるならん」

九、移民会社員は移民の信書をひそかに開封しているというが、移民は直接に郵便局へ行って信書を受けとることができるから、開封される恐れはない。監督はその土地の情況に満足し、かつは自身の移民取扱いぶりなどに自信のあるもの。なにを苦しんで移民の信書をひそかに開封する必要があろうか。

十、疾病の移民を冷遇しているというが、他社のことは知らず、本社は特に雇主の要請に応じて日本人医師を送り、移民の診察治療に従事せしめている。療養不充分にして死亡者をだすというがごときは、虚構もまた甚だしいといえる。我社の統計を見よ、昨年出稼ぎした沖縄出身移民二百名のうち、死亡したのはわずか二名のみである。この二名は、日本出発前から弱かったのである。

十一、病人は生きて病院をでる者が稀であるというが、もともと移民の大多数は衛生思想が発達していないため、ややもすれば摂生を怠り、医師の注意にそむき、その結果病状を悪化させ、治療に日数をついやすことはあるにしても、医師の冷遇による不幸など、ゆめゆめありえない。

本社はこれで『新世界』の記事の誤謬を正したと信じるが、この機会にエスペランサスにおける沖縄県人移民の生活を報告し、父兄諸君と世人の参考に供したい。

現在沖縄出身者が居住している土地は、坑外の気候はやや温和のほうである。二百名が十四棟の家屋に収容されており、そのなかの二棟は他より広く、それぞれ六十名を収容できる。この二棟の構造は、中央に通路が設けられており、その両側が寝室である。食堂は各棟の中央にある。他の十二棟のほうは幅五間と二間半の小屋であり、外側に炊事場が設けてある。そのストーブなども、雇主の供給したものである。

このような集団生活とはいえ、沖縄県人はその出身部落を異にする者は一所に集まらない習慣があるので、せいぜい六、七名ずつ団欒するにとどまる。衛生思想は甚だ乏しく、医師や監督の注意を受けることしばしばであるが、これを怠る癖がある。

早寝早起きを彼らに望むのは難しい。朝六時の定時に就業する者はまれで、多くは七時以後にしか入坑できない。終業時刻は午後五時と定められているが、二時か三時には昇坑するなど、規律を重んじないふうがある。もし定められた時間どおり就労すれば、現在の採炭高を二~四割うわまわるのは容易であろう。ただ、彼らの仕事ぶりはまじめで、採炭方法なども教わったことを守り、あえて我意を挟まない。この点においては、彼らは至る所で好評を博している。

仕事が終わって合宿所に戻ると、まず入浴して食事をとり、終われば三味線など弾いて戯れたり、公園へでかけてメキシコ人と一緒に散歩したり、または酒屋にいってビールをかたむけ、微醺をおびて楽しそうに帰宿する。これを見ても、彼らがいまの生活に安んじていることがわかろう。

彼らが合宿所で常食としているのは、米、麦粉、豆、山羊肉である。山羊は一頭二円から二円五十銭で、他の肉にくらべて値が安いから、これを常用するのは困難でない。殊にその腸のようなものは彼らがもっとも好むところであり、ひとかたまりを十銭程度で買える。これだけあれば七、八名が腹を満たすことができ、食費も比較的安くあがるので、一か月に一五ドルなどという巨額の食費を要しないことがわかろう。

本県移民の特色ともいうべき点は、性質が至って柔順であって、腕力も概して強く、採掘作業に適していることである。しかし、欠点もある。不慣れのせいもあってか、坑内作業も他府県人のように巧妙でなく、危険に対応する準備なども、それが眼前にせまらなければ整えようとしない。このため、危険にさらされることも往々あった。本県移民が将来とくに注意を払われるよう、望むところである。

送金のことに関しては、その成否を疑うむきもあるが、我社を通じて父兄に送金された額はいまや数千円に達しており、将来ますます増加の傾向にあるので、本県における送金は、間接的に種々の利益を世間に与えるに至ろう。

「今此記事を終るに臨み一言し置くべきは、沖縄県移民の何れの個所に於ても成功し好評を得るは、一は其性質堅忍にして能く事業に熱心なるにあり。我社の如きは、今や本県移民を各国の需用者に供給せんとするの計画を立てたり。県下人士が必要に応じて海外に雄飛せられ、我国民の名誉を発揚し、富国の大計を成功せられんことを希望して已まざる所なり」(『琉球新報』明治三八・八・五~一一三号)

コアウイラ州ラス・エスペランサスの炭鉱を、熱砂の移民地獄と見る『新世界』紙と、言葉どおり希望の地と主張する東洋移民会社との論争は、これをもってひとまず幕をとじる。後者がこうまで日本の国益を錦の御旗として、沖縄県民の特性をあげたりさげたりしながら、なりふりかまわぬ扇動をあえてするのも、要はせっかくわが手に納めたばかりの肥沃な移民田としての沖縄を、みすみす失いたくなかったからである。

「今や本県移民を各国の需用者に供給せんとするの計画を立てた」ところであるだけに、東洋移民会社にとって、『新世界』紙の報道はよほどこたえたものと思われる。そのとり乱しかたは、むしろ滑稽なほどである。

しかし、伏兵は、獅子身中の虫ともいうべき元おかかえ通訳ひとりではなかった。やがてさらに手ごわい伏兵があらわれ出る。まずはその証言を聴こう。

「実は或移民会社の御世話によって見せて貰った話ですから、あまり打明けて御話しては相済まぬ、実にあれからもう二年余になりますが、喋り散らしては余りに気の毒と思って今日迄黙って居りました。さりとて全く黙って居ても国家に対して済まぬし、殊にもう大部時も経ち事情も変更して居りますから今は公言しても宜いかと思ひますが、それでも気の毒でありますから少し許《ばかり》申します。どうかと云ふと先づ此契約移民を取扱ふ移民会社と云ふものの当局者、茲に特に其に使はるる所の移民の仲買人もしくは勧誘者、それがいけない、それが味《うま》く騙して伴れて行く。ところで騙されて行った結果は殆ど人間でないやうな状態に居る。何かと云ふと四つ程あります。

一は賃銭等の労働条件が甚以て不利益である。賃銭も日本の本国より多少高いですけれども、気候険悪な界域にて、而かも往復の旅費も計算し、特に病気の費用等の自弁といふことを考へると、大した良い賃銀でない。それで向ふで不幸病気にでも罹らうものなら非常に困る、為めにみじめな有様に居るものがある。然し此点はまあ大した事はないとして、

第二には往々にして気候が険悪である。その結果移民の肉体を壊し精神を堕落せしむると云ふことである。ちゃうど此処で是だけ言はして戴きたい、私が調べた所によれば三箇月許《ばかり》の間千人に付いて二十人死んで居ります。又床に臥すやうな病人が二百二十人ばかりあります。此は比較的気候の良いといふ農業地であります。鉱山地又は気候の悪い耕地ですともっと酷い。さう云ふ処へ態々《わざわざ》人間を持って行って居る。あたらの人間を物の様に粗末にしている訳であります。

三つ目には仕事の種類が往々にしていけない。殊に農業労働者はまだ比較的に宜しうございますが、鉱山に従事して居るのになれば平生も健康に有害ですが、殊に瓦斯が破裂すると何十百人も死ぬことがあります。それが日本の内地で日本の富源開発のためなら仕方もありませぬでしょうが、西洋人の利益のために吾々日本人が何百人も犠牲になる。而かも其報酬はと云ふと極めて僅かであります。極めて僅かの報酬のために命がけで働く、誠に人間を粗末にした話であります。

四番目には向ふに於て移民労働者に対する態度が甚だ宜しくない。人間扱ひをしない。此が特にひどい二三の例を申しますれば、少し惰《なま》けると靴で蹴る、場合に依ると金槌で撲る。それからして斯ういふ例もある。移民が其労働の余り苦しいので逃げ出して途中で捕へられて牢屋の中に入れられた。それで四五日間も飯を呉れない。其牢屋と云ふのが床のある処でない。土間であります。さう云ふ処に入れて飯を食はせない。尤《もっと》も知人が差入物をしますが、政府からは飯を呉れぬ。それと関連しては又移民労働者の裁判の仕方が残酷であります。ちょっと一例を申しますと、移民会社の派出員が移民の通弁にもなり裁判官の通弁にもなって居る。恰《あたか》も原告と被告と一人でやって居るやうなもので、其派出員は移民会社の利益上向ふの雇主の都合の良いやうに言ふ。のみならず裁判官も実は向ふの雇主から俸給を貰ふて居るので向ふの利益を計る。其結果移民のために不利益になることは極って居る。それから又ひどいのは信書の秘密と云ふことを重んじない。時によると封書を切ってしまふ。出さして、又は渡して悪いのは紙屑にしてしまふ、没収してしまふといふやうにいろいろなことがあります。実に移民はそれ程虐待されて居るので、随《したが》って逃出し遂げた奴も少なくないが、其が乞食になって迂路《うろつ》付く。物を呉れなければ仕方がない泥棒までやる。乞食や泥棒をして日本の公使館の御厄介になる者もある。どうでありますか、之が人間らしいことでありますか、人間らしき状態でありませうか、どうも甚だ疑はざるを得ぬのであります」

まるで『新世界』紙と口裏をあわせたような発言だが、これは京都法科大学（のちの京都大学法学部）教授・法学博士神戸正雄（一八七七～一九五九）が、一九〇九年（明治四十二）の社会政策学会第三回大会でおこなった講演の一節である。

この話のなかで神戸教授が「あれからもう二年余になります」といっているのは、一九〇七年からかぞえて、ということである。その年、彼は三年にわたるヨーロッパ留学を終えて帰国の途次、イギリスからアメリカに立ち寄っている。その際、メキシコへも足をのばし、日本人移民の就労地を視察したのである。それが何月であるかはわからないが、五月よりあとでないことは確かである。

彼はその折の見聞談を枕として、わが国移民政策のあるべき方向を問うているが、ことメキシコに関するかぎり、まことに歯切れがよくない。ある移民会社の御世話によって見せてもらったのだから、あまり打明けては相済ぬ、とことわり、「気の毒」という言葉を二度もくり返している。聴いているほうが気の毒になるような気の使いかたである。

そんなに気の毒がらず、大胆率直に報告がされていたとすれば、それこそ彼の主張してやまない国益優先の移民政策を進める契機にもなったろうと惜しまれるが、しかし、『琉球新報』を舞台としてくりひろげられた『新世界』と東洋移民会社との論争の勝敗を判定するにあたっては、貴重な参考意見とされよう。

なお、神戸教授の演題は「移民か移物か」となっている。その「移物」の見本として彼があげているものの一つは娼婦であり、他の一つはメキシコへ送られたような契約移民である。彼によれば、「日本の移民の先駆であるところの女、淫売婦は如何、是は人間とは云へない、人格がない、さう云ふ不道義な仕事をする者は人間であっても物と同様である、移民に非ずして移物である」というわけであり、契約移民もその質において変わりはないという。その論法に従えば、彼が気の毒がってやまない移民会社も、じつは移民会社にあらず、移物会社ということになる。

これを要するに、移民業者の私利私欲を目的として、結果は日本の恥をさらすに役立つだけの移民政策を抜本的に改革し、工業の発展に重点を置いてその製品の輸出を図る。移民はむしろ、「満洲朝鮮」など日本の勢力圏に向ける。それは単に経済の面で必要なばかりでなく、政治的軍事的にもきわめて重要な命題であるというのが結論になっているが、これはひとり神戸教授の主張ではなく、この回の社会政策学会に出席した大多数の学界人の主張でもあり、移民は南進すべきか、北進すべきか、それとも東進すべきか、西進すべきか、もっぱら日本の国益を中心に据えての論議が花を咲かせている。

その熱い愛国歌の合唱のなかにただ一つ、次のように冷静な声があったことをつけ加えておかなければなるまい。

「昨日移民問題に付いてはいろいろな議論があったけれども、皆な眼前の事実を見ての議論で、要するに児戯に類した議論であります。是は論はない、移民と云ふことは自由にしなければならぬ、而して自由にすべきであります。行きたくない人間を無理に海外へ追遣《や》ると云ふことは無論いかぬ。それと同時に行きたい人があるならば亜米利加へでも英吉利だっても何処へでも移民されるやうに其自由を得せしむると云ふことが、之が国家当然の任務でありまして、而して人類社会を挙《こぞ》って最後の理想社会に進む所以《ゆえん》であります。原則としては移民の如きものも勿論絶対の自由と云ふことを許します」

これは「経済社会終極ノ理想」と題する講演の一節であり、講じているのはその前年京都法科大学助教授になったばかりの河上肇である。

理想社会に近づくためには、職業の自由、職業の選択の自由がなければならず、居住と移転の自由もその職業の自由のなかに含まれる、というのが河上の論旨であり、移民にも絶対の自由が許されなければならないとする叫びには、人間の赤い血がほとばしっている。

三

これよりさき、外務省はメキシコ移民に関する日本公使館からの報告を、沖縄県庁に伝えた。これが『琉球新報』に掲載されたのは一九〇六年（明治三十九）二月十一日であるが、外務省あての報告そのものは、その前年になされている。この報告書には〔別表〕もそえられているが、残念ながら新聞のほうには発表されていない。また、報道されたのも全文ではない。しかし、当時における移民の概況はある程度つかめよう。

当国「コワウヰラ」州「ラス・エスペランサス」炭坑にて本邦労働者を使用せしは、一昨三十六年十二月を以て最初となす。即熊本移民会社は同年十一月及十二月の両度に福島県移民四十八名を搭載して横浜を出帆し、十二月及翌年一月該炭坑に到着す。之を旧熊本移民と称す。次で同会社は昨年十月に九十六名、本年一月九十三名を該炭坑に送れり。前者を第一熊本移民と称し、後者を第二熊本移民と称す。又別に東洋移民会社は昨年八月琉球移民二百二名を輸入せり。該炭坑支配人「レッドロウ」氏よりの報告によると、本邦移民の労働効力に就ては雇主は頗る満足を表し、此上出来得べくんば益々多数の本邦移民の輸入を希望し居るも、如何せん彼等は皆米国を以て彼等の最良の働場と思惟し、一人として逃亡を企てざるものなく、之が為め労働者の員数日々減少するは実に遺憾の極なりと。

別表に依るに、三十七年十二月分にては、一ケ月賃銀の最高額は、第一熊本移民に於て六十弗乃至七十弗、琉球移民に於ては八十弗乃至九十弗なるも、本年一月分に至ては琉球移民中に於て九十弗乃至百弗を収得する者を生じ、同五月に至れば（二月より四月に至る分欠如せり）琉球移民にて百五十弗乃至百六十弗を収得するものを生じ、九十弗乃至百弗を得たるものは五人の多数に達し、八月分にては第一熊本移民中百六十弗乃至百七十弗を得たるものを生ずるに至りたるを見れば、本邦労働者の効力は熟練を経るに従て、益《ますます》発揮増進することを証するに足るべきなり。

尤も是等高給を得るものは極めて少数にして、多数は三四十弗若くは四五十弗の間を得るに過ぎず。就中《なかんずく》各月十弗以内の少額を得るもの少からずと雖、彼等は炭坑主任の説によれば自ら進て労働をなさず、又病気の為め実働労働日数の少きが為めにして、以て本邦労働者本来の労働効力を軽減する事実とならずと云へり。

然しながら其所謂自ら進て労働をなさず、若くは罹病の原因は、果して何れに在るや。其責任が単に労働者の理由なき懶惰心に在るや、又は炭坑の衛生上其他の設備の不完全に存するや否やは、実地視察の上にあらざれば容易に断言すること能はず。

然りと雖も、労働者減少の主原因の一は、慥《たし》かに米国逃亡にあるは疑を容れざる所なり。彼等労働者中には現に米国に知己を有し、而して是等知己は最初より米国に渡航したるものと、一旦墨国に来り逃亡して米国に入りたるものとの二種あり。何れも当国の労働者に向け、盛に米国逃亡の利を説き、中には其逃亡の路筋方法等図面にて詳敷《くわしく》説明し、且旅費さへ調達し来るものあり。之為《このため》か、米国逃亡は在当国本邦労働者の通患となり、悉く機会を俟ち監督の目を掠めて逃亡せんことを企て居る者のみにして、一人として安じて当国に留まり、永く労働に従事せんと欲する者無之有様なり。

尚別表各月労働者員数を見るに、最初到着当時に在て総計四百卅八名なりしもの、其後続々減少し、去八月末に至ては百八十名を減じ、現在総計二百五十八名、即約四割一分の減少となれり。右減少数中には死亡者をも含有し居れども、其は極めて少数なるが故に、十中の九以上は凡《すべ》て米国に逃亡したる者と見て差支なし。

逃亡をしない者たちはどうなったのか。一九〇七年(明治四十)に至って、東洋移民会社は、ついにその発表をみずからおこなわなければならない日がくる。この年二月十八日の朝八時十分、ラス・エスペランサス石炭会社のコンキスタ第三坑で爆発事故があり、多数の死傷者をだしたのである。

もはや到底隠しきれないと観念した東洋移民会社は、「当時坑内に在りし移民十九名の中十三名は惨死を遂げ、残り六名中一名は微傷を受け、他の五名は一時瓦斯《ガス》吸入の為め甚しく疲労の体なりしも漸次回復し、各自宅に於て静養中なりといふ」情報を『琉球新報』四月二日号に発表するとともに、その犠牲になった沖縄県人の氏名をあきらかにした。

死亡四名　呉屋仁和　新里親仁　岸本良仁　大城蔵一
負傷三名　亀谷幸助　豊里友益　小波津徳
死亡した呉屋仁和は、中頭郡西原間切小波津村の人。享年三十九。旅券番号九九五〇四。

新里親仁は、国頭郡今帰仁間切湧川村の人。享年二十四。旅券番号九九四五九。移民名簿の記載名は新里新仁。

岸本良仁は、国頭郡名護間切名護村の人。享年二十六。旅券番号九九五三八。移民名簿の記載名は岸本良二。

大城蔵一は、国頭郡大宜味間切謝名城村の人。享年三十一。旅券番号九五〇七九。

負傷者三名については、「豊里友益の如きも病院に於て一時は酒乱の如く騒ぎ狂ひたるも、夕刻よりは回復し、又仝亀谷幸助は八時四十五分頃自ら歩行し来り、微傷だもなく、自宅に帰れりと云ふ。仝小波津徳は午后一時四十五分頃救出され、暫時病院に於て治療したる後退院したる由」と報じられている。かろうじていのち拾いをしたとはいえ、やがて一酸化炭素中毒のため、生ける屍となった者も多かったであろう。

東洋移民会社の発表より半月遅れて、次のような通達が外務省から沖縄県知事に届く。

（送第五六八号）移民取扱人たる東洋移民合資会社及び熊本移民合資会社の取扱に係る墨西哥

国ラス・エスペランサス炭坑行契約移民の中、不慮の災害に罹りたる者我移民の全数三十名有之、右の災害は本年二月十八日午前八時頃該炭礦坑の一部爆発に起因し、其場所はエスペランサス炭礦会社所属コンキスタ第三坑内にして、其爆発の原因に就ては未だ判然せざるも、該地新聞紙の所報に依れば、炭粉の堆積より発生したる石炭瓦斯にランプの火の移りしより一時に爆発したるものの如くに有之、抑《そもそ》も爆発の起るや炭坑会社に於ては直ちに非常汽笛を以て急変を告げ、各員直に坑口に走り集りしも、尚黒烟の為め深く坑内に入を得ず、同八時四十分頃より同所第六第四の両坑より集り来れる数多の専門技師も漸く入坑し、続て医師数名も亦た応急の手当を為さんが為め入坑し、死傷者捜索を為せしも、瓦斯未だ全消滅せず、会社総監督ジョーンズ氏の如きも率先坑内に入りて必死に捜索救助の作業を指揮せしに、残留瓦斯の為め□□□□人に扶けられて坑外に出でたるも、会社は尚ほ極力捜索を続行し、翌十九日朝に至る迄に一名の死亡者を除くの外悉く本邦人の死傷者を坑内より引出すを得、而して右一名も亦た同夜に至りて発見引出されたる趣。

本邦移民の屍躰は東洋熊本両移民合資会社の各業務代理人に於て入棺に従事、一旦大宿舎に運搬の上、十九日正午十二時迄花弔旗供物位牌等葬儀の用意を整へ、午后一時出棺墓地に至り、懇切丁寧に埋葬の式を終へ、其際移民中仏典に通じたるものあり、死者の為め懇《ねんごろ》に読経し、更に有志の輩弔詞を朗読し、何れも死者の冥福を祈り各自香花を手向けて帰舎し、後れて発見せられたる邦人死亡者の為めに□翌廿日午后一時前同様鄭重なる埋葬式を挙行したる趣に有之。

尚今回惨害の為め犠牲となりたる者は墨国人死亡参拾五名、本邦人は爆発の当時坑内にありし者参拾名、内生存者八名、死亡者二十二名にして、貴県民に属する分左記の七名なる者、今般在墨国公使より報有之候間、其遺族者等へ可然御通達置相成度、依命此段申遣し候哉。

明治四十年四月十八日

外務省通商局長　石井菊次郎

沖縄県知事男爵奈良原繁殿

追て本文死亡者遺族に対して東洋熊本両移民会社より多少の慰弔金を送ることと相成候趣候間御含まで申添候也。

この外務省よりの通達に見える犠牲者の数字と、さきの東洋移民会社の発表した数字とはくいちがっているが、これは東洋移民会社のほうが自社の取扱い移民のみに限っているためである。なお、外務省の通達によれば、岸本良仁の遺体収容時刻は十八日午後三時五分、「窒息些《いささか》の傷なし」と記されている。大城蔵一は同日午後四時、呉屋仁和は十九日午後二時の収容、「窒息焼死したり」と記されている。新里親仁の収容日時はあきらかでないが、大城蔵一とほぼ前後しているようにも読まれる。遅れて最後に発見された邦人一名というのは、呉屋仁和であろうか。

この血ぬられた一九〇七年、東洋移民会社は、失った労働力を補充するかのように、ふたたび百八十八名の沖縄県人をラス・エスペランサスの地底へと送りこむ。大災害の知らせは犠牲者の親兄弟のみならず、ひろく県民に衝撃をあたえたはずだが、それにもかかわらずこれだけ多数の応募者があったのは、驚くべきことである。事故の原因究明もおこなわず、安全性の確認もおこなわず、平然と送出を敢行した移民業者と、これに待ったをかけなかった日本政府の無神経ぶりは、さらに驚くべきことである。

この百八十八名中、六十名は五月十八日に神戸を発ち、百二十八名は十月二十三日に横浜を発っている。前者を第二次東洋移民、後者を第三次東洋移民と呼ぶことにする。

第二次東洋移民の募集予報が『琉球新報』にだされたのは、日本人も含めて五十七名の生命がコンキスタの坑底に消えてから、わずか九日後の二月二十七日である。「メキシコ国炭坑行移民ノ予報／近日ノ内募集ス　自弁金百八拾円　希望者諸君ニハ至急来談アリタシ／那覇上ノ倉／肥後孫左衛門」と記されている。

自弁金百八十円というのは、三年前の第一次移民の募集広告には見られなかった文字であるが、このたびあえてこう明記するようになったのは、移民の逃亡による損害を、未然に防ぐための措置にほかならない。

とはいえ、むろん、そんな大金を自弁できる移民がいるわけはない。そのことを誰よりもよく知っているのは移民業者自身である。『新世界』紙に対する弁明のなかにも、「自弁移民の如き、二百名中一名もなかりし」と断言している。

それではいったい、無資力の移民志望者はどうすればよいのか。心配無用、と三月九日以降の新聞広告は説く。すなわち、肥後孫左衛門名義の募集広告と並んで、「メキシコ行移民ニシテ渡航費借用御希望ノ御方ヘハ迅速貸金御周旋可仕候」という、林秀太郎名義の広告がのるようになったのである。両者は一つの枠に組まれており、事務所の所在地もおなじである。

参考までに東洋移民会社がこの年改正した『北米「メキシコ」国炭坑行移民応募案内』の内容を紹介しておきたい。「行く者をして失望せしめざりしのみならず、大に其業に安ぜしむる所以なり」と自画自賛する移民業者苦心の作である。

第一項は、雇主と就業地について。

「雇主は墨国炭礦会社と称する大会社なり。就業する場所は北米墨国コワウヰラ州ラス・エスペンランサス及其附近に介在する諸炭坑にして、去卅七年以来本社の取扱に依りて愛知、岐阜、三重、和歌山、静岡、福島、福岡、沖縄、宮城、富山、山梨、神奈川、長野、滋賀、岡山、大分、佐賀、栃木、等各県より同国に渡航したる移民は数千名に及べり」

第二項は、移住地の風土、移住者の覚悟について。

「夏にても朝夕は凌ぎ易く、冬は雪降ること稀なり。且つ空気乾燥にして健康に適し、風土病の如きは殆んどなく、移民に適したる気候なり。但し全土炭山地のことなれば、四面荒寥、眼を慰さむるものなく、我日本のやうなる愉快の地にあらざること勿論なれば、外国と聞きて徒らに好き土地の如き妄想を抱き、其地に至りて失望の余り仕事を怠り、又は帰国を思ひ立つ如きことなきやう、充分覚悟して渡航すべし」

第三項は、日本よりの道順について。

「メキシコ行普通道順は米国を通過する故種々困難あり。折角の応募者も大半は不合格となる恐あるにつき、本社に於て特に墨国直行の汽船を撰《えら》み、先づ日本より墨国の南端サリナクルーズに直行し（此間凡三十日間）同所より汽車にて同国の北端なる目的地に達するにて、此間の距離千三百五十哩、凡そ四日間を要すべし」

第四項は、労働について。

「仕事は石炭採掘及び之に関したる労働にて、移民各自一区劃を受持ち、坑外より通ずる鉄道によりて就業場所の傍まで来る貨車に自分が掘りたる石炭を積み入れ、其掘り高により賃金を受くる仕組なり」

第五項は、契約年限と賃金について。

「契約年限は三年とし、賃金は採炭高一噸に付き墨貨六十仙（墨国の弗は略日本金一円に等しく一仙は一銭に等し）なれども、一箇月百噸以上を採掘するものは特に一噸に付墨貨六十五仙を給せらるる故に、この仕組によるときは働けば働く程自分の腕次第多く儲け得らるるなり」

第六項は、住居について。

「家屋は特に日本人の為めに設けたる住屋にして、一戸二室を有するものは一箇月墨貨四弗、三室のものは八弗を払ふを要すれども、其大小に従って一戸八人乃至廿人位同居することを得れば、一ケ月一人に付墨貨五十仙の負担にて事足るべし」

第七項は、疾病の治療について。

「若し疾病に罹りたる時は、平素病院費を払ひあれば無料にて病院に入院せらるべく、且つ当社の代理人及通弁人も居りて万事の世話をなすべければ、更《さ》らに不便を感ずる事なかるべし」

第八項は、物価と生活費について。

「物価は余り高からざるが故に、一ケ月の食費は九弗乃至拾二弗と見れば事足るべく、外に病院費、採礦諸費、家賃等、八弗乃至十二弗位を要するものと見れば大差なかるべし」
第九項は、移民の応募資格について。
「移民希望者は左の各項に該当するものにして、父母並に戸主の許諾を得べきものとす。
年齢　十六歳以上五十歳以下
身体　無病健全の者
職業　坑夫又は農夫にして炭坑労働に従事する決心を有する者
兵役　関係なき者」
第十項は、渡航手数料について。
「会社の手数料は金廿五円なり。内、金五円は申込の際申込保証金として提供するものとす。旅券下附ありたるとき、会社は之を手数料の内へ振替をなすべし。尚ほ右旅費下附ありたる上は直に残金廿円を納むるものとす」
第十一項は、渡航諸費について。
「前記の渡航手数料の外、船賃其他諸雑費として応募者の用意すべき金額概算左の如し。
往航船賃（自日本至墨国サリナクルーズ）概算八十八円
墨国に於ける汽車賃（自サリナクルーズ至ラスエスペランサス　墨貨三十二弗二十仙。換算明治四十年七月廿三日、官報ニヨル）三十五円十五銭
乗船地検査費及消毒費　二円廿五銭

墨国に於ける上陸艀《はしけ》賃、汽車中食費、諸雑費概算（自サリナクルーズ至エスペランサス）六円六拾銭

合計　金百三十二円

右の合計百三十二円は、移民より出発前に本社へ納付すべし。概算に係るものは後にて精算し、余あらば返却すべし、不足の時は追徴すべし。尚外に旅券領収書、契約書貼用印紙代壱円余、郷里より乗船地までの旅費、乗船地滞在費、乗船当日弁当代、荷物運搬費、艀賃等を要す」

第十二項は、衣服その他携帯品について。

「衣服は総て自弁なれば、価安くして丈夫なる夏冬洋服を始め、毛布、シャツ、ヅボン下、靴、靴下等、適宜に持参すべし。其他日本風の衣服、小布団、金盥、薬鑵、日用小間物、筆墨、紙、硯、櫛、歯磨粉、楊子、手拭、鋏、剪刀《かみそり》、鏡、手帖、針糸等日用の雑具、宝丹、風薬、其他の合薬を用意せば重宝なるべし。又仕事用としては底刺《そこさし》の足袋、脚袢、晒木綿《さらしもめん》（犢鼻褌《ふんどし》用）等を沢山持参するを可《よ》しとす。但し荷物は柳行李一個（重量八貫を超ゆべからず）を限り、其行李の上には自分の県名姓名を分りよく大書し、よく荷物《にづくり》を為すべし」

第十三項は、帰航費給与の特典について。

「前述の如く渡航費は自弁なるも、移民が誠実に三年間勤め上れば、雇主より金百弐拾余円を賞与として給与せらるる特典あり」

第十四項は、出願手続について。

「各自便宜の地にて医師の健康診断書を取り、戸籍謄本一通を添へて持参し、申込保証金五円、旅

券領収印紙代壱円、合計六円を入れて契約締結、渡航許可、旅券下附、其他一切の出願手続を受くべし」

最後に「右案内は大要を記したるものなれば、渡航志願の人は彼地の様子に委《くわ》しき人にも聞き合せ、充分取調の上決意せらるべし」と勧告しているが、当時、鉱山や農村にメキシコの様子を知っている者など、あろうはずがない。ないことを知っているからこそ、臆面もなくこんなことがいえるのである。もしいたとすれば、逆に「周囲の雑音に惑わされざるよう」と記したにちがいない。

大災害のあとに作製された案内書であるにもかかわらず、その内容に新味はない。さきに『新世界』紙の批判にこたえて展開した弁明と大同小異の説明が多いが、「本社は移民の為め特に雇主の請に応じ日本医師を送り、移民の診察治療に従事せしむ」という文字はない。入院費の無料と当社代理人及び通弁人の存在をあげて、「更らに不便を感ずる事なかるべし」と強調しているだけである。ましで災害をこうむった場合の補償など、まったくふれられていない。要は高収入をうたいあげて、貧民をかき集めさえすれば、それで目的は達せられたのである。

第五項目に記されているように、一月に石炭百トンを採掘すれば、六十五円の高給が得られるというのである。それどころか、在メキシコ日本公使館の報告によれば、百五十円から百六十円を稼ぐ沖縄県人も出たというのである。最高の渡航船賃とはいえ、月に石炭を三百トン掘れば釣りがくる。そう胸算用して、渡航費周旋業者・林秀太郎のもとへかけつけた者も少なくなかったろう。

これをおなじころ東洋移民会社が沖縄で募集したニューカレドニア行き移民と比較すれば、その所得は五倍から十倍にのぼる。後者はニッケル鉱の採掘を業とし、賃金は一月十五円内外。また、一九〇六年（明治三十九）には明治殖民会社によって、初めて沖縄からペルーへ砂糖耕地移民の送出がおこなわれているが、これも「一日一人壱円以上」の域を出ない。それなら少々の危険はあっても、メキシコの炭鉱を選ぼうとするのは当然であろう。アメリカ合州国を最終目的地とする者にとってはなおさらである。合州国に渡るための「砂の橋」として選びながら、あたら「砂の牢」で斃死する羽目におちいる者が、跡をたたなかったゆえんである。

なお、東洋移民会社の『応募案内』第三項の「メキシコ行普通道順は米国を通過する故種々の困難あり。折角の応募者も大半は不合格となる恐れあるにつき」というのは、トラコーマなど伝染性眼病患者の入国不許可を説いたものである。その点、熊本移民会社のほうは、「メキシコ行移民は通例是迄は北米合衆国を通過せるゆえ、先づ横浜にて米国医師の厳重なる眼の検査ありて折角の応募者も大半は不合格となる恐れありしにつき」と具体的に説明している。また、新聞の募集広告にもかならず「眼の検査なし」とことわって、眼疾者の眼をひきつけている。

四

この年、熊本移民会社と激しい争奪戦を演じて東洋移民会社が確保した炭鉱移民百八十八名のうち、島尻郡真和志間切真嘉比村の一名を除いて、すべて国頭郡民である。

この百八十八名という数字そのものは、沖縄県全体として見れば、一九〇四年の応募者数より十四名の減少を示している。しかし国頭郡のみ、逆に三十五名の増加を示している点が注目される。

それもこの年二月コンキスタ坑で炭塵爆発の犠牲となった同県人四名中の三名が、おなじ国頭の出身という悲運に遭遇しながらである。

応募者の年齢の幅が一段と大きくひろがったのも、いちじるしい特徴の一つだろう。三年前の第一次移民は二十歳から三十九歳の間であったが、第二次と第三次の移民は、十六歳から四十五歳にまたがっている。その年層別構成は、

十六〜二十歳	五十四名	二八・八%
二十一〜二十五歳	六十名	三一・九%
二十六〜三十歳	三十一名	一六・五%
三十一〜三十五歳	二十八名	一四・九%
三十六〜四十歳	八名	四・二%
四十一〜四十五歳	七名	三・七%

一九〇四年組の場合、二十一〜三十歳が六五%を占めたのに対し、一九〇七年組は、十六〜二十五歳が六〇・七%を占める。また、平均年齢も二十八歳から二十五歳にさがっている。

次に東洋移民会社のドル箱となった国頭地方の移民分布はどんな状態であろう。一九〇四年以降、三次にわたって送出された三百三十九名の移民を出身間切・島別に整理すれば、〔別表Ⅱ〕のとおり。また、その第一位を占める名護間切民を出身村別に見れば、〔別表Ⅲ〕の順位と数字を示している。

「名護出身のメキシコ移民が数において断然他郡市町村をリードしたのも当初の移民たちが量質において優秀な開拓魂の持ち主で占めていたからであろう」と比嘉宇太郎は『名護六百年史』に記

〔別表Ⅱ〕国頭郡よりメキシコへの年次・間切別移民数

年次	1904年	1907年		計
	(第一次)	(第二次)	(第三次)	
名護	32	43	40	115
大宜味	27	14	35	76
本部	39	2	24	65
羽地	25	−	20	45
恩納	16	−	−	16
今帰仁	8	−	5	13
伊江島	5	−	−	5
久志	−	−	4	4
計	152	59	128	339

(備考) 東洋移民合資会社「墨西哥行契約移民名簿」による

〔別表Ⅲ〕名護間切よりメキシコへの年次・村別移民数

年次	1904年	1907年		計
	(第一次)	(第二次)	(第三次)	
名護	19	9	7	35
数久田	4	15	11	30
安和	4	4	4	12
宇茂佐	1	3	7	11
山入端	−	5	6	11
屋部	1	2	4	7
世富慶	3	2	1	6
宮里	−	3	−	3
計	32	43	40	115

している。また、応募者のなかに教養の高い学校出が多かった事実に注目し、「いくら藻掻いてもどうにもならない孤島の生活苦と、彼等が習得し得た新しい智識、技術を消化しようともしない伝統の擒《とりこ》になっている陳腐な旧社会の秩序から、彼等は懸命に逃れようとした」のであるとも説く。教員養成所をでて小学校の教職についていた者もあり、郵便局長をしていた者もある。たとえそうでなくても、小学校を卒業した者が多かったのは事実である。屋部村出身の七名もその例外ではない。

屋部村から第一次東洋移民に加わったのは岸本徳行（移住当時二十七歳）の一名。第二次移民は岸本耕壱（三十歳）と山入端萬栄（十八歳）の二名。第三次移民は名城政慬（三十歳）、宜保久元（二十五歳）、宜保久和（十八歳）、岸本久信（二十九歳）の四名である。

第一陣の岸本徳行は、石根《いしね》の徳行と呼ばれる。石根は生家の屋号である。同家は屋部ウエーキ久護の四世よりの分かれ。この豪族の血をうけた徳行は、また、屋部村における海外移民の第一号として名をとどめる。第二陣の岸本耕壱もやはり久護家の一門であるが、足跡はまったくわからない。

第三陣の名城政慬は、もともと屋部の人ではない。琉球王朝の滅亡によって禄を失い、都落ちしてきた士族である。いわゆる屋取《やーどい》の一員として山林の開墾に従事していたようだが、村びとは誰もその名を知らない。

宜保久元と宜保久和は兄弟であり、七人兄弟の長男と次男である。この二人についてはあとで述べることになろう。

岸本久信は阿楚屋《あそーや》の久信と呼ばれる。彼の祖母カマドは、久護の八世・岸本久光の愛妾であった。

その屋号のとおり、久護家の所有する阿楚原の仕明請地で働く貧農の娘として生まれたが、久光がその美貌に惚れこみ、妾にしたといわれる。村びとは彼女の悲運をあわれみ、いまもこんな替歌をうたっている。本歌は遊女の哀しみをうたった「銭《じん》からかぬしゃ節」である。

銭からかぬしゃや　屋部の掟《うつち》の主《しゅ》
肝《ちむ》からかぬしゃや　伊波の掟の主
じるにかたぢちゅが　さだみぐりさ
あんまぁにいちゃくと　よう里前《さとめ》
銭にかたぢきたり
あきよわが思《うむ》い　あだになすさ

阿楚屋のカマドは久光の子を四人生んで、一八九九年（明治三十二）六十五歳で世を去った。その長男が久吉、島名をハードゥーという。久吉の妻ナベは男の子を一人生み、一八八七年（明治二十）二十八歳の若さで死んだ。その独り子が久信である。島名をナワーという。
早く妻を失った久吉は、年中熱いお茶を飲むのと薪をとるのを、なによりの楽しみとして暮らした。いつもあまりにみすぼらしいぼろを着ているので、屋部ウエーキの久訓が着物を与えようとすると、「わたしはこんな立派なものを着る身分ではありません。もっと粗末なものをください」といって、受けとろうとしなかった。また、うまい料理を食わせようとすると、「貧素者《ひんすうむん》がこんなものを食ったら大変」と恐れて、箸もつけなかった。
彼は一人息子の久信がメキシコへ働きに出てからというものは、大和旅から帰ってきた人と会えば、相手かまわず、「わったぁナワー、見えんたなーびー」(うちのナワーを見かけなかったかい)と尋ねた。彼にとってはメキシコも日本も、おなじように遠い外国であり、さっぱり区別はつかなかった。ただただわが子の消息を知りたいだけであった。しかし、久吉は二度とふたたびナワーの顔を見ないまま、一九一四年(大正三)孤独の生涯をとじた。享年五十七。

まえにも述べたとおり、メキシコ向け移民の送出は、出入端萬栄たちの渡航した一九〇七年をもって打ち切られるが、東洋移民会社の業務は打ち切られたわけではない。そのすさまじい追い討ちのさまを、あけて一九〇八年(明治四十一)三月十三日『琉球新報』はこう報道している。

去る明治三十七年東洋移民会社が当地の業務代理人肥後孫左衛門氏をして取扱はしめたる墨国移民は、同国到着の上は雇主より惨酷なる取扱ひを受け、已むを得ず逃亡しつつありとは、其の当時米国通信として本紙にも屢々《しばしば》記載せしが、今や其の結果として本県より募集せる墨国移民の保証人二百名以上の財産を差押へたりと云ふ。依て其の当時移民が移民会社と契約せる公正証書の内容を記せば、大略左の如し。
一、金百二十五円は墨国渡航賃及汽車賃、金四十五円は支度料、合計百七十円を年一割五分の利息付消費貸借として、下に定むる条件に依りこれを債務者に貸渡し、債務者は其の現金を受領したり。
二、現金は債務者がメキシコ国コアウイラ州ラスエスペランサス出稼地に到着就業の日より起算し、毎月墨貨拾弗づつ時価に依り日本貨幣に換算して月賦弁済と同時に、其の月分に於ける総元金に対する分を支払ふべきこと。
三、債務者がメキシコ国内に上陸を拒絶せらるるか、若《も》しくは上陸するも業務に就かざるか、若くは弁済を遅延するか、若くは就業後事由の何たるを問はず賃金の給付を受けざるに至る場合は、当然上の条に定むる月賦弁済の利益を失ふものとす。
大略右の如き契約書にて、債権者は東洋移民会社業務執行社員佐久間鋼三郎、債務者及保証人の代理人相場武士其の外立会人ありて、公証人をして公正証書を作らしめ、其の公正証書を以て直《ただち》に差押へをなしたるなり。県下に於ける墨国移民の保証人は大いに狼狽するに至り、目下債権者と交渉中なりと云ふ。

逃亡者が多かったばかりではない。就労後まもなくの逃亡が多いだけに、保証人の被害はいっそう甚だしかったのである。メキシコその他、遠いアメリカ大陸に渡った移民の家庭は、貧しいとはいえ、それなりに田畑もあって安定したほうであるといわれるが、もとより右から左に弁償額を払える者などありはしない。たちまちまる裸にされた者も少なくなかったのである。しかしまた、運よくアメリカ合州国にもぐりこんで活路をひらくことができた県人のなかには、やがてその被害をつぐなってあまりある貢献をしたひとたちも少なくない。

その先駆者の一人として永く仰がれているのが、太田蒲戸である。彼は中頭郡与那城間切安勢理村の人。一八八四年（明治十七）生まれ。首里中学校を優等の成績で卒業した彼は、米国留学を志して奔走中、たまたま東洋移民会社がメキシコ向け炭鉱移民を募集していることを知り、これに応募した。一九〇四年、彼が二十歳の若夏である。『北米沖縄人史』（北米沖縄クラブ編）は彼を「稀に見る頭のよい豪胆な青年で驚異的胆力の持ち主であった」と称えている。以下、同史によって彼の足跡をたどってみよう。

「炭坑！　暗黒の世界！　生き地獄！　自由のない契約移民は奴隷と何の異なるところがあろう。朝は未明に騎馬巡査の鞭の音に驚かされ、坑内での生活は血と涙の悲惨な苦汁の日々であった」というが、やがて太田は抜擢されて移民会社の事務員になった。その仕事を通して彼は移民会社の不法な搾取の実態を知る。彼はこれを黙認できるような性格ではない。坑夫を集めて、業者の契約違反を非難した。このことが会社に知られて投獄されかかったが、彼はあやうく難を逃れてラス・エスペランサスを脱出し、チワワ市を経由して国境の町エル・パソにたどりついた。

当時はまだ米国政府がメキシコ向け日本人移民の転航を禁止する前である。彼は自由に入国のできるものと思っていた。ところが意外にも、エル・パソ移民局の長谷川という日本人通訳によって入国を阻まれた。この卑劣な通訳は収賄を事としていたのである。さいわい太田はチワワ市在住の日本人有力者の紹介状をもっていたので、長谷川の指定する店で働くという条件のもとに、ようやく入国を認められた。このエル・パソで太田に与えられた仕事は、食堂の皿洗いである。その給料はそっくり入国謝礼として、長谷川にまきあげられた。

太田は怒って長谷川の排斥をくわだて、ふたたびリオ・ブラボーを渡ってメキシコ領のシウダ・ホアレスに戻る。そこには米国行きを希望する日本人移民が百人以上もたむろしており、そのなかには太田の脱走に刺激されて跡を追った金城磯一郎（本部間切具志堅村出身）や濱本徳幸（大宜味間切根路銘村出身）たち、およそ三十名の沖縄人の顔も見えた。誰もみな、第一次東洋移民として太田とともにラス・エスペランサスの地底に送られた仲間たちである。

聞いてみると、彼らはすべて長谷川通訳の計略にかかり、かけがえのない金品をまきあげられたという。そこで太田は心中深く決して米国へひき返すと、英語の上手な日本人に頼んで移民局へ出向き、長谷川の罷免を陳情した。長谷川は取調べの結果有罪と決まり、投獄された。おかげで邪魔者がなくなり、足どめをくらっていた百余名は入国税二ドルを払っただけで入国を許された。

太田蒲戸と具志堅松金（那覇区出身）の二人は金をもっていたので、汽車に乗ってロサンゼルスへ直行し、他の者は「或は徒歩にて野に伏し山に寝《い》ね、ゆくゆく通路の各地で食費と旅銀を調達しながら半年がかりの旅行を続けて漸く其秋羅府に辿り着いた」と『北米沖縄人史』には記されている。

彼ら三十名の脱出者に救いの手をさしのべたのは、「志士幸助」こと上間幸助である。上間は羽地の人。当山久三、謝花昇とともに「琉球王」奈良原知事の暴政に抗して闘った自由民権運動の志士として知られるが、奈良原の弾圧を受けて敗れたあと、謝花は孤独の死を遂げ、当山はハワイへ逃れ、上間もまた一九〇二年（明治三十五）にアメリカ合州国へ渡り、ロサンゼルス市ターナー街の東郷ホテルで失意の日々を送っていた。そうと教えられて訪ねた脱出者たちを上間はあたたかく迎え入れ、みずからの責任をもって宿を提供した。また、トロピコの苺園に就職のせわをした。彼らはその恩を忘れず、一九〇八年八月、上間が心臓病に斃れたとき、涙とともに彼の唐旅《とうたび》（死出の旅）を見送った。

「其臨終を見届けた人達はみな彼が世話した墨国よりの転入者であったとは実に変転きわまりない移民地生活を彩る哀話である」と記されている。

これよりさき、太田蒲戸はインペリアルバレーに土地を借りてキャンタロープ（胡瓜）栽培を始め、金城磯一郎や濱本徳幸たち多くの同県人もそのあとにつづき、「海面下百二十呎の砂漠、炎熱百二十度（華氏）の下に、コロラド河の泥水を飲んであらゆる困難と戦って土台を築いたパイオニアー達の生活は、正に立志伝中のもので県人前進運動に多大の貢献をなした」と称賛される。

太田蒲戸は南カリフォルニア沖縄県人会長や沖縄海外協会南カリフォルニア支部長を歴任して郷党の団結に力をつくし、一九五八年にアメリカの土となった。

第三章　銭の鎖

一

　山入端萬栄の母カマドは、渡波屋でわが子の船送りをしたその日から、あけても暮れても繰りかえし繰りかえし、「あと三年、あと三年、あと三年たったら……」と、ひとりごとをいうようになった。契約期間の三年を終えたら、かならず金を儲けて戻る、と萬栄が約束したからである。

　毎月一日と十五日、カマドは欠かさず福禄寿の掛軸の前にアカガシチー（赤飯）をそなえ、長い時間をかけて一心不乱にわが子の息災と成功を祈願した。

　福禄寿信仰がいつごろ中国から伝来普及したのかつまびらかでないが、琉球王朝時代、中国の冊封使は王府の官人たちに請われるまま、福禄寿の三文字を書き与えていたといわれる。福は「子《くわ》ウエーキ」、禄は「銭《じん》ウエーキ」、寿は「命《ぬち》ウエーキ」の象徴であり、いわゆる三所の神・三福神としてあがめられてきた。ただしこの三所の神は家内の守護神であり、関帝や観音のように一門の守護神ではない。

その掛軸には書と画の二種類あり、眉屋に祭られているのは画像のほうであった。嬰児を胸に抱いた若い女性、衣冠束帯に威儀をただした富貴の男性、杖を手にした光頭和顔の老翁、花を抱いた童子などの姿が、稚拙な手法でえがかれており、なんとなくユーモラスな雰囲気をただよわせている。

カマドはその絵姿の前での長い祈りを終えると、彼女のひざもとで指をしゃぶりながら待ちわびる末娘のマツをそっと抱きよせ、いつもこう諭した。

「マッチャー、あのよう、むかし、子持《くわーむち》と銭持《じんむち》がおったそうな。子持のほうは貧素者《びんすうむん》で、銭がなかったそうな。銭持のほうはウエキンチュで、子がなかったそうな。ところがあるとき、みんな集まって遊びしたら、ピンスウムンの子が、ウエキンチュの銭踏《くだ》みて踊ったそうな。みんながそれを見て、銭が宝ではない、子が宝ということがわかったそうな。銭は世界のまわりもの。三日で消ゆる。わかるかマッチャー、この世のまことの宝は子供だよ、おまえたちだよ」

萬栄がメキシコの炭鉱に出稼ぎにいった年、マツはやっと二歳になったばかりである。母の話の意味はさっぱりわからなかった。彼女はただいっときも早く母の拝みが終わって、おそなえのアカガシチーをたべさせてもらいたいだけであった。しかし、母親の説教がそれで終わりになることはなかった。最後にはかならずマツをひしと胸にかき抱き、こう語って聞かせた。

「マッチャー、あのよう、あと二年、あと三年、あと三年たったら、クーミー（兄さん）が銭儲けして戻ってくるのだよ。そうしたら眉屋は、むかしのように大きくなるのだよ」

現実には、しかし、三年後を待っているどころではなかった。萬栄がメキシコへ渡った年、彼の姉のナベと妹のウシは、早くも那覇の「花の島」辻遊廓にジュリ売りされてしまった。ジュリとは遊女のことであり、ズリとも呼ばれ、尾類という漢字があてられる。その奇態の文字は「蓋し女郎を賤《いや》しめし宛字ならん」ともいわれる。

時にナベは二十二歳、ウシは十四歳であった。ただし、姉妹は同時に売られたのではない。まず妹のほうが売られ、次いで姉が売られたのである。そのころ、ナベはすでに同村の人と婚約していたが、生家の危急を救うために是非なく犠牲になったという。それぞれの胴代《どうしる》（前借金）の額はあきらかでない。

ナベより三年早く久護に生まれた儀部喜太郎翁の回想によれば、屋部村でジュリ売りがおこなわれるようになったのは、彼が十七、八歳のころというから、一八九九年から一九〇〇年当時のことであろう。

「あのころのウエキンチュの欲の深さは、いまの高利貸どころではない。毎月二割五分の利子をとられておった。二円借れば、五十銭の利子をとられる。あきさみよう！　それならいっそ、娘をジュリ売りしたほうが楽ということになったわけさ。この村で最初に売られたのは、たしか、サカムトゥ屋の娘だったように記憶しておるが……」

喜太郎翁はこう語って長歎した。

一八九九年といえば、あたかも沖縄県に土地整理法が施行され、天皇制権力による土地所有権の処分、土地測量と地価査定の事業が着手された年にあたる。この歴史的な改革事業は、およそ四年七か月の歳月をかけて一九〇三年十月に完了したが、その間土地整理事務局長官として采配をふるった県知事奈良原繁は、事業完成の奏上書のなかで、次のように旧慣打破の必然性を強調している。

「県治の革新を図るの方は唯其旧慣を打破するにあり。而して旧慣を打破せんと欲せば、先づ其根柢たる土地及租税の制度を更革せざるべからず。故に土地整理の急務たる、蓋《けだ》し此時より甚しきはなし。況《いわん》や本県自治の基礎を確立し、県民をして議政権を享有せしむるの途、是を舎《おき》て他に求むべからざるに於てをや」

それでは旧慣土地及び租税制度の欠陥はなにか。奈良原はこう指摘する。

「沖縄の民は田園を私有するを得ず、其耕稼収穫する所の者は只是れ限年租借の権のみ。名《なづ》けて地割法と曰ふ。凡《およそ》其法毎人恒業あり而して恒産なし。其弊や安逸に狃《な》れて而して益を勤めず。地力を竭して而して損を顧みざるに在り。殊に自治制度の構成に反し議政の公権を有する能はざる者、職として之に由るのみ。且沖縄の税額は今を距る三百余年慶長年中の検定に繋り、墾闢荒廃其間に錯出するも一切措《お》て更訂を加へず、只旧額を株守して以て徴収の本と為せり。之を如何ぞ其れ厚薄の偏なきを得んや。又定額人頭配賦税あり、宮古八重山二島に課す。二島は瘴沴惨毒の地なり。就中《なかんずく》八重山島は人口凋喪して其定額は曾《かつ》て減ぜられず、負担益々逓加して殆ど苛重に堪へざらしむ。噫《ああ》是れ実に租税の制度其法を二三にするの致す所、豈《あに》独り厚薄の偏に止まらんや」

そうと知りながら為政者が旧慣を温存してきたのは、もっぱら旧支配者層を懐柔するためであり、いまようやくその改革にふみきったのは、民衆の疲弊と不満が極限に達したからにほかならない。「旧土地制度は啻《ただ》に、行政上支障を生じたというだけでなく、社会問題として、已に内部的崩壊の兆がほの見えて、擾乱の前夜を想わせるものがあった」と『名護六百年史』は述べている。一八八三年、土地奪還を叫んで屋部ウエーキ久護家を急襲した屋部村一揆も、やはりそのあらわれと見なされる。

土地整理事業によって、沖縄の農民はようやく旧慣の足かせから解放され、最後の地割でわりつけられた土地の所有権をえた。またこれにともなって、旧来の村を責任単位とする租税制度は個人単位にあらためられ、物納制は金納制にあらためられた。これよりのち沖縄の民と土は、名実ともに日本資本主義の私有に帰したのである。

この画期的な土地私有制が、農民の土地に対する愛護の念をつちかい、生産意欲をたかめた事実は、多くの史家たちが指摘するとおりであろう。しかし現実には、その私有制のもたらす恩恵を享楽できたのは、ほんのひとにぎりの富農層であり、大多数の貧農は、土地を失う自由と債務奴隷になる自由をえただけである。地割制という〝土の鎖〟から解き放たれた歓びをあじわういとまもなく、彼らはあらたな菊の紋章入りの〝銭の鎖〟に縛られて、わが身を売る痛苦を噛みしめなければならなかった。

山原の民も、むろんその例外ではありえない。土地整理事業が完了した一九〇三年の三月二十三日、『琉球新報』は「国頭郡男女の労働者」と題して郡役所の調査結果を伝え、恐るべき銭の鎖の増加ぶりを示している。

それによれば、国頭郡一島九箇間切に生まれて郡内で就労中の被傭人（年齢十歳以上、就労日数一月十五日以上）は、男二千百八十七名、女九百六十六名、計三千百五十三名。他の区郡への出稼人は、男三百七名、女百五十名、計四百五十七名。他の区郡よりの被傭人は、男四百九名、女百二十九名、計五百三十八名。その前借金の最高額は、男九十五円、女四十円、最低額は、男十五円、女八円。

ここでもっとも注目されるのは、他区郡へ出稼中の女性百五十名のうち、六十三名を娼妓が占めていることである。三年前の数字は三十六名であるから、じつに二倍近い増加を示している。またこれを間切別に見ると、一九〇〇年には三十六名中の二十四名を、一九〇三年には六十三名中の四十名を、いずれも名護間切出身者が占めて郡下第一位に立っている。

ちなみに一九〇三年末現在における沖縄県の娼妓総数は七百四十名であり、その内訳は那覇区西（辻）五百八名、同区東（渡地）百二名、同区泉崎（仲島）百三十名となっている。この三遊廓のうち、昔から辻がもっとも格式高い「花の島」とされているが、たとえどのように由緒正しい歴史と典雅な伝統を誇ろうと、売られた女性たちにとっては、生涯浮かばれない「涙の海」であったという事実を到底消すことはできない。

なお、これより十年後の一九一三年三月末日現在、国頭郡出身の娼妓数は二百四十五名に達し、そのなかの百一名を名護間切出身者が占めている。

この一九一三年、眉屋の末娘マツもまた生まれ島をあとにして、辻遊廓に住む姉のもとにあずけられた。時にマツは九歳であった。

その哀しい出立ちまでの、あまりにも短い屋部川のほとりの幼年時代を、マツはこう回想する。

——萬栄あにがどんなひとだったか、まったく覚えていません。顔も想い出しません。あにがメキシコへゆくとき、母に背負われて屋部橋のところまで見送りにいったそうですが、それも覚えていません。萬五郎あにも小学校をでるとすぐウンサ屋に身売りしましたので、そんなあにがいるとは知りませんでした。ナビーあねとウシーあねのことも、覚えていません。覚えているのは、三番目の萬郎あにのことだけです。わたしが辻につれてゆかれるまで、家で一緒に暮らしたのは萬郎あにひとりでした。

ちいさいころの想い出として、まっさきに眼に浮かぶのは、母の肌の色の白さです。ほんとうに夢を見ているような美しさでした。そのころ、家には風呂などありませんでしたので、いつも近くの小川につれてゆかれて、体を洗ったり、髪を洗ったりしておりましたが、そのたびにわたしは母の肌の白さにうっとりして、清《ちゆ》らさ！　清らさ！　とただもう母の背をなでまわしていました。

母はどんなに貧乏しても、いつも身綺麗にしていました。声も美しい、唄の上手なひとでした。わたしを背負って、よくこんな子守歌をうたってくれたものです。

わぁが抱ち抱ち　ほどうわさば
長者衆《うえきんちゆ》の　長者衆の　嫁なれよ
草履《さば》もぱちぱち　履《く》みよう　履みよう

足駄《あしじゃ》もからから　履みよう　履みよう
わぁが来《く》うわん　たぁが来うわん
お茶受作とて　待っちょれよう

母のうたう唄が、わたしの体に眠っている唄のいのちを呼びおこしたのでしょう。母の話によりますと、わたしはまだものごころもつかないうちから、美しい唄を聞くと、むしょうに感情がたかぶっていたそうです。

母はこんな話もしていました。母につれられ、隣の山入端村に村芝居《むらあしび》を見にいったときのことです。その帰りみちも、家に戻りついてあとも、わたしはしくしく泣きつづけていたということです。母はわたしが病気にかかったのではあるまいかと心配して、いろいろたずねたところが、なんと村芝居で見た綛掛《かしかけ》踊りを恋しがって、泣いていたというわけです。綛掛踊りは、愛する男のために糸を繰る女の踊りですが、こういう唄です。

七尺《ななゆみ》と二十尺《はていん》　綛掛けて置《う》ちゅて
里《さと》が蜻蛉羽《あけずばに》　御衣《んしゅ》よすらね
篗《わく》の糸綛に　繰り返し返し
掛けて面影の　まさて立ちゅさ

綛掛けて伽《とうじ》や　ならぬものさらめ
繰り返し返し　思《うみ》どまさる

綛も掛け満ちて　でちゃよ立ち戻ら
里や吾が宿に　待ちゅらでもの

もちろん、子供のわたしには、この唄の意味も情もわかるはずがありません。でも、その調べのかなしさに、すっかりこころを奪われてしまったのでしょう。「あぬ唄なぐりさぬ」（あの唄が名残惜しい）といって、泣きやまなかったそうです。父と母はすっかり驚き、この子には眉屋の先祖の血が流れておるにちがいない、そう思ったということでした。わたしも生まれながらに、芸能の神につかえる運命を負わされていたのでしょうか。

ちいさいころから、うたったり踊ったりするのが、なにより好きでした。ウシーあねが屋部小学校の校長先生の家で子守りをしていましたので、ときどき先生の娘さんたちの着物や、襦袢のおさがりを貰ってきましたが、わたしはその派手な大和の着物を着て、裾をひきずりながら綛掛を踊るまねをしたり、福樹の葉で按司の帽子を編んでもらって組踊りのまねなどして、時のたつのも忘れていました。わたしも父に似てどもりの癖がひどかったそうですが、唄だけはふしぎにどもらず、上手にうたっていたそうです。

といっても、なにしろ貧しい穴屋の末娘です。ちいさいころは、男の子も顔負けのおてんばでした。萬郎あにはいつもわたしのことをサールーと呼んでいました。猿のように木登りが好きで、枝から枝へ身軽にとび移っていたからです。

家のまわりのシークヮーサーが熟れる時季になりますと、さっそく父親の煙草盆を腰につるして木に登り、実をもいで盆につめ、下で待っている近所の子供たちにわけてやったものです。

ユーサ（ぶらんこ）も得意でした。わたしたちが子供のころは、久護の道のまんなかに大きなガジュマルの木が繁っていました。その枝に藁の綱をさげ、それにつかまって体を揺りながら、高くあがってガジュマルの葉を口にくわえる遊びですが、なかなかうまく届きません。たとえ届いても、一瞬のうちに歯で嚙み切るのは大変むつかしいことです。ところがわたしはすぐそれができるようになって、大人たちをびっくりさせました。

水泳も大好きな遊びのひとつで、親にかくれては屋部川で泳ぎまわっていました。一度急流にまきこまれて、溺れ死にしかけたこともあります。さいわい、近くにいた男のひとに助けあげられましたが、そんな場合には酒の空甕を横にして、それを胴巻きにするような格好で人間を腹ばいに寝せ、甕のなかでゆっくり火を焚きます。そうするとやがて、溺れた人間は肺のなかの水を吐きだして、息を吹きかえすのだそうです。わたしもやはり、その方法でいのちをとり戻したということです。

海で泳いだことはありません。海はこわいところだと思っていました。街道を渡って海のほうへゆくのは、浜の眉屋で西瓜を御馳走になるときだけでした。海岸の砂地にできる西瓜の味は格別で、萬盛叔父はそれを自慢の種にしていました。

わたしが子供のころ、なによりさびしかったのは、弟も妹もいないことでした。弟か妹がいれば子守りができて、朝から晩まで子守唄をうたうことができるのに……、そう思って泣いたこともあります。

そんなわたしにとって、いちばん嬉しかったのは、すぐ裏隣の家に男の子が生まれたときです。さっそく母にせがんで頼んでもらって、その子の守りをすることになりました。わたしはその子が可愛くてたまらず、休むまもなく一生懸命、子守唄をうたってやりました。そうすると、まるでわたしがその子の母親になったような気持でした。けれどもその子はまもなく病気にかかって、わたしは子守りをすることができなくなりました。

わたしは一日も早く子守りをしたいと思って、来る日も来る日もその子の家の垣根のそとから、なかの様子ばかり眺めていました。ところがある日、いつものように垣根にもたれて眺めていますと、突然、青い色をした火の玉がゆらゆらと浮かびあがって、遠くへ消えてゆきました。わたしは驚いて家にとんで戻り、ピーダマを見たと母に告げました。母が青い色か赤い色かと尋ねますので、青い色だったと答えますと、母は悲しそうな顔をして、あの子の病気はよくならないよといい、ピーダマを見たことはぜったい誰にも話してはいけないと口どめしました。

その翌日、病気の子は死にました。わたしはもう二度と子守唄をうたうことができなくなってしまったのだと思って、一日中泣いてばかりいました。これが生まれて初めて知った死に別れの悲しみです。

この裏隣の家は、屋号をカニヤ小《ぐゎ》といっていました。作りは眉屋とおなじような穴屋でしたが、床が高くて、貫木屋《ぬちぢゃ》みたいにきちんとした構えでした。眉屋には井戸がありませんので、いつもこの家の井戸水を使わせてもらっていました。

カニヤ小の主人は、むかし名護御殿の詰番をしていたとかいうことで、上品な借口《かいぐち》を使っていました。借口というのは、那覇の言葉のことです。この主人は三世相《さんじんそう》を観るのが非常に上手でしたので、毎日のように遠方から人がおとずれ、占いを頼んでいました。

ある年、わたしの背中に大きな腫れものができたことがあります。そこにごわごわした芭蕉布の着物があたると、跳びあがるほど烈しく痛みました。母は薬草を火であぶって貼ってくれました。けれどもひどくなるばかりで、いっこうよくなりません。ところがたまたま、名護から三世相を観てもらいにきていた人がわたしの腫れものを見て、このままではいのちにかかわるといって、金の針を九本、火で焼いて、腫れものに刺してくれました。そのおかげで腫れものはすっかり消えてしまいました。いまもそこには針の痕が九つ残っています。

眉屋が貧乏であることは、子供ごころにもよくわかっていましたから、なにかよその家の手つだいなどして小遣いを貰うことがあると、それを畑の隅に埋めて貯金していました。目印の棒を立てておきますから、見失うことはありません。そして、父が煙草を買う銭がなくてこまっているときなど、そっと掘りだして煙草を買ってきてあげたりしました。そのころは煙草を自由に作ることができなくなって、銭のない貧乏人は、好きな煙草もなかなか吸えない世の中でした。

わたしの父親は、背丈は大きいけれど気がちいさくて、なにか心配ごとがあると、すぐ寝込んでいました。そのぶんだけ母に荷がかかりますから、母の苦労は並たいていではなかったと思います。

農業だけでは生活できなかったのでしょう。母はときどき芭蕉布を仕入れて、那覇まで売りにいっていました。わたしもついてゆきます。その行き帰り、船が残波岬《ざんぱ》の沖を通るときになると、母はかならずわたしを寝せ、自分も寝ていました。あそこは波が荒くて船酔いのおきる処です。それを防ぐために母はそうしていたのですが、わたしはそうとも知らず、残波岬は寝る処だと思っていました。

母はよく屋部ウエーキにも手つだいに呼ばれていました。借金がたくさんあったのでしょう。でも、そんなとき、わたしがついてゆこうとすると、恐ろしい病気が移るからといって、母は許してくれませんでした。岸本久栄という偉い先生が肺病にかかって、首里から戻っておられたからです。

このかたは屋部ウエーキの九代目の弟で、久訓さんの叔父にあたる人です。非常に頭が良かったので、沖縄師範学校を卒業して、広島の高等師範学校で勉強されたそうです。沖縄からこの学校に入学できたのは、久栄先生が最初だという評判でした。肺病がひどくなって屋部に戻るまでは、首里にある第一高等女学校の教頭をされていたということです。

久栄先生が住んでおられたのは、屋部ウエーキの母屋《うふや》ではなくて、アサギ（離れ）のほうです。アサギといっても、むかし王様をお泊めするために建てられたという、それはりっぱな建物でした。

久栄先生の奥さんは、沖縄の人ではありません。四国の松山の人で、浪子さんという名でした。先生が松山高等女学校に勤めておられたとき、結婚されたということです。いつも大和の着物を着て、髪も丸髷に結っておられましたので、わたしは珍しくてたまりませんでした。言葉も大和口《やまとぐち》ですから、さっぱり意味がわかりませんでした。

いまでも忘れられないのは、タナバタティーダ（陰暦七月七日）の虫干しです。わたしの母も手つだいに呼ばれて、浪子さんの着物や帯が座敷いっぱいに干されましたが、わたしはその数が多いのと、色とりどりの模様の美しいのにびっくりして、塀風《ひんぷん》（目隠門）の陰から一日中うっとり見惚れていました。

久栄先生はときどきそとにでて、ステッキを片手に散歩しておられました。わたしはその鼻ひげをはやした顔が見たくてたまりませんが、母から近くに寄ってはいけないと戒められていますので、眉屋の垣根の内側からおそるおそる、萬郎あにと一緒に覗き見をしたものです。

久栄先生が亡くなられたのは、わたしが十一の年です。そのころわたしはいったん辻から戻って、ダルギに奉公していましたが、そのときにもやはり青いピーダマが飛んでゆくのを見ました。先生が亡くなられたのは、そのすぐあとです。まだ三十八歳ということでした。

小学校時代の想い出ですか。いちばんおかしいのは、わたしが屋部小学校に二度入学したことです。

最初に入学したのは、かぞえ年七つの春です。父も母もなんとなくふしぎそうにしていましたが、よく確かめもせず、役所の通知どおり入学しました。ところがその翌年、またしても入学通知がきました。父もさすがに驚いて役所へ尋ねにゆきましたら、前の年の入学通知は、わたしより一つ年うえの姉に対する通知だったそうです。その姉は生まれてまもなく死んだそうですが、父がその手続きを怠っていたので、役所の帳簿では生きたままになっていたのです。

手落ちは手落ちとして、わたしが一年前に入学したのは事実ですから、父はぜひわたしを二年生にあがらせてほしいとお願いしました。けれども願いは通らず、結局わたしはもう一度、入学しなおして一年生になったわけです。そのとき、母がわたしに、落第したのではないよ、今度がほんとうの入学だよといって、なぐさめてくれたのをよく覚えています。ただ、落第ではないので、赤飯を炊いてもらうことはできませんでした。

あのころは、どういうわけか、子供が落第すると、赤飯を炊いてお祝いをしていました。子供の気持を元気づけるためだったかもしれません。

受け持ちの先生は、諏訪三男という名前でした。年は三十くらいだったと思います。大和の人で、お父さんは巡査をしておられたそうです。先生の奥さんの実家は高尾野といって、やはり薩摩出身のお金持ちだそうです。

諏訪先生は羽地村からかよってみえていましたが、毎日学校から戻ると夜遅くまで畑仕事をされ、月のない夜は畑にランプをつけて働いておられるという話を聞いたことがあります。背は低くて小太りの、まことにやさしい先生でした。便所の使いかたまで、ひとりひとりつれていって、いちいち親切に教えてくださいました。

明治天皇が亡くなられたのは、わたしがもう一度一年生をさせられた年です。わたしたちは着物の胸のところに、黒い布をつけさせられました。松本校長先生は、天子様がおかくれになったので、そのおくやみのしるしである、といわれました。

このころから急に服装のきまりが厳しくなってまいりまして、髪の形から帯の結びかたまで、大和ふうに変えさせられました。りっぱな日本人になるためには、まず正しい日本人の服装をすることが大切である、と校長先生は訓示されました。

わたしはまじめにその教えを守って、髪はジーファー（簪）を使わずピンでとめ、帯もうしろに結んで登校しました。ところがそんな格好をしていったのは、校長先生の娘さん以外にはわたしひとりで、みんなから大笑いされました。わたしは恥ずかしくなって家にとんで戻り、もうぜったいにヤマトスガイはしないと泣いて、母をこまらせました。

それでも学校の命令がやかましいので、だんだんと大和ふうにする生徒がふえましたけれど、登校のときには校門の前でジーファーを抜いてふところに隠し、帯もうしろにまわして、帰りには門をでるが早いか、また元どおりになおすといった調子でした。先生から帯の結びかたをなおされるとき、ふところに隠したジーファーやサーター（黒糖）が床にころがり落ちて、げんこつをくらう者もありました。袖も大和ふうの狭い筒袖に変えるようにといわれ、紐でくびったりなど、それは苦心をしたものです。

朝学校へゆくときには、まずそれぞれ部落ごとに集合して、アジマーから学校まで六年生の代表がラッパを吹きながら、列を組んで行進させられました。久護部落では萬郎あにがそのラッパ吹きでしたから、わたしはとても鼻が高いような気がしました。

萬郎あには頭が良くて、学校の成績も優れていました。ただ、生まれつき体が弱く、いつも胃のあたりが痛んでいました。それだけに母の可愛がりようも特別で、これは薬だからといって、ときどき萬郎あにだけに米の御飯をたべさせました。それを見て、わたしはどんなにひがんだかしれません。なにしろわたしのほうは、あけても暮れても藷しかたべられないのですから。

こんなこともあります。萬郎あには胃が痛くなると、わたしを呼んで背中をふませていましたが、あるときわたしがうっかり足をふみはずして、横腹の皮をふみつけました。よっぽど痛かったのでしょう。あにはひどく怒って、わたしをなぐりつけました。わたしは泣きわめいてフールー（厠兼用の豚小屋）のそばまで逃げましたが、くやしくてたまりません。無我夢中で大きな石をひろって豚小《わーぐわ》に叩きつけ、殺してしまいました。

あきよう、その豚小は、父が農業学校からわけてもらった色の白い豚でした。それまで飼っていたのは黒色の島豚ばかりですから、父はその白い豚小を特別に可愛がって、とても大切にしていました。

もちろん、殺そうと思ってそうしたわけではありませんが、なぜ選りに選ってそんな大切な白豚に石を投げつけたのか、わたしにはわかりません。でもひょっとしたら、萬郎あにばかり可愛がる母へのひがみが、無意識のうちにそうさせたのかもしれません。父はわたしを叱りませんでした。

父が死んだのは、それからまもなくです。

二

明治世から大正世に移ったばかりの一九一三年二月二十四日は、陰暦一月十九日にあたる。その日も例年どおり、眉屋の萬吉はウエキンチュの屋敷に呼ばれ、二十日正月の料理つくりに得意の腕をふるった。

彼はその仕事をかたづけて家に戻ると、今度は薪をとりに山へでかけた。ジールー（囲炉裏）の薪が残り少なくなっていたからである。北風《にし》の強い正月のあいだに、燃料はほとんど使いつくされていた。

萬吉がにわかに高熱をだしたのは、その宵である。妻のカマドは、風邪をひいたのであろうと思って、とっておきの熱さましを飲ませ、芭蕉の芯で頭を冷やした。しかし病状は悪くなるばかりで、萬吉はまもなく昏睡におちいった。連絡を受けて萬吉の弟の萬盛と萬長もかけつけたが、呼べど叫べど、なんの反応もない。これはいけない、このままでは死んでしまう、と萬長はあわてふためき、みなをせきたてて病人の手足の爪さきに灸を据えさせた。

人間の手足の爪さきは、五体のうちでもっとも神経の鋭い部分である。そこに灸を据えれば、その熱によって全身の神経が起きあがるといわれる。

案のじょう、効果はてきめんであった。根気づよくもぐさを据え、もぐさの灰を落としているうちに、萬吉は熱そうに手足を動かしはじめた。見守る親族縁者は驚喜し、大声で彼の名を呼んだ。するとやがて、ふっと夢からさめたように萬吉は眼をあけた。そして、ゆっくりと一人ひとりの顔を見まわし、かすかな声で一言こういった。

「なまでぃい……けぇて……かんがや」

まだ帰ってこないのか、そう問われて枕頭にはべる者たちは、ハッと顔を見あわせた。あまりの急変に気が動転して、長女のナベと次女のウシに知らせるのを、すっかり忘れていたのである。

さっそく、使いの者が電報を打ちに名護郵便局へ走った。しかし、その電報がまだ二人の手にとどかないうちに、萬吉は二度と帰らぬ唐旅に出た。享年四十九。

　翌日、村のしきたりに従って野辺送りがおこなわれ、萬吉の遺骸は眉屋の北方およそ四百メートルの狭い谷あいの墓に葬られた。そのあたりはとくにハブの多い所として恐れられていたので、かねがね萬吉はもっと安全な浜のほうに墓を移したいと望んでいた。しかし、ついにその願いも果たさないまま、彼は毒蛇と寝所をともにしなければならなくなったのである。

　村びとたちは、忽然と世を去った、この善良で気の弱い、ひどいイギャナーとして名物男であった萬吉を哀惜するにつけても、嫡男はもとより、おなじ沖縄に住む長女と次女にさえ最期をみとってもらえなかった悲運を、心底から憐れまずにはいられなかった。また一門のひとびとは、萬吉がいのちをちぢめたのも不孝息子のせいであるといって、陰に陽に萬栄を誹謗してはばからなかった。

　辻にジュリ売りされた姉妹がようやくわが家に帰り着いたのは、葬式も終わって、すでに夜ふけに近い時刻であった。あいにく年に一度の二十日正月行事のため、どうしても抜けることができなかった、と妹のウシがいいわけをし、ぜひ一度チャッチャー（お父さん）にジュリ馬を見せてあげたいと思っていたのに、選りに選ってその日に死んでしまうなんて……と悔んだ。

　二十日正月は辻遊廓における最大のお祭りであり、華麗をきわめたジュリ馬行列のおこなわれる日である。この日、選ばれて馬小《うまぐわ》に扮した美妓たちが「イュイ、イュイ、イュイ、イュイ！」の掛け声もあでやかに街を練り歩き、「花の島」は文字どおり百花繚乱の桃源境と化した。その由来について、こんな口碑が伝えられている。

「むかし首里のやんごとなき身分あるお姫さまが遊女となって廓《くるわ》生活をして居った。僅か一里足らずの首里と那覇ではあるが、一旦汚れ果てた身を以っては親しく親兄弟に対面も出来ない、わが身を情なく思っては人知れぬ涙をのみ、胸を痛めるのであった。殊に世の人が親子揃って新春を寿ぐ正月にもなれば、父母恋しさ、いとし弟妹をしたう心は切なるもので、世は春なれど彼女の心は一しお寂しいもので、会いたい見たいの遣瀬ない悩みをどうすることも出来なかった。そこで考え出したのが、遊女だちを集めて華やかな行列を催し、わが身もその行列に加わって、いとしい親や弟妹を見物に紛らして、他所目にその姿に接せんと企てたのがこの尾類馬の起源であると」(『辻情話史集』)

そのような縁起を尊重してであろうか。平素は娼妓の親兄弟が会いにきても、台所口からしか入ることを許されないが、この日ばかりは天下晴れて仲前《なかめえ》(表玄関)からの出入が認められ、また前日から宿泊することも許されたのである。

ところでこの一九一三年の正月は、明治天皇崩御による諒闇中のこととて、当間那覇区長は区民に対し、服装の華美を慎しみ、歌舞音曲はいっさい見合わすよう、要請した。しかし、さすがに辻遊廓の伝統行事を禁止することはできず、その二十日正月の催しも恒例どおりおこなわれたのである。眉屋の姉妹が父親の野辺送りに遅れたのを、誰も責めることはできない。二人は、眉屋を救うために自由をうばわれた身である。

「あきよう! まだ半分も吸わないうちに死んでしまって……」

長女のナベは、仏壇に供えられた刻み煙草を胸に抱きしめて、激しく慟哭した。

その煙草は、前年の秋、萬郎が修学旅行で那覇に寄ったおり、彼女が父へのみやげとして持たせた品であった。萬郎はそれを赤毛布《ゲット》に包んで持ち帰った。煙草好きの萬吉は大喜びしたが、一度に多くは吸わなかった。なめるように少しずつ吸っては、そのたびに、「親から売られた子が、親に孝行してくれる」といって涙ぐんでいた。

末娘のマツは、このとき初めて、彼女に二人の姉がいることを知った。彼女はためつすがめつ二人の顔を見つめ、見くらべして、ほっとためいきをついた。こんなに大きな、こんなに美しいひとが、それもふたり揃ってわが姉であろうとは！　彼女は、突然、眼のまえに二重の虹がかかったような気持であった。

マツの眼にはどちらもうっとりするほど美しかったが、ただ外側のほうの姉虹はなんとなくひっそりして、泣いているように思われた。それとは反対に内側のほうの妹虹は、いかにも強くて、力があふれているように見えた。そしてマツは、なぜか外側のほうの虹のさびしい優しさに心をひき寄せられた。

翌日、ウシは店が忙しいからといい、母がひきとめるのをふりきって那覇へ戻った。姉のナベは一週間ほど家に泊まって、母を慰めたり、あと始末を手つだったりした。それがマツには嬉しくてならなかった。その七日間、マツは、アバー（姉さん）、アバー、と呼んで、片時もナベのそばを離れようとしなかった。

ナベが那覇へ戻ってのちも、マツの思慕はつのるばかりであった。学校で勉強中も姉のことが忘れられず、教科書の挿絵に描かれている美しい女のひとの顔は、どれもみな彼女の姉のように思われた。マツはついに我慢しきれなくなって、そのなかから一人、もっとも姉によく似たひとがいる絵を選んで、こっそり色を塗り、先生の眼を盗んではそれを眺めて涙ぐんだ。

死んだ萬吉の四十九日の祭りが済んだ翌日は、おだやかなウリズンの雨であった。その日、カマドはマツが学校から帰ってくるのを待って、裏隣のカニヤ小へ三世相の占いを頼みにでかけた。萬吉が死んで以来、眉屋の債権者たちはここを先途とばかりに家屋敷の処分を督促したが、カマドは「せめて四十九日があけるまで待ってほしい」といって拒みとおした。死者が後生《ぐしょう》の生活に入るのは、四十九日の祭りが終わってからであり、それまで死者の霊魂《まぶぃ》は、墓と家とのあいだを往き来しているからである。家を他人にとられては、まぶいの戻る処がなくなってしまう。

しかし、いまやその幽明混沌の期間も終わったのである。家屋敷をあけわたすとすれば吉日はいつか、カマドはその悲しい決定を三世相にゆだねるほかはなかった。

カマドがでかけたあと、マツは遊びにきた近所の子供たちと仏壇のまえでたわむれていたが、そのうちに家のあちこちがギシッ、ギシッ、と鳴りはじめた。しかし、マツは気にもとめなかった。萬郎あにが学校から戻ってきて、妹たちを驚かせるために柱をゆさぶっているのだろう、としか思わなかったからである。

するとやがて、その低いきしみに誘われるように、白い羽虫がどこからともなくわきあがって、部屋いっぱいに舞いはじめた。それは眉屋の古い粗末な柱という柱をくいつくした白蟻の大群であったけれども、子供たちの眼には、可愛い蝶《はびる》のように見えた。

「ハー、はびる！　はびる！」

子供たちは狂喜し、それをとらえようとして、無邪気にはしゃぎまわった。

ふわーっと眉屋が崩れ落ちたのは、そのすぐあとである。誰ひとり、表へ逃げだすひまもなかった。子供たちの悲鳴に驚いて近所のひとびとがかけつけ、大急ぎで藁や竹をとりのぞいた。さいわい、子供たちは仏壇の前にうずくまっていたので、落下物はそこだけが頑丈に造作された仏壇にさえぎられて、かすり傷ひとつなかった。

家を失った眉屋の母子は、その夜から近くの家の作業小屋を借りて雨露をしのぐことになった。その第一夜、母子三人がとった遅い夕飯《ゆうばん》は、茹でた小さな藷二個だけであった。どこから貰ったのか、カマドはそれを指でつぶしてたっぷりと湯で溶き、萬郎とマツにすすらせた。しかしカマド自身は一口もすすらず、奇蹟的に破損をまぬかれた位牌と香炉の前で、いつにもまして長い時間、一心に礼拝をつづけた。

その香炉は口径一尺あまり、胴に青龍を浮彫りした大ぶりの焼物であり、むかし知花《ちばな》の王が中国から陶工を招いて作らせた品であると伝えられる。高い値でゆずりうけたいと所望する者もあったが、萬吉は家宝として手放さなかった。その大切な遺愛の香炉が位牌とともに安泰であったことは、あらためてカマドの心に祖霊の加護を確信させた。

長い拝みを終えると、彼女は、四十九日の祭りが済むまで家がぶじであったのも、マツたちがかすり傷ひとつ負わなかったのも、すべてウヤファーフジ（父祖）のおかげである、と二人の子に説き聞かせた。つづいてまた、あと三年、あと三年、あと三年たったら、クーミーが儲けて戻り、眉屋はむかしのように大きくなる、と説き聞かせた。

それから数日後、世話をする人があって、萬郎は糸満の漁師に売られた。しかし、カマドはマツに対して、「売られたのではない。病気をなおしにいったのだよ。あれの病気には潮がいちばんよく効くそうだから」といった。

それからまた数日後、カマドは「萬郎の所にいってみよう」といい、マツをつれて糸満へでかけた。しかし、萬郎は漁にでていて、会うことはできなかった。

その帰途、母と子は那覇まで歩いて辻遊廓に立ち寄った。なにごとが起ころうとしているのか、マツは知るよしもなかった。彼女はただ、思いもかけずアバーと再会できて、嬉しさのあまり心は有頂天であった。父の初七日が終わって姉と別れたその日から、今度はいつめぐり会えるのだろう……と、孤独に沈む日々がつづいていたからである。

カマドは暫くのあいだ、ナベやウシとなにごとかひそひそ相談し合っていたが、やがてマツを部屋に呼びいれてこういった。

「マッチャー、あのよう、チャッチャーが死んでしまったので、もうおまえを学校に通わせることができなくなったさ。いまそのことをアバーに話したところ、もしおまえがここで一緒に暮らしてくれるなら、アバーが銭をだして、学校に通わせてやろうということになったのだよ。こんなさいわいはないさ。さっそくきょうからここに住むことにしよう」

学校にゆけないという言葉ほど、マツにとって恐ろしい言葉はなかったので、彼女はすなおに「ハイ」と大和口で答えた。これまでどおり学校で勉強することができるうえに、大好きなアバーのそばにいられるのだ。不服のあろうはずがない。むろん、母と別れ別れになろうなどとは、夢にも思わなかった。

その夜、マツは、生まれ島で聞いたことのないさびしい音でふと眠りから覚め、恐怖に身ぶるいしてとび起きた。その音は、枕もとの柱に掛けられている時計の鐘の響きであったが、彼女はすっかりおびえて、母を呼び起こそうとした。そして初めて、隣に寝ているはずの母がいないことに気づいた。

彼女の泣き声を聞いてナベがかけつけ、母は眉屋の後始末をするために島へ帰った、と告げた。

「アンマーは別れがつらいからといって、おまえが眠ってから帰ったのだよ。辛抱しなさい。アバーがついているではないか。さみしくはないさ。姉妹《ちゅでぃ》三人で力を合わせて、眉屋を建てなおすために気張ろうよ」

しかし、大好きな姉のやさしい慰めも励ましも、いまはマツの悲しみを癒しはせず、むしろいっそう激しくかきたてるばかりであった。この夜からのち、柱時計が刻を知らせる音は、マツにとって、なにより嫌いな音となった。そして生涯、彼女は家に柱時計を置こうとしなかった。

母親は、マツが姉のもとで暮らせば、学校に通わせてもらえるといった。しかし現実には、ついにその日はおとずれなかった。母や姉たちが嘘をついて、彼女をだましたわけではない。当時の小学校は、遊廓内の子を入学させなかったのである。

「ぜひ約束どおり、おまえを学校に入れたいと思うけれど、そのためには、誰かほかの町に住んでいるかたにお願いして、そのかたの家におまえがいることにしなくてはならないのよ。ところがあいにく、誰もひき受けてくださるひとがなくて……」

こういってナベはあやまった。しかし、誰か奇特なひき受け人があらわれたとしても、マツが学校に通うことができたのは、ほんの短い期間にすぎなかったろう。母の急病を知らせる電報が届いたのは、マツが姉のもとにひきとられてわずか三か月後である。

その知らせを受けると、眉屋の三姉妹は大急ぎ乗合馬車で名護へ向かった。生まれて初めて経験する馬車の旅であったが、母に会いたいが一心のマツには、馬の脚さえのろく思われた。

途中一度、馬方は彼の家の前で車をとめ、馬に水や餌を与えてひと休みした。それからやおらふたたび馬車を走らせようとしたとたん、にわかに馬が大暴れして、車を道のそとに落としてしまった。さいわい怪我人はなかったが、「きょうは馬の気が立っているから危険だ」といって、馬方はあっさり運行をうち切った。名護まではまだ道半ばである。しかし、馬方も馬も、テコでも動こうとしなかった。

ウシは姉と妹をせき立てて、一気に名護まで歩くことに決めた。ナベは、きょうのウシは馬よりも気が立っているよ、とマツにささやいて苦笑した。

ウシの歩みは早く、ナベの歩みはのろかった。マツはウシに負けない自信があった。しかし、彼女は体の弱いナベあねに歩調をあわせてゆっくり歩いた。ナベとウシは草履ばきで、マツだけが跣であった。彼女の足はまだ履物になじまなかった。

途中のある村小《むらぐわ》でひと休みするころは、もうとっぷり日が暮れていた。ウシは夜道を歩こうと主張した。しかし、休ませてもらった豆腐屋の主人は、このさきのほうの山道には僊懶《へーれー》（追剝）がでるから、といってひきとめた。意地っぱりのウシも、へーれーという言葉を聞くとさすがに心ぼそくなり、親切なあるじの勧めに従って、その豆腐屋で一泊することにした。

翌朝、まだまっくらなうちにウシは姉と妹をたたき起こして出発した。こんなに早く、と豆腐屋はあきれながら、スティミチムン（朝飯）代りに、といって出来たての豆腐を持たせた。三人姉妹はそれをほうばりながら歩いているうちに、ようやく夜がしらみかけた。

と、やがて急に、先頭を歩いているウシが立ちどまり、シッと姉妹を制した。そして、へーれーだよ、とささやいた。ふたりが驚いて眼をこらすと、確かに黒い人影らしいものが前方から近づいてきている。

「動いてはいけないよ。そこにじっとしていなさい」

ウシはこうふたりに命じ、ただ独りすたすたと前進していった。それから黒い人影に向かって、大声で名護までの道のりを尋ねた。

「はあ驚いた。おれはてっきりへーれーがでたと思ったさ」

そういって大きな吐息をついたのは、まだ若そうな男であった。その右手には庖丁が握りしめられていた。まさかのときの用心のためであったろう。

その男は名護まであと三時間たらずの距離だと教えた。しかし、ナベの足が遅いため、三人が名護にたどり着いたのは昼近くであった。名護から屋部までは人力車を雇うことになったが、マツは、そんなものに乗りたくない、走って帰る、といった。おまえが乗らなくても俥賃はおなじだよ、とウシは叱り、彼女の膝に乗せようとした。マツはそれをふり切って逃れ、別の一台に乗っているナべの膝に抱かれた。

当時、家を失った母親のカマドは久護から大島に移って、生家であるキャーキ屋の近くに家を借り、病衰の身を養っていた。その家は、南洋で儲けて帰った人が建てたものであるが、建て終えるとその人はふたたび南洋へ出稼ぎにゆき、カマドが留守番役として住ませてもらうことになったのである。彼女が患っているのは、膝の関節に膿のたまる病気であった。

「こんなことでキトクの電報を打つなんて」

ウシは腹立ちまぎれに母をなじった。彼女は自分の感情をおさえることのできない性質であった。

「ひとりになったら、急に気が弱ってしまって……」

カマドはこういいわけをした。

父親の萬吉が死んだときとおなじように、ウシはひと晩泊まっただけで、さっさと那覇へひきあげた。姉のナベは、ウシよりふた晩多く泊まってひきあげた。その帰りに、ナベはマツもつれてゆくつもりであったが、マツは従おうとしなかった。

「どこへもゆきたくない。わたしはここでアンマーの看病《やみわんでえ》がしたい」

マツはそういって泣きじゃくった。母のそばを離れたくなかっただけではない。いま自分がそばについていなければ、母は死んでしまうような気がしてならなかったのである。

ついにナベもあきらめ、マツは村に残ることになった。そして、久護のダルギに千貫《しんぐわん》（二十円）で身売りされた。

「善い人や千貫し買うてん友《どし》し、争論《もんどう》や千貫し買うてん捨てれ」といわれる。千貫はそれほどの大金であるが、マツは母のためだと思えば、それによって身を縛られることに、なんの苦痛も感じなかった。病む母を養うことができる。彼女はそれだけで満足した。

三

ダルギの屋敷は、倒れた眉屋の斜め西向かいにある。マツが千貫で売られた当時、その鬱蒼たる福樹にかこまれた屋敷に住んでいるのは、かぞえ年六十になる女あるじ一人だけであった。彼女はウンサ屋からこの家にとついできたが、十九の年に夫が死亡し、以後ずっと独りで家を護りつづけた。子はない。代わってダルギの家督を継ぐのは、亡夫の弟の子と定められていた。

この孤独な女あるじは大変な働き者で、庫裡《くうい》にはさまざまの貴重な食料を貯えた南蛮甕が、五十も並んでいるという評判であった。彼女はまた、ウエーキの生まれだけにきわめて気位が高く、よろず格式を重んじた。使用人に対する態度もすこぶる厳しかったので、誰も長くはつづかなかったといわれる。

しかし、ダルギの女あるじは、珍しくマツが気に入って実の孫のようにいつくしみ、自分のことをマツに「パッパー」（おばあさん）と呼ばせた。女あるじの姑はキャーキ屋からとついだ人であり、マツの母の叔母にあたる。

パッパーはマツをつれて眉屋のそばを通るたびに、かならず兄弟が力をあわせて眉屋を建てなおすよう、ねんごろに諭した。当時すでに眉屋の土地は、萬吉が生前に借りた二千貫（四十円）の代償として、ウンサ屋の所有に帰していた。

いつどこへゆくにも、パッパーはマツを供につれた。その姿を見て、村びとは、マツのことを「ダルギの宝蔵小《ふうぞうぐわ》」と呼んだ。宝蔵とは、女物の煙草入れのことである。

しかし、どんなに深くマツを愛しても、主人としての権威を忘れるようなパッパーではなかった。彼女はけっしてマツを甘やかすことはせず、戸のあけたてに至るまで、厳しく目をひからせた。マツがつい急いで勢いよく雨戸を走らせただけでも、ただでは済まない。敷居の溝がちびて、大風のときに戸が吹きとんでしまう、といって叱責した。彼女の怒声は日和神鳴《ひやいかんない》のように大きくて、マツの肝をちぢみあがらせた。

パッパーは口やかましいばかりでなく、人使いも荒かった。片時も手を遊ばせておくことを、彼女は許さない。手はガジュマルのひげではない、というのが口癖であった。ぶらさげておくために生えているのではない、手は使うために生えているのだ、というわけである。畑へでかけるときには、たとえ山羊の糞ひとにぎりでも、かならず肥料をもたせた。

名護の祭りを見にやるにしても、パッパーはその流儀を押しとおした。もし屋部大根の季節であれば、かならずそれを頭にのせて売りにやる。オートー（青唐九年母《おうとうくにぶ》・柑橘類）の季節であれば、それを売りにやる。その売りあげのなかから一銭なり二銭なりを、祭り見物の小遣いとして使うことを許した。

マツが黙々と女あるじの命令に従うさまを見て、「おまえのようなフンデー（わがまま者）がよく辛抱できるものだ」と感心する者もあれば、「大変なイジリムッツ（意地っぱり）だ」とあきれる者もあった。マツがダルギで長つづきしようとは、誰ひとり予想できなかったのである。

しかし、マツにとって、パッパーの酷使にもましてつらいのは、学校に通えないことであった。へとへとに疲れて眠る夜々、彼女はいつも学校にゆく夢ばかり見た。夢のなかで萬郎あにの吹くラッパの音を聞き、遅刻しては大変とばかり、深夜眠りこけながらふらふらと集合地点のアジマーまで歩いて、そこでようやく夢から覚めたこともある。あるいはまた、諏訪先生の授業中に尿意をこらえきれなくなった夢を見て、ユーシバイ（寝小便）をたれかぶったりもした。

そのころ、ダルギにはマツのほかにもう一人、浜のケンチュー屋の子が売られて働いていた。マツより一つ年上の男の子で、名は憲久という。

マツと憲久は兄弟のように仲良しになったが、ふたり一緒に畑仕事にゆくときだけは、マツはできるだけ憲久と離れて歩くように努めた。ふたりが並んで歩く姿を見かけると、口さがない大人たちは、「ダルギの夫婦《みいとんだあ》」といって冷やかしたからである。

憲久の頭には禿があったので、なにか口争いをするたびにマツは、「カンパチ！」とあざけった。憲久も負けずにマツを、「ピッタイヌマギサン！」とののしった。彼女はきわだって額が広かったからである。ふたりがそんなののしりあいをするのを見て、女あるじは、いまこそ喧嘩ばかりしているが、やがて離ればなれになれば、互に恋しくてたまらなくなる、というような唄をうたった。

憲久は性質も善良で、骨惜しみせずこつこつと働く少年であったが、一つだけ、マツをこまらせる悪い癖があった。一緒に食事をするとき、彼は自分の食った藷の皮を、そっとマツの足もとに棄てるのである。

「好きなだけ食ってかまわない。ただ他人が食ったようにみせかけることは、ぜったいしてはいけない」

パッパーはこう戒めたが、憲久の悪癖は容易にあらたまらなかった。

ダルギの藷畑は、屋部寺の東側を昇った丘のうえにある。石ころだらけの畑で、藷も石ころのようにちいさかった。マツと憲久は大きな畚《ぴらぎ》をさげてこの藷畑に通い、毎日食うだけの量を手で掘らされた。パッパーは「ここは百足所《んかじどくる》だから気をつけるように」と注意したが、なにしろ子供である。つい油断しては大ムカデに手を刺され、悲鳴をあげた。鍬で掘れば安全だが、パッパーは最後まで鍬を使わせなかった。

しかし、マツにとって、この百足所の藷掘りよりもこわいのは、パッパーに命じられて西隣の山入端村へ使いにゆくことであった。その使いを命じられるたびに、マツは足が竦んだ。屋部ガンサーの峠を越さねばならないからである。

その、屋部村と山入端村をへだてる峠道のすぐ南側は、名護湾の風浪に浸蝕されて断崖となり、屋部寄りの崖っぷちには真水が噴きでていて、スンジャガーと呼ばれる。漢字では潮平川と書かれている。

いまはその水量も減り、湧出地点も一箇所にすぎないが、十九世紀のころまでは十数箇所の断崖の裂目から清冽な地下水が勢いよく噴出し、奇観の地として知られていたのである。かつて国王尚穆が国頭巡幸のみぎり、屋部ウエーキの屋敷を行在所とさだめたのも、もっぱらこのスンジャガーの奇勝を賞でるためであったとのこと。

その豊かな水がむなしく海に消えるのを惜しみ、これを山入端村に導入して水稲栽培を興そうと計った人物がいる。同村出身の世富慶大屋二世・岸本寿照である。彼は一八七五年（明治八）名護間切地頭代となるや、さっそくこの難工事に着手し、翌年完成した。

後生大事に貯えたひとにぎりの稲束を「用心」と名づけ、よほどひどい病気のときにしかこれを口にすることのできなかった村びとは、ここにようやく水田開作の機会をえたのである。三司官蔡温の怒りにふれ、山中の古島を追われて以来百四十年ぶりのことだけに村民は歓喜し、寿照の英邁と剛毅果断を高く称えた。

寿照はこの起死回生の大工事を進めるにあたって、たくみに人心の名誉欲を利用している。すなわち、二百五十貫文以上の金品を納める百姓に対し、筑登之《ちくどん》や親雲上《ぺーちん》の位階を授けることによって、資金難を解決したのである。

「お陰で、片頭《かたかしら》に銀簪を挿す新しい筑登之、親雲上がどっと増えたが、素より名実備わる教養人の品格はなく、二百五十貫乃至五百貫文相当格の俄君子である。それで一般には普通の位階とは截然区別されたようで、特に潮平川親雲上なる代名詞で呼ばれた」（『名護六百年史』）という。

そんな苦肉の策までもちいて建設されたスンジャガー用水であるが、二年後には早くも廃墟と化してしまう。堰堤の漏水にもまして予想されがたかった大量の湧水が、しかもこれまたおよそ予想されなかった地域を浸しはじめたからである。

「如何なることか今度は巌窟内を通ずる水流が逆上して、裏手の屋部がんさ一帯墓地屋敷からは濁水がとうとうと湧き上った。墓所が湿地になっては納骨が腐蝕するというので、或は死霊が祟るとか迷信も流布して、墓主達は夜陰に乗じてダムの基礎に損壊を加えた。昼間は昼間で修理を施し、夜間は破壊と、暫くは修理破壊競争が間断なく繰り返された。流石に山入端人も遂に我を折って放棄し去り、又と顧る者がなかった」と比嘉宇太郎は述べている。

ここにいう「屋部がんさ」は、本部街道を挾んでスンジャガーの北側に位置し、屋部村の古い墓地となっている。尚穆王の行幸に備えて移転を命じられたこともある。「当代の百姓塚は石囲い茅屋根で造築され、外観如何にも不浄に見えるので、そのままでは不敬にあたる」というのが、その理由である。

いずれにしても、古くから魔の森として恐れられたのであろう。名護間切十三箇村とそれぞれの特異な風物や事象、地名、人名などをうたいこんだ戯れ口のなかにも、やはりそのおどろおどろしい名があげられている。

アーヌイシガジュミ　安和の石積み
ヤマヌパヌトイガラシ　山入端烏
ヤブヌムガサー　屋部のくしゃくしゃ森
ウンサヌグスミシ　宇茂佐五升飯
ミヤザトヌシチブッカ　宮里の土ぶくれ
グシクヌカンプイ　城ちょんまげ
ウフガニクヌトコイチ　大兼久のトコーイチ

アガリヌギチパー　東江梟
ユッキヌビンキー　世富慶の早口
シッタヌプナーシチ　数久田舟曳き
キュダヌヒャージョー　許田の屋根門
ホーキヌギリキャー　幸喜固陋
キシクンパンダカーチ　喜瀬ふみはずし

ムガサー（くしゃくしゃ森）は屋部ガンサーの異名であるが、言葉どおり幽霊が髪をふり乱したようなその森のそばを通過するときには、大の男でも、ついつい足が速くなったものであるといわれる。幼いマツが使いを嫌ったのもむりはない。

ダルギの女あるじがマツに織ってくれた芭蕉布の着物の後衿には、生のピル（大蒜《にんにく》）球が縫いこまれていた。魔除けである。しかしそれだけでは心ぼそくてならないので、マツはこの峠にさしかかると、急いで右手のひとさしゆびを唇にくわえた。悪霊に魂《まぶい》を抜かれないためのまじないである。

屋部ガンサーに顔をそむけて海のほうを見れば、今度はおい茂るアダンの葉隠れに、スンジャガーの荒磯が眼にとびこんでマツをおののかせた。そこにはクンチャーと呼ばれるひとびとが住みついており、見てはならない不浄の場所とされていたからである。クンチャーとは、乞食のことでもあり、ハンセン氏病患者のことでもある。

マツが売られた年、ダルギは待望の跡継ぎとして、若死にした当主の弟の子を迎え、彼に嫁をとらせた。

養子は名を国徳という。よろず格式を重んじ、王朝士族の遺習をまねることの好きなパッパーは、この新しい主人を「ターリー」と呼ぶよう、マツに命じた。「ターリー」はもと中国語の「大人《ターレン》」から転訛した尊称であるともいわれ、士族の子が父を呼ぶ言葉としてもちいられた。マツはそんなもったいぶったユカッチュの敬語など、これまで聞いたこともないのですっかりとまどい、呼ぼうとするたびに、息がつまりそうなほど激しくどもった。

国徳の嫁として選ばれたのは、浜のツュンナ屋の娘である。めでたく婚約の酒盛りが済むと、国徳は毎夜彼女の家に泊まりにゆくようになった。ただこまったことに、彼は夜があけてもなかなか浜から戻ってこなかった。そのたびにパッパーは腹を立て、マツに命じて彼を起こしに走らせた。マツはそれが苦になってたまらず、早くさっさと結婚《にいびち》してくれればよいのに……と恨んだ。

マツが待ちに待ったニイビチは、その華やかな嫁入り行列をはじめ、すべてダルギの女あるじの好みにあわせて、古式ゆかしくとりおこなわれた。マツはただうっとりとその一部始終を眺めるばかりであったが、わけても彼女が夢心地に誘われたのは、常磐の契りをかためる儀礼の一つとして新嫁《みいゆみ》が新聟《みいむく》の肩に着せかける、芭蕉布の衣の透きとおるような美しさであった。

それからのち幾十年たってもマツは、「七尺《ななゆみ》と二十尺《はていん》綛掛けて置ちゅて里が蜻蛉羽御衣《あけずばにんしゅ》よすらね」(二十尺の細い綛を掛け、愛するあなたのために蜻蛉の羽のように薄い御衣を織ってさしあげたい)という七尺節《ななゆみ》を聴くたびに、かならずこのときの光景を想いだすようになった。

晴れのニイビチから三日間、新嫁はつきそいの泊人衆《とまいにんちゅ》とともにクチャ（若夫婦の寝所）に寝て、新聟は別の座敷に寝た。それからふたりでツュンナ屋へ挨拶にゆき、戻って初めてクチャで枕を並べるようになった。おかげでようやくマツは朝ごと浜まで若主人を起こしにゆく苦役から解放され、ほっとひといきつく。

しかし、それもつかのまの安堵にすぎなかった。嫁と姑との折りあいがよくなかったからである。久護は頑固、浜は自由、といわれるが、まさしくその言葉どおり頑固一徹に生きたダルギの老あるじは、自由な浜育ちの若い嫁とことごとに衝突し、反目した。彼女は嫁がマツを使うことさえ許さなかった。ほんのちいさな用事を頼んでも、マツはわたしの召使《めしぢけえ》だ、おまえの召使ではない、といって邪険に咎めた。

ついに辛抱しきれなくなって、嫁は生家に戻った。それも、盛大なニイビチからどれほどの月日もたたないうちである。以後、ダルギの若主人はふたたび夜ごと浜のツュンナ屋へ泊まりにゆき、マツはふたたび朝ごと彼を起こしにゆかねばならなくなった。

この不運な若夫婦は、やがて移民となってペルーへ渡り、そこで子を生み、そこの土になる。

あけて一九一四年（大正三）の一月二十六日は陰暦一月一日にあたるが、ダルギの女あるじにとっては、もっとも記念すべき新年となった。この年は寅年であり、寅年生まれの彼女は、かぞえて六十一の年日《としび》を迎えたのである。

生まれ年は厄年であり、その厄を逃れるためには、できるだけ正月祝いを盛んにしなければならぬ。パッパーは固くそう信じているので、正月まえからその準備にてんてこまいした。マツに対する叱責もいちだんと激しくなった。

火の神をはじめ、あまたの神々に供える御膳の用意だけでもひと仕事である。パッパーはマツに手つだわせながら、さまざまの祭祀道具の置き場所から、手入れ法、しまいかたに至るまで、こまかに教え込んだ。眼にふれるものすべてが、マツには珍奇な品ばかりであった。黒檀《くるち》の箸が鉄のように重いことを知ったのも、このときである。ウエキンチュはなぜこんな重い箸を使うのか、彼女は不思議でならなかった。

正月まえの数日間、ダルギには大勢の男たちが集まって、豚や山羊を屠ったり、それを料理したり、まるで戦のようなあわただしさであった。彼らはみな、少年のころダルギに売られていた者たちである。マツは七枚鍋《しーめーなび》の湯沸かしにこき使われ、広い額が火傷をしたように赤くなった。

料理された豚は、マツがせわをしていた五頭のなかの、いちばん大きな黒豚である。その肝は庖丁で切れ目を入れて湯を通し、軽く塩をまぶされる。これは、数多い正月料理のなかでも、特別貴重な品とされている。パッパーはそれを薄切りにし、年賀の客にひときれずつふるまった。けっしてふたきれは与えない。客もまたそのひときれだけを肴にして酒を飲み、めでたい六十一の新年をことほいだ。

マツはパッパーが分けてくれた珍しい料理を、家に持ち帰っては母に食べさせ、その嬉しそうな顔を見るのが楽しみであった。母親は大の肉好きであるが、ながらくそれを口にすることはできなかったので、まるで子供のように大喜びして舌鼓を打った。しかしマツ自身は、どんな肉料理よりも、生まれて初めて食べるブサーのほうが気に入り、それからのちはすっかり大根葉《うふにばぁ》が好きになった。ブサーは折から出盛りの大根葉と豚の中身《なかみ》（はらわた）を煮込んだものである。

子供たちが風船として珍重する豚のシーバイ袋（膀胱）を独り占めできたのも、マツにとっては、この年が初めてである。貧素者は幾世帯か組んで一頭の正月豚しか屠らないから、なかなかそれを貰うことはできない。もし手に入っても、兄弟同士の奪いあいになるので、天井に吊るして楽しむだけであった。

マツはその得がたいシーバイ袋をふくらませて、幾日も撫でながら考えたあげく、三線《さんしん》を作ることに決めた。かねがね、三線がほしくてたまらなかったからである。

そこで彼女はさっそく憲久に手つだってもらい、板ぎれをつなぎあわせてその製作にかかった。胴をシーバイ袋で張り、弦は糸芭蕉の苧《うう》を藷の皮でこすって固めた。

苦心の幾日かが過ぎて完成したのは、三線というより胡弓《くうちょう》のようなしろものであった。それでもそっと爪弾けば、それらしい音が出てマツを驚喜させた。これがマツと三線との最初の出会いであるが、やがて彼女の多難な生涯がその細い勁い糸ひとすじにつながれるようになろうとは、もとより知るよしもないことであった。彼女はただ、自分の三線を持ち、自由にそれをかなでることができることだけで、うっとりとしあわせに酔った。

辻遊廓で働くナベとウシの勧めに従って、母親のカマドが那覇へ旅立ったのは、祭りにつぐ祭りの沖縄正月が過ぎてまもなくであった。専門医の治療を受けるためである。

その後もダルギの女あるじは、毎月一日と十五日にはかならずマツを大島の借家に帰らせ、仏壇に茶と花を供えさせた。彼女はヒズルグヮンスをなにより忌み恐れた。ヒズルグヮンスというのは、無人の家に放置された先祖の位牌のことである。

マツもまたパッパーのいいつけを守って礼拝を欠かさず、戸をあけ放って位牌の前にぬかずき、アンマーの病気を早くなおしてたぼうれ、そして早く島に戻らせてたぼうれ、と懸命に頼んだ。

日がかさなるにつれ、マツが眉屋代々の霊前で過ごす時間は長くなった。しかし、ダルギのパッパーはけっしてマツの帰りが遅れるのを咎めることはなかった。きょうもまた泣いたな、といって、やさしく頭を撫でるだけであった。マツの眼が赤くなっているので、老婆はすぐにそれと見破った。

マツが仕事に慣れるにつれ、仕事の量はふえるいっぽうであった。パッパーは喘息を患っていたので、夜は早く床についたが、マツが同時に寝ることは許さなかった。定めた就寝時刻までは、かならずマツに夜なべ仕事として芭蕉苧を結ばせた。

大きな松の切り株がとろとろと燃えるジールー端で、マツは眠い眼をこすりながら苧を結んだり、まるめたり、就寝後ひとしきり激しく咳き込むパッパーの背をさすったり、叩いたりしながら、「もう寝る時間だよ、トートーメー（お月さま）を見てごらん」という老婆の言葉を、いまかいまかと待ちわびた。

ダルギには時計はなかったけれども、パッパーは夜も狂いなく時の移りを判断した。マツの奉公中に彼女が時刻を読み違えたのは、たった一度、屋敷のすぐ北側の空地にサーターヤー（製糖場）が開かれた日だけである。その初日、三時ごろから人が集まって仕事にとりかかった。その物音に驚いてパッパーはとび起き、大変だよ、もう朝だよ、といってあわてふためいた。

パッパーの人使いは厳しかったが、仕事のけじめだけは確守し、祝祭日にはゆっくり休ませた。マツも朝起きると牛を曳いて川原へゆき、水を飲ませるのが唯一の仕事であった。スティミチムンが済むと、パッパーはマツに着物を着替えさせ、甕のなかから秘蔵のピルひとたまとサーター（黒糖）ひとかたまりをだして与え、自由に遊ぶことを許した。

しかし、そんなに早くから子供を遊ばせる家は、ダルギ以外に一軒もなかったので、マツは当分、防風林の福樹に登って大蒜と黒糖をなめながら、独りでゆっくり時間をつぶした。幼いころから猿の異名を持つ彼女は、高い樹に登ってさえいれば、少しも退屈することはなかった。皮のまま幾年間も漬けておかれた大蒜は、黒糖よりも色がまっ黒になっており、皮をむいてひと粒ずつ口に入れると、黒糖よりも甘く舌に溶けた。

つかのまの自由な一日が終わって、あこうくろう（黄昏）のころになると、彼女は川原につないだ牛を曳いて戻る道すがら、いつもこんな即興の唄をうたった。

山の奥山に一本ある松や
あれもひとり生まり　わんと似ちょさ

そんなさびしがり屋のマツのまえに、思いがけず一人の友人があらわれた。新しく屋部ウエーキに売られてきた女の子である。生まれは安和で、名はハードゥーという。年はマツより二つ幼く、未年《ひちじ》の子である。

マツが初めてハードゥーに会ったのも、牛を川へつれてゆく途中であったが、彼女の身のうえを聞くとマツは、「屋部ウエーキのアバーはとてもよい人だよ。安心して働きなさい」といって力づけ、まるで彼女の姉になったような気持であれこれせわを焼いた。マツが親しみをこめてアバーと呼んでいたのは、久護家が瓦屋を新築した一九〇六年、当主久訓が子を生ませるために二人目の妻としたカマドのことである。久訓の妻になった年、カマドは十六歳であった。

マツとハードゥーはたちまち仲良くなり、御重《うじゆう》がきたら一緒に御馳走を食べよう、と固い約束を結んだ。御重は陰暦三月三日におこなわれる子供の節供祝いのことであり、十三歳までの児童にとっては、男女を問わず、もっとも楽しい祝いの日とされている。

その日、ダルギのパッパーが御馳走をつめてくれた重箱を抱きしめながら、マツが庭で待ちわびていると、やがて福樹の向こうから嬉しそうな指笛の音が響いた。急いで道にでてみると、やはり重箱を胸にかかえたハードゥーであった。マツはかねて気に入りの小川のふちを、この日ふたりだけの遊び場として選んでいたので、そこへハードゥーをつれてゆき、重箱をひらいて互いの御馳走を分けあったり、覚えているかぎりの唄をうたいあったりして、夢のような一日を過ごした。

翌年もまた、ふたりはおなじ小川のほとりで御重を楽しんだが、次の巳年《みい》（一九一七・大正六年）の御重は、ハードゥーが久訓夫人に頼んで屋部ウエーキの米倉の二階を借り、盛大なお祝いをすることになった。この年、巳の年生まれのマツは、かぞえ年十三になったからである。

生後初めての年日を迎えると、男女ともに一人前の青年と見なされるので、十三の祝いはとくに重んじられる。殊に女子の場合はそうである。次の年日にあたる二十五歳は、とっくに嫁いで他家で迎えるものと考えられているため、これを生家でおこなう最初で最後の年日祝いとして、盛大をつくすのがならわしとされた。

ダルギの女あるじは、マツに対する祝いの贈りものとして、カカンを三枚縫った。ついでにこれは一年遅れになったが、といって、憲久のためにもサナジを三本縫った。カカンは成人女子が腰につける下穿きであり、下裳と書く。サナジはおなじく成人男子の穿く褌である。「そんなもの穿かないさ」といってマツは顔をあからめ、憲久は黙ったまま眼をかがやかせた。

パッパーはまた、ミヤラビ袋を縫ってマツに与えた。ユーヌク（黒糖の粉をまぜた麦こがし。パッタイクともいう）を入れる袋であるが、十三歳までのそれは細長い筒状に作られており、十三歳以後に所持するミヤラビ袋のほうは、口を狭く、底を広く、巾着状に縫われている。

パッパーはこれまた祝いのしるしとして、マツと憲久に対し、砂糖黍畑一畝か仔山羊一頭か、どちらでも好きなほうを与えよう、といった。マツはためらわず山羊を所望した。憲久は大いに砂糖黍を作って銭をためたいといい、畑一畝を選んだ。

いよいよ三月三日、屋部ウエーキのアバーがマツのために整えてくれた御重の座には、ウエキンチュの子供たちも招かれた。マツはその子たちの持参した重箱と御馳走のみごとさに、ただもう眼を丸くするばかりだった。

集まった子供たちはマツの年日を祝って、にぎやかにダンジュカリユシをうたったり、カチャーシーを踊ったりした。しかし、マツは、もう来年はこうしてハードゥーと一緒に御重を楽しむことはできないのだと思うと、泣きたいようなさびしさを感じた。

これからさきは、マツも若い男女の仲間入りをして、野原にどんぶり料理を持ち寄り、毛遊《もうあしび》の座に加わることになるのである。しかもその楽しかるべき毛遊は、渡嘉敷巡査の無情な弾圧を受けて、年々、火が消えたようになりつつあった。毛遊ばかりか、エイサーや棒踊りまで、すべて旧弊として目の敵にする彼を呪って、ひそかにこんな唄がうたわれていた。

遊び花責《ち》みる渡嘉敷の巡査
吾《わん》責めるごとに責みてとらさ

四

さらに一年が過ぎ、マツがかぞえ年十四になった一九一八年（大正七）は、彼女の黒い大きな眼から涙の乾くひまもない決別の季節がつづいた。

最初におとずれたのは、萬五郎あにとの別れである。この年の夏、彼は東洋製糖社の燐鉱夫として北大東島へ働きにでかけることになり、ダルギに千貫の借金を頼んだ。女あるじは、それをマツに貸与したことにするという条件で受け入れた。おかげでマツは、合計二千貫もの大金に縛られた身になる。

いよいよ北大東島へ渡る日、萬五郎はダルギに寄ってマツを呼び、「かならず儲けて借金は全部返す。それまで辛抱してくれ、おまえが十九になったら、俺がきっと嫁にゆかせてやるから」といった。

「そんな心配はいらないさ。パッパーがわたしを嫁にやってくれるそうだから」

マツはこう答えた。それは嘘ではない。ダルギの女あるじはいつも口癖のように、マツはかならず自分が嫁にだしてやると語っており、事実それを楽しみにしていたのである。

「そんなことはさせない。かならず俺がやってやる」

萬五郎はそう断言して、マツに正月用の帯と、髪につけるカタシユー（椿油）と、生きた雌鶏を一羽与えた。その鶏は、彼がこれまで奉公していた家で飼っていたものである。

「可愛がってやれよ。よくクーガ（卵）を生むぞ。それを売ってカタシユーを買え」

彼はそれを別れの言葉として、足早に走り去った。

マツの父萬吉の跡を追うように、彼の弟の萬盛が永遠の唐旅にでたのも、それからまもなくである。彼はかねて病気治療のために那覇へいっていたが、その甲斐もなく、ついに那覇で息をひきとった。享年四十九。

若くして西表島炭鉱で犠牲となった次兄の萬蔵は別として、五年前に長兄の萬吉を五十一歳で失ったばかりの末弟萬長は、いままた最後の兄をうばわれて気も動転し、俺も到底長生きできないはず……と歎き悲しんだ。

萬盛叔父の死は、父の死にも劣らず深い悲哀をマツに与えた。この気のやさしいチャッチャーグヮーを、マツは誰よりも強く慕っていた。萬盛もまたこの薄幸なミーックワー（姪）のマツを不憫がって、親身の愛情をそそいでいた。

「寒くはないか。チャッチャーさえ生きておれば、こうまで苦労しなくて済んだろうに……」

マツが雨に打たれながら、ダルギの畑から戻る途中のことである。たまたま萬盛が通りかかって彼女と出会い、こういって嘆いたのが最後の思い出となってしまった。

浜の眉屋の葬式が終わってまもない一日、蟬しぐれにつつまれた福樹の垣の向こうから、あたりをはばかるように低い指笛の音が聞こえた。マツは耳ざとく、それが彼女を呼ぶ萬郎あにの笛の音であることを知った。急いで表にでてみると、やはりなつかしい萬郎であった。そのころ、彼は糸満から戻って、おなじ村内のあるウエキンチュに奉公していたのである。

萬郎は無言のまま、彼女を人目につかないアサギの陰につれてゆくと、さも重大な秘密を確かめようとするかのように、声をひそめて尋ねた。

「マッチュー、おまえ那覇のアバーの処へゆくことになったそうだが、それじんとう（真実）か」

「あらん！」とマツはびっくりして大声をあげた。「そんなこと、あるはずがないでしょう。わたしは十九になるまで、ここで働くことになっているのよ。働いて二千貫返さなければならないのよ。それからパッパーが、お嫁にゆかせてくれることになっているのよ」

「そうかなあ。おまえがアバーにひきとられるという沙汰（うわさ）を聞いたから、心配になってきたのだが……」

萬郎はけげんそうな表情をして、それでも少しほっとしたように笑顔を見せて立ち去った。

その夜、マツはなかなか寝つかれなかった。もし萬郎あにが聞いたという沙汰が事実であるとすれば、どうすればよいのか。なにより気にかかるのは、パッパーから貰った山羊のことと、萬五郎あにから貰った鶏のことである。ほんとうに那覇のアバーの処へゆくとなったら、山羊や鶏たちはどうしてつれてゆけばよいのか。

そう思案するにつけても、マツは、萬郎の話が事実かどうか、パッパーに尋ねたいと思ったが、その勇気はなかった。あまりに信じがたく、あまりに恐ろしいことだったからである。

しかし、マツはすぐにその不安を忘れてしまった。苧剝《ううばぎ》の大仕事がせまって、目がまわるように忙しくなったからである。パッパーが切り倒した大きな糸芭蕉の幹を、マツは頭にのせ、憲久は肩にかついで、朝から晩まで運ばされた。

いよいよウーパギ作業がはじまる前日、マツは結回《いいまーい》の家々に連絡してまわった。「そうかい、またクワッチー（御馳走）が食べられるね」と老婆たちは嬉しそうに応じた。この日にそなえてダルギの庫裡には、塩漬けのピージャーや豚の肉がたっぷり貯えてある。ウーパギの結《いい》を組んだ老人たちは、それをたらふく御馳走になれるのが、なにより大きな楽しみのひとつであった。

一反の布を織るためには、およそ六十株前後の糸芭蕉を必要とするが、その工程はまず口割《くちわい》からはじまる。根元のほうに小刀を入れて外側から一枚ずつ皮を剝ぎ、剝ぎとった皮はさらに表裏二枚に分けられる。つぎに木灰入りの湯で炊かれ、水洗いされ、竹鋏でしごかれ、徐々に純粋な繊維として仕上げられてゆく。その繊維は、内皮からとれたものほど細く柔らかで、色も美しく、上質の品とされている。外皮のほうの太く荒い繊維は、作業着や蚊帳、カカンやサナジなどを織るために用いられる。

ダルギの庭に集まった女たちは、忙しく手を動かしながらも、一刻の休みもなくにぎやかに口を動かしつづけた。マツは七枚鍋をかけた竈に火をつぎながら、聞くともなしに彼女たちのお喋りを聞いていたが、ふとこんなやりとりが耳に入った。

「マッチューのカラジギー（髪毛）はいつ見ても美しいが、ちかごろまた一段と美しくなったようだね」

「よその子のように山へ薪刈りにやらないからさ。毛が痛まないのだよ」

そう答えたのはパッパーである。その言葉はマツをすくませた。まるでマツが薪刈りにゆくのを嫌っているかのように聞こえたからである。

長いあいだ、マツは、どんなに薪刈りをしたかったことか。三々五々、仲良くつれだって山へゆく娘たちの姿を見るたびに、彼女は羨ましくてならなかった。

幼児たちはその群れに駆け寄り、折々のうまい木の実をとってきてくれるよう頼む。するとかならず娘たちは、約束の実を持ち帰った。それはいつも頭上の大きな薪の束に挿されているので、彼女たちはそっと腰をかがめて、子供たちにぬきとらせる。

マツも早くそのようにして、子供たちの歓呼を浴びたくてたまらなかった。しかし、ダルギの女あるじは、マツにその機会を与えなかった。薪に不自由していなかったからである。ダルギの裏に製糖場ができて以来、パッパーは糖液をしぼりとったあとの黍殻を貰い受け、もっぱらそれを燃料とした。

歯車に圧しつぶされた黍殻は、陽あたりのよい庭いっぱいにひろげて乾燥させ、夜は小屋にしまいこむ。その面倒なくり返しをするたびに、マツは、山へ薪刈りにゆくほうがどれほど楽かしれないのに、と思ってパッパーを恨んだ。

といっても、むろん、彼女はパッパーの反対を押し切って薪刈りを強行する勇気はなかった。しかし、「よその子のように山へ薪刈りにやらないからさ」という言葉を聞いたとたん、彼女はかつて知らない謀叛の欲望を駆り立てられた。

そこでさっそくマツは、浜に住む知り合いの娘に尋ねたところ、あすの朝三時に山へゆくことになっているという。渡りに舟とばかり、彼女は同行を頼んだ。

その日、マツは疲れはてていた。しかし、もし寝忘れては大事と思って必死に眼を見ひらき、お月さまの動きを確かめつづけた。そして、ぶじにこっそり家を抜けだした。

集合場所は屋部寺の前であり、集まったのはマツを加えて七人の娘たちである。七人は月あかりのなかでブーサー（じゃん拳）をして、最後尾を歩く者を選びだした。その役にあたるのは、ブーサーに負けた者である。死霊や魔物がとりつくのは、行列の尻を歩く人間だといわれている。ましてこの日の山ゆきは、いやでも墓地のそばを通過しなければならない。不運なブーサーの敗者はおびえきっていた。

マツは「あそこには眉屋の墓があるからこわくないさ」といって慰め、これを聞く娘たちは「墓はどこの墓でもこわいさ」といって笑った。

かなり長い坂道を歩いてたどり着いたのは、火事で焼けた名護山であった。そこは昔から名護村の共有林と定められ、他村の者が勝手に薪をとることは禁じられていた。それゆえ、屋部の娘たちも日中の薪刈りは遠慮したのである。しかし、くらやみのなかで黙っているわけにはいかない。彼女たちは互いにはぐれないようにするために、誰かが唄をうたって他の者は囃子を入れ、低い声で代わる代わるうたいあった。それはまた、恐怖をまぎらわせるための薬にもなった。

こうしてマツが集めた薪の束は、誰にも負けないほど大きな荷になった。ただ残念ながら少し欲張りすぎて頭にのせることができなくなり、他の娘たちに手つだってもらわねばならなかった。なにより大きな誤算は、夜があけるまえに帰れなかったことである。村に着いたころにはすっかり朝になり、ダルギの庭ではウーパギ作業がはじまっていた。集まった老婆たちは、マツが体より大きな薪の束を頭にのせている姿を発見すると、かつ驚き、かつあきれて、一斉に嘆声をあげた。

さぞこっぴどくパッパーに叱られることであろう。マツはそう観念した。だが、どうした風の吹きまわしか、パッパーは小言ひとついわなかった。

「そうだったのか。よい思い出ができたじゃないか」

こう、やさしくいっただけである。その意味は、そのとき、マツにはわからなかった。わかるはずもなかった。

しかし、やがて、わかる日がおとずれた。

姉のナベがひょっこりたずねてきたのは、ウーパギも終わって、ふたたびダルギに静寂が戻ったころである。同行してきたのは、いつものようにウシではなく、未知の男であった。マツはのちになって、姉がその人の詰尾類《ちみじゅり》であることを知った。詰尾類とは、特定の男一人を常客とし、他の客をいっさい取らない娼妓をいう。

ナベはダルギの女あるじの前にマツを呼ぶと、パッパーの許しもでたので、おまえはこれからわたしと一緒に暮らすことになった、と告げた。ナベが旦那から二千貫だしてもらってダルギに返済し、マツを彼女のもとにひきとることに決まったのである。

そのことを、ナベはみずからすすんで強行したのではない。もっぱら、那覇で病歿した萬盛叔父の遺言《いぐん》に従ったのである。萬盛は死の直前、ナベとウシを枕頭に呼び、こういい遺している。

「マッチューのさびしい面影が、肝にかかって離れない。今生の頼みだ。ぜひ一日も早くひきとってやってくれ」

遺言は万難を排して遵守すべき至上命令であり、アマガク（あまのじゃく）でさえ実行するといわれる。

アマガクについては、こんな教訓めいた説話が伝えられている。アマガクの親は、死んだら山に葬ってほしいと思っていたが、なにごとによらず人の反対をするわが子のことゆえ、裏をかくつもりで、河原に葬ってくれと遺言した。ところが、さすがのアマガクも親の遺言だけは従順に実行したので、それからのちは雨が降りそうになると、大水がでて親の墓が流されはしないか、と心配して泣くようになった。これが雨降りまえにアマガクの鳴く由来である、と。

ナベばかりではない。頑固一徹なダルギの女あるじもやはり、こればかりは反対のしようがなかったのである。

「あきよう！　パッパーはマッチューだけが頼りだったのによう……。あと五年たったら、かならずパッパーが嫁にゆかせてやろうと、それだけを楽しみにしていたのによう……」

パッパーはこれまで一度も見せたことのない涙を流しながら、こういって別れを惜しんだ。彼女はすでに浜の眉屋の遺言のことも知っており、やがてマツを手放さなければならない日がくることも知っていた。ただ、別れがつらくて、どうしてもマツに打ちあけることができなかったのである。

マツはパッパーが可哀そうでたまらなかった。しかし、彼女は十四歳になっており、遺言にそむくことができないこともよく知っていたので、どんなに非情な運命にもさからおうとはしなかった。ただ一つだけ気にかかってならないのは、山羊と鶏の運命である。

「わたしのピージャーは、どうすればよいのよ……、わたしのトゥイグヮーはどうすればよいのよ……」

彼女はそう尋ねておろおろした。パッパーがどちらも買いとってあげようといい、山羊代として二円、鶏代として五十銭をマツに与えた。

十三になったら穿くように、といってパッパーが縫ってくれたカカン三枚は、どれもまだ肌につけず、大切にしまっていた。萬五郎あにが与えた正月帯も椿油も、まだ一度も使わないまま、やはり大切にしまっていた。マツはそれらの品をウチュクイー（風呂敷）に包んで、ひしと抱きかかえ、けなげにダルギから旅立った。

「きょうは泣いてはいけないよ」

姉からそう諭されていたので、マツは涙ひとつこぼさないように努力した。

マツが発つ日まで、彼女が名護山で刈ってきた薪の束は、ダルギの庭に置かれたままであった。見送りにでたダルギの女あるじは、わざわざナベと彼女の旦那を案内してその薪を見せて、こう説明した。

「これはマッチューが山からとってきてくれたのだよ。マッチューは大変な力持ちだよ」

名護の駅馬車乗場まで、萬郎が芭蕉の実をひと房かついで見送りにきた。馬車が駅を離れたあとも、じっと見送りつづけた。マツは懸命に手をふった。しかし、萬郎は手をふらなかった。かつぎ棒を地面に立てて、その上端に両手をかさね、そのうえに顎をのせたまま、身じろぎひとつしなかった。

マツはその姿を見ているうちに、ついに耐えきれなくなって、ワッと泣き声をあげた。

「なんという子だ、とっくに姿も見えないのに」

姉の旦那がうんざりしたような声でたしなめた。しかし、マツはいつまでも泣きつづけた。萬郎あにの姿があまりに哀れだったからである。

第四章　ダーメ・ルス

一

　ここに一冊の薄い学生用ノート・ブックがある。その色あせた表紙には、「在外五十有余年ノ後ヲ顧リミテ」と記されている。山入端萬栄が、死の前年、キューバの首府ハバナにおいて書き遺した手記である。「未来ノ海外エ志セントスル諸君ニ私ノ実話ヲ綴リ参考ニ供シ度イノデアル」と述べている。本文は四十九ページ、およそ二万字をかぞえるが、その書き出しは次のとおり。

　遙カ東洋ノ空ヲ追想スルニ、当時各家屋門前ニ飾ル看板ニ刻ミシ士族カ又平民カノ境涯ノ差別コソ、恰モ明治維新前後ヲ思ワシメタ。

斯ニ拘ワラズ、東洋ノ天下清々白々ト西洋ヲ欺ムク、アノ忘スルベカラザル、明治四十年ノ三月、即チ日露戦役直後デシタ。

当時ノ赤毛布ニ身ワ巻シタ私ワ東洋平和ヲ歌イツツ親シイ故郷ノ沖縄、最愛セル両親、睦マジキ兄弟ノ側ヨリ別レヲ告ゲタルノガ身長五尺二寸ノ十八歳ノ少年デシタ。

実ワ家庭ノ貧ヲ忍ビ得ズ、遂イ決心決行ノ途ヲ選ビ東洋移民会社ノ募集ニ応ジ、三ヶ年ノ契約デメキシコ国炭坑坑夫トシテ吾ガ身ワ渡シタノデアル。

運ワ天ニ任カセル私ノ前途、夢ニ結ビ胸ニ描クワ、必ラズ三ヶ年後、故郷ノ親兄弟エ錦ヲ飾ル少年ノ喜ビコソ、実ニ前途ノ光明タラシメタ。


現実には、三年はおろか、半世紀と二年をへながら、ついに生まれ島に錦をかざる日のおとずれなかった萬栄である。書きおこす出郷記の一語一語に、断腸の思いのみ深かったにちがいない。あえて炭鉱移民の群れに身を投じた理由については、「家庭ノ貧ヲ忍ビ得ズ」とのみ記されている。しかし、萬栄少年にとって、炭鉱は未知の世界ではあっても、無縁の世界ではない。叔父の萬蔵と萬長は西表炭鉱へ働きにゆき、萬蔵は生きて戻らず、萬長は尻に帆かけて逃げ帰っている。そんな不幸な二人の叔父をもつ萬栄である。生家の貧を救うためとはいえ、「決心決行」に踏みきるまでには、重い惑いの夜がつづいたはずである。

幸か不幸か、その迷いを一挙に断ち切る契機となったできごとがある。それは、前に述べたように、萬栄の妹ウシが奉公した商店の火災であり、わが子の過失ではあるまいかと気づかう母カマドの悲歎であった。

それにしても萬長叔父は炭鉱の恐怖を身にしみて経験しながら、本家《もとや》の嫡子がこともあろうに坑夫としてメキシコへ渡ろうとするのを、黙って見過ごしたのであろうか。いや、それどころではない。

「どこでもかまわない。とにかく早く外国へ逃げるがよい。もうすぐ兵隊《ぴいたい》だぞ。兵隊にとられたら終わりだぞ」

こういって誰よりも熱心に勧めたのは、ほかならぬ萬長であったとのこと。日露戦争が終わったばかりである。「兵隊」というひとことが、すべての反対を封じた。

三年前の第一次東洋移民のなかには一人も顔を見せなかった十六歳から二十歳の若者が、この年にわかに全体の三〇%近い割合を占めるに至った最大の原因の一つも、戦争と軍隊に対する嫌悪と恐怖であろう。日本軍部はこれを見とがめ、沖縄の海外移民のなかには徴兵忌避を目的とする者が少なくない、と非難しつづけている。しかし、みずからの意志で兵役からの脱路を海外への移住に求めた若者は、あったとしても至極少数であろう。およそ父兄なり年長者なりのそれとない示唆や勧告によるものが多い。

第二次東洋移民として山入端萬栄らとともに渡航した比嘉平蒲などは、けだしその典型であろう。彼は名護間切安和村の人。生家の屋号は、ブーマアグミと称されている。平蒲と同世代の宿老の話によれば、彼はこの年、不運にも徴兵検査に合格した。これをいたく憂えたのが、兄の平栄である。身をもって兵役の辛酸をなめつくして戻ったばかりの彼は、愛する弟におなじ痛苦を味わわせるにしのびなかった。そこで彼は、小学校にも入れず、読み書きもできない弟を救うために、渡航費を無理算段してひそかに平蒲をメキシコへ逃し、みずからは平蒲になりすまして再度兵役に服したという。

兵役逃れの苦肉の策として、わが子の生年を実際より数年くりあげて届け出る風潮が盛んになったのも、やはりこのころからである。たとえば三年前に生まれたことにする。そうすればじつはまだ十八の年に、戸籍上は二十一歳の壮丁として徴兵検査を受けることになる。従って体格も未熟で、不合格になる率が高いというわけである。そのかわり、いつわりの出生手続きをするさいに三年分の届出延滞料を徴収されるが、わが子を兵役に奪われる損失にくらべれば、ものの数ではなかったのである。

目的はともあれ、貧困と血税の恐怖が、沖縄の若者たちを海外へ海外へとせきたてた事実は否定しがたい。これにともなって悪質な金融業者の跳梁も一段と甚だしくなったのであろう。山入端萬栄らの出郷が目前にせまった一九〇七年二月十三日の『琉球新報』は、「金融豊ならず、殊に近来移民熱の沸騰するに至り金利の騰貴せるは驚くに堪へたり。農工銀行と雖も到底之を救助する能はざるなり」と報じている。

萬栄が東洋移民会社に納めた「自弁金」百八十円は、果たしていかなる金融業者の周旋によるものであったのか。また、その条件はいかなるものであったのか。関係者も死にたえ、証文類も戦火に消えて、もはや確認のすべがない。ただ、やがて眉屋は崩壊と離散に追いやられ、保証人となった親類も債鬼に苦しめられる羽目におちいる。

移民の多くは、いつも破滅に遅れて希望への船出をした。萬栄もその例外ではない。

当初、東洋移民会社が第二次「墨国炭山行契約移民」として計画した人員は、一千二百名であった。各県別の予定数は左のとおり。

宮城県三〇　福島県一七〇　新潟県三〇　長野県三〇　山梨県六〇　神奈川県三〇　静岡県一二〇　愛知県一〇〇　三重県八〇　岐阜県四〇　滋賀県五〇　富山県五〇　和歌山県三〇　岡山県五〇　福岡県二〇〇　大分県二五　佐賀県二五　鹿児島県五〇　沖縄県三〇　計十九県一千二百名

福島と福岡の両県が特別の多数を見込まれているのは、それぞれ大炭田をかかえて地下労働の経験者が多いことによる。しかしこの回、最終的に確保されたのは一千十六名であり、予定数より百八十四名減っている。しかもそのなかでひとり沖縄県のみ、予定数のおよそ二倍の五十九名が獲得されたのである。平常時ならともかく、同県出身移民四名がコンキスタ坑の爆発災害に斃れた直後のこと、まさに異常な「移民熱の沸騰」というよりほかはない。

彼ら一千十六名を積んだ第二琴平丸は、一九〇七年五月十八日、メキシコのサリナクルースへ向けて神戸を出帆した。

第二琴平丸は、日露戦争の勃発に伴う海運業界の活況に乗じ、川崎汽船会社の前身たる川崎船舶部がイギリスから購入した中古貨客船五隻の一つである。

『川崎汽船五十年史』によれば、この五隻の中、まず最初に買い入れられたのはグレーンシール号。建造一八八七年、総トン数三六五七、購入価格二十万五千円といわれる。一九〇四年六月一日をもって松方幸次郎名義となり、琴平丸と命名された。

次に買い入れられたのがナンキン号。建造は一八八八年、総トン数四三六八、購入価格は三十万円といわれる。一九〇四年十月二十日をもって川崎芳太郎名義となり、第二琴平丸と命名された。

三番目に買い入れられたのはサラディン号。建造は一八九〇年、総トン数一九八〇、購入価格八万円といわれる。一九〇四年十二月一日をもって川崎芳太郎名義となり、第三琴平丸と命名された。

四番目の購入船はバンセングアン号。建造は一八八六年、総トン数八八七、購入価格不明。一九〇五年七月十七日をもって松方幸次郎名義となり、萬成源丸と命名された。

五番目の購入船はチューサー号。建造は一八〇九年、総トン数二九五三、購入価格は不明。一九〇五年八月に松方幸次郎の所有となり、翌年四月十六日に忠佐丸として登録された。

この五隻の中、琴平丸は一九〇四年六月より一九〇六年十一月までの間、第二琴平丸は一九〇四年十一月より一九〇六年一月までの間、第三琴平丸は一九〇五年四月より一九〇七年四月までの間、それぞれ日本陸軍の「御用船」として徴用されている。

また、これら五隻の中、琴平丸、第二琴平丸、忠佐丸の三隻は、日露戦争後あい次いで移民船として配航された。

その第一船として第二琴平丸が、メキシコ向け移民一千二百六十二名を乗せて神戸を出航したのは、一九〇六年十月十二日である。つづいて同年十二月十二日には、徴用を解かれたばかりの琴平丸が、おなじくメキシコ向け移民九百九十八名を乗せて出航している。また、忠佐丸は一九〇六年十月十八日以降一九〇七年四月二十日に至る間、およそ一千七百三十六名のハワイ向け移民を、四度にわたって輸送している。

これら三隻の移民船のうち、忠佐丸は一九〇七年四月のハワイ向けを最後として、第二琴平丸は同年五月のメキシコ向けを最後として、ともに移民船としての短い生命を終える。前者はこの年八月九日、能登半島輪島で坐礁、暴風によって船体を断たれ沈没した。九州から貝島大之浦炭を積み、青森へ向かう途中であった。後者はこれより一か月後の九月十日、北海道宗谷郡抜海村の海岸に坐礁し、廃船となった。天塩で木材積取中、暴風によって吹きあげられたという。

前者はハワイから戻って二か月後、後者はメキシコから戻って二十六日後の遭難である。「適船二隻の喪失によって、せっかくの海外航路進出の芽は摘まれてしまった。その後も琴平丸を（明治）四十一年六月バンコク／日本に配船、また（明治）四十三年十二月〜四十四年一月のニューカレドニア向け南洋移民会社扱いの移民一〇一五名を輸送するなどの海外進出の事例はあったが、その開花は大正年代まで持ち越されることとなった」

『川崎汽船五十年史』は第二琴平丸と忠佐丸の喪失による打撃をこう述べている。残る一隻の移民船琴平丸も、一九一七年（大正六）七月二十七日、アリューシャン列島のアンチトカで坐礁沈没し、三十年にわたる長い船命をとじた。ただしこれは、神戸の勝田銀次郎に七十万円で売却された翌年のことであるという。

ところでこの間、これら三隻の移民船によって海外へ輸送された沖縄出身者は、いったいどれだけの数にのぼるのであろうか。残念ながらつまびらかにしないが、その数はどうであれ、彼らが川崎船舶部の船で運ばれたという事実は、あらためて同社の始祖川崎正蔵と沖縄との深い関わりを想起せしめずにはおかない。

正蔵は薩摩の人。一八三七年（天保八）商人の子として鹿児島に生まれ、十九歳で家督を継ぐ。抜擢されて町吏を勤めたが、まもなく長崎へでてオランダ商館の商品を大阪に売りさばき、大いに利益をえた。これを足掛かりとして二十五の年には大阪へ進出、薩摩藩の大阪蔵屋敷御用達を仰せつかる。廃藩後蔵屋敷が国産会社に改組されると、その管理人となった。この間、西洋型帆船数隻を購入して薩摩の物産を大阪へ運び、「巨利を博す」とつたえられる。

また、彼は当時頻繁に九州と大阪を船で往復して再度の海難を体験、これが後年西洋型汽船の建造と運航を業とする契機になったという。

それでは正蔵と沖縄との関わりはどのような経緯をたどったのか。『五十年史』にはこう記されている。

「取り引きのため琉球に往来することの多かった正蔵は、明治五年（一八七二）大蔵省琉球国産取調を拝命した。同六年琉球の人と深く接するにつれ、琉球との親和を深めるためには琉球／内地間の郵便航路開設が急務であることを痛感し、当時の駅逓頭（郵政省大臣）であった前島密に進言したところ、前年設立された日本国郵便蒸気船会社に参加をすすめられ、同社副頭取に就任して琉球郵便航路開設の当面の責任者として琉球との折衝に当ることとなった。その苦心が実って、同社の東京霊岸島／阪神郵便航路は政府より六〇〇〇円の補助金を受け、翌七年一月十八日東京霊岸島発汽船大有丸（五八一G／T）を第一船として琉球まで延航を開始した」

「この間、正蔵は明治七年（一八七四）大蔵省から全国貢米および琉球の砂糖・綿布などの回漕取扱指定を受け、同十年には大阪土佐堀に官糖取扱支店を設けて、回漕業は順調な発展をとげた。当時、琉球藩庁から政府に貢物として納入する砂糖は一年に二万五〇〇〇挺、上布・紬《つむぎ》は一五〇〇反であったが、正蔵はこれをほとんど一手に持ち船で運送し、販売する全権を与えられ、大きな利益をあげることができた。この利益を基として正蔵はここに造船業に志し、明治十一年東京築地に、さらに明治十四年兵庫東出町に、それぞれ造船所を開設した」

社史類の常として創始者の美化と功業の粉飾はまぬかれがたいとしても、川崎汽船会社の基礎が築かれた過程は、これによってほぼあきらかであろう。そのうしろに、長州閥とともに維新政権を擅断する、薩摩閥の絶大な庇護があったことはいうまでもあるまい。

正蔵は初めに沖縄の民の血と涙の結晶を大和へ運んで船をふやし、後にその船で飢餓と貧困にあえぐ沖縄の民を海外へ運んで富をふやし、一九一二年（大正一）に世を去った。

二

山入端萬栄ら一千十六名の移民を積んだ第二琴平丸が、メキシコのサリナクルースに入港したのは一九〇七年六月十五日である。神戸を出帆して二十九日目にあたる。

「太平洋トワ云エ、実ワ太荒洋ノ如クノ大波ニモマレタ」と萬栄は記している。しかしそれにもまして移民を苦しめたのは、飲料水の欠乏である。船腹から噴きでる機関の蒸気を長時間かけて空罐に溜め、からくも渇きをいやす日々がつづいたとのこと。ボーイの目をかすめて水を盗む者もあった。一千名以上の船客を一か月にわたってまかなう真水の備蓄能力など、もとよりこの中古貨客船は持ちあわせなかったからである。

それにもかかわらず、第二琴平丸はアメリカ合州国への寄港を避け、あえて渇きにみちたサリナクルースへの直航を選んだ。眼疾患者をぶじにメキシコへ送りこむためにほかならない。しかし、ようやくぶじ目的地にたどり着いた喜びもつかのま、思いがけない伏兵が移民の上陸を阻んだ。

一行の上陸を阻止したのは、同港の検疫官である。拒否の理由は、移民が個々の健康証明を携帯していないことによる。所持しているのは、横浜駐在メキシコ領事の証認をえた移民名簿の一括健康証明のみであった。東洋移民会社の現地代理人斉藤千之は、これが従来の慣行であるむねを主張したが容れられず、交渉は日本公使荒川正次とメキシコ政府にゆだねられた。

しかし折衝は遅々として進展しなかったため、六月二十一日に至って荒川公使は次のような内容の公信を外務大臣イグナシオ・マリスカルに届け、早急な解決を要請している。

「現時サリナクルス港ニ於テ滞船中ノ日本移民ハ其本国ヨリ四千哩ノ遠キニアリ、且其輸送ニハ莫大ナル費用ヲ要スルヲ以テ、之ニ対シ今各自健康証書ヲ供給セントスルハ不可能ノ義ニ有之候。／右ノ理由及今回ノ方法ハ前数回ノ慣例ニ於テ既ニ承認ヲ得タルモノナルヲ以テ、右移民ノ上陸許可ニ関シ必要ナル命令ヲ与ヘラレンコトヲ、閣下ニ切望致候。而シテ若シ然ラザル場合ニ於テハ、彼等ハ損害ヲ受クルニ至ルベク候」

このような曲折をへて、第二琴平丸移民がようやく上陸を許可されたのは、入港以来むなしく二週間過ぎた、六月二十八日である。目的地までの車中の食料として、入港時に支給された罐詰類も、すでにほとんど食いつくされていた。

一行は上陸を終えると、銃を持った警備兵に護衛されて検疫所へゆき、硫黄風呂で消毒させられた。それから燃えるような熱風と砂塵が吹き荒れる道を歩いて、街はずれの移民収容所へつれてゆかれた。トタン葺きの、大きな倉庫のような建物であった。砂塵の浪は熱風とともに収容所の中まで押し寄せ、汗に濡れた移民の体を砂まみれにした。

誰もみな、砂浜に打ちあげられた魚のようにうつろな眼で、粗い板壁に残された先輩移民の落書を眺めるばかりであった。「アメリカデアワウ　マッテオルゾ」という、電報のような文句も読まれた。

一人の移民が目ざす外国の大地に第一歩をしるす。その瞬間の印象は、終生忘れえないもののように思われる。就労地にたどり着くまでの過程や就労初日のことなども、やはりそうであろう。不安と期待にいろどられて、眼にふれる一木一草まで、脳裏に焼きついて消えないのではあるまいか。

しかし、そのような思い入れを、山入端萬栄の手記はおよそ完全に裏切る。「太平洋トワ云エ、実ワ太荒洋ノ如クノ大波ニモマレタ」という言葉につづいて、次のとおり記されているのみである。

而シテ無事同年五月《(ママ)》、メキシコ国南端ニ位イスル、サリナクルース港ニ上陸ス。同時ニ五日目目的地、炭坑地帯ニ安着ス。同地ニ早ヤ三ヶ年前ヨリ、移住セル同胞先輩人多ゼイ居ラレタ。吾等ニ非常ナル便宜ヲ与エ、吾等新移民モ各々就業トナリ、馴レナイ炭坑ノ坑夫モ一時困リタルモ、イザ三ヶ年後故郷エ帰ル事ヲ思エバ、如何ナル危険極ル炭坑内ノ仕事何ンノ其ノ岩ヲモ倒スト云フ意気込デシタ。

故郷トノ通信モ、二週間毎ノ音信、恰モ故郷ニ居ル気持チデシタ。

明ケ暮レノ月日モ、弓矢ノ如ク、過ギ去ル。最早三ヶ年ト云フ歳月ニ見舞ル。ガ、而シ私ニワ未ダ帰国ト云フ機会ガナカッタ。此ノ地デ働ケバ、働ケルガ、而シ余リノ危険性ニ鑑ンガミ、私ハ三ヶ年後、炭坑地帯ヨリ一人リデ振リ出タ。時明治四十三年デシタ。

弓矢のごとく過ぎ去っているのは、歳月ばかりではない。眉屋の存亡を賭けた三年であったはずだが、なぜか萬栄はこの決定的な期間の記録までも、飛ぶような速さで片づけている。彼が働いた炭鉱名すら、ついに記されていない。

こんな手記では、たとえ「未来ノ海外エ志セントスル諸君ニ私ノ実話ヲ綴リ参考ニ供シ度イ」と願ったところで、さっぱり参考にならないのであるまいか。いったい、その原因はなにであろう。

萬栄は眉屋一門の期待を裏切った。錦を故郷に飾るどころか、親兄弟はもとより、保証人となった親類にまで、甚だしい苦痛と損害を与えた。その罪悪感が、彼の筆をにぶらせたのであろうか。それともまた、想い起こすことさえ堪えがたい地獄の日々が、彼を沈黙させたのであろうか。

このような疑問に対して、彼とおなじ運命をたどったひとびとは答える。

「山入端萬栄は第二琴平丸という名を覚えているだけでも偉い。自分など、船の名も覚えていない。どうにか人間らしい気持が残っておったのは、せいぜい船に乗っている間のこと。船が向こうの港に着いたその瞬間から、帰りのことで頭はいっぱいであった。ほんとうに金が儲かるかどうか、ただもうそのことばかり考えて、ほかのことはまるっきり記憶にない」

「島におったときまではわしらも人間であったのになあ、そう思って泣いたこともある。借金でくびられた沖縄の移民は、奴隷よりもみじめだった。もし島を忘れることができれば天国だが、それができなければ地獄だ。天道《てだ》さえ、眼に入らん」

萬栄もやはり、燃える太陽さえ見えなかった移民の一人だろうか。そうだとすれば、彼の手記にこれ以上多くを求めるほうがむりかもしれない。

ここで暫く、生き残ったひとびとの記憶を掘り起こして、少しでも手記の空白を埋めることにしよう。

一九〇四年から一九〇七年の間、炭鉱労働者としてメキシコへ送られた五千余名の契約移民の中の二名が、さいわいにも今日（一九七八年現在）まで生きながらえている。その一人は、首府メキシコ市で余生を送る渡辺広司であり、他の一人は、コアウイラ州の炭鉱町パラウに住みつづける金城福太郎である。

渡辺広司は福島県大沼郡川西村の人。一八八九年（明治二十二）生まれ。三人兄弟の二男。父親は彼が生まれて二年後に病死し、貧しい少年時代を送る。一九〇七年五月、従兄の飯塚平吾に誘われて東洋移民会社の募集に応じ、第二琴平丸でメキシコへ渡る。飯塚平吾は一九一〇年代のメキシコ革命戦争を逃れてキューバへ転航し、のちに日本へ帰って死亡したという。

金城福太郎は沖縄県羽地間切屋我村の人。一八八八年(明治二十一)生まれ。三人兄弟の長男。一九〇七年十月、母親の反対をふり切って東洋移民会社の募集に応じ、笠戸丸でメキシコへ渡る。母親は三世相に占ってもらったところ、「二度と戻ってこない」といわれたとのこと。福太郎の弟福勝も一九三〇年(昭和五)にメキシコへ渡り、メキシコの土となる。父親は福太郎が島をでた翌年に病死し、母親は福勝が島を去って七年後、二人の息子の名を呼びながら息をひきとったという。

その略歴からもあきらかなように、前者は山入端萬栄と同船の仲であり、後者は同郷の仲である。しかも両者とも、おなじ東洋移民会社扱いの移民である。萬栄手記の不備を補うには最適の証言者といえよう。


山入端萬栄は、サリナクルースを発って五日目に目的地の炭鉱地帯に安着した、と記している。彼が安着したのは事実である。しかし、その背後で、収拾のつかない修羅の旅立ちが演じつづけられたのもまた事実である。なぜなら、彼ら一千名を超す東洋移民の大多数の目的地は、砂漠の果ての炭鉱ではなく、〝移民のメッカ〟アメリカ合州国であったからだ。

移民会社の監督は、危険だからやめるように、と懸命に制止した。しかし、聴く者はなかった。走っている列車のデッキから、まず行李が投げおろされる。それを追うように人影が砂のうえをころがって遠ざかる。そんな光景がたえまなくつづいたという。

彼らの逃亡を到底阻止することができなかったとしても、東洋移民会社の引率監督は、まだしも職務に忠実であったほうだろう。他の移民会社の悪質な監督のなかには、契約を破棄してやるという甘言を弄して、アメリカへの密入をはかる者たちから金をまきあげる者さえいたのである。

「最後まで残ったのは百何十人くらいのものでした。炭鉱に着くころには、汽車のなかはがらーんとなっていましたよ」

こう語って、渡辺翁はおかしそうにからからと笑った。彼の記憶に大きな誤りがなければ、じつに八百名以上の移民が、炭鉱到着前に逃亡したことになる。

渡辺少年をふくめて、その残りわずかの移民たちが二千キロメートルにおよぶ北上の旅を終えたのは、あと百五十キロメートルでアメリカ合州国との国境に達するラス・エスペランサスである。

当時、アメリカ資本のラス・エスペランサス石炭会社はここに本部を置き、周辺に八つの鉱業所を設けている。その第一、第二、第八坑はラス・エスペランサス地区にあり、第三、第四、第六坑はコンキスタ地区にあり、第五、第七坑はコヨテ地区にあった。

渡辺たち一行はラス・エスペランサス駅で汽車を降りると、ただちにコンキスタへつれてゆかれたという。「一人残らずコンキスタの炭鉱でした」と彼は断言する。そうだとすれば、山入端萬栄も当然行動をともにしたはずである。

ただ、彼らが就労させられたのは、つい四か月あまり前に悲惨な爆発災害を起こした第三坑であるのか、それとも他のいずれの坑であるのか、渡辺の記憶はさだかでない。彼が覚えているのは、髪の毛が燃えそうなほど熱かったこと、どこまでいっても果てのない砂漠であったこと、おおぜいの先輩移民の顔を見てほっとしたことだけである。

五日間にわたるメキシコ縦断の旅は、さまざまに荒々しく悽愴な苦悶をみなぎらせた風景によって、移民を戦慄させせつづけた。しかしいまようやく彼らがたどり着いた契約の地は、そのどこよりも呪われた、死の大地のように感じられた。

「コンキスタという地名は征服を意味する」

こういって励ます先輩移民の挨拶を聴きながらも、彼らはいまさらのごとく「全土炭山地のことなれば、四面荒寥、眼を慰さむるものなく、我日本のやうなる愉快の地にあらざること勿論なれば、外国と聞きて徒らに好き土地の如き妄想を抱き、其地に至りて失望の余り仕事を怠り、又は帰国を思ひ立つ如きことなきよう」という『応募案内』の文句を思い起こして、心は滅入るばかりであった。

新移民たちは四名か五名ずつで一軒の宿舎に入れられ、それぞれ共同生活と共同炊事を営むよう命じられた。宿舎といっても木造のバラック小屋であるが、それでも各戸に電燈がついており、日本ではまだ行燈《あんどん》に頼っていた農村出身者たちを驚かせた。寝台はなく、床板のうえにごろ寝をした。共同炊事の材料は、日曜ごとにラ・モックの町まで出かけて仕入れた。ラ・モックはコンキスタから四キロメートルばかり離れた田舎町であるが、日曜日には露天市が立ち、さまざまな食料があきなわれていた。移民たちが仕入れる主な食料は、米とフリホーレ（いんげん豆の一種）と牛肉であった。粘りのないメキシコ米は、容易に新移民たちの口になじまなかった。

「なにより嬉しかったのは、味噌が食べられたことです。私たちが行ったころには、沖縄の人たちがフリホーレ豆を使って、うまい味噌を作っておりました。のちには醬油もできるようになりましたが、醤油を作ったのは沖縄県人ではありません。私と同県の人です」と渡辺翁はいう。

飲水はかならず蒸溜水をもちいるように、と厳命されていた。しかし、移民たちは、蒸溜水など水の味がしないといって嫌い、水道の水ばかり飲むようになった。水道の水といっても、昼間は手がつけられないほどの熱さであった。

稼働日は一週間に六日、ただし土曜日は半休と定められていた。日曜と祝祭日は、働くことを許されなかった。一日の就労時間は平均十時間前後だが、採炭夫《カルボネーロ》の場合はもっと自由であった。従って日本人の採炭夫のなかには、一トンでも多く石炭《カルボン》を掘って、一ペソでも多く儲けたいの一心から、毎日二十時間近く働きつづけ、過労のために死ぬ者もあった。

渡辺少年たちが採炭夫として働かされたのは、坑底の水平坑道にそって設けられた、およそ六メートル幅の切羽《ラボール》である。彼の記憶によれば、そのようなラボールが、やはり五〜六メートルの間隔を置いて次々に並んでいたとのこと。おそらく炭柱式——それも柱房式採炭法がとられていたのであろう。これは当時アメリカの炭鉱で広く用いられた採炭法であり、高性能の機械を導入すれば著しい出炭能率をあげ得るが、ガス発生量の多い現場においては爆発事故を招きやすい。一九〇七年二月の大爆発も、その例外ではあるまい。

しかもこの当時、コンキスタ鉱の坑内夫が使用していた照明器具は、防爆用の安全燈ではない。カチュチャと呼ばれる帽子の前部にブリキ製の石油ランプを取りつけ、その裸火を照明としていたのである。ただ二月の爆発事故より後、マッチの携行は禁じられている。

「坑内の暗さは特別です。帽燈《ランパラ》の火が消えたら、まるっきり動きがとれません。隣のラボールまで手さぐりで行って、火をつけてもらいます。火をくれということを、Dame Luz《ダーメルス》といいます。それが、私がメヒコで覚えた最初のスペイン語です」と渡辺翁はいう。

彼の話は、一つの重要な事実をあきらかにしている。それはほかでもない。当時このコンキスタ炭鉱においては、各切羽に一名の採炭夫しか配置されていなかったという事実である。石炭の採掘はもとより、ダイナマイトをこめるための穿孔作業や発破作業、炭車への積込作業に至るまで、ここではすべて採炭夫一名の手でおこなわれている。しかも渡辺少年のような未経験者までが、ただちにその役割をになわされたのである。ただ枠入作業だけは専門の仕繰夫が受け持ち、ときどき各切羽を巡回して枠を入れていたという。

あらためて一つの論争が思い出される。火薬の使用料をめぐって『琉球新報』紙上でくりひろげられた、『新世界』新聞と東洋移民会社との論争がそれだ。『新世界』が月五ドルの火薬料を要すると報じたのに対し、移民業者側は「過大の計算たるを免れず」としてしりぞけ、「始め不馴の坑夫は火薬を使用するの途を知らず、此に少の炭塊を得るにも火薬を用ひたるも、漸次其使途を知るに従ひ之を用ふること少なく、今や八十噸内外の採炭には三弗以内にて充分なりとす」と主張しているが、これはかえって移民業者みずから、まったくの未経験者に対して単独の発破作業を強制しているという事実を暴露したことになる。

こうした事実は、当時この炭鉱がどれほど甚だしい労働力の枯渇状態にあったかを、なにより雄弁に物語っている。その深刻な労働力不足こそは、日本からの移民をかぎりなく必要とした最大の理由であると同時に、悪辣な移民業者の跋扈を許した原因でもある。

熟練した採炭夫のなかには一日に五トンを採掘する者もいたが、平均すれば三トンから四トン以内であったという。しかし、経験もなければ体力もない渡辺少年が掘りだすことのできる炭量は、どんなにあがいても一トンそこそこに過ぎなかった。当時、トンあたりの採炭賃金は八十センターボス。従って毎月二十五日働いたとしても総収入は三十ペソに満たず、食費の十ペソをはじめ、ダイナマイト代その他の諸経費を差し引かれると、手取りはほとんどない状態であった。

「ランパラはもちろん、鶴嘴《ピカ》も円匙《バラ》も、すべて代金をとられました。無料で使わせてくれた道具は一つもありません。移民会社から給料を貰うとき、きちんと差し引かれました。炭鉱会社から給料を貰うのではありません。移民会社が炭鉱から仕事を請負って、移民の給料は移民会社が払うという仕組みになっておりました」と彼は語った。

落磐事故による負傷を境にして、彼は採炭夫から運搬夫《カレーロス》に替わった。採炭夫が石炭を積み込んだ炭車を、騾馬《ムーラ》に曳かせて竪坑まで運びだし、空車を各切羽へ運び入れるのが仕事である。そのほうが体力も要らず、賃金も一日二ペソ五十センターボスになった。おかげでようやく貯金もできるようになり、その金は叔父に立て替えてもらった渡航費の返済にあてられた。

こうして彼はどうにか三年間の契約を果たし、待望の「帰航費給与の特典」として賞与金百二十余円をえた。しかし、まもなく革命の嵐に巻きこまれて、ついに帰国の機会を逸する。

もう一人の生存者金城福太郎がサリナクルースに到着したのは、渡辺広司より五か月あまり遅い一九〇七年十一月二十二日であるが、彼もやはり炭鉱へ送られる車中、逃亡者の多かったことに驚かされている。

「気の早い男は、汽車がまだベラクルースに着かないうちから逃げておりました。あんな南のほうで降りたら、アメリカまで大変な時間がかかりますが、そのときはまだ西も東もわかりません。とにかく逃げることだけで頭がいっぱいだったのでしょう。一か月ぐらいあとになって、ふらーっと炭鉱にあらわれた者もおりました。みんなびっくりして、幽霊ではあるまいかと思いました。じっさい、砂漠で道に迷って餓え死をしたり、狼《コヨテ》に食い殺されたりした者もあったようです」

しかし、当時十九歳の金城にとっては、それにもまして忘れがたい一つの事件が、早くも鉄路の旅の第一夜に起きている。

事の発端は、福岡県出身の移民の一人が座席を独占して横になりたいがために、「沖縄は腰掛から降りて床のうえに寝ろ」と命じたことにある。たちまち殴る蹴るの乱闘となった。沖縄で学校の教師をしていた人が見かねて仲裁に入り、「ここは日本人の汽車ではないか。おなじ日本人として苦楽をともにしようではないか」と説得して、ようやく騒ぎは鎮まったということであるが、その夜の屈辱は終生彼の肝から消えない。

なお、沖縄出身の元教師が「ここは日本人の汽車ではないか」といったのは、彼ら一行が乗っていたのが日本人専用の貸切車輛であったことを指す。この回、日本人のほかに百余名の中国人がおなじ船と汽車で炭鉱へ送りこまれているが、彼らは日本人とは別の車輛に乗せられていたのである。

金城たち笠戸丸移民を雇い入れたのは、ラス・エスペランサス石炭会社ではない。イギリス資本のクロエテ石炭会社である。そのリオ・エスコンディド炭鉱が、一行の就業現場と定められた。ここからアメリカの国境までは、わずか六キロメートルの距離である。

新移民たちは一週間がかりで木造バラックの共同住宅を建てさせられ、そこに入居した。電燈は設備されず、夜はランプをもちいた。

食事は共同炊事をして作り、一か月の食費は十二ペソ、十一ペソ、九ペソの三段階に分けられた。その差は、使用する牛肉の量によって決められた。

「われわれ沖縄人は少しでも倹約して金をためたいと思って、いちばん安い九ペソの食事をしておりました。そのかわりにときどき金を出し合って山羊《ぴいじゃあ》を買い、みんなで料理して食いました。ぴいじゃあの値は、一頭が百ペソでした。ぴいじゃあ料理の日には、みんなでマゲイやソトルを飲んで、三線《さんしん》を弾いて、島唄をうたって、一晩中おおにぎわいをしたものです」と金城翁はなつかしむ。

マゲイは竜舌蘭から作った酒であり、一リットル六十センターボス、ソトルは百合から作った酒であり、一リットル四十センターボスであったという。また、三線はビーボラ・カスカベール（毒蛇の一種・鈴蛇）の皮を張って作ったとのこと。

日本人専用の共同風呂も設けられ、体が弱って坑内労働に堪えられない移民が管理を担当した。浴場の維持費と管理人の給料は、利用者全員で出し合う。一人あたりの負担額は、初めのうち一か月五センターボスであったが、後には十センターボスまであがった。その理由は、脱走者がでるたびに利用者の数が減るからである。メキシコ人は共同風呂の入浴風景を珍しがって、いつも見物人が絶えなかった。

日本人の共同宿舎から坑口までは、およそ五キロメートルの距離があった。朝の入坑時刻は六時、作業開始は七時であった。入坑するときには、弁当のほかに、飲水をつめたバリーカをさげてゆく。バリーカは大きな木の樽で、水が七リットル以上入る。カナマヨールというブリキ製の容れ物もあったが、これは軽いかわりに、なかの水がすぐ湯になってしまう。バリーカは重いけれども、外側を布で包んで水をかけておけば、どんなに熱い坑内でもなかの水は冷たかった。

採炭切羽は一番から四十番まであった。一つのラボールに採炭夫が二名ずつ入れられるので、コンキスタのように慣れない者がひとりで苦労するようなことはなかった。

採炭夫はほとんど全員日本人であった。中国人《チーノ》は一人もいなかった。彼らは坑外で洗濯などの雑役をしていた。メキシコ人は運搬夫や仕繰夫として働いている者が多かった。なにか仕事のことでメキシコ人と日本人との争いが起きると、それとばかりに全坑の日本人が駆けつける。するとたちまち、石炭がでなくなってしまう。第一坑も第二坑も、採炭夫は日本人ばかりだったからである。

そんなわけで会社の幹部たちは、メキシコ人の労働者に対して、ぜったいに日本人と喧嘩をしてはならない、と厳しく命令していた。もし喧嘩をして出炭がとまると、日本人のほうが悪くても、気の毒なことにメキシコ人のほうが罰せられていた。

といっても、日本人とメキシコ人とが常に反目し合っていたわけではない。炭車の入れかたが遅いので炭がだせないとか、柱の打ち方が悪いから落盤したとか、そんな仕事のうえでの争いだけであった。

休日のたびにメキシコ人の労働者たちは日本人を家庭に招いて御馳走をふるまい、熱心にスペイン語を教えた。若い独身の日本人の中には、やがて彼らの娘と愛し合うようになって、結婚する者もあった。金城青年もその一人である。

当時、リオ・エスコンディド炭鉱に働く日本人のなかでもっとも数が多かったのは沖縄県人、次が福岡県人である。福岡県人の中には炭鉱の経験者がたくさんおり、「女房と子供をつれて一週間に一遍ずつヤマを替わった」と妙な自慢をする者もあった。

日本の炭鉱で働いた人たちは腕も優れていたが、悪知恵の発達した連中もいた。石炭を炭車に積んで搬出する際には、それぞれ掘った労働者の番号を刻んだブリキの札をつけるが、それをこっそり自分の札と入れ替える。そんな卑怯なことをして、沖縄県人の石炭を横取りする男もいたという。

採炭夫の労働時間は、十時間から十二時間が普通であった。一か月に百五十トン採炭すれば、特別の賞与金が支給された。しかし、金城青年が十時間働いて出炭できる量は平均一・五トン、賃金は一ペソ二十五センターボス程度に過ぎなかった。彼はその零細な収入を必死に蓄えて、まず初めに九十円、次に九十五円を、一年以内に親元あて送金している。

「坑内で石炭を掘るよりも、銭を貯めることのほうがよっぽど苦しかったさ」

齢九十の老翁はこうしみじみ述懐した。

三年間の契約を果たした賞与金百二十余円は、約束どおり支給されたのであろうか。革命が激しくなったために支給されなかった、と彼は答えた。

コアウイラを含めて各州の労働者農民が、相呼応して一斉にディアス政権打倒を目指す武装革命の火ぶたを切ったのは、金城青年が三年間の契約を完了する一週間前の一九一〇年十一月二十日である。

辛うじて二名の生存者の記憶に残る、遠い地底の日々の断片は以上のとおりであるが、いまはこの両者の個人的な回想と『新世界』紙の一連の報道をかさね合わせることによって、「弓矢ノ如ク」過ぎ去った山入端萬栄の三年間を想いえがくほかにすべはない。
ただ、彼が手記であきらかにした契約期間のバランス・シートは次のとおり。

去リシ三ヶ年ニ於ケル貯金只ダ少々ダ。三ヶ年デ得タノワ、只ダ身長五尺二寸ヨリ六尺ニ成リ、又少年ヨリ青年ニ成ッタノミダ。

萬栄の末妹マツの話によれば、このように二十歳を過ぎてにわかに身長が伸びたのは、萬栄ばかりではない。弟の萬五郎も萬郎も、やはりおなじであった。
「ふしぎですね。きっと兵隊にとられないように、お先祖さまが護ってくださったのです」
こういって彼女は感謝する。

三

「凡《およ》そ初期移民は犠牲者である。暖かい父母の国から赤手空拳、鵬程万里、未知の異国へ押しだされていかなければならぬ事情それ自体がすでに一つの犠牲なのだ。ましてや色々な現代的不遇な事情の下に、目ざす希望の世界へ正門から堂々と入ることをゆるされず、命がけの冒険に、裏門突破の中途で、ある者は海に、ある者は砂漠に空しくその屍を埋めた幾多無名の移民に至っては、正に現代資本主義社会の産んだ一大矛盾と悲劇である」

これは比嘉太郎編著『移民は生きる』に収められた幸地東風の回想録の書き出しであるが、ここにいう「裏門突破」とは、メキシコからアメリカ合州国への密入国をいう。

その突破口をひらいた沖縄出身移民として知られるのは、まえにも紹介しておいたとおり、太田蒲戸、浜本徳幸らの一行およそ三十名であり、彼らがロサンゼルスにたどり着いたのは一九〇六年秋という。

これより前、同年七月二十四日、東洋移民会社業務代理人山内雄次郎は墨国駐剳特命全権公使杉村虎一あて、「ラス・エスペランサス炭坑契約移民逃亡届」を提出しているが、これに記載されている逃亡者は、愛知県人十四名、福島県人六名、三重県人四名、岐阜県人三名、計二十七名であり、沖縄県人は一人の氏名も見えない。金城磯太郎らの脱走が、早くても七月以降であることは、ほぼ確実だろう。これよりのち、彼ら「先発隊」の跡を追う沖縄出身移民がにわかに増えはじめている。

もっとも、太田や浜本たちが、米国逃亡を図った沖縄県人の第一号であったわけではない。たとえば、前にも紹介しておいたように一九〇五年六月十七日の『新世界』紙は、この年二月四日、不運にもエルパソ移民局の手に捕えられ、移民会社代理人によってムスキス監獄へ送られた移民として、大城五正、小橋川我甘の名を報じている。

大城五正は、中頭郡中城間切安谷屋村の人。一八七六年生まれ。小橋川我甘は、中頭郡西原間切我謝村の人。おなじく一八七六年生まれ。彼らもやはり一九〇四年の第一回東洋移民として、ラス・エスペランサス炭鉱に就労した一員である。

『新世界』紙の報道によれば、彼ら両人はすでに前年から逃亡し、行方不明中であったという。メキシコに到着した年に早くも炭鉱を脱出し、アメリカへの密入国の機会を窺っていたのであろう。リオ・エスコンディド炭鉱時代、そのような同胞を数多く見送った金城福太郎の思い出話によれば、「靴があるうちにアメリカへ」というのが彼らの合言葉であり、まるで馬を可愛がるように安物のぼろ靴を大切にしていたとのこと。

沖縄の祖国復帰を記念して名護の後楽園に一千四百ドルを寄進した渡慶次道光（国頭郡本部間切伊豆味村の人・一八八九年生）も、金城福太郎らとともに炭鉱契約移民としてメキシコへ渡り、二年後にアメリカへ潜入した一人である。「米国逃亡は在当国本邦労働者の通患」にして、「一人として安じて当国に留まり、永く労働に従事せんと欲する者無之有様なり」と日本公使館が慨嘆するゆえんである。しかしもとよりこれは、コアウイラ州の炭鉱契約移民のみにかぎらず、ベラクルース州の砂糖耕地やコリマ州の鉄道工事の契約移民たちも、まったくおなじ状態であった。いな、移民ばかりではない。彼らの米国逃亡を阻止すべき立場に置かれた移民会社の現場責任者たちもまた、じつはおなじ「通患」をわずらっていたのである。その事実を知らせる貴重な証言として、ここに一束の書簡が残されている。

この書簡はすべて、一九〇四年十二月、大陸殖民会社の通訳としてベラクルース州オアハケニヤ砂糖耕地に赴いた川井田宗次郎（一八六五〜一九四六年）の筆になるが、いずれも郷里鹿児島に住む彼の妻あての私信であるだけに、川井田の心情がきわめて率直に吐露されている。そのなかから移民関係の文面のみ、参考までに紹介させていただきたい。

「御元気ノ筈ト遠察奉リ候。次ニ小生事、九日横浜出帆以来海陸無事本月十一日、日数三十一日目ニシテ目的地ニ達シ申候。種々ノ大困難ヲ経、実ニ移民ノ取扱ニ対シ大心配仕リ候。小生手下ニハ熊本県人二十六人、内男二十四人、女二人ニテ、女子ノ途中ノ困難ハ実ニ気ノ毒ニ之レ有リ候。併シ無事安着シタルハ何ヨリノ仕合《ケアワセ》ニ御座候。当地ハ御承知ノ通リ熱帯地ニテ、只今日本ノ七月頃ノ気候ニ之レ有リ候。土地広ク人戸少ク食物少ク、当土人ノ如キハ少シノ金ヲ有セバ尽クル迄酒ヲ飲シ仕業セズ、甚ダ怠惰ノ国ニテ、土人ノ家ハ日本ノ乞食小家《ママ》ト同様ニテ、実ニ野バンノ状態ニ之レ有リ候。併シ附近ノ土人ハ余リ猛悪ニハ之レ無キ様ニ見受ケ申シ候」

（一九〇四年十二月十三日付第一信より）

「新年ノ御吉慶千里同風申納候

明治三十八年一月一日　川井田宗次郎

川井田育殿

小生事無事元気ニテ働キ居リ申シ候間、雑事乍ラ御安神下サル可ク候。（中略）当地ノ気候ハ本日午前十一時七十五度（華氏）ニテ日本ノ五月頃ト相考ヘラレ、今ヨリ暑気ノ察セラレ申シ候。過日モ申シ候通リ極ク不便ナル処ニテ野菜ハ毛唐《ママ》之レ無ク、去月十一日ヨリ今日迄牛肉一度、塩魚二度、其他ハ飯ト黒豆ニテ、日本ヨリ携帯ノ味噌汁ニテ、時ニハミナキ汁ニテ、何トモ閉口ノ外之レ無ク、右ノ通リ品物ナク物価高キ故、労働者中ニハ彼レ是ト小言ヲ朝晩言ヒ、実ニ閉口仕リ候。御方迄ナレドモ、将来当地ヘノ移民事業如何ナラント心中苦慮仕リ候。夫《ソ》レニ野ニ出ヅレバブヨノ如キ小虫飛ビ来リ頸手抔《ナド》ヲ刺シ、其跡ハカサカキノ如ク相成リ実ニ閉口仕リ候」

（一九〇五年一月一日付第二信より）

「小生ハ移民ノ間ニ色々ナル苦情之レ有リ、其レガ為メ非常ナル心配仕リ候。実ニ生来始メテノ閉口ニ之レ有リ候。併シ此ノ苦境ヲ幸ニ過セバ、数年ノ後御方等ト面会セバ一層ノ愉快ナラント相考ヘ居リ申シ候」

（同年二月五日第三信より）

「益御多祥之筈ト察シ奉リ候。次ニ小生事今日迄無事消光罷在《マカリアリ》申シ候間、余事乍ラ御安神下サル可ク候。就テハ今回金三拾円也大陸殖民会社ノ手ヲ経テ送金仕リ候間、御落手下サル可ク候。実ハ出来候ヘバ余分ニ送ルベキ含ニ候得共、何分都合悪敷《アシク》、久留氏送金ノ分ト合セ帰国ノ旅費ニアテ置キ、他ノ費用ニ御使用之レ無キ様御依願申シ候。移民事業モ味《ウマ》ク行カズ、毎日毎日心配仕リ居リ申シ候。併シ今三四月モ立タバ何トカ土台定マルベシト愚考仕リ候」

（同年二月十二日第四信より）

「当地は昨年御通知申上たる様な気候にて、御地の四月頃かと愚考致し候。仕事より午後五時半過ぎ帰宅、飯を食し、直に大川に行き毎夜之如く水浴致す始末にて、気候の暖なる事察せられ申し候。第四回移民も本月壱日着、小生は八十余名の通訳を致し居り、何分多人数の事にて充分混雑致し居り申候。弱音ながら、移民事業も甚だ困難なるものにて、通訳は雇主と労働者との中間に立ち、常に板挟の有様に之れ有り候。（中略）先日の書状に送金する様通知致候も、新耕地に移民を入れたる事にて未だ落付き申さず候。今少し経ちて御送金致す可く候間、左様御承知之れ有り度く候」（同年十二月二十四日付第五信より）

「先頃通知シタル如ク送金致ス積《ツモリ》ノ処、小生モ耕地ヲ変ヘ抔《ナド》致シテ思フ様ニ貯金モ出来ズ、併シ百廿弗位ハ懐中致シ居リ候間、今少シ貯金シテ送金スル考ニ之レ有リ候。（中略）此ノ手紙ハ蚊軍ノ攻撃非常ニ多キ故、蚊帳ノ中ニテ相認メ候。到底此ノ地ハ長居ハ出来ヌト相考ヘ居リ候」

（一九〇六年三月二日付第六信より）

「小生モ去ル十五日、都合ニ依リ耕地ヲ去リ、大西洋岸ノ小湊『コアサコルコス』ト云フ港ニ当時日本人廿人余波止場ニ働キ居リ、其通弁ニテ働キ居リ候。人間ガ少数故左程ノ世話モ入ラヌ隠居仕事ニテ、骨ヲ休メ申シ候。此処ハ兎ニ角港丈アリテ、金サヘアレバ鮮魚モアリ（日本人ハ日曜日ニツリニ行キ、五六寸ノスズキノ如キ魚ヲ四五十ツリ帰リ申シ候。昨日ハ日曜日ニテ移民ノツリタル魚ヲ天プラニテ食シ、久振ノ御馳走ナリシ）野菜モアリ、今水クワ抔出盛リニテ安価ニ御座候。本日晩食後食セント移民ニ頼ミ一箇買ヒ申シ候。其他芭蕉実抔ハ沢山之レ有リ候。斯ノ如ク果物抔ヲ食フ時ハ、子供ト一緒ニ食ヒ度キ念湧出シ、何時ナルヤト思ヒ、其時ヲ楽ニ思ヒ居リ申シ候。何卒子供ノ無事成長ヲ祈リ候。子供ノ寝冷セヌ様呉レ呉レモ御注意之レ有リ度。先年小生清子ニ造リヤリタル如キヅボン両子ニ造リ給フ可ク候。又口中ヲ毎朝掃除シ給フ可ク候。（中略）
一二ヶ月ノ内ニ墨金百弗位差送ル考ニ御座候間、左様御承引之レ有リ度ク候。矢張確ナ銀行エ預ケ成サルベク候。（中略）
千石町へ行カルルトキハ『カステラ』ノ如キ味キ菓子ヲ持チ行キ、母ニ与へ給フ可ク候。余程年寄リ候事ト思ハレ、何トナク心サビシク感ゼラレ申シ候。早ク食フ丈《ダケ》ノ事ヲ為シ、帰リ度キ気持モスルナ。荒田辺ニテ地処ノ小高キ処ニテ水ノアガラヌ宅地ハ一段《（ママ）》歩幾何位ノ価ナルヤ、何人ニカ問合セ、御通知之レ有リ度ク候。
当所ハ本日暑気ハ屋内ハ八十二度ニテ、海岸アリテ風吹キ、余程凌ギヨク之レ有リ候。当墨国ハ今ガ盛夏ノ真最中ニ御座候得共、堪へラレヌ程暑キ事ハ之レ無ク、英米人多ク来リ、墨国ノ鉄道ナリ砂糖製造業ナリ皆ナ英米人ノ手ニ依リテ為サレツツアリ。此ノ人種ノ元気ト金ノ多キトニハ実ニ感心ノ外之レ無ク候」

（同年五月二十一日付第七信より）

「当地ハ只今降雨季ニ入リ、丁度日本ノ露《（ママ）》見タ様ニ毎日三四度驟雨降リ、寒暖計ハ八十二三度ニテ余程凌ギヨク相成リ申シ候。最早酷暑ノ候モ去リ、先ヅ仕合ニ御座候。（中略）又近頃金子御送附致シ度キ考ナリシモ、少敷《スコシク》小生モ都合之レ有リ見合セ申シ候間、暫時相待チ給フ可ク候。併シ一二ヶ月ノ間ニハ御送附申スベク候」

（同年七月八日付第八信より）

「扨《さて》先度御通知申し候通り送金仕り度き考に候処、小生も少敷都合之れ有り候為メ今一二ヶ月遠《（ママ）》引仕り候間、左様御承知之れ有り度く候」

（同年八月八日第九信より）

「小生モ当墨国ニ於テ本年中若シクハ来年五六月迄見込立タザル時ハ米国へ出掛ケ、懸命ニ働ク積ニ御座候。其上何ニカ事業ヲ起シ度キ含ニ御座候。（中略）

小生モ都合ニ依リ先日通知ノ港ノ方ハ引揚ゲ、亦先ノ耕地ニ帰リ申シ候。当時野菜園ヲ作リ、フロ豆、苦《ニガ》ゴイ、大根、茄子等ヲ植ヘ候処、フロ豆、苦ゴイハ事ノ外能ク出来、毎日毎日同役三人ニテ満腹致シ候。而モ跡ヨリ跡ヨリト種ヲ蒔キ、来年二月頃ハ雨降リ候故、野菜ハ能ク出来候。チト御面働《（ママ）》ナガラ苦瓜《ニガゴイ》ノ長キ方及夏菜ノ種子ヲ見立テ色々小少《（ママ）》ヅツ郵便ヨリ送リ下サレ度ク候。

本日日曜日ニテ休ミ手紙ヲ認メタリ。暑熱ハ正午十二時八十八度ナリ。夜分ハ例ノ蚊軍ノ攻撃甚敷、夕飯ヲ終リ水浴ヲ為シ早速籠城、年中ノ籠城ハ誉《ホメ》タモノニアラズ」

（同年九月十五日付第十信より）

「扨今回墨銀五拾弗会社の手を経て送金仕り候間、御落手之れ有り度く候。実ハ此回ハ百五拾弗位送金致し度き考なりしも、彼処此処と例の御祇園様然と働き場所を変へ候為メ折角貯蓄の金を費し、骨折り損の大労設《（ママ）》けに御座候。併し本年末頃には百弗位の金を送金する含に御座候。（中略）若し幸に残金あらば少しにても銀行へ預け給ふ可く候。清や新へ父より御菓子が来りたりとて『カステラ』を買ひ給ふ可く候」

（同年九月三十日付第十一信より）

「種子物は本日正に受取り御礼申し候。早速植へ付申す可く候。本日は去る四月日本より里芋五個種子来り候処、夫レを植へ付け置き候処、掘り候に大概五六升子芋之れ有り候。大出来と相悦ビ夜飯に弐年振りに御馳走にありつく事に御座候。（中略）

ひょそくなしの出鱈目返歌を左に

幾千里へだて居る身は殊更に思ひいや増す秋の夕」

（同年十一月三日付第十一信より）

「拙者も幸に無事無病にて働き居り候間、御安神之れ有り度く候。当地も今や降雨期とて朝夕ハ冷気を覚へ候。併し蚊ハ極暑よりも増加し、実に閉口仕り候。夜ハ帳面附を仕舞ひ次第早速蚊帳ノ中に逃げ込み候。夜ハ右通りにて蚊帳の中にて新聞紙位を読むのが関の山にて何の楽も之れ無く、時々送附の写真ヲ引出し見申し候。来春年始に出鹿の折両子の半身を（二人一緒にてよし）写し、御送附之れ有り度く候。楽んで相待ち居り候。

当耕地にも新移民既に本月廿日神戸を八百人出発、来月廿日頃来着之筈に候。其折ハ大分多忙なるべしと今より考へ候。小生も当分日給弐弗七十五銭にて働き居るも、諸品高価にて一日食料一弗廿五銭位相掛り、思ふ様に貯金も出来兼候。併し新移民来着之砌《みぎり》ハ、多少増給しもろふ約束に之れ有り候。其時ハ少しハ貯金も出来る事ならんと考へ居り候。若し其運に至らざる時ハ断然会社を辞し、米国に赴く心組に御座候。如何となれば、御承知の通り蚊と其他の虫に攻められ、茲に既に二年間を会社に対する義務の為に辛棒《（ママ）》致し候故、最早会社に対しても義務を尽したるものと考へ居り候。而も此の間に小生の得たる金は、今迄御方に送金したる金と今小生所持金の百円位にて二百五拾円位に之れ有り候。実に二年間に分算すれば少額の金に之れ有り候。若シ小生米国へ赴き候へば、今の苦痛よりもより少しの苦痛にてより多くの金を得ること容易に候。

来春二三月頃迄は此処に居る積なり。（中略）当地の移民事業も今日漸く基礎を造りたるなれば、今二三月後の成績を以て将来の成否を知り得ること故、今二三月後の通知を待ち居り給ふ可く候。

（中略）

本日は日曜日にて此の書状を認め候。其他の日は多忙にて、夜は前述の通り蚊に攻められ、到底単に見舞位の書状を書く勇気之れ無く候。日曜日は又まれに仕事之れ有り候。洗濯もすれば顔もそり、又多少の仕事もありでな、なんとかかとか用事之れ有り候。併し大分は新聞を読み、又ハ世間話に面白可笑《おかしく》一日を費し候。平日は午前五時に起き、六時より就労に候故、日曜を楽に平日は働き候。日曜日ハ少しハ朝寝も出来候。早く一緒に……ものなり……フン。先此位にて筆止めます。余り一度に書くと種が尽きますからな。（中略）

日曜日には子供達へ平生葛粉を買ひ置き、葛ねりをこしらへ与へ給ふ可く候。日曜日は平日と違ひ、少しは子供等に楽を与へ、又叱らぬ様に御注意之れ有り度く候」（同年十月二十八日付第十三信より）

以上の十三通をもって川井田通訳のメキシコだよりは終わる。「より少しの苦痛にてより多くの金を得る」ために、彼はアメリカ合州国へ去ったからである。

彼がオアハケニヤ耕地で通訳として働きはじめたのは、例の『新世界』紙が「単に飲料水の粗悪なるのみならず、蚊の如き害虫日夜共に蝟集して顔面四肢の嫌いなく刺すより、そのために腫れ上りて痘の如くなり、到底労働に従事し能はざるより、彼等は監督者に迫りて労働地を替ゆるか、若しくは本国に送還するかを要求したるに、独り是れを採用せざるのみならず、兵力を以て圧迫し、首謀者を捕へて投獄して、鞭韃を擅にして使役しつつあり。然かもその賃金は一日十時間を使役して僅かに五十仙を支払ふに過ぎず」とその惨状を報じた時期のことだ。当時の手紙には、彼もその渦中にもまれたと思われる苦悩のかげりが濃い。

一九〇一年以降七年間にわが国の移民業者がメキシコへ送り込んだ一万名にのぼる移民のうち、日本へ引き揚げた者およそ二千名、他の外国へ転入した者はおよそ四千名をかぞえるが、後者の九五％以上はアメリカ合州国への密入国者であるといわれる。もちろんこれは、幸地東風のいう「裏門突破」に成功した者の数であり、失敗者の数は含まれていない。不成功に終わって、よんどころなくメキシコに滞在した者のほうが遙かに多かったのである。

『日本人メキシコ移住史』は、焦熱の砂漠にくりひろげられた、この狂おしい流浪の時代を、「アメリカ密行ラッシュ」の時代と呼んでいる。

四

三年にわたる地底の契約労働を終え、身長六尺の青年になった山入端萬栄もまた、おびただしい先輩移民の足あとをたどってただ独り北上の旅にでている。

時あたかも一九一〇年。この年九月十六日に独立百周年を迎えようとするメキシコは、ようやくその胎内に重い流血革命の嵐をみなぎらせつつあった。

「炭鉱地出発前ヨリ、メキシコ全国ニ於ケル内乱未ダ勝敗決セズ、国内ニ於ケル旅行モ不安ヲ抱イタガ、私ハ其所モ物トモセズ、或ル目的地ニ向ッタ。実ハ北米密行ヲ志シタ」

萬栄は手記にこう書いている。

しかし、彼が突破を図った地点は何州のどこであったのか。次の文章までふくめて、ついにあきらかにされないまま終わる。

「汽車モ其ノ翌日未明北米国境ニ着ス。不幸ニシテ私ノ目的遂イニ失敗ニ帰シタ」

北米密行の成否は、萬栄の運命を左右する重要な岐路であったはずだが、その地名はもとより、失敗に帰した理由ひとつ記されていない。

ただ、途上の見聞を述べた文章の中に「トロン市」という地名が見えており、ここで汽車を乗り替えて北へ向かったと記されている。また、「各々窓ヨリ眺ムルハ確カニロッキー山脈カ」とも記されている。

彼のいう「トロン市」がトレオン市であることは確かだ。コアウイラ州の西南端に位置する商業都市であり、北部諸州に分岐する鉄道網の要地として知られる。ここはまた、州内外の炭鉱や金属鉱山を逃れた中国人移民による商業経営の拠点として栄え、一九二五年頃には在住中国人の数はおよそ三千名に及んでいる。

察するに萬栄青年はひとまずこのトレオンへでて、ここからセントラル鉄道に乗り替えてシェラ・マドレ山脈ぞいに北上し、チワワ州最北端のシウダ・ホアレスへの路を選んだのであろう。

シウダ・ホアレスはブラボー河を挟んでアメリカ合州国ニュー・メキシコ州のエル・パソと接しており、コアウイラ州のピエドラス・ネグラスやソノラ州のノガーレスなどと並ぶ、日本人移民の主要な密行ルートの一つとなっていた。

トレオンこそはかろうじてわれわれを萬栄の密行ルートへ導く唯一の道標であるが、その地名が偶然にも彼の手記に書きとめられることになったのは、次のような事情による。

「車中ニ於イテノ話ニ依レバ、『トロン市』人口八万ヲ有ス。其ノ市ニ於イテ、二百人ノ支那人殺害サレタヨーダ。其処デ私モ一寸変ニ考エタ。ガ而シ、殺サレタノモ、其ノ理由有リシニ相違ナイ事ヲ考エツツ、愈々汽車モ無事アノ市ニ着イタ。

此ノトロン市デ汽車乗リ換エデ、私ガ行ク北方エハ、未ダ半時間ノ食事ノ便宜ガアッタ。私ハ飲食取ラズ、支那人殺サレタ場所、支那人街エ見物ニ行ッタ。見ルト各家屋内デヤラレタ足セキガアッタ。或ル土人ガ云フニ、四五日前二百名ノ支那人ガ、此ノ支那人街デ殺サレタト。

私モ永イ間見ル時間ガナカッタ。早速ステーションエ帰リ、汽車ノ御客トナリ、手早クカバンノ中ヨリ、小形ノ日本国旗取リ出シ、私ノ窓ニハリ付ケタ。実ワ私ワ日本人デアル事ノ意味デシタ。

汽車モ北方向ケ進ム。車中、眠ル夜モ眠ラズ、例ノ支那人殺害ヲ思イ浮カブ。

彼レ等支那人ワ致ル所ニ於イテ虐待ヲ受ケテ居ル。其ノ理由ワ、恰モ『我田引水』ノ如ク、皆国元エノ送金、又当国ニ於ケル彼等ノ生活状態、決シテ当国ニ同化セズトノ意味ノ点カラ来タスニ因スルニアル。殊ニ当国ノ無学階級カラ平時ヨリ虐待ヲ受ケ、今回ノ戦乱ヲ利用シタニ相違ナイ事ヲ考エタノダ」

表現はたどたどしいが、萬栄としては珍しく具体的な書きかたである。よほど強い衝撃を受けたのであろう。その印象を語ることに熱中するあまり、肝心の密行記のほうは留守になってしまったのかもしれない。

こと志に反してアメリカ行きに失敗した萬栄は、「前後ノ策ヲ施ス勇気ナク、又炭坑地帯エ戻ル外ニ道ガナカッタ。炭坑ニ着シ、三ヶ月間働キ、或ル友人ニ今後ノ私ノ目的ヲ話シタ。早速友人モ承諾成サレ呉レタ。其処デ友人ノ援助デ、私ハ二度目ノ炭鉱地帯出発シタ。今度ワ方向ヲ変エ、自動車運転ヲ学ブ為メキシコ首都エ行ッタ」と記している。

第五章　悲しき外人兵

一

アメリカ合州国への密入国に失敗した山入端萬栄が、ふたたび炭鉱に舞い戻って三か月間働いたあと、再起の道をメキシコ市に求めた当時、この大高原の首都に流れこむ日本人移民の職業は、富家のお抱え運転手や園丁、下男、食堂の給仕やコックなどが主であったが、『日本人メキシコ移住史』によれば、「特に運転手が給料も最高で、雇われ先でも待遇が良く、日本人間では相当幅を利かしていたし、他の日本人家庭労働者を見下げていたような傾向があった」という。萬栄もまた、その高給と好遇の魅力にひかれたのであろう。

「其ノ当時、内乱モ終リヲ告ゲ平和トナリ、新シキ大統領ノ下ニ新シキ政治家、茲ニ新国家建設ス。私モ今ノ新政府ヲ利用シテ、一生懸命ニナッテ習ヒ、幸イニシテ四ヶ月後ニ一人前ノ運転手トナッタ」

　萬栄手記にはこう書きとめられている。

　ここにいう「内乱」とは、一九一〇年十一月から翌年五月にかけて、あくまで政権を独占しようとするポルフィリオ・ディアス一派と、断然これを阻止すべく蜂起した革命勢力とのあいだにくりひろげられた、最初の武力闘争をさす。また「新シキ大統領」とは、一八七七年以来つづいたポルフィリアート（ポルフィリオ体制）を打破することによって、以後十年にわたる長い苛烈な革命戦争のドラマの幕をひらいたフランシスコ・イグナシオ・マデーロをさす。

　首都市民と兵士たちの熱狂的な歓呼のうちに、身長一五八センチの「小さなダビデ」が大統領に就任したのは、一九一一年十一月六日である。副大統領は、詩人にして弁護士のホセ・マリア・ピーノ・スアーレス。「必要不可欠、交換不能な一人の男」をもって自認する老独裁者が、フランシスコ・ビリャやエミリアーノ・サパータ、パスクアル・オロスコらの馬蹄に追われて大統領の座を去り、ヨーロッパへ亡命したのは、これより五か月前の五月二十五日である。

　リオ・ブラボー渡河の夢破れた二十三歳の萬栄青年が、再起の道を首都に求めたのは、あたかもこのメキシコ革命の夜あけであった。新政府を利用して一所懸命に自動車の運転を習った、と彼はいう。しかし、あこがれの運転手となった彼が、どれだけの期間、どのように働いたのか、いっさい不明である。

　ただ、嵐のまえの静けさをひめた首都のどこかで、初めて彼もつかのまのやすらぎをえたのであろう。こう記している。

「去リ行ク月日モ早ヤ一千九百十二年トナル。其ノ当時日本人同胞到ル所ニ於イテ好待遇ヲ受ク。其ノ理由ワ、彼ノ大国ロシヤ、小サキ日本ガ戦争ニ大勝利ヲ得タニ一因ス。故ニ日本人ワ武勇デアリ、正直デ、温順ナ人種デアル事ヲ認メタニ相違ナカッタ。依リテ吾等同胞在留民ニ此ノ上ニナキ幸福デシタ」

萬栄手記に「幸福」という文字が顔を見せるのは、これが初めてである。長い、堪えがたい流浪と飢餓の果てにたどりついたオアシスの泉のように、いきいきと輝いている。

しかしそれにしても、不幸な「幸福」であった、といわなければなるまい。なぜなら、やがてその「幸福」が、萬栄青年をふくめて多くの日本人移民を、同胞あいはむ死線へといざなうことになるからである。

彼萬栄が奇蹟の勝利をかちとった民族の一人として、「武勇」と「正直」と「温順」の徳性を買われ、武器を手にする「好待遇」にあずかったのは、前後の情況から推して、一九一三年二月以降のことと思われる。最初に銃を握ったのは、首都に巣くう国際金融資本の私兵としてであり、次は反革命の元兇ビクトリアーノ・ウエルタの統べる「連邦軍」兵士としてである。

一九一三年は、二月九日から同月十八日に至る「悲劇の十日間」を口火として、革命と反革命の嵐がもっとも激烈にぶつかりあい、せめぎあった一年である。

早くもマデーロ政権の誕生直後から、「革命軍司令官」パスクアル・オロスコの反乱を始め、旧ディアス軍の将軍たちによる新政権転覆の陰謀がくり返されているが、「悲劇の十日間」もやはり、旧ディアス派の老将軍マヌエル・モンドラゴンの反乱によって、その幕を切って落とされた。反乱軍はただちに獄中のベルナルド・レイエスとフェリックス・ディアスを解放し、ラ・シウダデーラ要塞に拠ってマデーロに銃口を向ける。

レイエスはディアス政権の軍務大臣やヌエボ・レオン州知事などを務め、一九一〇年の正副大統領選挙にあたっては、民主党が副大統領候補としてかつぎだそうとした人物であり、フェリックス・ディアス将軍はディアス大統領の甥である。前者は一九一一年十二月、後者は一九一二年十月、それぞれマデーロに叛旗をひるがえしたが、ウエルタ将軍のひきいる新政府軍に鎮圧され、入獄中であった。

マデーロ大統領はモンドラゴンによる反乱の鎮圧を、かねて信頼のあついウエルタ将軍にゆだねた。寛大な人格者であるマデーロは、このときすでにこの腹心の部下がアメリカ資本主義に魂を売り渡し、彼を血祭りにあげようと計っていることを知らなかったのである。

ディアス政権時代、アメリカ資本のメキシコへの投資額は、鉱山の七八%、鋳造工業の七二%、農・牧・林業の六八%、石油の五八%にあたる五億ドル見当の所有権をふくめ、総額じつに十五億ドルにのぼるといわれるが、ワシントン政府はその厖大な資本と権益を擁護するために、なんとしてもウエルタを抱きこみ、早急にマデーロ政権を壊滅させる必要にせまられていた。

時のアメリカ大統領タフトは、メキシコ駐在大使ヘンリー・L・ウィルソンを通じてその工作を推進し、アメリカ大使館は作戦司令部として「悲劇の十日間」を指導。ウエルタはこれに従って、二月十八日、一気に大統領政庁を占拠して大統領となる。

政庁内に監禁せられたマデーロは国外への亡命を希望し、その交渉の立会人として、キューバ大使マルケス・スターリングと日本代理公使堀口九万一を指命した。キューバ大使を選んだのは、「マデーロが亡命を希望したのがキューバであると云う理由もあったろう」と『日本人メキシコ移住史』は述べている。

しかし、これには異説もある。中屋健一著『ラテン・アメリカ史』は、マデーロは最初アメリカ大使ウイルソンに保護を求めたが相手にされなかったので、「やむをえず、マデーロは日本に亡命しようとし、安全に国外に退去させてくれることを条件に大統領を辞任した」と述べている。

ウエルタのクーデターを知らされたマデーロ夫人とその一族が、チャプルテペックの官邸を逃れて日本公使館に庇護を求めたのも、よく知られた事実である。『日本人メキシコ移住史』には、「日本の公使館は一度はウエルタの軍に囲まれたが、日本側で未亡人の引渡しを拒絶したので、兵士達は穏しく帰って行ったそうである」と記されている。『ラテン・アメリカ史』には、「堀口公使は、日章旗を身体に巻いて門まで出て行き、〈マデーロの家族を殺したければ、まず余の死骸を踏み越えて入れ〉と叫んでついにウエルタの軍隊を引きあげさせた」と記されている。

しかし、ついにマデーロの希望が容れられる日はおとずれなかった。二月二十二日夜、彼はより安全な場所に身柄を移すと宣告され、副大統領スアーレスとともに馬車で監獄へと送られたが、馬車はその正門には入らず、裏側のほうへ廻った。マデーロが怪しんで「どこへ行くのか」と叫び、扉を開こうとした瞬間、スアーレスとともに射殺された。

マデーロ政権は、革命の未熟児として生まれ、未熟児として葬られた。産声をあげてわずか十五か月間の短い生命であった。
「政治的にみれば、マデーロは結局みずからの民主政治への熱意の犠牲者であった」とエドゥアルド・ブランケールは説く。「そのため、勝利を不動なものにするには一方的な一枚岩の政府が必要であることを、彼は理解できなかったのである」（メキシコ大学院大学編＝村江四郎訳『メキシコの歴史』）
「マデーロの失脚と死は、革命的ラテン・アメリカの一つの臨床例である」とカルロス・フェンテスは説く。「すなわち、マデーロのはかり知れぬ善意とまた表現の自由、議会討論、批判的な新聞、市民の権利を彼が尊重したことなどは、経済的並びに軍事的な権力の時代錯誤的構造が改革されぬうちは、殆んど燐光であり夢想だったのだ」（カルロス・フェンテス著＝西澤龍生訳『メヒコの時間』）
「マデーロは、思いやりのある寛大な男ではあったが、長期にわたるディアス独裁政権が産み出した巨大な政治的、社会的諸問題を見通す洞察力に欠けていた」とレナト・レドゥクは説く。
「圧倒的で熱狂的な民衆の支持票によって大統領に就任したにもかかわらず、彼が最初にやったことは、自分を権力の座につけてくれた民衆そのものを見捨てることであった。彼は、緊急に必要とされていた農業改革に耳をかそうともせず、土地改革を要求したゲリラ隊長たちをさっさと解任して故郷へ帰してしまった。マデーロはディアス独裁時代と同じ官僚・軍事体制をそのまま利用して統治しようとした」（ジョン・リード著＝野村達朗外共訳『反乱するメキシコ』新版序文）
いわれるとおり、コアウイラ州の富裕な大地主の子として生まれたユダヤ系の「小さなダビデ」は、革命的な政治家であるためにはあまりにも善良な民主主義者であり、精神主義的改良主義者であった。社会的正義とその美しい秩序としての法の勝利を信じて疑わないロマンチストであった。とはいえ、彼の持つさまざまな弱さと限界も、けっして彼の果たした役割の栄光をそこなうものではない。その毅然たる決起がなければ、ディアス独裁体制はさらに幾ばくかの延命をとげたであろう。その悲劇的な死がなければ、革命の高まりはなお多少の遅滞をまぬかれなかったであろう。レルドゥクが、マデーロは民衆を見捨てたとして非難しながらも、「マデーロは、殉教者、使徒として死に、革命の象徴、旗じるしとなった。彼の死から真の革命が始まった」と称えるゆえんである。

ウエルタの許しがたい反逆とマデーロの痛ましい死は、あらためて南北諸州の革命派の領袖や武将たちの荒々しい復讐の血と政権争奪の欲望を燃えあがらせ、メキシコ全土は麻のごとく乱れに乱れる。

山入端萬栄もまた、流砂のようにその渦にまきこまれ、翻弄された外国人の一人であるが、そうとも知らず、彼の父萬吉が忽然と世を去ったのは、あたかも「悲劇の十日間」があけた二月十九日のこと。しかし、もとより萬栄はその悲報を知るよしもないまま、砲火の下をかけめぐっている。その初陣記は次のとおり。

「殊ニ第二次ノ内乱ノ時、市ノ重要ナ銀行、即チナショナル銀行、ロンドン銀行、万国銀行等、早速日本人ヲ集メ、銀行保護ノ任ニ当ラシメ守ラセタ。私モ銃剣握リ門番ニ務メタ。

其ノ後ノメキシコ国ワ到ル所ニ於イテ戦乱益々激シクナリ、殊ニ北方ヨリ大勢力ノ勢デ首都目ガケテ来ルビヤ将軍、中部地方ニ其ノ時機ヲ待チ構エタサパタ将軍、又南部中央ニカランサ将軍大勢又然リト待チカマエト云フ状態デシタ。

斯ノ如キ状態デ、現政府モ大イニ悩ム処カラ、愈々三師団ヲモッテ、ビヤ将軍食止メノ戦計ダ。別ニ又機械化部隊、新ニ組織成シツツアッタ。私モ其ノ部隊ニ参加ナシ、三週間ノ練習後、北方戦場向ケ出発シタ。

三日目ニ無事目的地ニ着ス。其ノ翌日、味方軍或ル地点ヨリ又二師団着イタ。ソノ二師団中、大勢ノ同胞軍服ヲ着ケ、恰《アタカ》モ土人ノ如クデ、一寸《チヨツト》見知ラナカッタ。人数、ヤヤ五十人位デシタ。見レバ皆旧友ダ。炭坑地帯カラ募集サレタノダ。一同胞ノ話ニ依レバ、炭坑地帯ニ於ケル大不況デ、生キル為食スルニ兵隊ノ募集ニ応ジタルヨーダ。

其ノ翌日カラ、愈々大激戦ダ。而シテ四日後、遂イニ吾等官軍惨残無残ノ敗戦トナリ、逃レルニセワシカッタ。残兵及ビフショー者ワ幸ニ汽車エ逃ゲ込ミシガ、途中鉄道線切断サレ、大イニ困ッタ。

死ヨリ生ヲ得タ私ワ至極元気デ居タ。只悩ミシワ飲水ノミデシタ。途中汽車ヲ止メ、其所デ一夜ヲ明カシ、水サガシダ。私ワ各貨物車ヲ巡リ巡リシテ見タ。病院貨車ヲ見ルト、中ニ一同胞ガ居ル。見レバ、私ノ旧友、比嘉太吉君ダ。足ノ上腿ガヤラレテ居タ。而シソレヲ養生スル薬ガナイ。他ニ何ンノ方法取レズ、大イニ悩ンダ。飲水ワ私ガ少々サガシテ飲マシタ。又別ニ二人ノ同胞ト会イ、一寸話シタ。彼等ワ至極元気デシタ。

愈々私モ太吉君ト或ル地点デ別レヲ告ゲタ。私ワ出兵所、首都、太吉君モ彼ノ出兵所タル炭坑地帯エ帰ラレタ。其ノ後ノ話ニ依ルト、病院ニ於イテ足ワ切リ除キ、又元気デ居ラレルト。

而シテ私ガ見タ五十人位ノ同胞兵隊、其ノ中ヨリ生キテ帰ラレタノガ只三人ダ。残リノ彼等、戦死カ、或ワ又ホリョカ、私ワ彼等ノ行衛コソ知リ度カッタノダ。

其ノ当時、当国内乱ニ参加セシ同胞、各方面ニ於イテ相当ニ居リ、相当ナ戦死者モアッタヨーダ。

殊ニ或ル地点デ同胞決死隊ヲ組織シ、突撃戦、其ノ結果、全メツ、ヤラレタ如キワ事実ダ。

吾等敗戦後首都ニ安着ス。但シ一千九百十五年ダ」

以上が「官軍」兵士として山入端萬栄の参加した最初の戦闘記録であり、「惨残無残」の敗走記録であるが、この中には二個所、彼の記憶違いがある。まずはその訂正をしておきたい。
一、サパータ将軍の勢力圏を中部地方と記しているが、正しくはモレーロス州を中心とする南部地方である。また、カランサ将軍の勢力圏も、南部中央ではなく、彼の生地コアウイラ州を中心とする北部地方である。
二、萬栄ら敗残兵が首都に帰還した年を一九一五年と記しているが、正しくは一九一四年に入ってまもない頃であろう。なぜなら、彼がやがて再度の参戦をするサカテカスの大攻防戦は、一九一五年ではなく、一九一四年六月におこなわれているからである。
なお、ここで「ビヤ将軍」と記されているのは、パンチョ・ビリャの愛称で親しまれるフランシスコ・ビリャのことである。書き手によって「ヴィヤ」「ヴィア」「ビジャ」など、表記が一定しないが、統一はせず、それぞれ原文の表記に従うことにする。

奇しくも山入端萬栄が敗走途中の貨物車内でめぐり会った負傷兵の比嘉太吉は、国頭郡本部間切並里村の出身。一八八三年（明治十六年）生まれ。一九〇四年七月六日に東洋移民会社扱いの第一次メキシコ炭鉱移民として渡航し、コアウイラ州ラス・エスペランサス炭鉱に送り込まれた人である。

コアウイラ在住当時に親交のあった同県人の話によれば、彼は革命戦争で片脚を失ってのちは松葉杖にすがって歩き、生涯独身であった。第二次世界大戦により敵国民として収容所に入れられるまでは、炭鉱町のパラウでちいさな雑貨店を営んで生計を立て、一九五三年頃死亡したという。

彼ら同胞の安否をふくめて、萬栄はようやくこのあたりから具体的に事実を語ろうとしはじめている。ただ残念ながら、彼がせっかく首都に出て、一人前の自動車運転手の資格を手に入れながら、なぜ選りに選って銀行の私兵になったり、ウエルタ傀儡政権の傭兵になったのか、ならなければならなかったのか、その点については一言の説明もない。

一九一〇年のことであるが、彼は満三か年の契約期間を終えてラス・エスペランサス炭鉱を去る理由として、「此ノ地デ働ケバ、働ケルガ、而シ余リノ危険性ニ鑑ンガミ」と記している。その男が、戦場の危険は炭鉱どころではないことを知らないほど、無智であったはずはない。にもかかわらず、何があえて彼に最大の危険を選ばせたのか。

兵隊になるよりほかに食う途のない破壊と飢餓の時代であった、と生きながらえた老移民たちは説く。また、この当時、日本人の難民の捕虜の救出にあたったシカゴ駐在日本領事館の馬場称徳書記官生は、次のように語っている。

「十数年に亘《わた》るメキシコの内乱戦を通し、在留日本人で官反何れかの軍隊に参加した者の数は、かなり多数に達している。長年月内乱が続けば農工商は衰微し、正しい方法だけでは生活して行けない。従って何等かの方法で戦争に加わることになる。それに当時メキシコに渡航していた多数の日本人は、数年前には日露戦争に参加した独身の勇士が多数を占めていて、メキシコ人は日本人の武勇を高く評価していた時代であるので、不景気が襲来し、職がなくなると一時的ではあるが、軍隊に参加する者が多数あった。知能的にも日本人兵士は優れていたので、後日自称他称のヘネラル（将軍）と称せらるる者も数名あった。あの頃軍人としての日本人の評判は大したもので、官軍側からも、反軍側からも、日本人は奪い合いの状態であった。何分にもロシアと云う大国を相手にして、戦争に勝った国民であるから、その武勇が高く評価されたのは当然である。

又国際関係から云って、当時日米関係は余り良くない時代で、アメリカは日本人の入国を禁止し、且つ在米日本人に対しても侮辱的な取扱を与えていた時代である。同時にメキシコとアメリカは一八四五年の米墨戦争の結果、アメリカがメキシコの国土の過半を奪って以来、メキシコ国民は強い反米感情を抱いていたので、自然日本人に対しては、特別な親近感を持っていた。こんな訳で、日本人は革命の起る度毎に、官反両軍の双方から引張られ、或る場合には無理やりに、馬に乗せられ、前線に駆り立てられたこともあると云う。

日本の公使館としては、在留邦人は飽く迄も中立的態度を採り、何れの軍にも加担しないように指示したのは当然であるけれども、広大なメキシコの全土に散在している在留邦人のことで、日本政府の方針を各自に徹底させることは困難であったし、又生活の方便として、軍隊に加わる外途なき者を阻止することは不可能でもあった」（『日本人メキシコ移住史』）

ここであらためて想い起こされるのは、ディアス政権の末期、独裁者の退陣を要求して炭鉱労働者の大規模なストライキが繰り返されていた当時のことである。日本人労働者のみは闘争への参加を拒否し、われわれがメキシコに来たのは金を儲けるためであって、ストライキをするためではない、と主張して就労を強行することが多かった。このため、日本人はメキシコ人労働者から強い不信を買ったと伝えられるが、いままたおなじ理由によって中立を棄て、革命に銃を向ける立場を選んだ者も少なくなかったのである。哀しいことだが、山入端萬栄もその一人であろう。

沖縄出身の炭鉱移民としてはただ一人の生存者である金城福太郎翁も、同胞五人とともに「官軍」に志願して騎兵となり、日給五ペソを受けた、と語る。五ペソは少尉級の俸給であったとのこと。彼がリオ・エスコンディド炭鉱で受けていた賃金は、日に十時間から十二時間働いて一ペソ二十五センターボス程度であった。

食わんがためにみずから兵隊になるのならまだしも、失業と飢餓にあえぐ同胞を、言葉たくみにかき集めてウエルタ軍に売り込み、利鞘を稼ぐ「死の商人」もいたのである。

それにしても、もし自由な選択が許されるとすれば、「官」「反」いずれの戦列に加わるべきか、当事者にとってはもっとも大きな問題だったのではあるまいか。

「確かに大問題であった」と体験者たちは答える。「しかし、どちらを選び取るかの基準は簡単である。どちらが今度の戦闘に勝利を占めるか、それが基準とされた。勝利する側に加わると、あとがおおごとだ。勝った側の軍規は厳しい。厳しくしなければ、たちまち民衆の信頼を失う。失えば背かれる。心の安まるひまがない。その点、なんといっても気楽なのは、負けて逃げる側だ。掠奪暴行、勝手次第で、こんな自由はない。要は負ける公算の強いほうに加わることだ」

そんな放埒な戦術を身につけたのも、しょせん、無責任な出稼型外人兵であったからにほかなるまい。

山入端萬栄の場合、果たしてどのような信条、どのような利害によって、ウエルタ軍を選んだのか、それともあくどい同胞の「死の商人」に操られて悪魔に身を売ったのか、いまは知るすべもない。彼の階級も俸給額もわからない。また、いつ、どのようなコースを経て、どこの戦場で闘ったのか、敗残後はどのようなコースを辿って首都へ逃げのびたのか、それも確かめようがない。

ただきわめておおざっぱに限るとすれば、彼がビリャ軍阻止のため北方戦線に派兵されていたのは、早くても一九一三年春から、遅くても一九一四年春までの期間であり、戦場はビリャを義賊として育んだチワワ州からコアウイラ州の西南地域にかけてであろう。

なぜなら、裏切者オロスコ討伐戦においてウエルタの陰謀にかかり、マデーロによってサンティアゴ・トラテロルコ監獄に投じられたフランシスコ・ビリャが、軍法会議の若い書記官の援助によって脱獄し、アメリカ合州国へ亡命したのは、一九一二年十二月二十六日であり、彼が折しも潜行中のテキサス州エル・パソにおいてウエルタのクーデターとマデーロの死を知って、急遽七人の部下とともにリオ・グランデを渡河して故郷チワワに駒を進めたのは一九一三年三月六日、以後破竹の勢をもって州内からウエルタ軍を一掃し、州都チワワに司令部を打ち建てたのが一九一四年一月、それよりわずか三か月後の四月三日には、コアウイラ州西南部の要衝トレオンを占拠しているからである。

この間におけるビリャ軍の英雄的な闘いの経過は、ジョン・リードが『反乱するメキシコ』にいきいきと描いている。ここで繰り返す必要はあるまい。

萬栄たち「五十人位ノ同胞兵隊」が、そのいずれかの戦闘に参加し、あえなく「惨残無残」の敗北を喫したことはまちがいない。

二

『日本人メキシコ移住史』によれば、シカゴ駐在日本領事館の馬場書記官生が、官命によって国境の町エル・パソに到着したのは、一九一四年一月六日である。その目的は、ビリャ軍とウエルタ軍が激烈な攻防戦を繰りひろげるチワワ、ソノラ、コアウイラなど、メキシコの北部三州に密集する日本人の保護と救出にあった。

本来、彼らの保護にあたるべきは、メキシコ駐在日本公使館である。しかし、当時これら北辺の三州は戦乱のために交通を絶たれ、首都を含めて国内からの連絡は完全に杜絶していた。やむなく日本政府はメキシコ駐在公使安達峰一郎とアメリカ駐在大使珍田捨己に計り、スペイン語に堪能な馬場書記官生（当時三十一歳）を派遣することになったのである。

彼に対する安達公使からの訓令は、あらまし次のような趣旨であった。

「貴官は反軍の首領ヴィヤに面会し、日本人の保護を依頼される場合には、貴官が政府を代表する官吏として交渉することは、道理上不当であるばかりではなく、徒《いたず》らに、その権力を認めたることとなり、益々の狂暴を逞《たくま》しくさせる結果となるから、厳にこれを避けねばならない。就ては貴官は日本政府の官吏たるの資格を離れ、人道的見地に基づいて交渉を行なわれ、如何なる場合に於ても日本政府に累を及ぼすことのなきよう注意せられたい」

つづいて次のような趣旨の訓令も受ける。

「メキシコ国民が日本や日本人に対し好意を有することは、官反両軍を通しての一般的傾向であり、反軍のヴィヤ及びその部下と雖も例外ではあるまい。万一彼等が日本人に徒らに危害を加えるようなことがあれば、惹いては日本に於ける彼等の信用を失墜することともなり、結局彼等自身のため不利となるべきにつき、貴官はチワワ市滞在中適当な方法をもって、ヴィヤ軍側にこの道理を理解させるよう努力せられ度い」

後年、馬場は安達を評して「官僚のタイプで、えばっていやがる」といい、自分は彼に「だまされて、やった」と告白しているが、安達の訓令はまさに火中の栗を拾わせるような無理難題であった。

安達公使はここでもやはりメキシコ国民の日本と日本人に対する「好意」を強調し、その「好意」を充分に利用するよう、訓している。

確かにビリャ軍の支配する北方諸州においても、当初日本人に対する信頼感は強かったといわれる。ビリャの軍隊がコアウイラ州の炭鉱を攻略した際、若い娘を持つメキシコ人の親たちは、兵士たちによる暴行を恐れて日本人坑夫に保護を依頼し、日本人坑夫は宿舎の床下に穴を掘って娘たちを隠したが、ビリャの兵士たちは「かくまっていない」という日本人の言葉だけはすなおに信じ、けっして踏みこむことはしなかった、と生残りの移民たちは語っている。

しかし、日本政府がスペインその他の諸国と歩調を合わせ、いち速くウエルタ政権を承認したことは、革命軍諸派の日本に対する不信をつのらせた。「憲政軍のヴィヤ将軍がチワワ州を占領した時、六〇〇名に達する州内のスペイン人有力者を逮捕して、その財産を没収し、身柄をシウダッド・ファレスに護送監禁したのも、ウエルタ政府の承認に関係があるが、同様な立場に在った日本人に対しても、ヴィヤほか憲政軍の態度は当初著しく警戒的であって、スペイン人放逐の際、日本人も近く同様な運命に陥るべし、などとの風説が立ったのもこのためである」（『日本人メキシコ移住史』）

反革命政権の承認に次いで、三井物産によるウエルタ軍への武器売込みが、さらに革命軍の日本に対する不信の火に油を注ぐ。「日本政府のウエルタ承認問題、及び日本の革命軍に対する態度は、憲政軍側からは、常に大きな関心をもって見られていたが、偶々《たまたま》革命戦争中、前駐米大使のデ・ラ・バラが、ウエルタ政府から親善使節として日本に派遣されて来たので、これもまた憲政軍側から、大きな猜疑心をもって見られた」と『日本人メキシコ移住史』は述べているが、この「親善使節」こそ、じつは「武器受取り使節」にほかならなかったのである。

その黒い取引きの経過を、同移住史で吉田俊二は次のように証言している。

「一九一三年の中頃にメキシコ都で三井物産と連絡があった小野寺某氏が、当時のメキシコ政府へ日本の小銃一〇万丁の売込みに成功した事がありました。其の契約書にはニューヨークの三井物産の責任者が出張して署名したと言う話を、後で日本へ其の武器を受取りに来たメキシコ側の一将軍から聞かされました」

ウエルタ政権はこの極秘裡の武器受取り方法を種々考慮の末、一九一〇年九月にポルフィリオ・ディアス政権のおこなったメキシコ独立百年祭にあたって、祝賀特使として駐米大使内田康哉や海軍練習艦隊を派遣した日本政府への答礼使節という名目を作り、フェリス・ディアス将軍を送ることにした。しかし日本側がこの人選に難色を示したため、同将軍に代ってフランス駐在大使レオン・デ・ラ・バラが特使となり、書記官三名、陸軍大将一名、同中将一名、同少将陸軍技師一名以下三名の士官と一名の士官学校生が、附属武官という名の兵器技術者として随行した。一行が宮中で大正天皇と皇后に謝意を表したのは、一九一三年十二月二十五日である。

「死の商人」三井物産の手を経て第一回分の積荷がメキシコへ送り出されたのは、一九一四年の五月頃であり、その品は中古三八式歩兵銃一万丁か一万五千丁であったといわれるが、その到着を待たずにウエルタの政権は崩壊し、七月十五日にウエルタは大統領の座を去ってヨーロッパへ亡命した。

「其の当時のウエルタ政権はアメリカ政権との間に種々な問題が起っていて円満ではなかったので、此の荷物は北米ロスで積替えの時にアメリカ官憲から差押えられてしまいました。其の後アメリカ政府がカランサ政権を承認（一九一五年十月十九日）し、一九一六年の末頃にメキシコ政府へ渡されたと思います。私がカランサ軍へ投じ、モレロス州でサパタ軍と交戦していた時分には、よく日本銃を見かけたものです」

こう吉田俊二は語っている。

このようなウエルタ政権に対する日本政府の肩入ればかりではない。ある日本人によるビリャ毒殺未遂事件も、ビリャ軍の兵士たちの激しい敵意と警戒心をかき立てている。

「例の有名なビリャ将軍の料理人城氏が北米より大金を貰って将軍の暗殺を計り、食物に毒を盛って北へ逃走したことが発覚して将軍が激怒し、彼の農場にいた三名の日本人を銃殺して穴の中にほうり込み、さらに日本人に対する風当たりが荒くなったので、私は恐怖のあまりチワワ市に隠れてしまった」

と、この恐怖すべき事件を語っているのは、一九〇六年に第二琴平丸移民としてコリマ鉄道建設工事に送られた栃原権（熊本県人・一八八二年生）である。彼はこの事件当時、ビリャ軍の兵士として従軍し、「大いに武勲を立て」ていたという。

もう一人、『日本人メキシコ移住史』にサパータ討伐従軍記を談話として収録されている小野清長も、その談話の中でこの毒殺未遂事件にふれ、「城のことについて、ジョーはビリャのコックをしていたんだ。ビリャのコックをしていて、誰かに買収されて毒を盛ってビリャを毒殺しようとして、こわくなって逃げたんだ。それでこいつはあやしいと云うので、そのコーヒーも飲まなかったし、捕まったんだ。だけど何とか逃げのびて……」と述べている。

馬場書記官生が単身エル・パソに赴いたのは、じつにこのような暗い険しい対日感情の風浪が、荒寥たるリオ・グランデの岸辺を浸している時期であった。

「日本人の事情を調べ、また必要の場合にはその保護策を講ずると云うことになれば、在留地メキシコ官憲の了解と協力を求めることが先決問題であるにも拘わらず、この官憲は日本には寧ろ反対的な反政府軍であったので、私は任務の遂行上極めて困難な立場にあった」

彼がこう矛盾に悩まされているのも、当然のなりゆきであったろう。加えてアメリカ合州国の人種差別の壁が、彼の仕事を決定的に妨害している。

「エル・パソでもイーグル・パスでも同様であったが、日本人と支那人とは米国の国境移民局により、非人道的な残酷な差別取扱を受けた」と馬場はいう。「反軍が侵入して来ると一般市民は、掠奪や暴行を恐れて、我先に国境の橋に向かって集中し、米国領内に避難した。在留日本人もこの群集に加わり、米国領内に避難しようとした。処が米国の移民官は国境橋の上で、群集の中から日本人と支那人とは特別に摘み出し、移民法で入国の禁止してある国民であるからと云って、避難を認めなかった」のである。彼ら難民の大部分は、メキシコに移住してまだ日の浅い裸の労働者である。その日のパンを買うことのできない者も多かった。ただ一つの救いは、彼らが比較的年の若い独身者か、妻子を日本に残してきた単身者であることだった。

馬場書記官生の到着当時、エル・パソの対岸シウダ・ホアレスには、五十五名の日本人がマデーラ方面や州都チワワから流れ込んでいた。またチワワ市には一三八名が残留していた。残留者の多くは、避難に必要な旅費のないひとびとであった。

馬場書記官生はシウダ・ホアレスの日本人会と協議の結果、彼ら路頭に迷う邦人難民を棉花耕地の労働者として、太平洋岸のバハ・カリフォルニア州のカレキシコ地域へ送ることにした。問題はその旅費とアメリカ合州国領内を汽車で通過しなければならないことである。その困難な障害の解決をみて、ようやく一〇九名の難民がカレキシコに移住したのは、ほぼ三か月後の三月下旬である。

もちろんこれで馬場書記官生の仕事が完了したわけではない。難民救済よりも「更に緊急なことは、ヴィヤ軍によって捕えられている官軍即ちウエルタ軍捕虜の中には、数名の日本人も加わっていたので、之等の者の生命を保護することであった」と彼はいう。そのころ耳にした捕虜の集団虐殺事件として、彼はこんな話もしている。

「同じ頃日本人兵隊の三人組が、遭難したと云うことを耳にした。よく調べて見たら、ヴィヤ軍がウエルタ軍の一部隊二百数十名を捕虜にして、チワワからファレスの方に向かって護送中であったが、途中捕虜の一部が脱走を企てたので、護送の任に当っていた士官は事面倒と思ったのか、汽車がトンネル通過中、突然停車を命じ、トンネルの出入口には機関銃を据付けて脱走兵に備え、捕虜を満載している列車に火を放って焼き払ってしまった。この時二百数十名の捕虜は全員トンネルの中で蒸し焼きにされてしまった。この捕虜の中には畑、藤田及び某と云う三人の日本人もいたと云う話であったので、ヴィヤ軍に協力していた一日本人に頼んで調べて貰ったら、黒焼きの死骸の中から日本製の懐中時計が発見されたので、恐らく日本人も遭難したに違いなかろうと云うことが判った」

もはやこれ以上一刻の猶予も許されないと判断した馬場は、ついにビリャ将軍への直訴を決意し、チワワ市の司令部に乗り込む。最初ビリャは秘書を通じて面会を拒否した。その理由は、馬場が日本政府を代表する外交官としての正式の信任状を所持していないことによる。馬場は、「資格は個人としてであるが、私は君たちの友人《アミーゴ》であり、君たちの革命の成功を祝福する者である」旨を、重ねて取りつがせた。すると思いのほか簡単に会見を認めてくれ、日本人捕虜の釈放を約束した。また、彼の占領地域における通行の安全を保証するために、自署の通行証を馬場に給付した。「会って見ると案外ものわかりのよい人物であった」というのが、初めてビリャ将軍に会った馬場の印象である。

チワワ州における至難の任務を果たした馬場書記官生は、帰途ソノラ州のノガーレスに立ち寄って在留邦人の無事を確認のうえ、ひとまずシカゴに戻ったが、五月にはふたたび南下してグランデ河畔のイーグル・パスに赴く。コアウイラ州における邦人難民の保護救済が急がれたからである。

この広漠たる半砂漠地帯の支配権争奪の戦いは、まずカランサ将軍の率いるコンスティトゥシオナリスタ（護憲派）の軍隊とウエルタ政府軍との間で闘われた。

カランサは、悲劇の大統領マデーロとおなじくコアウイラ州の大地主の出身であり、一九一三年三月に「グワダルーペ宣言」を発して護憲派軍を創設し、みずから「護憲派軍第一統領」を名乗った。この名称は、非合法手段をもって大統領の座を簒奪したウエルタの権威を否定し、大統領は憲法の定める選挙によって選ばれるべきだという、カランサの主張にもとづく。

「グワダルーペ宣言」が土地改革問題を無視していることを不満として、サパータはまっこうからカランサの指導権を否定した。しかし、亡きマデーロへの人間的な敬愛の情を捨てきれないビリャは、カランサと同盟してその戦闘主力となり、チワワからコアウイラへ兵を進めた。

馬場書記官生がイーグル・パスに到着したのは、その対岸のポリフィリオ・ディアス市（現在のピエドラス・ネグラス）をビリャ軍が占領してから二十五日後の五月十六日である。当時のコアウイラ在留邦人の動静を、彼はおよそ次のように報告している。

「ポルフィリオ・ディアス市を中心とし、その附近には約一五〇名の邦人が在留している。市内に在住する者八〇名の内、その半数の四〇名は今回の動乱勃発以来失職し、目下糊口に窮している状態である。これ等の者は同胞中の多少でも貯蓄ある者から、毎日墨貨五〇セン（米貨一〇セント）内外の補助を受けて辛うじて糊口を凌いでいる。失職の原因は、客月（一九一四年四月）二十一日憲政軍が、官軍即ちウエルタ軍を市の内外から追払い全市を占領し、市内の商工業は全機能を停止したがためである。ヴィヤ将軍配下の憲政軍が入城したがために、従来ウエルタ軍の手によって運営されていた鉄工場が先ず閉鎖し、これが経営に当っていた軍人や官吏の大部分は、家族同伴で米国領内に遁避した。同時にこの鉄工場と取引関係を持っていた商人や農業関係者達の業務も、亦一斉に停止してしまった。これがため、公私工場や商店に働いていた日本人もまた失職に陥った。憲政軍が入市したときには、市内は非常な混乱に陥り、市民は憲政軍兵士の手による暴行掠奪を惧れ、内外人の区別なく殆んど全市民が一時米国領に避難し、残留者は支那人と日本人のみであったと云う。然し憲政軍は案外規律正しく、怖れられていた暴行も見られなかったので、数日後には市民の多数は自宅に復帰し、市民生活も徐々に再開された。取残された日本人在留者が、如何に恐怖心に駆られていたかは、察するに余りあるものがあるが、彼等は終始冷静を失わず、常に中立的態度をもって官反両軍に接したがために、多数の犠牲者を生ずるに至らなかった。日本人中今回の戦闘のため、モンクローバ町及びアエンデ町方面に於て、戦死者四名、負傷者六名あったと噂されているが、その真偽は明らかでない。これ等の人達は地方の在留者ではなく、予《かね》て官軍や反軍に加わり、その一部として戦闘に従事していた者ではないかと想像される。戦死の事実や、死傷者の姓名等は全然知る由もない。

今後の一般情勢に関し、先にヴィヤ軍がチワワ市を占領した時の例に徴し、市民生活の秩序の回復に努力するものと思料され、早晩商工業も復活するものと思われる。在留邦人の再就職については、当市内及び近傍に於ては当分見込が立たず、七、八十キロメートル離れた地方では、農園就職の可能性があると云われているけれども、予《あらかじ》め現地に赴いて下検分しなければ、その能否は予測出来ない。最後にムスキス地方にも若干の日本人がいる趣であるけれども、目下同地方とは交通が全然杜絶し、情報入手の方法がない」

なおこの当時、ポルフィリオ・ディアス市とその周辺以外に比較的多数の日本人が集中していたのは、パラウ炭鉱の二百名、ロシータ炭鉱の十五名、及びこれらの近隣町村部のおよそ五十名であった。

彼らの多くは戦火の拡大にともなって糊口の途を軍隊に求めたがため、「官反両軍」にそれぞれ身を投じた日本人の数は、コアウイラ州内だけで百三十名近くにのぼったと記録されている。「官軍兵」山入端萬栄がたまたま前線で邂逅した炭鉱の旧友比嘉太吉たち約五十名の兵士たちも、彼らのなかの一群であったのだろう。

「これは固より生活の方便として個人的に利用したに過ぎず、それ以外には何等特別な意義があったわけではないが、敵軍側の誤解を招いた例もある」として、『日本人メキシコ移住史』は一つの秘話を語る。

「たまたまウエルタ軍に従軍していた日本人十数名は、ウエルタ軍がヴィヤ軍との交戦で敗北したため、他のメキシコ兵と共にポルフィリオ・ディアス町の民家に隠れていた。この事が地方新聞によって摘発され、危うくヴィヤ軍により逮捕されようとした。幸いにしてヴィヤ軍の有力者ムギア将軍は、日本人に厚意を有している人物であったので、これ等日本人捕虜を処刑するに忍びず、助命して密《ひそ》かに逃亡させたと云う」と。

馬場書記官生がイーグル・パスに着いたころ、ポルフィリオ・ディアス市の治安は回復に向かいつつあった。しかし、日本人難民の飢餓は依然深刻であった。馬場はこれを救うためにワシントン駐在日本大使館あて電報を打ち、アメリカ合州国への一時的入国か、または食料費の支給かを要請した。が、幾度打電しても、回答はなしのつぶてであった。

やむなく「私は朝早く自分の宿舎のイーグル・パスのホテルを抜け出し、途中パンや果物や砂糖をどっさり買って、これを抱えてメキシコ領に入っていたが、公園の隅には十数名の日本人が集まり、私の来るのを待っていた。大使館からは未だ電報は来ないのか、日本政府は助けてくれないのか、と質問攻めにされていた。こんな状態が十数日続いたが、幸いにしてヴィヤ軍の手による秩序の回復は案外急速に行なわれたので、日本人の失職者も徐々に以前働いていた炭坑地方に帰って行った」と馬場は述べている。

彼はイーグル・パス滞在一か月余りでシカゴへ引き返した。しかし日本政府はなお暫く在留邦人の保護を継続する必要を認め、馬場の後任として伊藤書記官生を東京より送り込み、六月十七日エル・パソにおいて事務の引き継ぎをおこなわせた。

馬場書記官生の後日談によれば、彼はこの間の功績によって叙勲を予定されたが、安達公使の勘気にふれて取り消しになったとのこと。その原因は、護憲派の新聞が彼とビリャ将軍との会談を正式会談として報道したことや、公使館警備のため急派された巡洋艦出雲《いずも》の士官候補生らが北方戦線を視察した際、両者会談のいきさつを聞き、これを誇大に安達公使に伝えたことによるといわれる。

三

山入端萬栄がいのちからがら首府に逃げ戻ったのは、おそらく、彼が青春の三年有余を送ったコアウイラの炭鉱地帯を、ビリャの軍勢が席巻しつつあったころであろう。

「早速大蔵省エ給料取リニ行ッタ」が、「其ノ当時、政府ニ於イテ到ル所デ敗戦又敗戦ノミデ、当局デ給料モ思ッタ通リ払ワズ、一時困ッタノダ。当時私モ別ニ仕事ナク、遊ビ居タ」と彼は記している。

もちろん、遊んで食える時代ではない。戦乱のためにトウモロコシの入荷を絶たれた首都の市民は、いのちがけの買い出しで手に入れたわずかのトウモロコシにその荒い麬《ふすま》をまぜて、辛くも餓えをしのいでいた。萬栄も飢餓の恐怖からの脱出口をふたたびウエルタ軍に求めるほかはなかったのであろう。わずか三か月前に初めて志願した機械化部隊の営門を、またもやくぐっている。おなじ沖縄出身の友人、伊波亀とともに。

しかし、二人が訪ねた兵営には、一人の人影もなかった。見えるのは、「部隊員募集中止」の貼紙だけであった。

萬栄と亀がすごすごと引き返して営門をでようとすると、そこに二人の紳士が立っていた。その一人が萬栄らを呼びとめ、「営内に誰かいるか」と問う。萬栄は、「われわれもいま入隊したいと思ってきた者であるが、中には誰もいなかった」と答えた。

するとその紳士は、「わしは少将《ヘネラル》ロハスである」と名乗り、「じつはこれから首都を出発するところである。車の運転手が二名ほしい。もしきみたちが運転できるなら、今晩ともに出発してくれないか」と尋ねた。

「彼ノロハス将軍ワ、新聞紙上デ見テ知ッテ居ル、有名ナ将軍ダ。現政府下デ二三ヲ数エル勇武ナ将軍デ、国内ニ於イテ名高イ。初面会ノ時平服デシタカラ、何ニモ彼ダト知ラナカッタ」

こう萬栄は驚きを語っている。捨てる神あれば拾う神ありとばかりに両人は大喜びし、早速その夜ロハス将軍とともに首都を発って北上、サン・ルイス・ポトシ州へ向かう。州都まではおよそ四二〇キロメートル。一行の到着は翌朝未明である。

「サン・ルイス市着ケバ、極ク静カナ市ダ。戦乱中ニモ拘ワラズ、平和ヲ思ワシメタ」というのが、萬栄の第一印象である。日本の奈良を想わしめる狭い街路と多くの寺院に抱かれた、この州都の静寂は、戦塵に荒んだ若い異邦人の心にも、たまゆらのやすらぎをよみがえらせたのであろう。

この美しいタイル張りのオルゴールのような都こそは、四年前にマデーロが独裁者ディアス打倒の一斉蜂起を呼びかけた「サン・ルイス・ポトシ計画」ゆかりの地として、その名を遺す聖地である。ディアスは政敵マデーロをここに幽閉し、マデーロはその獄中でディアス打倒構想を練った。そしていま、ここに首都防衛の司令部を設けて、みずから三軍の指揮にあたっているのは、一年前にマデーロ大統領を殺した梟雄ウエルタである。その凄愴な歴史のうねりを、萬栄は知ってか知らずか。

萬栄の記憶によれば、サン・ルイス・ポトシに駐屯するロハス旅団の戦力は、将兵合わせて約八百名であったという。あまりにも規模がちいさすぎるが、死傷兵や逃亡兵の続出がもたらした消耗かもしれない。

萬栄はここでロハス将軍の運転手を、友人の伊波亀は荷物運搬係を命じられるが、彼らのサン・ルイス滞在は、わずか十日前後の短期間にすぎなかった。ロハスの部隊は友軍の防衛戦を援護するため、急遽サカテカス州へ出動させられたからである。

サカテカス州の首都サカテカスは、サン・ルイス・ポトシの西北およそ一九〇キロメートルのシエラ・マドレ山麓に位置し、古くから豊富な銀の産出をもって栄えた都として知られる。

一九一四年四月三日にコアウイラ州西南端の要衝トレオンを屠ったフランシスコ・ビリャの北部軍団が、この天然の要害を誇る黄金の都に矛先を向けたのは、二か月後の六月である。当時すでにビリャと第一統領カランサとの同盟は破局に瀕していた。それは避けがたい革命の法則であったといわれる。

「廉直な生活を送り、高い理想を抱いた男。支配者スペイン人の血をひく貴族。先祖代々変ることなき大地主。フランス革命における貴族ラファイエットと同じく、自由のための闘いにその精魂を傾けたメキシコ貴族の一人」とジョン・リードが書いたこのコアウイラの第一統領は、チワワの無知な農奴《ペオン》の小伜として生まれ、人殺しと盗賊の罪名を負いながら、もう一度リードの言葉を借れば「野蛮人のような純真無垢な単純さで、二〇世紀の世界と相対することとなった」天才的なゲリラ戦士によって、共和国首都が落とされることを好まなかった。

また、老練な政治家である第一統領は、彼の唱える「革命の勝利後、民主的手続によって」という主義に背いて、ビリャが勝手に大地主の土地財産を接収したり、農民に土地を分配したりすることを、激しく憎悪してやまなかった。

それゆえ、カランサは、終始ビリャのサカテカス攻略計画を妨害した。なぜなら、サカテカスは北部軍団の首都攻撃を阻むウエルタ軍の最後の砦であり、その陥落はとりもなおさず首都そのものの陥落を意味する、天下分け目の「天王山」だからである。首都入城の先陣を貧しいペオンたちの群れに奪われることは、次期大統領の権力を狙う立憲派第一統領にとっては、無上の屈辱と考えられた。

しかし、チワワの「悪党」が敢然とコアウイラの貴族の命令に背く日が、ついにおとずれたのである。

「その事件は、われわれの首都（サカテカス市）を、栄光の叙事詩とともに、ウエルタ主義の墓《ラ・トウンバ・デル・ウエルティスモ》としたのだ」

このような高らかな言葉で〈革命下のサカテカス〉を書き起こしている『サカテカス史要』（エミリオ・ロドリゲス・フローレス編著）によって、まずは暫くその凄絶な攻防戦の叙事詩を辿ってみよう。

一九一四年六月十七日、サン・ルイス・ポトシの駅の中でのことだった、とウエルタ軍のアントニオ・G・オレア将軍はいう。アランダレという名のプルマン車輌で休んでいた将軍は、突然ホアキン・マス師団長に起こされた。マス師団長は、フランシスコ・ビリャにひきいられる北部軍がその全軍をあげてサカテカスの砦に攻撃をかけてきそうな情況にあると報告し、これを撃退するため、ただちに七千名の兵団を編成すべし、というウエルタ大統領の命令を伝えた。

オレア将軍は語る。「私は迷わず、喜んで承諾した。なぜなら、私はいつも、訓練された、強力な軍を相手に戦うことを願っていたからだ」と。

しかし、彼がやっと集めることができたのは、兵一千八百名、七五ミリ砲四門、弾丸五百発、モーゼル銃と機関銃の薬莢九万個だけであった。しかもその部隊を任せられる指揮官さえいなかった。この間、陸軍省からの命令のみは頻りで、ただちに出動せよ、道は自由に選べ、燃料を欠かすな、といったり、ほかの部隊を加わらせようとしたりなど、混乱と動揺にみちていた。

六月十八日午後六時までにサン・ルイス・ポトシを発ったオレア将軍の救援部隊は、イラプアト、アグアス・カリエンテスを経由して、サカテカスへと向かう。しかし、彼らを搭載した軍用列車は燃料の欠乏のため、途中いたずらに長時間の立往生をしなければならなかった。

サン・ルイス・ポトシからアグアス・カリエンテスまでわずか一七〇キロメートルの距離であるが、イラプアトでの燃料補給に手間どったため、じつに二十五時間を費やしている。アグアス・カリエンテスでも燃料は底をついていた。オレア将軍の兵士たちは、徹夜で薪を切らなければならなかった。駅には、サカテカスから首都メキシコへ向かう列車が停まっていた。その中には、おびただしい数の負傷兵が積まれていた。

オレアの軍隊がようやくサカテカスに到着したのは、六月二十日の午後七時である。彼らの到着を待ちかねていたサカテカス防衛軍の総司令官メディナ・バロン将軍は、その兵員と武器弾薬の数量を知ると、あまりにも貧弱にすぎて戦力の増強にならない、といって悲観した。バロン将軍の部隊はカランサの部下パンフィロ・ナタラの軍隊との戦闘で多数の死傷者を出したため、砦の兵力は六千名しかなかったのである。

バロン総司令官は戦況の説明を終えると、今後の作戦計画についてオレア将軍の意見を求めた。オレアは率直に、サカテカスの砦は守りがたいと判断されるので、思い切って市の東南方十二キロメートル地点のカニョン・デ・パルミラまで後退したほうが賢明である、と進言した。砦の守備は兵員の数が多くて初めて効果があることを、彼は知っていたからである。

包囲するビリャの軍勢が二万であるのに対し、サカテカスを守る六つの丘陵に設けられた砦の兵力は、非正規軍を含めても一万二千名にすぎなかった。このままでは落城は避けられない。オレアはそう思って、忌憚なく作戦計画の変更を主張した。

しかし、バロン将軍は、それは不可能である、と答えて一通の電報をオレア将軍に示した。陸軍省からの命令であり、「貴官はビリャ本人とビリャの北部軍を絶滅させる役割を負う。このために師団長に昇進させる。これはすべての指揮官を統率するものであり、貴官はいかなる犠牲を払おうとも砦を死守すべし」と記されていた。

サン・ルイス・ポトシから送り込まれたウエルタ軍の増援部隊を歓迎するかのように、ビリャ軍の攻撃はますます激烈となった。この夜十一時、短い休息をとるため、州政庁に置かれた総司令部から駅構内の寝台車に戻ったオレア将軍が発見したのは、構内をえぐる無数の砲弾の穴と、無残に撃ち抜かれた寝台車の残骸であった。北部軍はすでに州都の南関グアダルーペ一帯を制していた。

明ければ六月二十一日。午前十一時ごろには、北方の平原もまた、雲のように湧くビリャ軍で埋まった。彼らはその進路を阻むすべてのウエルタ軍陣地をなぎ倒しつつ、駅方面への攻撃を強めた。停車場守備隊は、プラットホームに上り、汽車の上を這いまわりながら、防戦に努めた。

果たすべき命令も受けなければ、指揮すべき部隊も与えられないまま、州都西陵のエル・グリジョ砦の守りについていたオレア将軍は、友軍の防衛戦を援護するため、五門の中の三門の砲口を、急いで北から南へと向け変えさせた。

エル・グリジョの戦力は、ラミレス大佐のひきいる四百名の将兵と五門の砲であった。

サカテカス市街を挟んで東陵のラ・ブファ砦と向かい合うこの砦の兵士たちは、ウエルタ軍のなかでも最精鋭であり、火砲もまた、オレア将軍が運んだ七五ミリ砲四門より高性能と認められた。

その三門の砲とラ・ブファの三門の砲は終日とどろきつづけて、ようやく南方よりのビリャ軍を食いとめた。戦闘が終わったとき、すでに日は暮れていた。

「闘いが終わって駅のほうへ下った。そこにはたくさんの死傷兵がいた。あまりにその数が多いので、全員を病院に収容するのは困難なほどであった」とオレア将軍は述べている。

六月二十二日払暁、ふたたびビリャ軍の猛攻が開始された。その凄まじい砲撃の模様を、オレア将軍は次のように語る。

「敵の砲弾の中、その三分の一ほどが、わが軍の陣地に落下した。距離も知られたのだ。われわれは、われわれ自身がいま闘っている敵に対して、よくもこうまで正確に狙いを定められるものだと感激し、賞賛した」と。

オレア将軍は、また、冷静にこう判断した。

「フランシスコ・ビリャ将軍指揮下の北部軍は、ウエルタ派の将軍に勝利する偉大なサカテカスの闘いのクライマックスを迎えているのだ」と。

彼が予測し、恐れてやまなかった事態が、いまや目前に迫っている。あとはただ「規律正しく勇気溢れた、その永きにわたる存在を、金のホックで閉じること」、つまり有終の美を飾ることだけであった。

六月二十三日、その夜明けも、オレア将軍はエル・グリジョとラ・ブファ砦の間断ない砲声で目を覚ます。サンタ・クララのアルグメド将軍の砦を始め、ウエルタ軍の要塞は次々に落とされた。やがてラ・シェルペ砦も。

「十二時半、ラ・シェルペの丘の頂上に三色旗がはためいていた。そしてわれわれの守備位置（エル・グリジョ）に向けて撤退する八十人ほどの兵士が見えた。私はすぐにわが軍の砲兵にラ・シェルペを砲撃するように命じた。しかし、そのすぐ後、弾薬がすべて尽きたという報告を受けた。弾薬を持たない砲兵隊など、価値はない。私は彼らに、市の中央に降りて来るよう、車で駅へ向かいながら命令した。駅でも残忍な闘いがおこなわれていた」

「わが軍の生き残った兵士は、私とともに駅へ行った。そこはすでに攻撃して来た北部軍の兵士が、まさに入ろうとするところだった。ここで多数のわが軍兵士と負傷者とを見た」

オレア将軍は、運命の刻の到来を、このように語っているが、やがてこのうえなく非情な光景を目にしなければならなかった。午後一時半であった、と彼はいう。

アロティア将軍がラ・ブファ砦を指でさし示しながら、オレア将軍に向かって、

「ご覧なさい将軍《ミレ・ミ・ヘネラル》。総司令官が去ってゆかれます……」

それは信じがたい言葉であったが、疑うべくもない現実であった。ラ・ブファの方向に、歩兵部隊が行進しているのが見えた。小道を通っているのは、アルグメドの騎兵隊であった。彼らは竜騎兵をひきいており、そのうしろには、砦に残っていた最後の一団がつづいていた。

オレア将軍はただちに副官とともにパッカードに乗り、彼らの集結地点へ急行した。そして、総司令官ルイス・メディナ・バロンの前に進みでて尋ねた。

「どこへ行かれるのですか将軍《ア・ドンデ・ヴァー・ミ・ヘネラル》」

「ア・グアダルーペ」

総司令官の答えは、その一言だけだった。

「それではわが軍の砦に置き去りにされた者たちは、お見捨てになるつもりですか。ノー　ヘネラル！　グアダルーペにいってはなりません。これから最後の努力をつくしてみましょう。駅にゆきましょう。将軍と騎兵隊は敵を包囲し、私は歩兵隊をつれて砦の守りを固めることにしましょう」

オレア将軍の誠実で沈着な態度と不屈の忠誠心は、総司令官をみじめな敗北感から立ちなおらせた。バロン将軍はオレアの意見を修正することなく全面的に受け入れ、バンザイと叫びながら、政庁に向かって馬を全速力で飛ばした。そのうしろに、三百名の騎兵隊が従った。そのなかには、アルグメド・ロス・サントス将軍とロハス将軍がいた。

ふたたび駅前の広場に戻ったオレア将軍の目に映る光景を、彼はこう書いている。

「そこはひどく混雑しており、ビリャ軍に攻撃されてそれぞれの要塞を追われた六〇〇名あまりの兵士がひしめいていた。その多くは屋根の上や街路に坐っていた。彼らは多くの死者を出した恐ろしい砲火の中をかいくぐって来たのだった。いかに努力しても、これ以上、敵に対抗して闘うことはむりだった。あらゆる面でパニックに陥り、追いつめられていた。絶望のどん底にいた。すべての者たちにとって最後の頼みの綱だったラ・ブファへ行く途中、狭い路や坂から転落したりする者もあった」

すべての退路を遮断され、袋の鼠のように逃げまどい、あがきまわった末、ついに「われわれはグアダルーペへ逃げた」とオレア将軍はいう。人数はバロン将軍以下およそ八百名。時刻は六月二十三日の午後七時半ごろであった。

敗走のウエルタ軍がグアダルーペの長い細い通りに入ったとたん、ビリャ軍が家々の屋根と丘から一斉射撃を浴びせ、またしても多くの血が流された。

悪夢のような苦難と恐怖の煉獄をくぐり、ようやくアグアス・カリエンテスまで逃げのびたアントニオ・G・オレア将軍は、参謀本部への戦闘詳報にこう記した。

「サカテカスの砦は血と砲火を浴び、すべての守備兵を殲滅されて、敵の手に落ちた」

「一九一四年六月二十五日、本隊を見失っていた二〇〇名の兵が合流した。その中には私の息子のアントニオもいた」

その日、オレア将軍からウエルタ大統領に宛てられた暗号電報の内容は次のとおり。

「同志《エルマーノ》よ、少なくとも二万名の兵を送ってくれなければ、敵の南下を阻止することは困難だと思う」

折返し返電が届いた。

「大統領官邸《パラシオ・ナシオナル》発一九一四年六月二十六日――アントニオ・G・オレア将軍へ。昨日の貴下の暗号情報は了解。ガルシア・イダルゴ将軍とともに〝1《ヌーメロ・ウノ》〟に注意すべし」〔解読文〕「敵大軍の到着前にアグアス・カリエンテスより北方の道路を破壊すべし。余もそれまでにそこへ赴く。ビクトリアーノ・ウエルタ」

四

ギリシャ神話のケンタウロスのように、いつも愛馬にうちまたがっているところから、「北のケンタウロス《ケンタウロ・デル・ノルテ》」とも呼ばれたフランシスコ・ビリャと彼の軍隊によって、難攻不落を誇ったサカテカスがついに「ウエルタ主義の墓」と化す日。その断末魔の刻を、山入端萬栄もまた、ロハス将軍との運命的な出合いにたぐられ、救援部隊の一兵士としてかいくぐっている。

その無名の若い外人兵の従軍記を、ウエルタ軍の最後を飾った偉大な将軍の戦記とかさね合わせて読むのも、あながち無益な試みではなかろう。その輝かしい金メダル組のエリートコースを歩いた将軍たちを頭とし、餓えてパンを求めて営門をくぐった元炭鉱移民兵たちをその足として、ウエルタ軍は闘い、そしてビリャの軍門に降ったのである。

萬栄もオレア将軍のひきいる部隊の一員として、サカテカスへ送られたのであろうか。もし彼の記憶に誤りがなければ、たぶんそうではあるまい。なぜなら、サカテカスが落城したのは、萬栄が到着して二週間後と記されているからである。

この硝煙と鮮血と屍臭にまみれた二週間の記録は、彼の短くはない手記のなかでも、もっとも力のこもった章の一つとなっている。ときには珍しく饒舌でさえある。ただ依然として表現はつたなく、文脈の乱れも甚だしい。しかし、ともすれば忘却の淵に沈みがちな漢字と日本語をもって、異郷で必死にみずからの生涯を書き遺そうとする人の言々句々である。これまでと同様、あきらかな誤字脱字以外は極力手を加えず、原文のまま再録しておきたい。

（サン・ルイス・ポトシ駐屯）ヤヤ十日目ニ首都ヨリノ命ニ依リ、サカテーカ市、防禦戦ニ苦シム、味方軍、援助スルニ急行デ出発シタ。而シテ、途中所々ニ於ケル鉄道線切断ノ為メ相当ナ日数費シタ。而シテ無事到着ス。見レバ相当立派ナ市ダ。人口五、六万ヲ数エ、州庁ダ。市外ヲ眺ムレバ、見エルハ只ダ山ノミダ。市ハ高山デ包囲シテ、今度ノ防禦戦線、自然ノ強固ナ陣営ダ。如何程勇武タルビヤ将軍、此ノ戦線前ニ立チ往生ト云フ。戦果如何ン。

愈々大激戦ダ。四方面ノ銃砲ノ音、日夜ト云ワズ相続ク音コソ、今ニモ敵兵近カラントスルヲ思ワシム。私ノ友、亀君ワ、山上防禦線エ運ブ弾薬、非常ナ危険ダ。一週間後ニ亀君ワ、少々ナ負傷ヲ受ク。而シテ三日後ニ全快シタ。

二週間後、遂イニ、彼ノ強固ナ防禦線、敵ノ手ニ落チタ。其ノ後ノ官軍、恰モ猫ノ前ノ鼠同然デシタ。

今日マデ戦イニセワシカリシ吾等味方軍、今デワ逃ゲルニセワシイケレドモ、逃ゲル道ガナカッタ。

二人ワ、今日マデ宿シタホテルニ逃ゲ込ンダ。宿屋ニワ、早ヤ大勢ノ男女避難者ガ居ッタ。相当ナ家族モ見受ケタ。中ニワ、官軍ノ将校連モ平服ニ身ワ変エテ居タ。

其ノ後、皆、地下室ニ向ッテ行ッタ。見タル宿屋ノ室モ大キイケレドモ、ウス暗イ室ダ。而シテ、五六十名デ、其ノ室ワ人デ山ヲナシタ如クデシタ。

其ノ後ノ避難者モ極ク静カダ。只ダ聞ユル銃弾ノ音モ未ダ止マズ、市街戦ラシク思ワセル。ヤヤ十分間モ去ルト、天ガ破裂シタ如ク吾等ノ頭上デ、大音響ダ。同時ニ地震ノ如ク家屋ニ振動与エタ。間モナク地下室入リ込ム煙リ及ビゴミニワ、尚ホサラ暗クナッタノダ。

彼ノ大音ワ宿屋ノ門内ニ命中シタノダ。未ダ煙ヤゴミガ除カナイ数分後、五六名ノ兵卒、銃剣ヲ向ケテ地下室ニ入リ来タ。見レバ恰モ狼ノ如シダ。見タ顔ワ日光ニ焼カレ、ゴミニ汚レタ汗ダラケ、着ケシ軍服ワ、乞食其ノママデアッタ。

依リテ吾等避難者ワ、益々ガタガタト震エルノミダ。

一人ノ兵卒言フニ、中ニ居ル男ノミ皆戸外エ出セト命ズ。宿主ワ其ノ答エニ、中ニ居ルノワ、皆、市ヨリ集マリシ避難民ダカラ、一時静カニナルマデ、其所ニ置イテクレト願ッタ。然ラバ、男ノミ出シテクレト命ズ。宿主モ仕方ナク、全部男ノミ集メテ、戸外エ出ル用意サセタ。
地下室門前ニ二人ノ兵卒ガ立ッテ居ル。又宿主モ二人ノ側ニ立チ、其ノナリユキヲ見テ居ル。同時ニ一人ノ兵卒、一人ノ男ヲ戸外エ連レ行ク。

門前マデ行ッタ頃ニ、一パツノ音ガ聞ユル。アノ銃音ニワ、別ニ何ンノ気ガナカッタ。而シテ二人目ノ銃音ニワ気ガ気デナカッタ。

私モ何ニカ話シタク、而シアゴガ動カズ、舌又動カズ、只ダタバコヲ吸イコムノミダ。其ノ後相変ラズ、一人又一人ト連レ行ク。其ノ音又変リナキ同音ダ。

私ト亀君ワ三十人後ニ立ッテ、其ノ順番ヲ待ッテ居ル。ダンダン近ヨル。其ノ時死ヲ前ニ待ツ吾等ノ身心何ント比較出来得タカ。恰モ一種ノ銅像ノ如ク立ツ無心体デシタ。話シタケレド舌ガ動カズ、過去モ追想スルガ頭脳又働カズ、只ダ思イシ、私ノ現在ノ二十六歳ヲ一期ニ最後ヲ遂ゲル運命コソ、考エタレドモ、其レモ只ダ意味ナキ夢心地デシタ。

吾等二人モ一歩又一歩ト前ニ進ム。即チ死ニ近クナルノミダ。家族等ワ後方ニ居ル。見レバ死体ノ顔色ダ。私ノ前ニ立テル男、平服トワ云エ、確カニ軍人ラシカッタ。イザ吾等ノ番ニ近ヨル。只今三人目ノ私ダ。四人目ガ亀君ダ。其ノ瞬間未ダ舌ガ動カズ。吸イ込ムタバココソ私ノ友ダ。今度ワ私ノ前ノ男ダ。其ノ瞬間、気ニシタノワ、足ガ動クカ、否カノ念ニ、一寸足ヲ動カシテ見タ。大丈夫ダ、ト安心シタ。

イマ、私ノ番ダ。兵卒ガ来ル。私モ男ラシク、第二歩目ニ宿主ワ兵卒ニ向イ話スニ、此ノ二人ノ日本人ワ商人デ、近頃ヨリ此ノ宿屋ニ宿ッテ居ルト兵卒ニ言フタ。兵卒モ二人ノ足カラ頭マデ数ビョー間見テ居タ。兵卒言フニ、然ラバ後方ニ待ッテ居レトノ事ダ。

忘ルベカラザル此ノ瞬間ノ吾等ノ態度、何ント想像出来得タカ。筆ヲ以テ綴リ能ワズ、夢中其ノママデシタ。今マデ死ヲ前ニ待チシ悩ミ、未ダ去ラズ、只ダ吸イコムタバコノミダ。兵卒ワ相変ラズ一人又一人ト連レ行ク。而シテ、アノ銃音、私ニヒビカズ。死ヨリ得タ一生ノ喜ビガ全体ニ集中シタカラダ。

其ノ後私ワダンダント平時気ニ戻ル。頭ヲ上ゲ、室内見廻ワス。今マデ人間デ山ヲ成シタ室モ、今ワ彼地此地ニ、未ダ家族等ガ淋シイ彼等ノ顔色、見レバ可哀想デシタ。此ノ一時間前マデ四十人ノ男子、今ヤ其ノ数、算スル程ナク、残ルワ只ダ五人デシタ。

依リテ此ノ一時間以内デ、タマノエジキトナッタ三十五名、今ヤ帰ラズ、永眠エ去リ行ッタノデアル。

其ノ後、市中ワ極ク静カデ何ンノ音サエ聞エズ。宿主モ来ラレ話スニ、戸外ワ平時ノ如キ静カダカラ、皆様、自由ニ戸外エ遊ビ成サイ。私モ早速宿主ニ会イ、吾等ガ助カッタ一生ヲ厚ク感謝シテ、戦セキ見物エト戸外ニ向ッタ。

宿屋門前ニ広場ガ在ル。其ノ場所デ、山ノ如ク積立テタ死体ガ、恰モ火山ノ如ク吹キ出ス火煙モ見タ。彼等ワ、市街戦及ビ宿屋門前デ殺サレタ死体ニ相違ナカッタ。

動物ノヤキ肉ワコーバシーケレドモ、人間ノヤキ死体ト思エバ胃腸ガ承諾セズ、二人ワ足ヲ早メテ通リ去ッタ。

大通リノ町ヲ通リツツ、ステーションマデ行ッタ。見タルワ皆死体ノミダ。見物人モ人デ山ヲ成シタ街上ダ。自由ニ歩クニ歩ケズ。私モ其ノ瞬間思イ出シタノワ、前日マデ吾等ノ天下デシタ、然ルニ今ワ敵ノ天下ダ、ト不安ヲイダキッツ宿屋エ帰ル方エ向ッタ。スルト、二三人ノ子供等、二人ヲ見テ何ニカ話シヨッタ。其レヲ見タ私ワ足ヲ早メ、人間ト人間ノ間ヲクグリ、無事宿屋ニ着イタ。

而シテ、伊波君ガ見エナイ。其ノ後、待チニ又待チ居ルケレドモ、帰ッテ来ナイ。

私ノ目的ワ、此ノ市ヲ逃ゲ出ル事ダ。而シテ伊波君ガ来ナイ。其ノ晩私ワ夜中、其ノ事ヲ考エ又考エタ。其ノアゲク、今夜四時出市スル事ニ決メタ。其ノ夜ノ午前一時、例ノ伊波君モ未ダ帰ラズ。私モ別ニ致シ方ナキ立場ダ。而シテ私ワ、決シタ事ワ決シテ、瞬間前、室ノ「カベ」ニ私ガ出市シタ事ヲ書キ置キテ、午前四時階段ヲ下リッツ、冒険家ワ冒険ノ下に倒ルト云フ勇気デ門外ニ出タ。

外ヲ見レバ、未ダ暗イ。死体ガ倒レ居ルワ見エル。又未明ノ静ケサ、一羽ノ鳥ノ泣キ声スラ聞エズ。私モ四方八方エ目玉ヲ光ラセナガラ、身ワカルク、足音サセズ歩ム。スルト一町前ヨリ馬ノ足音ガスル。シバラク立ッテ見レバ、向ウダ。二人ノ騎兵ダ。此デ私モ数ビョー間立往生ダ。逃ゲルニ絶対駄目ダ。近所ヲ見レバ、三四ノ死体ガ、頭ヤ腹ガ太クナッテ、倒レ有ルヲ見タ。其レヲ機会ニ、死体ノ側ニ顔ヲ下向ケシテ倒レタ。二人ノ騎兵モ吾等ノ側ヨリ通リナガラ、死体ヲ数エナガラ通リ越シタ。依リテ私モ一人ノ戦死者ニ数エラレタノダ。

夜ワダンダント明ケル。私モ頭ヲ上ゲテ彼等ヲ見タ。後ニ向ク様子ワナカッタカラ、アノ死体ヨリハナレタ所ニ、私ワ又倒レコロンダ。

彼ノ二人ノ兵ワ行キ去リ、私モ早速トビ起キタ。余リノ臭気ニ持テズ、其処ヨリ歩キ前ニ進ンダ。市ノ郊外ニ番兵ガ居ルニ違イナイ事ヲ思イツツ歩ク。而シテ誰モ居ナカッタ。久シイ間ノ大激戦ノ直後ナレバ、其ノ機会ナカッタカモ知ラズ。

明ケシ今日ワ青天白日ノ好天候ダ。私モ無事郊外ニ着ク。近所ニ目ヲ廻セバ、大勢ナ避難家族等ガ来ル。共ニ道連レ、共ニ話シ合シテ前ニ進ム。途中思イ浮カブワ、ロハス将軍ノ生死デシタ。多分戦死ニ違イナイ。而シテ又、戦イツツ逃ゲ出タルカモ知ラズノ半信半疑デシタ。

萬栄が敗走中もなおその生死を気づかっているのは、旧友伊波亀ではなく、従卒として仕えたロハス将軍である。よほど敬愛の念が深かったのであろう。

ロハス将軍はさいわいにも「戦イツツ」どうにかアグアス・カリエンテスまで逃げのびている。オレア将軍の戦記によれば、ロハス将軍とアルグメド将軍はこのあたりの地理に詳しかったので、満身創痍のウエルタ軍の血路をひらくため、先導役を勤めたという。もし山入端萬栄がこの将軍とはぐれなかったとしたら、彼も無残な戦死者の一人となり果てたかもしれない。夜陰にまぎれて敗走する将兵の群は、互いに敵味方の見分けもつかぬまま、ビリャ軍の兵士に導かれて、一度はサカテカスまで引き返す失敗をも犯す。地獄の一日が暮れた六月二十三日の夜のことである。オレア将軍はその戦慄を語る。

「われわれの前にいる味方は、宵闇にまぎれて、ほとんど見わけられなくなった。家を見つけて入ってゆくと、味方の兵士がいた。その中にはバスケス将軍や傷ついた将校たちがいた。さしだされた水を飲み、行進をつづけた。道を遮断するぬかるみを横切った。姿の見えない息子のアントニオを待つために、小休止を命じた。午後九時になってもアントニオが現れないので、行進をつづけた。誰か道を知っているかと尋ねたら、非正規の騎兵が名乗り出たので、われわれを導くようにと命じた。みんな非常に驚いたことに、道ぞいに目のくらむような強い光が見えた。それは、ラ・ブファの燈台だった。案内人はわれわれをふたたびサカテカスへつれていったのだ」と。

それぞれ虎口を脱して、首都に帰り着いた敗残の将と兵との奇蹟的な再会の驚喜を、山入端萬栄は次のように記している。そうしてまた、わずか一週間後の永訣の悲哀をも。

或ル日私ワ首都ノ街上一人デブラブラ歩イテ居タ。向フカラ四五人ノ将校連ガ来ル。私ワ何気ナク今ヤスギ去ラントスルセツナ、私ノ手ヲ握ル。見タルワ、主人ロハス将軍ダ。御前戦死シタカト思ッタガ、未ダ生キテ居ルノカト、私ヲダキ堅クシメタ。私モ余リノ喜ビサニ、少将ヲカルクイダキ、アイサツシタ。私モ貴方ワ確カニ戦死成サレタニ違イナイ事ヲ話シタ。少将云フニ、御前金持ッテ居ルカト尋ネル。イーエ何モナイト答エタ。連レノ少尉ニ命ジテ、只今宿屋行ッテ給料払フヨーニト云フタカラ、早速少尉ト共ニ宿屋ニ行キ、現金三百円ノ大金貰フタ。

幸イニ、私ガ悩メル生活難モ其処デ助カリ、又相当有リシ借金モ全部支払イ、残リデ、着物、ハキ物等買イ求メタ。

嗚呼、何ント云フ人生ノ世カ。夢サエ語ラヌ、アノ偶然ノ出会コソ天恵茲ニ厚ク又感謝シテ止マヌ次第デアッタ。
然ルニ其ノ後一週間後ニ、当市各新聞第一面ニ大々的記事ガ有ル。見レバロハス将軍、首都ニ近キ或ル地点ニ於イテ戦死成サレタト、ルル将軍ノ歴史モ記シテアッタ。私モ何回トナククリ返シテ読ミ、記念ノ為メ切抜イテ置イタ。

反革命の巨魁ウエルタが累々たる将兵の屍とともに大統領の座を放棄し、ベラクルース港からヨーロッパへ亡命したのは、サカテカスが陥落して二十二日後の一九一四年七月十五日である。「諸君に幸あれ、そして私にも」という訣別の言葉を遺して。

その一か月後の八月十五日には、ソノラ州の領袖アルバーロ・オブレゴンの軍隊が首都に入城、同月二十日には護憲軍第一統領カランサの大統領就任を見る。

しかし峻嶮なシェラ・マドレの麓に平和がよみがえる日は、依然としておとずれなかった。革命軍の領袖たちはこれまでにもまして激しく対立し、分裂し、〝骨肉あい食む《エルマーノス・コントラ・エルマーノス》〟死闘を繰り返した。「革命がはじまって五年間たってみると、メキシコは、いかなる形態のものにせよ真の国家機構を寄せつけないほど相違した、しかもしばしば対立する諸要求のモザイクの観を呈していた」と『メキシコの革命』は指摘する。

「主人」ロハスを失った萬栄青年が、その中原に鹿を逐う革命諸派の戦国時代を、どのように生きたのか、どの軍に属してどの軍と闘ったのか、およそ不明である。彼は次のようにしか記していない。

「私モ其ノ後又冒険主義ヲ以ッテ無銭旅行モ実行シ、敵ト敵トノ間ヲクグリ、遂ニホリョニナッタ事二週間トサマザマナ話ガ在ルガ、先ズ茲ニ終リテ止ム」

彼があきらかにしているのは、一九一六年の二月末、ベラクルース港を出てキューバ島へ去ったということである。彼にとっては、メキシコへの移住やアメリカ合州国への密入国失敗についで、重要な人生のまがりかどとなったこの年の門出を、彼はこう記録する。

「過ギ去ル歳月数フレバ、早ヤ一千九百十六年ダ。故国モ早ヤ忘レ勝チダ。通信取引其ノ機会ナク、只ダ一封ノ手紙落手シタノミダ。不幸ニシテ、私ノ父様ガ死亡成サレタトノ報デシタ。

時ワ一千九百十六年二月末、炭坑地帯ヨリキューバ国エ行カレル途中、首都エ来ラレタノガ、私ノ旧友大兼久安吉君ト外二名デシタ。安吉君ワ同村ダケニ、前ヨリ親シカッタ。依リテ私モ共ニキューバニ連レ行クト話サレタ。私モ喜ビナガラ、出発ノ用意シタ。当時他国エ入国スルニ、旅券サエ有レバ、タヤスク入国出来得タノダ。

吾等モベラクルース港ニ着シ、三日後、スペイン船ノ三等客トナリ、荒レシメキシコワンノ大波ニ酔イッツ、三月中頃、キューバ国ハバナ首都ニ無事上陸ス」

ただし、彼がハバナ上陸を三月中旬としているのは記憶違いである。正確には、二月二十五日である。そして、このとき同行したのは、大兼久安吉、糸数宗吉、山入端萬栄の三名である。

大兼久安吉は、国頭郡名護間切名護村の人。一八八一年（明治十四）生まれ。メキシコ移住は、一九〇七年十月。糸数宗吉は、おなじく国頭郡羽地間切田井等村の人。一八八六年（明治十九）生まれ。メキシコ移住は大兼久安吉とおなじ。

この年、萬栄は二十八歳を迎える。彼にとって、いったいメキシコは何であったのだろうか。彼はいう。

「私モ早ヤ十ケ年ト云フ一昔、当国ニ於イテ何ニ一ツ得タノワナイ。只ダ得タノワ、九死ヨリ一生ヲ得タ天恵コソ、感謝シテ止マズ」と。

この、短い、切実な感慨は、これより六年前の一九一〇年、彼が三年間の移民会社との契約を終えたときの言葉を、あらためて想起させずにはおかない。

「三ケ年デ得タノワ、只ダ身長五尺二寸ヨリ六尺ニ成リ、又少年ヨリ青年ニ成ッタノミダ」という、あの、恐ろしい、率直な言葉を。

哀しいことだが、この二つの告白こそ、彼にとって移民とは何であったのか、という問いに対する回答のすべてであろう。

萬栄の父萬吉が永遠の唐旅にでたのは、一九一三年二月二十四日のことであり、萬栄が二度と還ることのないキューバへの旅立ちをする三年前であった。その悲報の到着はあまりにも遅い。しかし、流転につぐ流転、敗走につぐ敗走のみを事とした萬栄の境涯を想えば、とにもかくにもその知らせが届いたことをしあわせとしなければなるまい。

一つには、奇蹟的に彼の手に落ちた故郷からの悲報が、急速に易姓革命の色を強めるメキシコから甘いキューバへ、萬栄をかり立てるきっかけとなったのかもしれない。当時はあたかも第一次世界大戦のさなかであり、カリブ海の〝砂糖壺〟キューバは、空前の製糖景気に沸いている。

「ウエルタ主義の墓場」サカテカスで萬栄と生き別れになった戦友伊波亀は、「二十三ケ年後首都ニ帰リ元気デ居ル事ヲ、別ノ人ヨリ其ノ知ラセガアッタ」という。

むろん、彼らのように「九死ヨリ一生ヲ得タ」人間ばかりではない。不幸にして戦場の露と消えた移民も少なくあるまい。そのことは、山入端萬栄の手記や馬場書記官生の回顧録からも充分に窺える。ただ残念ながら、彼ら犠牲者の数も氏名も、ほとんど確認不可能である。

東洋移民会社扱いの名護間切出身移民百十五名に限っても、事情に変わりはない。この革命戦争で戦死したという知らせが、なんらかの方法で生家に届いているのは（より正しくいえば届いていると確認できたのは）、わずか二名に過ぎない。一人は屋部村出身の岸本徳行（一八七七年生・一九〇四年七月渡航）であり、他の一名は数久田村出身の島袋新八（一八七六年生・一九〇七年五月渡航）である。

岸本徳行は、前にも紹介したとおり、屋部ウエーキの門中の一人。屋号を冠して俗に石根《いしね》の徳行と呼ばれた。彼は屋部村からメキシコへ渡った最初の移民であるが、同時にまた不幸にして、異郷の土と化した最初の人でもある。その悲報が届いてのち、雨の日も風の日も珊瑚の骨の砂浜に、断腸の号泣が絶えることはなかった。徳行の母親の声であったといわれる。

いっぽう、山入端萬栄や大兼久安吉らがメキシコ湾を東へ渡るころ、太平洋を西へ渡って錦を生まれ島に飾る者もあらわれ始めている。その第一号が、岸本徳行らとともにラス・エスペランサス炭鉱へ送られた、名護村出身の山入端隣次郎（一八八三年生）である。

彼がいつアメリカ合州国へ密入国したのかはあきらかでない。農場労働者として働きながら、自動車の運転についで飛行機の操縦を学び、単独飛行の資格を取得。一九一六年（大正五年）サンフランシスコ号で帰国の途についたが、船客中にコレラ患者がいたため神戸上陸を認められず、ひとたびアメリカへ引き返し、翌年九月あらためて帰国を果たす。出迎えの旧友は、彼が出歯《ハーウチャゲ》であったはずなのに、整った歯を見せたので少なからずとまどい、わけを尋ねたところ、彼の操縦する飛行機が墜落して前歯を折り、義歯を入れたのだと答えたとのこと。

それにもまして村民を驚かせたのは、隣次郎が持ち帰った乗用車フォードT型である。隣次郎はこれを乗合自動車として合資会社沖縄自動車商会を設立し、名護〜那覇間の営業路線開設の許可を取る。

「国頭街道を超スピードで疾走するT型フォードの颯爽たる姿態は流石に魅力的であった。嘗《かつ》て那覇間二昼夜の道中が馬車で半日、自動車で三時間と、距離は時間的には幾何級数的に短縮された」と『名護六百年史』は隣次郎の先駆的功績を称えている。

しかし、空へのあこがれは、生涯消えることがなかったのであろう。彼は自動車商会の看板に風力で回転する飛行機のプロペラをとりつけた。祭りに商会からだす山車も、きまって大きな複葉機の模型であった。「地を這うより天を飛びたい」というのが、彼の口癖であったと伝えられる。

山入端萬栄の母親は、そのころもあいかわらず、ただ、「あと三年、あと三年、あと三年たったら……」と、呪文のように繰り返すのを口癖としていた。

第六章　浮き世灘

一

「花の島」辻の姉にひきとられたマツは、最初、カメと名づけられた。しかしカメという名の妓は男に惚れやすいといって反対する声もあったので、ツルと改名される。客に惚れやすい妓は「チャクブラー」と呼ばれ、この誇り高い花の島ではもっともさげすまれた。

ツルがここで働きはじめたころ、辻の全妓楼を一丸とする貸座敷組合はまだ設立されておらず、上村渠《ういんだかり》と前村渠《めーんだかり》とがそれぞれ独立した祭祀共同体として共存していた。森の下小路《すーじ》から畳屋小路に至る東西の路を境として、それより北が上村渠、南が前村渠である。

上村渠は火車小路の角に根所《ねどころ》を持ち、弥勒《みろく》を奉祀する。弥勒は豊作の神である。前村渠は獅子屋小路の角に根所を持ち、獅子を奉祀する。獅子は魔除けの神である。

初めの一年間、ツルは二人の姉とともに上村渠の二階小様《ニーケーグワサマ》で生活した。家は番匠金《ばんしょうがね》小路と畳屋小路とのあいだにあり、その名のとおり二階建てであった。番匠金小路は狭くて、傘をひろげて通ると両側の石垣につかえた。

二階小様の主は名をカマドという。すこぶる目玉の大きい人であったので、「ミンタマヌカマルー」と呼ばれていた。彼女の旦那は首里の人。「飛行機馬のウエーキ」と呼ばれていた。非常に速く走る馬を持っていたからである。

ツルの姉二人もそれぞれ旦那持ちの詰尾類《ちみじゅり》として裏座を構え、幾人かの養女の抱親《あんまあ》になっていた。子を買う金は旦那にだしてもらった。ツルはその子たちとともに玄関の隅のちいさな部屋で寝起きしながら、一日中こまねずみのように忙しく立ち働かなければならなかった。

朝起きるとまず、ミンタマヌカマルーさまの洗面の用意である。専用のビンダレー（洗面盥）を内玄関に据え、井戸から水を汲んできて満たす。辻の井戸は屋部村のそれのように浅くないので、水汲みもひと仕事であった。

洗面の仕度ができると、次はお茶の用意である。茶を入れる湯は井戸水を使わず、貯水槽にためられた天水を使う。その水槽は六畳敷ほどの大きさがあったが、日照りがつづいて貯水が底をつくと、売り水をもちいた。水売りの女は島尻の小禄《おろく》あたりからきていた。

お茶の用意が整うと、米とぎである。米は水が鏡のようになるまでとがされた。ほんの少しでも濁りが立つと、ミンタマヌカマルーさまは大目玉をむいて叱った。

フールーに飼ってある豚の餌集めも、年中欠くことのできない日課のひとつである。毎日ツルは大きな袋をさげて石門《いしじょう》通りを通りぬけ、東町の野菜市へでかけた。そして、路上に落ちている野菜屑をひろい集めた。商いの女たちはうるさがって、よく大声でどなりつけた。

「クヌヤナワラバーヨ、ヌーソーガ！」

その声と同時に脱兎のように逃げ、また目を盗んでは素早くひろい歩いた。廓の女たちが食い残した藷の皮も、安い値で買い集めて豚の餌にされる。しかし、豚を飼っていない妓楼はまだ少なかったので、多くの量を集めることは困難であった。豚を飼っている家には幽霊がでない、とも信じられていた。

「クリヤーウヮーヤ、ウイビランガヤー！」（狂った豚はいないかね）

雌豚の種つけを業とする男の声が、高い石垣にかこまれた廓の小路をのどかに流れていた時代である。狂《クリヤーウワー》い豚とは、発情した豚のことをいう。

若い娼妓や芸妓たちに頼まれ、鍋をさげてソバを買いにゆくのも、もっぱらツルの役目であった。ソバ屋は前《めえ》ぬ毛《もう》通りのつきあたりにあり、那覇でいちばんうまい店と評判されていた。店主はかつて辻でジュリとして生活したことのある人。その人の名がウシであったところから、ソバの名もウシンマーソバと呼ばれている。ウシンマーはツルをふびんがり、彼女が使いにゆくと銭はとらずにソバをふるまった。

そのほか、ツルは朝から晩まで山ほどの雑役を果たさねばならなかった。しかし、彼女はそれを苦にすることはなかった。ダルギに身売りしていたころの苦労にくらべれば、ものの数ではなかったからである。三線の稽古ができることだけで彼女は満足しきっていた。三線の音が、すべての苦労を忘れさせた。

　当時、芸ごとを学ぶため、高い礼金を納めて師匠につくことができたのは、アンマーのナシングヮ（生みの子）だけであった。その他大勢のジュリの卵《クーガ》たちは、もっぱら見よう見まねで先輩の芸を学ぶのをならわしとした。しかし、ツルの長姉ナベは、愛する妹を一人前の芸妓として育てるために、すすんで三線の師匠につかせた。といっても、そのことはミンタマヌカマルーさまには秘密にされた。きつく咎められるにきまっているからである。

「アンマーに見つからないように」と、ナベはよくよくツルに注意した。

　ツルが弟子入りした三線の師匠は備瀬のタンメーといい、遊廓のすぐ近くに独り住まいしていた。稽古代をまとめて納めるのは荷が重すぎるということで、毎日十銭ずつ持参するよう、ナベは師匠に頼み、師匠もこれを諒承した。

　花の島の朝は遅い。ナベは妹の稽古代十銭を煙草盆の引出に入れて寝る。朝の早いツルは大急ぎでミンタマヌカマルーさまの仕度を整えると、その十銭玉をそっと取りだし、人目につかないよう裏口から忍びでる。そして備瀬のタンメーを呼び起こす。

　タンメーも朝の遅い人であった。「クヌヤナワラバー！」と不機嫌にどなりつけ、なかなか起きようとしなかった。ツルはかまわず台所に入りこんでお茶を沸かした。のちには朝食まで作った。それから丁寧に「起きてください」と頼む。

　タンメーはしぶしぶ起きだして朝食を終えると、きまって小一時間、ツルに命じて肩を叩かせたり揉ませたりした。それからやおら稽古にかかった。

「この子には先祖の血が流れているにちがいない」と父母を驚かせただけあって、ツルの覚えは並はずれて速かった。少なくとも五日はかかる「花風《はなふう》」を、ツルはわずか三日であげてタンメーをあきれさせた。ツルはただ一日でも早く、一曲でも多く、覚えこみたいが一心であった。通いはじめて三月も過ぎると、タンメーはツルに命じて新入りの子に稽古をつけさせるようになった。

ツルは備瀬のタンメーのどんな無理難題にもさからわなかった。早く二揚《にいあぎ》を習いたかったからである。彼女は幼いころ村芝居で聴いた「綛掛」の干瀬節が忘れられず、それを弾きたくてたまらなかった。しかし、タンメーは「まだ早すぎる」といって、教えようとしなかった。

そこでとうとうツルは耐えきれなくなり、姉に頼んで師匠を替えてもらった。新しい師匠は、宮城という姓の、仲座の芝居の地方《ぢかた》を勤める老人であった。ツルはこの人について二揚を習い、およそ八か月稽古をつむ。

このころからようやくツルの評判がたかまり、宴席で三線を弾かされるようになった。「アンマーに見つかると大事」といって彼女はことわったが、「うしろに隠れて弾けば心配ないさ。歌はわたしらが唱うから」といって、むりやりに地方を勤めさせられた。彼女は十四歳になりながら、背丈は至って低く、横幅だけが張っていた。「ちいさいときから働きすぎたせいでしょう」という。

しかし、やがてついに女将のミンタマヌカマルーさまに発見される日がおとずれる。女将の養女で美人のほまれの高いツルンマーが、旦那の「述懐仲風」に合わせて琴を弾き、三線をツルが弾いたからである。

この様子を覗き見してミンタマヌカマルーさまはびっくりしたが、事情を知って大いにツルの精進を愛で、以後は表口から稽古にゆくことを許した。また、女将たちの集まりにもしばしばツルをともない、「わたしの初孫だよ」といって自慢するようになった。社会的な地位の高い客の宴席でも、かならず「三線はチラミーに」と指名して弾かせ、鼻を高くした。チラミーはツルの愛称である。

「飛行機馬のウエーキ」に祝事があれば、ツルはミンタマヌカマルーさまのお供を命じられ、特別念入りに作られた餅やさまざまの御馳走を頭にのせて首里へのぼった。そしてカマルーさまが辻へ戻ったあとも、ツルは手伝いとして旦那の家に残された。旦那の夫人が病気のときには、豚のせわまでさせられた。

なにしろ旧王朝士族の家柄である。カマルーさまは、言葉づかいのはしばしまで、厳しくツルに注意を与えた。この家には萬郎あにと同年配の少年がいたが、ツルがついうっかりして「クーミー」と呼ぼうものなら激しく叱責され、「ヤッチー」という敬称を百度唱えさせられた。

「口やかましいお婆さんだこと」といって娘たちはツルに同情したが、ツルは「いいえ、やさしいお婆さんです」と答えた。彼女はダルギのパッパーの「日和神鳴《ひやいがんない》」に馴れていたので、なんらの苦痛も感じなかった。新しい女主人が三線の稽古通いを許してくれたこと、ただそれだけで彼女は満足しきっていた。

これはずっと後日のことであるが、ミンタマヌカマルーさまは死後、「飛行機馬のウエーキ」の墓に正妻とともに葬られた。

ツルが屋部ウエーキに売られていたハードゥーとめぐり会ったのは、二階小様のジュリングヮになってまもなくである。

その日もツルは走り使いにでかけて戻ってきたときのこと、折しも親子らしい二人づれが裏口からでてゆこうとしていた。ツルはなにげなくその子の横顔を見て、棒立ちになった。妹のように愛していたハードゥーだったからである。ハードゥーもまた、すぐさまツルと気づいてかけ寄ろうとした。しかし父親らしい男は、ふたりが言葉をかわすひまも与えないまま、せき立てるようにハードゥーの手をひいて立ち去った。

ツルは無我夢中にナベあねの住む裏座へ走っていった。そこにはウシあねも坐っていた。ツルは息せき切ってどもりどもり、いまハードゥーに会ったことを告げ、彼女がここにきたわけを尋ねた。その間にもとり返しのつかない刻が過ぎてしまう気がして、ツルはいらだたしかった。

「あの子を売りにきたのさ」と、ウシがうんざりした声で答えた。ハードゥーの父は、金にこまるたびに屋部ウエーキに無心をかさねた。しかし、今度ばかりは岸本久訓も我慢しきれず、これ以上貸すことはできない、と突っぱねた。せっぱつまってハードゥーの父は、娘をジュリ売りすることにしたのである。

ハードゥーの姉も、すでにおなじ運命に落ちていた。父親は妹もおなじ楼に売ろうとした。しかし、ハードゥーはこれをこばみ、マツの所にゆきたい、とせがんだ。そこで親子がきて、ぜひにと頼んだが、あまりに金額が太過ぎるのでことわらざるをえなかった、というわけである。

これを聞いたとたん、ツルは狂乱し、つかみかからんばかりに姉たちの非情を責めた。その、必死の勢いに呑まれて、ついにウシは「もしハードゥーが見つかったら、わたしが買ってやろう」と約束した。その言葉と同時にツルは表に飛びだし、辻を南北につらぬく道から道を、東西に走る小路から小路を走りまわって、やっとハードゥーを見つけだした。

ハードゥーはウシの養女となり、カマダーグヮと改名された。これよりのち、ツルとカマダーグヮは叔母と姪の間柄になったわけであるが、そのじつ、ふたりは血をわけた仲より親密な姉妹の結びつきをつよめた。

あけて一九一九年（大正八）、また一人、ツルの姪ができた。今度はナベが幼女を買いとったからである。名はヨネ子（仮名）。五歳。骸骨のように痩せて、腹ばかりふくれていた。

売りにきたのは父親である。もう一人、痩せこけて小猿のような男の子をつれていた。父親は、これから八重山へ旅立つところだ、といってヨネ子を売った。ナベは父親に五十円を与えた。

この日とその翌日のことを、ツルは生涯忘れることができない。なぜなら、翌日、辻遊廓は大火にみまわれておよそ三分の二を焼失し、二階小様も灰燼に帰したからである。

火煙に追われて逃げのびようとするとき、幼いヨネ子だけは、軒先に吊るされた竹製のサギジョーキをゆびさし、「あれ！」「あれ！」と叫んで、なかなか動こうとしなかった。サギジョーキのなかには、彼女の売買契約の成立を祝う「ムスビー」の儀式用に作られたテンプラや肉料理の残りが入っていた。文字どおり餓鬼猫《ガチマヤー》のヨネ子はそのことを知っており、いのちよりも大切なものに思われたのであろう。

以来幾十年過ぎても、ツルはこの年の大火を想起するたびに、ヨネ子の必死のまなざしと指と声とがありありとよみがえる。

火事で焼けだされてからおよそ一年間、ナベは養女たちをつれて壺川に家を借り、ちいさな店をひらいて酒や野菜をあきなった。ツルもそこに同居し、体の弱い姉を助けることになる。

かねて気の合わないウシあねと離れて、好きなナベあねとともに生活できることは、ツルにとっては無上のしあわせに思われた。しかもその姉を助け、姉の力になることができるのである。姉にはもっぱら店番をさせ、彼女は終日跣で那覇の町々をかけ歩いて野菜の行商に励んだ。ダルギのパッパーに命じられて、名護まで屋部大根やオートーを売りにいった苦労を思えば、むしろ遊びのように楽しく感じられた。

もし売れ残ることがあれば、帰途かならずウシあねの借家に立ち寄り、あるだけの品を押し売りした。ウシは養女たちにアダン葉の帽子編みをさせて、糊口をしのいでいた。

泉崎橋を渡って、大門前通《うふじょうめえ》りのさきのほうにある酒屋まで泡盛の一斗甕を仕入れにゆくのも、ツルの仕事のひとつである。一度だけ、店からでたとたんに甕を頭から落として割ったことがある。通行人が臭いを嗅いで、酒だ酒だ、と囃したが、彼女は「酒ではない、甘酒《あまざき》（酢）さ」といい棄てて店にひき返した。そして、甕が落ちたのは、酒がいっぱい入っていないために揺れたからだ、と抗議した。店の女主人は「クヌヤラバー！」と怒ったが、ついにツルの抗弁に負け、無料で一甕を渡した。

ツルはひとたびいいだしたら、けっして後にひかない性分であった。幼いころから「イジリムッツ」といわれたのも、そのせいである。

眉屋の三姉妹がほぼ一年にわたる疎開生活をとじて辻に戻ったとき、花の島はすっかりその面影を変えつつあった。かろうじて焼け残った西端の一部をのぞいては、かつての古雅な士族屋敷そっくりのたたずまいは跡もとどめず、防火のために拡張された小路の両側には、大和風の俗悪な建物が、わがもの顔にのさばりはじめていた。

建築様式ばかりではない。それぞれの伝統や縁起、出自や情念を濃密にこめた独特の屋号まで、大和風の軽薄な楼名に改められ、麗々しくその名を大書した看板が掲げられつつあった。「お上の肝いり」といわれる。

例えば、「香香小《シャンシャングワ》」は「香月」に、「雲灯籠《ウンドゥルー》」は「ハイカラ屋」に変わる。「鬢多様《ビンターサマ》」は「第二鶴屋」に「白髪《シラギ》荒神《クージン》之《ヌ》前《メー》」は「ふく家」に変わり、「順仙小《ズンシングワ》」は「柳家」に、「兼久《カニク》」は、「浅草」に変わる。

ナベとウシが再起の夢を託した青楼も、およそ殺風景な「第一日進楼」「第二日進楼」という名称を与えられた。ただ、廓の住人たちは誰ひとりそのようには呼ばず、いつまでも昔どおり「二階小様」と呼びつづけた。ナベとウシがそこに売られ、そこで育って独立したからである。

第一日進楼と第二日進楼は、ともに前村渠の奥村渠小路《うくんだかりすーじ》に面して建てられた姉妹楼であり、ナベは第一のほうをあずかり、ウシは第二のほうをあずかった。

ナベは体も弱く性質もやさしかったが、当時のアンマーとしては珍しく「ヒラキテ」であった。古いしきたりにこだわらず、良いと思うものは積極的にとり入れた。養女たちの食事も栄養を主とし、肉や脂をたっぷり与えた。彼女がちいさいころ、たべたいものもたべられなかったつらさを、養い子だけにはなめさせたくない、と思ったからである。ミンタマヌカマルーさまがジュリングヮたちの食卓を覗いて見て、「こんなぜいたくをさせてよいのか」とあきれたこともあった。

ウシのほうは姉とは反対に、あくまでも伝統を護って倹約をむねとし、食事も腹を満たせばよしとした。そのかわり、諸だけは常時たっぷりと茹で、軒端のサギジョーキに山盛りされていた。幾つになっても猿のように身の軽いツルは、こっそり第一日進楼の二階から屋根にくだり、その諸を盗んで興じた。物干竿のさきに箸をくくりつけ、諸をつきさしてつりあげる。五つや六つ盗み食いしても、気づかれることはかった。

再建の辻遊廓を襲う大和化の風潮と歩調を揃えて、官憲の風俗取締まりは日に日につよめられた。琉装にも帯を締めるよう強制された。やむなく遊女たちは外出のさいは帯をたずさえ、巡査駐在所のまえを通るときだけ着帯し、通り過ぎると解いて風呂敷に仕舞った。「あきさみよう！ 大切な晴衣《ちゆらじん》がマグイカーになってしまって……」と彼女たちは歎いた。マグイカーとは皺だらけの着物のことである。芭蕉布の皺は容易にとれない。

巡査駐在所は前ぬ毛《めえもう》通りをでた所にあり、外出する遊女はここでかならず鑑札を改められたうえ、行先から用件まで尋ねられた。

ツルもやがて外出のたびにつかまり、鑑札の提示を要求されるようになった。彼女はまだ十六歳であり、役所に登録された芸妓でもなければ娼妓でもない。しかし、巡査は彼女の体を舐めずるように眺めて、なかなか信用しようとしなかった。「しかたがないさ。お前は背は低くても体つきが頑丈だから、一人前の女に見えるのだろう」といって、ウシは彼女を慰めた。

当時はまだ辻町に銭湯がなかったので、上之蔵《ういぬくら》の銭湯まで出かけていたが、ツルは警察の調べを逃れるため、わざわざ辻原墓地のほうまで大廻りした。もう一軒、新潟《みいがた》の硝子工場の近くに銭湯があったので、上之蔵の湯が休みの日にはそちらにでかけていたが、その途中でも警察につかまって、しつこく尋問されたりした。

ツルはすっかり警察嫌いになった。しかし三線の稽古通いだけはやめなかった。ナベあねは「三線だけでは役に立たないから」といって、ツルを琴の稽古にも通わせた。

二人の姉に隠れてツルが大和三味線の稽古をはじめたのも、そのころのことである。姉たちは「内地三線を習うと内地ハーメー（婆さん）になる」といって反対した。そこでツルは「風呂にゆく」と偽って、こっそり稽古にでかけた。

とにかくツルは、目にふれ、耳にふれる、すべての弦楽器に興味を持った。バイオリンも買って習った。胡弓も買って習った。しかし、胡弓のほうはウシあねに見つかって、「そんな下品なものを弾くとはなにごとか」と叱られ、店に返品させられてしまう。五円もだして買ったのに、店は二円五十銭しか返してくれなかった。その金額とその無念を、ツルはいつまでも忘れることができなかった。

それらさまざまの弦の音とともに織りなされた姉の養女たちの思い出もまた、ツルの胸から消えることはない。

大火の前日に売られてきたヨネ子は、まことに歌の上手な子であった。ツルになついて側を離れず、ツルが坐ればすぐさま横に坐って、教えもしないのに歌をうたった。ナベはこの子に琉球舞踊を教えた。しかし、ヨネ子は大きくなるにつれ、琉球舞踊より日本舞踊のほうが上手になっていった。

彼女はずいぶん長いあいだ第一日進楼で働き、大和の男と結婚した。ナベは彼女を実の娘のように可愛がっていたので、別れをつらがったが、妻の座に着くことはジュリにとって最高の出世である。涙ながらに手ばなした。

別れるとき、ヨネ子は長年せわになったお礼として百五十円もの大金をナベに贈った。ナベはことわったが、彼女は承知しなかった。

ナベがアンマーとしてはじめて養った子が妹をつれてきたのは、ツルが琴を習いはじめたころのこと。おなじ山原の本部村の生まれであり、かぞえ歳八つ。その子もやはりツルになついて離れず、「バーチー」（叔母）と呼びかけては、「踊りが習いたい。教えてください」とせがんだ。ツルは、「踊りよりも学校行って字を習いなさい」と諭した。そのころ、ようやく辻の子供たちも小学校への入学が認められていた。しかし、彼女は、「学校は嫌い。踊りが好き」といって聞かず、とうとう学校には入らなかった。

おかげで読み書きはまったくできなかったが、歌のほうはぐんぐん上達した。ツルが三線を弾きはじめると、どこにいてもすぐとんできて左脇に坐り、息をひそめて撥さばきを見つめていた。そして、弾き終わるとツルの手首を握りしめ、「バーチーが死んだら、これをわたしにください」と頼む。「バーチーバーチーと呼ばないでおくれ。わたしはまだ十七よ。九十九歳《カジマヤー》まで生きるから、手首はあげられないさ」とツルはぷんぷんした。

しかしツルはこの子を人一倍いつくしみ、茶飲みの座に飴玉などがでると、そっと口にふくんで席を立ち、彼女を見つけて口移しにたべさせたりした。「あのおいしさはいまも忘れられません」と、あとあとまで彼女はツルに会うたびになつかしがった。

ツルが愛してやまないカマダーグヮも、日に日に踊りが上手になった。胸が張っていたので、殊に男踊りは適役であった。名人のほまれ高い玉城盛重の教えを受けるようになってのちは、彼のゴーヤー（跛）の癖まで身についてしまって人を驚嘆させた。

しかし、不幸なことに彼女は悪い男に惚れて身を滅ぼした。相手は役者あがりの不実な男であり、彼女の純情につけこんで金を巻きあげられるかぎり巻きあげると、ふりむきもしなくなった。彼女は病の床にふせり、日に日に衰えた。ウシは医者を呼んだが、肝《ちむ》の病だからなおしようがない、と宣告された。

ウシは男に会って、「うそでもよい。好きだといってやってほしい」と頼んだ。ウシが十度頼みにゆくと一度くらい、男はしぶしぶ腰をあげてカマダーグヮを見舞いにきた。すると彼女は大喜びして起きあがり、いそいそと手料理を作ってもてなし、帰りにはありったけの金を持たせた。しかし、それも暫くのこと、やがて男はまったく寄りつかなくなってしまった。

「あんな男のことなど忘れなさい。かならずおまえを盛前《むいめえ》にしてあげるから、元気をおだし。これがそのときの着物だよ」

そういって、ウシは、美しい着物を簞笥からだして見せ、カマダーグヮの気持をひき立てようとした。ウシの言葉は偽りではない。じっさいその日にそなえて、彼女は多くの高価な衣裳を用意していた。盛前は、花の島の自治をとり仕切る栄光の役職のひとつである。

しかし、ウシの励ましもむなしく、カマダーグヮの病はひどくなるいっぽうであった。ついに万策つきてウシは、彼女を静養させるため、ふるさとの安和村につれてゆき、ウシ自身も養女二人をつれて泊まりこみ、親しく看護にあたった。が、その甲斐もなくカマダーグヮのいのちは燃えつきた。その苦しい息の下から彼女は男の名を呼びながら、懸命の力をふりしぼって手を宙にさしのべ、踊りの所作を演じつづけた。

薄暗い蚊帳の底にたゆとう、その白い手の動きは、そとから見ると、この世のものとは思われないほど幽美であり、凄艶であった。看護の女たちは息を呑んでそのさまを見、「泊阿嘉《とまりあかあ》」より哀れ、と歎じて袖を濡らした。

「泊阿嘉」は、樽金《たるがね》という若者と伊佐殿内《いさどんち》のツルという娘との悲恋物語である。樽金は那覇久茂《くも》地《ち》村に住む阿嘉家の嫡子。三月三日の節句におこなわれる浜遊びの折にツルを見そめ、沖縄三大名橋の一つにかぞえられる泊《とまり》高橋を渡って九十九夜通う。しかし二人の愛は両家の親に認められず、樽金の父は彼を伊平屋《いへや》島に流した。その間にツルは恋の病に伏し、恋人の帰りも待たず死亡する。ようやく都に帰り着いた樽金は、ツルの死を知り、彼女の遺言状を読み、哀しみに悶えてその墓前で後追心中する。

これが「ロミオとジュリエット」の沖縄版とうたわれ、一世を風靡した名歌劇の粗筋であるが、殊に満都の子女の紅涙をしぼったのは、「つらね」形式でつづられたツルの綿々たる遺言状であるといわれる。

「後世の長旅も　近くなて居れば　夢うつつ心　肝も肝ならぬ　よしまらぬ落てる　涙したたりて　硯水なしやり　義理恥も忘すて　あまた思事のはしばしよだいんす　書きよしたためて　御遺言よしゅもの　お肝とりしめて　読み開き給れ」に始まって、「このままに土と　朽ち果ててやり肝や里お側　朝夕はなれらぬ　里が行末や　波立たぬごとに　草の下かげに　お願しち居もの　ながらえていまうれお待ちしゃびら」に終わるまで、じつに六十八句をかぞえる長い美文である。

死の床に舞う一人の遊女の姿を見守るかぎりのひとびとは、この切々たるツルの遺言を一部始終、思い浮かべずにはいられなかった。それだけにまた、ツルにもましてカマダーグヮの運命を、ひとしお哀れと感じずにはいられなかった。

むろん、気丈なウシとてもその例外ではない。さすがにそのまま見過ごすに忍びず、彼女は大急ぎで使いを那覇へ走らせ、首に綱をつけてでも男をひっぱって来るように、と命じた。

男が到着するまで、カマダーグヮは生きていた。そして彼の顔を見て、安心したように息をひきとった。一九三九年（昭和十四）八月十三日。彼女の長兄の日記帳には死亡時刻午前四時と誌されている。享年三十二。

あまりにも幸薄かった無二の友の短い生涯を哀惜するたびに、ツルの瞼にまざまざとよみがえるできごとのひとつは、ひと晩泊まりで島尻の摩文仁《まぶに》まで出向いた折のことである。

ウシは、妹のツルを宴の座にはべらせることを好まなかった。ただ、伝統的な祭りの座にだけはすすんで参加させた。摩文仁からの招待も砂糖黍の収穫が終わっての腰憩《くしいく》いの祭りであったので、彼女は喜んで妹の参加を認めた。

一行四名。日進楼からはツルとカマダーグヮ、別の楼からおなじく二名。その二名はツルたちよりずっと年長であった。

その日、四人は朝早く人力車で辻を出発した。踊りの衣裳その他小道具も、人力車二台分あった。摩文仁から男二人、道案内として迎えにきていた。現在の那覇空港の向こうの山を越えた所に馬車が待たせてあり、そこからさきは馬車の旅となる。

ツルは同乗の四人が一組だと思い、安心しきっていた。ところが、村に着いてみて驚いた。別の楼の二人は東《あがり》の部落、ツルたち二人は西《いり》の部落、と二組に分けられたのである。なにしろ田舎へでかけるのは初めてのことであるから、ツルはすっかりあわてふためいた。しかし、カマダーグヮは落ちつきはらって、いつもの稽古どおりやりましょう、といってツルを励ました。

会場は西部落一番のウエーキの屋敷であった。朝の部は十時からはじまり、午後の部の終わるのは夜のとばりがおりてからである。やっとそれが終わると、次にはまた別のウエーキの私宅につれてゆかれ、朝の二時近くまで演奏をつづけさせられた。しかもそのたびに、三十曲以上の歌と踊りをこなさなければならぬ。

あまりの重荷でツルは食事も喉を越さず、フールーのそばに隠れてカマダーグヮの手を取り、しくしくと嗚咽した。このさまを見て一人の老婆がツルの背をさすり、「可哀そうに、まだミヤラビだね」といってやさしく慰めた。それを聞くとツルはいっそう悲しくなって、ますます激しくすすり泣いた。

長い一日の勤めが終わると、東部落の姐さんたち二人も戻ってきて、ようやくツルたちは疲れきった体を床に横たえた。と、待ちかねたように、屋外の樹々の葉ずれの音が繁くなり、かすかな人の足音も聞こえはじめた。それも一人や二人ではない。十人以上もの気配に感じられた。

なにごとであろう、とツルは身を固くするばかりであったが、いちばん年長の姐さんがやおら床から這いでて勢いよく戸をあけると、大声で庭の暗闇に向かってどなりつけた。

「あんたたち、なんというまねをするの。子供たちは疲れ果てています。早く寝なければ、あすの踊りはできません。あんたたちがこれ以上妙なまねをすれば、あすの踊りは打ち切りにして帰りますよ」

その声に気圧されて、あわてふためき逃げ去る若者たちの足音が響くと、あとは潮がひいたように静かになった。

翌日は朝から東西両部落合同の野宴がおこなわれ、ツルたち四人が村びとに別れを告げたのは、あこうくろうの刻である。

ツルとカマダーグヮはふたり一組で二十五円の謝礼を貰った。また、村の主婦たちから土産として、藷や米、大根、砂糖黍、鶏卵などをどっさり貰った。老婆たちは「来年《やねん》また来《く》うよ」と涙を流して別れを惜しんだ。ツルもまた、生まれて初めて他郷の人の情にふれて、深い感動を覚えた。

戻り路の馬車夫は山原の人であった。彼は乗客の芸妓も四人揃って同郷の出身であることを知ると大いに喜び、ぜひ山原の民謡を弾いてほしいと頼んだ。二人の姐さんは気軽に応じて、がたがた揺れる馬車のうえで器用に三線をかなでた。しかし、ツルとカマダーグヮはそれどころではない。疲れと寝不足に負け、泥のように眠りつづけた。

なにごとか激しくいい争う声に眠りから覚めて、ツルはびっくりした。あたりはすでに夜の闇につつまれ、馬車は手に手に棒を持った男たちにかこまれていた。提灯のあかりはあるが、どの顔も手巾《ていさじ》におおわれて見えなかった。

ちょうど彼ら若い男女が毛遊に興じているところに、ツルたちを乗せた馬車が通りかかったのである。

「馬車から下りて遊びに加われ。加わらなければここを通さぬ」と若者たちは主張してやまず、車夫は「下ろすことはできない。この人たちは摩文仁まで祭りに呼ばれて疲れきっている」と拒絶し、「通せ」「通さぬ」の口論はいつ果てるともなくつづいた。

結局、車夫の勢いに負けて若者たちはかこみを解いたが、おかげで一行が辻に戻り着いたのは十二時近い深夜であった。心配して表で待ちわびていた姉たちにツルが事情を話すと、ウシは「帰りにもかならず供をつけると約束したのに」といって怒った。

ツルたちが帰路をはばまれた場所は、真和志《まわし》村の国場の近くである。ツルはそこを通るたびに、この夜の恐怖とカマダーグヮの面影を思い出さずにはいられない。ふたりつれ立っての、それが最初で最後の田舎ゆきだったからである。

二

皇太子裕仁が外遊の途次沖縄に立ち寄ったのは、辻の大火より二年後の一九二一年（大正十）三月六日である。

この日の朝九時二十分、御召艦香取は中城湾に投錨、皇太子は与那原《よなばる》駅から特別列車で那覇駅に到着し、沖縄県庁、首里王城、尚侯爵邸などをまわった後、ふたたび汽車で与那原に戻って午後四時二十分帰艦。

「空前の御盛事で六十万県民の感激措くあたわず」と称えられているが、その興奮をさらにたかめたのは、海軍大佐漢那憲和が香取艦長としてお国入りしたことである。見事な演出といえよう。これにより六年後、キューバの首都で山入端萬栄と邂逅した座波鉄蔵も、じつにその感激から海軍士官への途を志した少年の一人である。

これも皇太子来島にまつわる美談の一つにあげられようが、当時はまだこの離島の県庁には知事の乗用自動車がなかったので、那覇、首里における皇太子の乗り物は知事川越壮介の人力車を用いることになり、車夫として知事の専属車夫伊礼徳、後押し役として金鵄勲章持ちの在郷軍人二名が抜擢された。そして、栄光の三名は一週間前から県庁に合宿して特別訓練を受けている。その理由はなにであったのか。

「まず第一に沖縄の労働者階級は三食とも芋食が多く、おならが多いので、もしや途中でおならなど出して失礼になっては申訳がないとのことで、合宿訓練と共に米食にし、食事には細心の注意を払った」ためであるといわれる。（山城善三著『沖縄世相史』）

こうしたガス漏れ防止対策までふくめて、未曾有の緊張と興奮につつまれた数日間、花の島・辻は日本帝国海軍に席巻され、旭日旗一色に塗りつぶされた。熱烈な愛国者である士官らは、この花の島に咲きほこる沖縄固有の歌舞音曲を好まず、もっぱら大和の俗謡や流行歌を偏愛してやまなかった。

日進楼の客もその例外ではない。ツルは彼らの無粋な注文に応じて大和三味線を弾きまくり、やんやの喝采をあびた。ウシは悦に入り、「内地三線を習っておいてよかったね」とツルの機嫌をとったりした。「あんなに反対したくせに、いまさらなにを」と思って、ツルはむしろ腹立たしかった。

苛烈な大和化の嵐にもまれながら、日進楼が月日をかさねるに従って、ナベとウシの養女もつぎつぎにふえた。殊にウシときたら、まるで豚の子でも飼うように養女をふやした。

「あんな買いかたをして末はどうなるのだろう」と案じる者もあれば、「食わせるだけでもおおごとだろう」と同情する者もあった。

気づかわないほうがおかしい。「辻三千人の美妓」とうたわれる花の島である。将来、芸妓になるにしろ、娼妓になるにしろ、なによりまず花としての美醜が問題とされる。ところがウシばかりは、金の折合いさえつけば、どんな子でもかまわず買い取って育てたからである。

売買の仲介役は、ほとんどいつも決まっていた。出入りの俥屋である。彼は数多いアンマーたちの気質も好みも知りぬいており、どこの誰も買ってくれそうにないと判断した場合は、「日進楼のアンマーに頼むがよい。かならず買ってくれるはず」と勧めた。

その契約金や養育費がかさみ、家賃の支払いに難渋することもあった。ある日たまたま、ナベとウシがその相談をしているところを盗み聞きしたツルは、出入りの洗濯屋の女あるじに頼んで着物を質入れした。姉が作ってくれた高価な晴着類ばかりである。質屋は二十円貸してくれた。ツルがさっそくその金を姉たちの前にさしだすと、二人はびっくりして、どこで盗んできたのか……というような顔をした。

ツルは大笑いして事情を打ちあけた。するとふたりの姉はいっそう驚き、「あきさみよう！　流れたらおおごと」と叫んだ。ツルはこのとき初めて、質屋から借りた金には毎月利子がつくこと、利子を納めなければ質草は流れてしまうことを知った。このことがあってのち、ツルはなにをしでかすかわからない子だから、といってナベとウシは警戒し、大切な話はいっさい覚られないよう気を配った。

あとにもさきにも一度だけだが、ウシは生後まだ一年にもならない乳のみ子を買ったことがある。相談にきたその子の父親に対し、「日進楼のアンマー以外に買手はない」と太鼓判をおしたのは、例の俥屋である。

姉のナベもさすがにあきれ返ったが、ウシは、「わたしが買ってやらなければ親子ともかつえ死ぬでしょう。かならず一人前に育ててあげてみせます」とだけ答えた。

花の島におし寄せる大和化の波に従って、その子はハナ子（仮名）と名づけられた。日進楼の養女にそんな大和風の名が与えられたのは、これが初めてである。愛称もハナチャン。ウシまでが「チャン」づけで呼び、家人がハッチャーと呼ぶことを禁じた。

ハナ子は名前だけ流行の先端をいったが、体は沖縄の子豚のように痩せこけて腹だけがふくれた「ワタブタグヮ」であったうえに、頭のてっぺんから足のさきまで瘡ができて膿まみれであった。それゆえ家人はみなひそかに「ワーヌカミ」と呼んで嫌悪し、さわるのも気味悪がった。豚は不潔なものの代表のように見なされるところから、そんな蔑称をたてまつられたのである。

その子をつれて病院へ治療に通うのは、もっぱらツルの役目になった。その折、ツルはときどきこっそり足をのばして、首里にあるハナ子の生家をおとずれた。無人の家は荒れはてて、蜘蛛の巣だらけの仏壇だけが残されていた。ツルはその前に坐ってハナ子を抱きかかえ、彼女のただれた手を掌に包むようにして祈願するのをつねとした。可哀そうなハナ子のわずらいを、彼女の先祖の加護によって早くなおしてもらいたかったからである。

ハナ子を養いはじめてのち、ウシは朝ゆっくり眠るひまもなくなった。目がさめるとたちまち乳を求めて泣き叫ぶ子をあやしながら、彼女はいつのまにか廊下で前後不覚に眠りこける。ハナ子はそのまわりを這って大小便をたれかぶり、火がついたような勢いで泣く。すると、ウシはゆめうつつに手をのばして、ハナ子を抱き寄せる。毎朝そのくり返しであった。

ハナ子に次いでバクチャヤーの乞食がウシの眠りを破る。彼らは、ほかに近道があるにもかかわらず、毎朝わざわざ奥村渠小路を通ってウシに声をかけた。

「ハイ、アンマー！」

バクチャヤーは、花の島の西方にひろがる小高い辻原墓地一帯の俗称である。旧王朝士族の豪壮な墓が群れ、名護聖人の名で知られる程順則の墓も天使館小路をのぼりつめたあたりにある。「不世出の偉賢」と仰がれる順則がみずから望んで名護間切惣地頭職を賜わったのは、名護の清浄の気を深く愛したからであるといわれる。彼が世を去ったのは、名護親方に封じられて六年後である。

彼ら有名無名の貴族たちの眠る岩山の西端は断崖となって東シナ海に没し、断崖は波浪にえぐられて巨大な洞窟を形成しているが、そのくろぐろとした洞は長らく世を忍ぶ乞食たちの絶好の住家とされてきた。墓前の供物が四季たえることなく、参詣者や行楽客に喜捨を仰ぐこともできるからである。加えてなにより、彼らが日々の糧を稼ぐ東町界隈の市場も近い。

朝早くかならず日進楼の表を通ってウシに声をかけるのも、彼ら東町市場に通勤途上の乞食たちであった。でかける折ばかりではない。帰りにもきまって声をかけた。ウシはそれを聞くとすぐさま顔をだして、その日の儲け具合を尋ねたり、彼らのために取っておいた米の飯の焦げを与えたりした。

あまりにウシが乞食たちと仲がよいので、まわりのひとびとはこういって笑ったものである。

「日進楼のアンマーの友人《どし》は、バクチャヤーのクンチャーばかりだよ」

その言葉を妹のツルがウシにつたえると、彼女はこのように説いて諭した。

「兄弟はたとえ喧嘩《おおええ》して別れても、死ねばまた墓の中で一緒に暮らすことができるけれど、他人とはそれができない。この世かぎりの短いつきあいだから、仲よく助け合うのが人の道だよ」

ツルはその道理を理解できなかったわけではない。しかし、妹のわたしも少しは可愛がってくれればよいのに……、と思って心は波立った。ウシはいつまでもツルに対して厳しかったからである。
ウシが妹の気も知らず親切にした乞食のなかには、大きな腹をかかえている者もあれば、生まれたばかりの乳のみ子を持っている者もあった。また、とても乞食の子とは信じられないほど美しい少年をつれた母親もいた。その少年は伊集《いぢゅ》の花のように顔の色も白かったので、彼が道を通るたびに、「あれの父親はきっとヤマトンチュだよ」と若い妓たちは噂をした。

少年の母親は名をマチノウターといい、まだ三十歳前後であった。当時バクチャヤーの洞窟に住む乞食は癩患者《くんちゃー》が多く、ほとんど手指がまがっていたが、その母子だけは珍しく指がまっすぐにのびていたのを、少年の異常な美貌の印象とともに、ツルはいつまでも忘れない。少年はやがて成長すると、母親の跡を継いで一人前の乞食になった。それを知ったとき、ツルはかつて味わったことのない人の世の無常を感ぜずにはいられなかった。

バクチャヤーの乞食勢頭《くんちゃーしーどう》は、ウナガマッツューと呼ばれていた。尾長松と書く。三十歳前の、岩乗な体格の男であった。気位がすこぶる高く、五銭以下の銭を与えると、ぽーんと遠くへ投げ棄てた。墓参りにきたひとびとが食物を与えようとしても、けっして手に受け取らない。そこに置け、と指示するように顎をしゃくるだけであった。

巷間の噂によれば、彼は久茂地のさるウエーキの嫡子であるとのこと。父親が彼の生誕を喜んで盛大な祝いをしたまではよいが、奢りに乗じて未知の通行人まで招きいれ、大盤ぶるまいをした。そんな虚栄の罰があたって家屋敷はつぶれ、ウナガマッツューはバクチャヤーに住む境涯になったといわれる。

乞食勢頭としての彼の仕事は、配下の男女が儲けてきた金品や食料を、不平不満のないよう平等に分配することであった。彼は食物に私欲を持たなかった。彼は死後の遺体解剖を条件として、ある医者の家で日々ぜいたくな食事をふるまわれていたと説く者もある。

おなじ洞窟の住人のなかには、もう一人、やはりある熱心なキリスト教徒の医者の庇護を受けていた狂人《ふらー》がいる。哲学者のように深刻な風貌の大男で、通称はジラマピンピン。そう呼ばれるようになったのは、彼が煙草をふかすたびに、かならずおごそかに「ピンピン！」と口ずさんでいたからである。

バクチャヤーの住人のほかにも、花の島を賑わせた狂人は少なくない。カマスーもその代表的な人物の一人である。彼はマチノウタ一と肉体関係があるという風評も流れていた。

カマスーは気の毒なゴーヤーであったが、ジラマピンピンとは対照的に、無類の陽気なおどけ者として愛された。彼がいると思うだけで気が晴々するほどであった。ただ、ついおどけすぎて失敗することもある。一度は足腰立たなくなるまで打ち叩かれた。糸満から頭に魚をのせて売りにきた女の乳首を、彼がたわむれにつまんだからである。

彼はときどき日進楼にも姿を見せ、ウシから煙草を貰って吸った。彼がねだるわけではないが、ウシも煙草好きだったので、気前よくすすんで与えていたのである。ところがある日のこと、居合わせたツルがウシに命じられて、なにげなくマッチの火をつけてやろうとしたとたん、カマスーは彼女の手をつかんで抱きしめようとした。ウシからこっぴどく叱られて彼はあやまったが、ツルはこわくて二度と近寄らなくなった。

アサギーという男も名高い狂人である。彼はいつも生まれたままの姿で天下の公道を走りまわるのを楽しみとしていた。インドの聖人ガンジーのように痩せた体であったが、男根《たに》だけは異常に大きかった。

彼が好んでその狂態をさらした町筋のひとつは、上の山小学校から県立第二高等女学校に至る間の、県知事や裁判所長の官舎など、格式高い屋根門《やーじょう》の並ぶ御屋敷町であり、他のひとつが辻の遊郭である。娼妓たちは彼の足音をよく覚えており、聞きつけると口々に「アサギーだよ」といってざわめき立った。彼が花の島をかけまわるのは、夜の芝居が終わって、もっとも人通りの多い時間であった。

アサギーはかつて有名な役者の一人であったらしい。気が狂ったのは、女の愛を裏切った報いだといわれる。

この罰あたりの男の面倒をみているのは、むかしこの花の島の遊女のころ、彼のせわになった女である。彼女はいつ戻るともわからない男のために食事を作って膳に並べ、朝までもひたすら待っているという話であった。

そんな浮世の万華鏡のような花の島で年をかさねること四たび、ツルはかぞえ歳十八を迎えた。芸娼いずれの途を選ぶにせよ、廓で生きるかぎり、法規に従って正式な認可を受けなければならない年齢である。ツルは芸妓として登録され、鑑札を給付される。

ツルが晴れて一人前の芸妓になった一九二二年（大正十一）、日進楼は年頭から多忙をきわめた。

陰暦一月二十日のいわゆる二十日正月の祭りにおこなわれるジュリ馬行列の準備に加えて、ツルがその行列の馬小《うまぐわ》に選ばれたからである。

それもまったく突然のこととて、本人よりも姉たちのほうがあわてふためいた。なぜそうなったのか。二階小様のミンタマヌカマルーさまが抱え妓一同をつれて、シキウンドゥルーへ新年の挨拶に伺ったのがきっかけである。

シキウンドゥルーは助右衛門と書く。より正確にはシケウェムンドゥンと読むのであろうが、辻では訛ってシキウンドゥルー、またはシキウンルルーと呼びならわしている。庄左衛門殿、勘左衛門殿などとおなじように薩摩の衆の名を冠した楼名であり、権力や財力を背景としたヤマトンチュとの深い因縁を物語る。未年《ひつじ》（大正八）の大火後、大和風に押し流されて大福楼と改名されたが、依然として旧名をもって親しまれた。

シキウンドゥルーの老名主もやはり、前借金を払ってくれたヤマトンチュのために操を守り、まだ花もさかりの二十歳のころから、いっさい他の男の恋慕を寄せつけなかったといわれる。義理と人情と並んで、報恩は、この操立て島に生きるかぎり、夢寐にも忘れることを許されない徳義のひとつとされた。「恩義忘《わし》りば　闇の夜の小路我胴《わどう》ど損《すく》なゆる　歩み苦《ぐり》しゃ」という歌のとおりである。

彼女は、前村渠の長老であると同時に、上村渠をも含めて花の島の王の権威を占めており、若い妓たちは遠くから彼女の姿を見ただけで身がすくむほどであった。

ミンタマヌカマルーさまは、つれてきた抱え妓たちを一人一人、これはわたしの子でございます、これはわたしの孫でございます、といってシキウンドゥルーのおばあさまに紹介した。

ひととおりのひき合わせが済むと、おばあさまはまじまじとツルの顔を眺めながら、カマルーさまに尋ねた。

「この子がツルちゃんだね。今度の二十日正月は何の役にだすの」

「はい、地方としてだすことにしています。三線が上手ですから」

カマルーさまがこう答えると、おばあさまは厳かにいい渡した。

「それはいけない。ぜひ馬小《うまぐゎ》にだしなさい」

「でもこの子は踊りを習っていませんから」

「心配することはないよ。馬小なんて簡単なものさ。さあツルちゃん、いまからわたしが教えてやろう」

そういったかと思うとシキウンドゥルーのおばあさまは立ちあがって袴の紐をとり、「ツルちゃんよく見なさいよ、こんなふうにまわればよいのだから」と、手をとってねんごろに教授した。

このさまを見て、ミンタマヌカマルーさまはもとより、ナベもウシも、ただただびっくりするばかりであった。もしうかつに若い妓が「馬小をやりたい」などといおうものなら、「おまえ、鏡を見たことがあるかい。わが顔と相談してからものをいいなさい」とどなりつけられるのが落ちだったからである。

なにしろ長老じきじきの指名ゆえ、そむくことはできない。しかし、衣裳代はどうすればよいのか。少々の金額ではない。ミンタマヌカマルーさまは「わたしがひき受けたのだから」といって旦那から金を借り、誰にも劣らない衣裳を整えてくれた。そのおかげでツルは一生一代の大役をぶじに果たすことができた。

ウシが前村渠の盛前《むいめえ》に推挙されたのも、この年のことである。任期は一年。島内の祭政のいっさいをとり仕切る幹事役であるが、名誉職とされて手当ては支給されない。しかも衣裳代から交際費まで、およそ過大の出費を要するため、よほど人並すぐれた甲斐性がなくては勤まらない仕事であった。任期を満了すると、さらに一年間、次期盛前の補佐役としてとどまる。

ウシが盛前に推されて後しばらくの間、日進楼には呉服商の訪問がつづいた。殊に商い手が久米町の人の場合、言葉づかいから礼儀作法に至るまで粗相のないよう、ウシは厳重に家人を戒めた。もと知明府と呼ばれた久米町の住人は、琉球王府の学芸をつかさどった中国人の子孫であるだけに、挙措進退ゆるがせにすることがなかったからである。たとえそこの人と知らなくても、髪形から簪のさしかたまで垢抜けしていたので、すぐ見わけられた。

あれでも盛前かと後指をさされないよう、ウシは懸命の虚勢を張った。しかし、着物を揃えるのが精いっぱいで、その他の高価な装身具までは到底手がまわらなかった。東京の吉原遊廓の貸座敷組合は辻の親元として重んぜられたが、その幹部を迎えての談判の席にでるときなど、姉の指輪を借りて急場をしのぐありさまであった。

しかし、ウシが盛前に選ばれてなにより苦労させられたのは、読み書きである。彼女はついに一日の小学校教育も受けないまま、屋部尋常小学校の校長家で子守り奉公を勤めたので、ほとんど文盲に近かった。彼女はこれまで、そのことをさほど不便とも苦痛とも感じなかった。抜群の記憶力と勘とで充分に補ってきたからである。が、もはやそれで盛前の大役が果たせる時代は過ぎ去っていた。

　ウシはすでに三十歳になっていたが、猛烈な勢いで読み書きの勉強を始めた。筆記帳を買う銭を惜しんで、使い古しの袋紙から薬の包紙まで、もし皺が寄っていれば火熨斗《ひのし》をかけてのばし、まっ黒になるまで字を書いた。そして寝不足と疲れから、どこにでも倒れるように横たわって眠った。雑巾掛けをしてまだ濡れたままの板敷の上でも眠った。

　文字の勉強には雑誌を読むのがいちばん早道であると聞くと、ウシはさっそく『婦人倶楽部』を買い求め、漢字のひとつひとつの読み方を客に教えてもらってふりがなをつけながら、虫が這うように読み進んだ。彼女がついにその一冊を読みあげたのは、五年後のことである。


　盛前の役についたウシは、その栄位を笠に着ることはなかったが、妹のツルに対する態度はますます厳しく、用を命じることもまたしきりになった。

「ツルにはお金がかかっているのだから」

　ウシはそういい放って憚らなかった。

　姉に命じられるまま、ツルは宴席にはべって地方を勤めた。盛大な宴会などに応援を頼まれて、他の妓楼に出向いたり、首里のウエキンチュの邸まで泊まりがけで出かけなければならないことも多くなった。

　廓内の祝儀は三円程度であったが、ウエキンチュの婚礼の遊座《あしびざ》に招かれるときには、もっと多額の礼金が与えられた。

それをツルはひそかに蓄えた。一日も早くウシあねのもとを去りたかったからである。彼女はあい変わらず、大姉のナベを母のように敬愛しつづけたが、次姉のウシとはことごとに衝突し、感情の溝は深まるいっぽうだった。

ツルは、怨みつらみの腹いせに、いっそウシあねの金庫を盗んで逃げだしてやろうか……と、そんな不逞な妄想にかられることもあった。火災のとき、ウシが手提金庫だけを後生大事に抱きかかえて避難した姿を、忘れることができなかった。

じっさい、これまでにも幾度かツルはウシに反抗し、生まれ島へ逃げ帰っている。そのたびにナベが迎えにきてやさしくなだめ、辻につれ戻した。

しかし、ツルに花の島からの脱出をうながしたのは、かならずしもウシに対する感情的な反発ばかりではない。ほかにもふたつ、彼女を日夜恐怖させてやまない現実があった。

そのひとつは、「娼妓身体検査規則」によって強制される毎週一度の検診である。性病の伝染予防が目的とされた。芸妓の場合は、娼妓のように下半身の検査はおこなわれず、上半身のみの診断にかぎられていた。それでもツルは耐えがたい屈辱におののかずにはいられなかった。

もうひとつは、不吉な死の影である。血のつづいた姉妹三人がジュリになれば、かならず誰か一人が死ぬ。そんな言い伝えがあることを知った日から、ツルはおびえつづけていた。去ることができるのは自分ひとりであり、自分がここを去りさえすれば誰も死なずにすむ。彼女はそう信じて疑わなかった。

三

ツルが姉ふたりとともに花の島で生活したのは五年あまりであるが、その短い期間にも眉屋一門はさまざまのできごとを送り迎えた。離ればなれになった男兄弟の身のうえにも大きな変動があった。

ながらく別々に葬られていた始祖夫妻の遺骨の合祀を機会として、眉屋三世萬吉の洗骨《しんくち》の儀式がおこなわれたのは、一九二〇年（大正九）の七夕《たなばた》の日である。母カマドをつれてナベたち三人姉妹も辻からかけつけた。

なにしろハブの多い場所である。萬吉の末弟萬長は大の臆病者として知られるだけに、墓をひらく前にたっぷり時間をかけて青松葉を焚き、その煙で墓のなかをいぶした。彼が警戒したとおり、墓をひらいてみると、長さ一メートルほどもある大ハブが二匹、煙に酔ってふらふらになっていた。

墓のかたわらに大釜を据えて湯を沸かし、その湯で死者の遺骨は鄭重に洗い浄められた。死後すでに七年を経過しているので、洗拭に手がかからず、洗われた骨は軽く美しかった。

洗い終えた遺骨は足のほうから順序正しく厨子甕に納められ、最上部に頭蓋骨が安置された。薄紙で包まれた頭蓋骨は、生前の面影をしのばせた。その前でウシはナベとツルに向かって、「わたしたち三人が力をあわせて眉屋を再建しよう。萬栄あになど、初めからいなかったと思えばよい」と励ました。

とどこおりなく洗骨の儀式が終わると、萬長は二匹のハブを料理して火であぶり、辻への土産として持たせた。生肝も持たせた。ナベは、その身のほうは豚肉や豆腐などとともに煮込んで養女たち全員にふるまい、肝は泡盛に漬けて保存した。肝酒は、のちに萬郎の薬として役立てられることになる。

萬郎はナベの世話で暫く那覇の菓子屋に住み込み、菓子の行商をしていた。店の女主人はナベたちとおなじように屋部村からジュリ売りされた人であるが、本土の男に身請けされて菓子屋を開いたので、親しいナベに頼んで萬郎を使うことにしたのである。

しかし、萬郎はまもなく那覇を去り、鹿児島へ働きにでた。勤めたのは醤油の醸造元である。ここで働くこと一年ばかり、彼は重い脚気を病んだ。やむなく帰郷することになったが、あまりに病状が重いので商船会社が乗船をこばみ、醸造元が特別に船を仕立てて送り届ける。

帰島後、彼は長期間ナベあねのもとで療養をつづけた。脚気には蛸と小豆とを煮たのが効くということであったので、いつもそれを食べさせられた。また、朝露を跣で踏むのがよいとも教わったので、毎朝早くバクチャヤーの野原を散歩させられた。ただ、独り歩きはできなかったので、彼を肩につかまらせて歩くのは妹のツルの役目であった。

萬五郎あにがラサ島から帰ってきたときのことも、ツルには生涯忘れがたい哀れとして生きつづける。

ある日のこと、ツルがたまたまナベあねの部屋のそとを通りかかると、なにやら激しくいい争う声が聞こえた。女の声が二人の姉のそれであることはすぐわかったが、男の声の主が萬五郎あにであることを知るまでには少し時間がかかった。まさか彼が訪ねてきていようとは思いもかけなかったうえに、あまりにその怒声が烈しかったからである。

「この金を見てくれ」と彼は叫んだ。「せめてマツだけには哀れをさせたくないと思えばこそ、食いたいものも食わずに気張って貯めた金だ。これでマツに牛を一頭買ってやろうと思って、それをなによりの楽しみにして戻ったのに……」

「あれにはずいぶんお金がかかっているのよ」

その声を聞いたとたんに、ツルは体中の血がひいてゆくような気がした。ナベあねの声だったからである。

ツルはその刃物のような言葉を、すでに幾度かウシあねから聞かされている。しかし、母とも慕うナベあねまでがおなじ言葉を吐こうとは、夢にも思わないことであった。彼女は眼の前がまっくらになって、生きた心地もしなかった。

口論はなおもつづいたが、やがてウシがとどめを刺した。

「わたしたちもどれほど哀れをしたことか。誰の助けも借りず、わたしたち二人で眉屋の借金はすべて払ったのだよ。お父さんの借金も、萬栄の借金も、きちんと返してしまったのだよ。それにマツをひき取ったのも、浜の眉屋の遺言だよ。ぜひ一日も早くわたしたちのもとにひき取るように、と、そう遺言して死なれたのだよ」

萬盛叔父の遺言であると知った以上、萬五郎にはもはや返すべき言葉はなかった。

これはあとになってわかったことだが、萬五郎はラサ島から那覇に着くと、どこにも寄り道をせず、まっさきに屋部村のダルギに飛んでいった。ところが、予想もしない顚末である。彼は逆上し、まるでダルギの女あるじが妹をジュリ売りしたかのように責め立て、つかみかからんばかりに罵りまくった。このことがあってのち、ダルギの老婆はすっかり萬五郎を怖れ嫌うようになったといわれる。

叔父の遺言とはいえ、ただ一人の愛する妹までが生まれ島からひき離され、無情の花の島につながれてしまったことは、萬五郎を深い絶望に突きおとしたが、それと同時に、彼に結婚をいそがせることにもなった。

いまは、眉屋の嫡子として祖霊を護るべき萬栄の行方もつかめない闇夜である。萬五郎は一日も早く家庭《ちねえ》を求め、不孝な兄の代わりに自分が歴代先祖の位牌と祭りをあずかろうと決心した。彼は大恩ある先祖の位牌を片時といえども「ヒズルグヮンス」として放置することに耐えられなかった。

結婚の意志を固めた萬五郎は、ふたたびラサ島へ渡った。家を持つために必要な費用をかせがなければならないからである。そして戻ってくると、生まれ育った久護部落で家庭を持つことにした。

萬五郎の妻となったのは、おなじ久護の西はずれに住むカニ屋の娘カマである。萬長叔父の世話による。カマの島名はハーダー。一九〇三年（明治三十六）生まれ。

カマは十二人兄弟の三女である。長女ウタを頭に、嫡子盛栄、二男盛金、三男盛松、二女カメ、三女カマ、四女マツ、五女ウト、四男盛幸、六女カナ、七女フサエ、五男盛一の順に生まれている。

子を売って子を養うの例に漏れず、カニ屋の娘たちも次々にジュリ売りされた。その悲運を負うたのは、七人の娘のうち、二女、四女、五女、六女の四人である。ただし、そのなかの一人は、悪い男の奸計にかかったため、まったくのただ売りに終わっている。その間の事情を、カニ屋の当主岸本光雄は次のように打ちあける。

「祖父は人が善すぎたためにたえず他人にだまされ、ひどい貧乏におちいったようです。なにしろ十二人の子持ちですから、満足なものが食えるはずがありません。屋部ヌンドゥルチの吉元ノロの話によりますと、ノロは娘のころ、親の使いをして祖父の家に借金の利子を取りにいっていたそうですが、粗末な食事の様子を見て、〈ろくなものを食っていないのに、なぜ返す銭がないのかなあ〉と、ふしぎに思ったということであります。

とうとう八方ふさがりになって、祖父が初めて二番目の娘をジュリ売りにいったときのことですが、取り引きが終わって宿に戻ったところ、おなじ宿に泊まっている人から〈あなたは売れましたか〉と尋ねられました。〈はい、売れました〉と答えますと、彼は〈わたくしも売りに行きましたが、きょうはもう遅いからといって、明日にまわされました。今夜のうちに借金を返さねばならないのに、いったいどうすればよいのか……〉と歎き悲しみました。人の善い祖父はすっかり同情して、人間は皆おなじだからと思い、〈それではこの金を持ってゆきなさい。どうせ今夜はここに泊まるのだから、あす返してもらえばよい〉といって、わが娘を売ったばかりの百円をそっくり貸してやりました。

翌日、幾ら待っても、その男は金を返しにきませんでした。どうしようもありません。祖父は村に戻って貸主に事情を話し、猶予を願いましたが、待ったなしの催促です。そこで三番目の娘を売ることにしました。ところがその子はジュリ小になるのを嫌って、髪の毛を切ってしまったので、やむをえず身替わりとして四番目の娘を売ったそうですが、結局二人売って一人分の金です。そんなわけでついに破産してカニワクの土地も人手に渡り、祖父は南洋へ渡りました」

この話のなかで髪の毛を切り落としたといわれる三番目の娘が、萬五郎の妻になったカニ屋のハーダーことカマである。ただし、彼女がジュリ売りをまぬかれた理由については、異説もある。カマの長女小枝子は、「母があまりひどいミーハガー（眼病み）だったので、買い手がなかっただけのこと」と説く。

いずれにしてもジュリ売りの運命をまぬかれたカマは、ウンサ屋に身売りされて農奴同然の境遇を送る。売られた値は千貫（二十円）であるが、のちにまた千貫を加えられた。ダルギに売られた眉屋の三女マツの場合とおなじく、じつに二千貫の債務奴隷である。

「誰もわたしの本名を呼んでくれる者はなかったですよ。〃二千貫《にしんぐわん》〃〃二千貫〃と呼ばれていました。わたしはそれを聞くのがつらくて、いつも涙を流したものです」

こう、カマは堪えがたい屈辱を語る。

その二千貫の重い鎖から彼女を解き放ってくれたのが、やはりかつてウンサ屋に売られていた山入端萬五郎である。彼はカマを自由の身に戻すため、五十円を納めた。

簡素ながらもめでたくニイビチの儀式を終えて二人が萬五郎屋を創建し、嫡子萬栄に代わって眉屋歴代元祖の霊位を護持することになったのは、奇しくも一九二四年（大正十三）である。もとより偶然のめぐりあわせとはいえ、萬栄がキューバでエリザベツ・カルベと結婚した年にあたる。時に萬五郎二十八歳、カマ二十一歳。

婚礼には那覇からナベとウシもかけつけたが、ツルだけは参加しなかった。すでにその前年、彼女はひそかに花の島を脱出し、宮古島へ渡っていたからである。

ツルは脱出さきを宮古と決めていたわけではない。どこでもかまわない、とにかく沖縄島から逃げだすことだけを考えていた。宮古を選んだのは、いよいよ決行とさだめた日、新聞の商船発着の知らせを見てみると、たまたま宮古行きの船がでることになっていたからにほかならない。

ツルは脱走計画をカマダーグヮにだけ打ちあけた。到底黙って別れるに忍びなかったからである。カマダーグヮはさすがにびっくりしたが、ひきとめはしなかった。ツルの心の苦しみを彼女は痛いほど感じており、いずれこの日がくることを覚悟していた。

その日——昼食を終えると、ツルはなに食わぬ顔をして二階にあがり、かねて用意した着替えを風呂敷包みにして裏口の路地に投げおろした。カマダーグヮがそれを拾って、素早く走り去る。それを見とどけてツルは、この日に備えて蓄えた二十五円のへそくりをふところに、手にはバイオリンだけを持って、悠然と日進楼をでた。いつものとおり、これからバイオリンの稽古にでかけるといった姿に見せかけて。

そのバイオリンは、「買った」といえば、胡弓の場合とおなじようにウシ姉から返品を命じられるので、ツルは「友人に貰った」と偽って大切にした品である。

「三重城《みいぐすく》に登《ぬぶ》て手巾持《ていさじむ》ちゃぎりば　走船《はいふに》の習《な》りや一目《ちゅみ》ど見ゆる」とうたわれた三重城の岩端に立って、カマダーグヮは力かぎりに手巾をふりながら別れを惜しんだ。ツルも船の上で手巾をふって別れを惜しんだ。

が、それも暫くのこと、カマダーグヮは悲哀をこらえきれなくなって、岩の上に泣きくずれてしまった。そのさまを見てツルの眼にも涙があふれ、カマダーグヮの姿が霞んでしまった。そして、初めて二人が久護の道端で会った日のことや、三月三日の御重の楽しみ、思いがけない辻での出会い、摩文仁の祭りにでかけた折のことなどが、走馬燈のようにツルの眼に浮かんだ。

そのとき、不意に背後から、ツルの名を呼ぶ声が聞こえた。ツルがぎょっとしてふり返って見ると、一人の男が立っていた。ナベあねと至極昵懇《じっこん》なアンマーの旦那である。

「ツルちゃん、悪いことをしてはいけない。電報を打って姉さんに知らせよう」と、その人はいった。

「いいえ、宮古へ遊びにゆくだけです。お願いします。電報など打たないでください」

ツルは必死に頼んだ。

「それでは宮古なんかにゆくのはやめて」と彼はいった。

「わたしと一緒に八重山まで遊びにゆこう」

彼はいつも八重山へ仕事にいっている男であった。

「いいえ、八重山へはゆきません。わたしはただ宮古へ遊びにゆきたいだけです」

「お金はあるのか」

「はい、二十五円あります」

ツルは正直にそう答えた。

「それは大金だ。遊んで使ったりしてはもったいない」

彼は厳しい表情をしてツルを諭した。

「ツルちゃん、きみは優れた芸を持っておるのだから、きょうからでも一人で食うことができる。そのお金に手をつけてはいけない。大切に持っていなさい。さいわい、宮古にはわしの懇意な店がある。紹介してあげよう。船が着いたら、すぐにその店に住み込みなさい」

「いいえ、話が決まるまでは宿屋に泊まることにします」

「だめだ。女が一人、しかもそんな大金を持って宿屋などに泊まったらおおごとになる。花の島とは違うぞ。男の欲の海だ」

激しい声であった。それを聞くとツルはにわかに心ぼそくなって、すべて彼の指図に従うことにした。

このような人に見つけられたのは、西も東もわからないツルにとって、むしろ天の佑《たす》けであったといえよう。

一夜あけて船が平良《ひらら》港に着くと、彼はツルを一軒の料亭につれていった。女将はツルの経歴を聞くと大喜びした。

「これはありがたい。踊り子は揃っていますが、上手な地方がいなくてこまっているところでした。給金は月に十五円だします。ぜひ働いてください」

「いいえ、そんなにいりません。十円ください。それで充分です」

ツルがあわててそう答えると、彼女を案内してきた旦那は、腹をかかえて大笑いした。

「なんという欲のない子だ、ツルちゃんは」

それから威厳をこめて訓戒した。

「しかし、それではいけない。きみは三国一の辻の芸妓だよ。サカナヤー（淫売屋）の女ではない。もっと自分の腕に誇りを持ちなさい。そして、大威張りで十五円貰いたまえ」

ツルはまもなく十五円では到底足りないことを知った。なにしろ着のみ着のままで辻を逃げだしている。夏冬の着物を新調しなければならぬ。しかもここでは、蒲団代まで自弁であった。給金は二十五円まであがったが、それでもなお足りず、ツルは借金をかさねた。

彼女はいまようやく、「ツルにはずいぶんお金がかかっているのよ」という姉たちの言葉が肝に染みるのを覚えた。生まれてはじめて知った姉の恩愛の重みである。

しかし、ひき返そうとは思わなかった。辻時代とおなじように上半身の検身だけはまぬかれなかったが、そのほかにはなんの拘束も受けなかったからである。花の島と違って、いつどこへゆくにも、警察官の眼を怖れる必要はなかった。ツルはそれこそ籠から脱けだした小鳥のように嬉々として羽ばたいた。空の色も、海の色も、生き生きと輝いているように感じられて、彼女はうっとりと酔うた。

砂糖黍の畑がつづく田舎道を歩いて、遠方まで客の遊興費を集めにゆくことさえ、いまのツルにとっては、かけがえのない自由の歓びそのものであった。

ツルがいつもつれ立って集金にでかけるのは、ウトという名の、辻では美人のほまれ高かった芸妓の一人である。名花を見なれた嫖客《ひょうかく》までが、「左馬《サマ》のウト」という名を聞いただけで眼を輝かせていた。左馬は、ツルが育てられた日進楼から一つ北の通りの獅子屋小路と中道の角にあり、美人の多い楼の一つとして知られていた。

宮古の夏は燃えるように暑い。ツルとウトは集金のゆき帰り、人目につかない海辺で着物をぬぎ捨て、体が冷えきるまで泳ぎたわむれるのを楽しみとした。いたずら好きの若者に見つかって、二人の着物をこっそり草むらに隠され、生きた気もしないほどあわてふためいたこともある。

芸に憑かれたツルにとってなによりの幸運は、女将が野村流の始祖野村安趙の孫にあたる人の妾であったため、たえず師弟が彼女の店に集まって、熱心な温習会を催していたことである。「おかげでよい勉強ができました」といってツルは感謝する。

ツルが薩摩琵琶の稽古をはじめたのも、この島にきてからである。彼女はその悲壮な調べと物語にすっかり魅せられ、好きな琵琶歌を弾奏しながらそれぞれの場面を自由に空想するほうが、活動写真など見るより遙かに楽しいと思った。

彼女はとくに勝海舟作「城山」を好んだ。そして、西郷隆盛の軍勢が官軍に敗れて城山で全滅する段になると、悲しさのあまり、弾くたびに涙を流した。

ただ、稽古をはじめて暫くのあいだ、ツルは難解な文字と言葉に悩まされた。縁板のことを床板といって、師匠から笑われたりした。

しかし、なによりつらいのは、薩摩琵琶を買う金がなかったことである。どんなにほしかったかしれない。が、到底手の届く代物ではなかった。こうしてこのエキゾチックな四弦の楽器は、ツルに対して未知の音の世界の魅力とともに、銭のない哀れをつくづくと教えてくれる楽器ともなった。

四

一九二五年（大正十四）、ツルは満二十歳を迎える。地元新聞社の美人投票で選ばれ、まるで奇蹟的な事件みたいに「二十一歳の処女」と書き立てられたのも、この丑年のことである。

その煽情的な宣伝文句は、これまで以上にツルの人気を高め、多くの客を集めることになったが、やがて彼女の運命を大きく変えるきっかけにもなった。

ツルの評判を聞いて足繁く通うのは、地元の男たちだけではなかった。彼女は、宮古の商業界を支配する「七人組」をはじめとして、本土からきている商人たちの垂涎の的にされた。面長の美貌もさることながら、当時この島で大和三味線が弾け、自由に「内地物」をこなせる地方は、うら若いツル一人だったからである。

彼らツルをとりかこむ大和商人の群れのなかに、佐藤某という、四国の金物商がいた。人の世の酸いも甘いも知りつくした四十五歳の男ざかりであったが、彼はひと目見てツルに恋いこがれた。そしてツルはこの世馴れた男の情にほだされ、もろくもその手に落ちる。それも、佐藤が故郷に妻子を持っていることを知りながらである。

ツルはなぜ彼に身をゆだねたのだろうか。短い答えは、さびしげな微笑に包まれていた。

「ヤマトの人にあこがれていましたから」

かならずこの地で末永くツルとつれ添う、と佐藤は約束したが、彼女が料亭の女将に借りていた百五十円を支払う能力はなかった。見かねてその金を立替えたのは、彼の友人の山県某である。

二人が家を一軒借りて所帯を持つと、ツルは化粧品の行商をして生計を助けることになった。夜、佐藤は彼女に算盤を教えた。

そのころ、ツルの兄萬五郎は妻のカマと一九二四年生まれの嫡子正男を残して本土へ出稼ぎに渡り、和歌山のモスリン工場で働いていた。彼に呼ばれて、萬郎もおなじ工場に入っていた。

儲け上手の萬五郎は、ツルが宮古で所帯を持ったことを知ると、早速大量のアッパッパ（簡単服）を送り届けてあきなわせ、宮古からはクバ扇を送らせてあきないをした。それは双方の貴重な副収入となる。

翌年一九二六年（大正十五）は、寅年生まれのダルギの女主人にとって、六度目の生まれ年である。ツルは十二年前の盛大な年日祝いのさまをなつかしく想い浮かべながら、心づくしの祝儀金三円を送った。かぞえ年七十三を迎えた老婆は、よほどその情誼が嬉しかったのであろう。「わったぁマッチューが送ってくれたのだよ」といって、村中に状袋を見せ歩いたとのこと。

ツルが久しぶりに山原の生まれ島に戻ったのは、その翌年である。到着したのは夜遅くだったが、彼女はその足で萬五郎屋をたずねた。萬五郎は結婚後、萬長屋の裏隣に土地を買い、ちいさな穴屋を建てていた。

薄暗い電燈がひとつぶらさがった狭い座敷を見て、ツルはびっくりした。幾人もの男たちが、あちこちにごろごろと寝ころがっていたからである。酒瓶もころがっていた。誰ひとり起きている者はなかった。それよりもっと驚かされたのは、見知らぬ男たちにまじった萬五郎あにの寝顔である。

ツルは、まさか彼が本土から戻っておろうとは思いもしなかった。ましてその酔いつぶれた姿など、想像もできなかった。なぜなら、彼は本土へ出稼ぎにゆくまで、まったく酒をたしなまなかったからである。

ツルはおそるおそる兄の名を呼んでみたが、萬五郎は目を覚まさなかった。代わりに障子の向こうから女の声が聞こえた。

「マッチャー、女小《イナグングワ》が生まれたのだよ」

萬五郎の妻の声であった。

ツルはいっそうびっくりして、部屋に入ってみた。囲炉裏端にカマが生まれたばかりの女の子を抱いて寝ていた。かたわらには、三歳になる嫡子の正男も眠っていた。きょう、娘は小枝子と命名された、とカマは告げた。

ツルはやっと事情がわかって安心した。萬五郎は友人たちと祝い酒を飲み、皆一緒に酔いつぶれてしまったのである。それにしてもめでたい日に戻ってきたものだ、と思ってツルは嬉しかった。

やがて目を覚ました萬五郎は、すっかり成人した妹の姿を見てびっくりしたが、彼女が戻ってきたことには驚かなかった。一門の誰かの知らせを受けて、祝いに戻ってきたものと錯覚したからである。そうではなく、思いがけない偶然のめぐり合わせであることを知ると、彼は驚喜してツルにこう告げた。

「この子はおまえにやる。おまえの子にして育てろ」

ツルはそれを冗談と思うゆとりなどなかった。まだ人の言葉を疑うことを知らない彼女は、ただもう嬉しさのあまり、夢を見ているような気持であった。

彼女は宮古島に帰ると、早速佐藤の許しを貰って裁縫の稽古をはじめた。そして、せっせと小枝子の着物を縫って送った。彼女が突然針仕事好きになったのも、また、くろうとが舌を巻くほど上手になったのも、ひとえに「わが子」と信じる、幼い生命への愛がもたらした技である。

それからまもなく、佐藤はにわかにツルの前から姿を消した。彼の叔父が四国から彼をつれ戻しにくるという知らせを受けたからである。

ツルは彼を怨もうとは思わなかった。ただ二度とふたたびヤマトの男に心を許してはならないと思った。利用できるあいだは愛するが、いったん不利になれば、たちまち棄てて顧みないことを知ったからである。

傷ついたツルをさらに追い撃ちする男があらわれる。その男はツルを佐藤とつれ添わせるために百五十円の借金を立替えた山県の甥である、と名乗った。彼の話によれば、山県は事業を持って台湾へゆく途中海賊に襲われて死に、彼はそのあと始末をするために台湾へゆくところであるという。結果はともあれ、彼女を自由の身にしてくれた恩人の甥である。ツルは故人への感謝をこめて鄭重にもてなした。

ところが、ある夜、この男は宿がないと偽ってツルの住まいをおとずれたばかりか、突如彼女に襲いかかった。ツルは大声をあげて助けを求め、あやうく難を逃れたが、その衝撃は決定的であった。

この呪われた島で生きつづける意欲をすっかり失ったツルは、今後の身のふりかたを和歌山の萬五郎あにに尋ねた。折り返し、兄から手紙が届いた。「二度と辻には戻るな。和歌山に来い。待っている」と書かれていた。

彼の言葉に従って、ツルは生まれて初めて本土へ旅立つ。そうとも知らず、ひそかに彼女のまぼろしを恋いつづける二人の若者を残して……。

その一人は、辻の火災の際、疎開さきで友人になった少年である。ツルたちの仮住まいの隣の屋敷に住んでおり、父親は県庁に勤めていた。旧士族の家庭らしく、少年は母親を「アヤー」、父親を「ターリー」と呼んだ。年はツルより一つ少なかった。

双方の豚小屋が隣り合っていたので、二人は餌をやりにゆくたびに顔を合わせるようになった。初めのうち、二人はそれぞれの豚の優劣を言い争って睨み合ったが、まもなく一日でも顔を見ないとさみしくてたまらない仲良しになった。

少年はツルが泡盛を仕入れにでかける姿を見かけると、いつも彼女が近道にして通る鉄道線路の途中まで迎えにゆき、彼女に代わって甕を運んだ。彼はツルより力が弱かったが、それでも彼女のためにつくすことが嬉しくてたまらないふうであった。ツルもまた、いつともなく彼の迎えを心待ちするようになり、彼が待っていないことがわかると、急に頭上の甕が重くなった。

最後に二人が顔を合わせたのは、ツルが日進楼に戻ってからである。少年の父親が病死したことを知ったナベは、ツルを代理として焼香にゆかせた。その席でおよそ一年ぶりに会った少年は、すでに中学校を卒業し、県庁勤めの凛々しい若者になっていた。二人は黙礼だけを交わして別れた。

ところが、ツルが供の少女と二人で帰ってくる途中、背後から彼女の名を呼ぶ声が聞こえた。ふり返ってみると、彼であった。よほど大急ぎで走ったのであろう。息をはずませていた。彼はツルのそばまで来るとものもいわず、折り畳んだ紙片を手渡すが早いか、いまきた道を一目散に走り去った。

紙片を開いて見ると、「ぼくと夫婦になってください。母を相談に行かせます」と記されていた。ツルはふるえる指でその紙をこなごなに破って棄て、供の娘にかたく口止めした。

それからまもなく、彼の母親が日進楼を訪れた。母親が帰ったあと、ナベはツルに対して一言、「焼香のお礼にみえたの」とだけいった。ツルもそれ以上聞くのをはばかった。

ツルを忘れがたいまぼろしとしたもう一人の若者は、ダルギで一緒に働いていたケンチュー屋の比嘉憲久である。

二人が最後に会ったのは、ツルが久しぶりに宮古島から戻り、萬五郎屋に泊まっていた折のこと。親しい女たちが彼女の帰りを知ってかけつけ、よもやま話に花を咲かせている最中であった。嫂《あによめ》のカマが、「見なさい、憲久だよ、憲久が来るよ」と叫んだ。ツルが表のほうを見ると、見違えるようにたくましい若者になった憲久が、砂糖黍を積んだ馬車のうえに乗っていた。

「ハイ、お前のお嫁さんだよ！」

「ハイ、お前のお嫁さんがここにおるよ！」

女たちは口々に囃したててツルを指さしながら、積荷のうえの若者をからかった。二人が一緒に働いていた当時、いつも「ダルギのミートゥンダー」と呼んでからかったことを覚えていたからである。

憲久はびっくりしてツルの顔に目をとめたが、それがなつかしいマツだとわかると、たちまち少年のように恥じらって面を伏せた。それがまたおかしくて、女たちは一段と陽気に囃したてた。

その歓声に背を向けて、憲久は積荷のうえから一束、砂糖黍を道端に投げおろした。過ぎ去る馬車に向かって、歓声はさらに高まった。若者がそれを誰に食べさせたいと思って投げたか、誰一人わからない者はなかった。

ツルが本土へ去ってのち、憲久はペルーへ渡った。そして、五十年が過ぎてもきのうのことのようにその日の思い出を語り、「わしは本気にしておったのに」といって残念がった。

第七章　黄白人種宣言

一

荒れ狂う革命の嵐を逃れてメキシコからキューバへ渡った山入端萬栄は、ハバナに上陸するとただちに砂糖黍耕地へ向かう。

「当時欧州世界第一次大戦中ダケニ、当国名産砂糖ワ、古今未曾有ノ好況デシタ。依リテ仕事ワ、有リ余ル程アッタ」

彼はこう書き記している。しかし、安心はできない。すぐそのあと、藪から棒をだすように、次の言葉がとびだす。

「然ルニ私ニワ其ノ仕事適セズ」

例によって例のごとく、ぶっきらぼうにこう語っているだけである。なにがどう適さなかったのか、ひとことの説明もない。おそらくはついきのうまで狂暴な破壊と極限の生をかいくぐっていた兵士のさがとして、彼もまた、農業労働者としての単調な日常性に復帰するはずみをつかみそこなったまでのことだろう。

一日の就労もしないまま、萬栄は旧友の大兼久安吉から十ドルを借り、耕地を去っている。「私ワ何処エ行クノカ、其ノ目的ワナカッタ」し、「東西南北サエ知ラズ」という。あてもなく耕地をでたさすらいびとは、まず一枚の地図を買い求めた。それから、サンチアゴまでの鉄道切符を買い求める。サンチアゴはキューバ島の東南部に位置し、首都ハバナからおよそ一千キロメートル離れた、古い港町である。萬栄は、目的もなく、なぜそこを目ざしたのだろうか。目的地がなかったからである。どこにも目的地のないとき、人はきまってさいはての街を目ざす。

かぎりもなくひろがる砂糖黍の大海原を縦断し、やがて東部地方の深い山岳を縫ってサンチアゴに降り立ったとき、萬栄のポケットにはわずか一ドルしか残っていなかった。彼はあてもないまま駅前の安宿に泊まったが、第一夜の宿泊料と食費を支払うと、残金は翌朝のコーヒー代だけになった。彼はやむなく愛用の剃刀を抵当として宿主にさしだし、金ができるまで助けてほしいと訴えた。宿主はこころよく承諾した。

一夜あけて萬栄がコーヒーを飲みながら窓のそとを見ると、駅前に労働者がむらがり、一人のボスらしい男から汽車の切符を受けとっているところであった。尋ねてみると、彼らはこれから砂糖黍刈りに雇われてゆく労務者たちであるという。

砂糖黍刈りの労役をうとめばこそ、はるばるサンチアゴまで流浪した萬栄である。しかしいまや、

「私ニハ其ノ仕事適セズ」などとうそぶいて、かたくなに背を向けつづけられる身のうえではない。
「私モ早速彼ノ男ノ前ニ行ッテ、一ッ下サレト願フタ」と彼は告白する。「スルト彼ノ男ワ、私ヲ足カラ頭マデ見ツケタ後、云フニ、貴方キビ切リ知ッテ居ルカト尋ネル。ハイ、知ッテ居マスト答エタ。其レナラ此ノ次ニ連レ行クトノ事ダ。其処デ私モガッカリシタ。私ワ今日一日生クル為メ、宿屋ニカミソリヲ預ケシニ拘ワラズ、トノ思案ニ沈ミツツ、私ワ未ダ彼ノ男ノ前ニ、ボンヤリシテ立ッテ居タ」

その茫然自失のさまは、二年前、同胞伊波亀とともに再度の入隊を志してメキシコ市のウエルタ軍兵営をおとずれた萬栄が、兵員募集中止の貼紙を目にした瞬間の姿を想い起こさせずにはおかない。寄るべもない、未知の国だけに、絶望はいっそう深かったであろう。

しかし、萬栄はよくよく運の強い男だ。悄然と営門にたたずむ彼の前にロハス将軍があらわれたように、ここでもまた一人の紳士があらわれて彼を救いあげる。そしてやがて、将軍との出会いが彼を死の恐怖におとしいれたのとおなじように、この紳士との出会いも、彼を死の脅威へと導いている。神ならぬ身の知るよしもない、その恐るべき運命への招待の模様を、彼はこう書き記す。

「スルト、五十才位ノ紳士、私ノ後方ニ立ッテ、二人ノ話ヲ聞イテ居タ人ラシカッタ。紳士云フニ、貴方日本デスカト尋ネル。サヨーデスト答エタ。イッタイ、彼ノ男ワ、何ント云フタノカト尋ネル。来タル便デ連レ行クト言フタ、ト答エタ。紳士云フニ、貴方仕事ヲ探シテ居ルカト聞ク。ハイ、仕事ヲ探シテ居マスト答エナガラ話シタ。実ワ此ノ三日前メキシコカラ来タバカリデ、只今向フノ下宿屋ニ宿ッテ居マスガ、明日カラ食ベルニ困ル立場デスト、カクサズ話シタ。紳士云フニ、御心配無用ダト、私ヲ連レ宿屋ニ入リ、紳士ワ宿主ト何ニカ話シヨッタ。

紳士云フニ、吾等此ノ市デ一週間位滞在スルカラ、其ノ間貴方モ此ノ宿デ食ベタリ、眠リタリセヨ、且ツ又小使銭モ無遠慮デ使イ遊ンデトノ話ダ。其ノ時ノ私ノ喜ビ、涙ヲ飲ミ込ンダ。嗚呼、玆ニ於イテ人間ノ情何ント深カラシメタノダ。

其ノ後、宿主モ私ヲ呼ンデ、カミソリヲ戻シタ。又、別ニ必要ナ事ガアッタラ、宿屋デ全部払フカラトノ親切ナ注意ガアッタ」

もちろん萬栄は、棚からぼた餅のようなこの好運と好遇を、不審に思わなかったわけではない。ただ、「私ワ紳士ニ向イ、何ンノ仕事デスカト云フ勇気ワナカッタ」とことわり、「先ヅ運ワ天ニ任カセト云フ私ノ現在主義ニ任カセタ」と述べている。

いよいよ約束の日がきた。紳士は同行の男女十名とともに萬栄をともなって朝六時発の汽車でサンチアゴを発ち、四時間後に製糖会社のある村に着く。ここで初めて萬栄は、この紳士のひきいる一団が、旅まわりの曲芸団であることを知った。

「而シテ私ニワ『カルワザ』ニ関スル事知ラズ、一体何ンノ仕事ヲナサセルカノ疑問デシタ」という。なぜなら、彼が演じるべき特技については、なお数日後の開幕当日まで、演技者本人にも知らされないままだったからである。

到着後三日間、一座は村の農家を借りて準備と稽古を整えた。それから山ほどの荷物を大きな車に積み込んで出発し、一時間後にひとつの村に入った。ここで初めて団長は、萬栄の役が日本の相撲取りであり、飛入り人をふくめて挑戦者との試合を演じるべき力士であることを告げる。広告にもそのことが派手に宣伝されていた。

当時はあたかも「伯爵《コンデ》・コマ」の名で知られる前田光世が、八百長の柔道ショーを持ってメキシコからキューバを巡業し、爆発的な人気をまきおこした直後である。『日本人メキシコ移住史』によれば、コンデ・コマとの試合は一ラウンド五分間の三ラウンドと定められ、もし十五分以内に挑戦者が勝てば賞金一千ペソ、引分けの場合は賞金五百ペソとうたわれている。その大金が、貧しい民衆の射倖心をいやがうえにも煽ったのである。

その人気を利用してひと山あてようというのが、この曲芸団長の狙いであった。しかし、いまとなっては逃げも隠れもできない。萬栄は「只ダ一笑シテスマシタ」という。さぞ空虚な笑いであったろう。およそ思いもかけない、その初土俵のさまはこうである。

「愈々今夜初メノ開幕ダ。見物人モ席場人デ山ヲナシタ如クノ好況ダ。演ズル芸モナカナカ上手ダ。然ルニ段々ト閉幕ニ近ヨル。而シテ席上ヨリ叫ブ不平、次エ次エトツタワル。不満ノ大声、今ヤ天幕モ吹キ飛バサントスル大騒ギダ。実ハ日本人スモートリガ居ナイ、又試合ガナイトノ理由ダッタ。同時ニ紳士ワ私ヲ連レ出シ、芸場ニ立ッテアイサツシタ後、御客ニ話ス。実ワ吾等ワ此ノ日本人ト試合スル為メ、只今其ノ人ヲ待ッテ居ル。ガ而シ、未ダ来ナイ。又別ニ何ンノ知ラセモナイ。先ズ今少シ其ノ相手ヲ待ツ外ニ道ガナイ。万一ノ場合来ナイナラバ、此ノ次ニ来ル時、必ラズ貴方等ニ御ランニ供シ度イカラト詫ビタケレドモ、見物人ハ不平ノ態度デアッタ」

海千山千のペテン師のおかげであやうく一難は去ったものの、むろんこれで萬栄の役目が終わったわけではない。砂糖黍の波を渡って巡業はつづき、製糖工場を持つ村や町に天幕が張られ、その下で萬栄は日本国技のチャンピオンに仕立てられて、紳士は物見高い観衆をだましつづける。その哀れな張子の虎の日本力士にとっては、「人間の目が見たもっとも美しい土地」とコロンブスを賛嘆せしめた、この大アンチル諸島中のもっとも美貌の島も、日々いのちのちぢむ地獄の一丁目にほかならなかった。

「万一ノ場合、相手ノクロンボー大男ガ来ラレタラ、其レヲ相手ニ、私ワ如何ニシテ試合施セヨーカ。沖縄ノ『カラテ』ナラトモアレ、当時ノ『スモー』試合ワ全然駄目デアッタ」

こう恐れおののく萬栄が最後に選んだ道は、逃亡である。彼を拾いあげた紳士に対する書置きは左のとおり。

「貴方ワ、世ニ迷フ私ヲ救イ上ゲシ、此ノ上ニ無キ御恩人ナリ。斯ニ拘ワラズ、只今貴方ノ目ヲ暗マシタ小生、涙ヲフキッツ何所エカ行カン。茲ニ悪シカラズ此ノ乱筆ヲ以ッテ詫ビ、貴方ノ将来ヲ祈リ、忘ルベカラザル貴方ノ御厚意コソ、永遠ニ私ノ頭脳ニ宿リ、又刻ムデアリョー。サヨーナラバ」

ラモン・ヤマと署名されている。彼がいつごろからラモンという名をもちいるようになったのかは不明である。

「逃ゲタ私ワ、別ニ何ンノ目的ナク」と彼は述べている。「野原ノ小道ニサソワレ、ソノ行方知ラズ、只ダ見ル草木陰ト、日光ニ射ラレルノミダ。前ニ前ニト進ム何所エカ。登ル坂道ニ、熱帯ノ日光ニヤカレル皮膚ワ益々クロニ変色スルノミダ。且ツ又、ツカレモ益々感ズモ、別ニ致シ方ナキ野犬ノ如シダ。遙カ向フヲ一見スレバ、二三ノエントツ、空ニソビエ、盛ンニ煙リヲ吹キ出ス。其レヲ機会ニ見当ナシ行ク。無事着スレバ、『デリサ』ト云フ、大キイ製糖会社ダ。同時ニ、仕事ヲ直グ貰フタ」

日給は一ドル二五セント、ただし十二時間労働であったという。

山入端萬栄がこの国に逃れつき、変転つねない流浪の生活をはじめた一九一六年、キューバはスペインから独立して十四年を経過したばかりである。萬栄よりも十四歳若い。

この新興の、しかしスペインの長く苛酷な収奪とアメリカ合州国の武力干渉による傷口の深いキューバへと、日本人が移民として渡るようになった歴史もまた比較的浅い。十九世紀末、この島で英国船から脱船した水夫若狭某をその第一号とする説もある。しかし、これは例外とみなさなければなるまい。

残念なことだが萬栄の転航当時、どれほどの日本人移民がキューバに流入していたかは不明である。ただ、およその数は推し測られる。一九一六年にこの国を視察した、時の逓信次官内田嘉吉は、同年開かれた日本移民協会の第一回移植民講演会における講話でその数にふれ、以前はわずか十名程度が小商業を営んでいたが、「近頃は趣を変へて、先づ百名程度行って居る」と語っている。（日本移民協会編『最近移植民研究』大正六年刊）

なおこの講話で内田は、当時三百二十万トンの砂糖生産量（輸出価格約二億四千万弗）を誇るキューバが、さらに多数の製糖労働者を必要としており、将来ますます有望な移民需要国となる可能性を強調しているが、同時にまた、次のような配慮を要望している点が注目される。「兎に角砂糖の耕地が段々開かれるので、労力が要る。さう云ふ大きな地面に、土人は僅かに二百五十萬人程しか居ないのであるから、労力が不足である。どうしても労働者を必要とするのである。今の状態では日本人の労働者は成績が良いやうであるから、地主は喜んで日本人を使用したいと云って居る。但し政治問題に就て多少の考慮を要するのは、玖瑪《キューバ》は今は独立国であるが、昔は西班牙《イスパニヤ》の植民地である。それが先年西米戦争の結果、独立して共和国となったのであるが、其際に少なからざる援助を得た為に、今でも合衆国に対して感謝の念を持って居る。同時に、政府は常に合衆国のすることを学ぶ。合衆国に於て日本人を排斥するからと云って、玖瑪に於ては縁故も、理由もないけれども、進んで日本人を入れようとすることを避けて居る形があるから、此場合に日本人を歓迎して入れるやうになっても、余り一時に日本人を入れると、問題にならぬとも言へぬので、行く人も世話をする人も、此辺は注意する必要があらうと思ふ」

こうした慎重論もとなえられていた時代である。すでに多数の集団移民が送りこまれていたメキシコの炭鉱の場合と違って、当時このデリサ製糖会社で山入端萬栄と労働をともにした同胞は一人もいない。かねて「冒険家ハ冒険ノ下ニ倒ル」を信条とし、孤独の流浪をかさねた萬栄であるが、ここではさすがに行先の不安を覚えたのであろう。やがていくばくかの貯えができると、その金で旅装を整え、首都ハバナへひき返そうとしている。

しかし出発の朝、一足の泥靴が、もろくも彼の出端をくじく。その呪われた朝のできごとを、彼はこう記している。

「愈々仕度ダ。新シイクツニ手ヲ伸バセバ、其ノクツガナイ。私ニワ大事ダ。寝台下ヲ見レバ、一足ノ大キイドログッシカナイ。茲デ私ワ正ニ冷水ヲアビセラレタ如クデシタ。情ケナイ事ダ。……其ノ後、クツ一足ノ祟リデ出市出来得ズ、砂糖耕地ヲ転々稼ギ廻ルノミダ。渡キュー以来早ヤ一ケ年ト数ケ月ダ」

この蹉跌はよほどこたえたのであろう。彼はめずらしく旅行者への注意として、「若シ下宿屋ニ宿ルナラ、決シテ共同室ニ眠ルベカラズ。宿ルトスレバ、着タママ、又ハイタママ、一夜ヲ明カス方安全ダ」と書きそえている。

その後一年数か月にわたる流浪の間、彼が転々と渡り歩いたのは、砂糖耕地ばかりではない。東部地方の鉱山でも働き、そこで反乱軍の捕虜になったりしている。

「時一千九百十七年二月」と彼はいう。「同胞七八名ト共ニ、東部方ニ在ル鉱山ニ行ッテ働イタ。此デ又メキシコ国ノ炭坑地帯ヲ思ワシメタ。当時、政治問題カラ来タシタ或ル一部ノ軍人反乱ヲ起シ、其ノ為メ、東部方面、即チ吾等ガ働キ居ル鉱山ニ於イテ静カナラズ。依リテ鉱山主、北米人、日本人ヲ集メ、同所ノ所々ヲ守ラセテ居タ。或ル夜、五人ノ日本人ト、カントク一人ノスペイン人、合ワセテ六名ダ。鉱山鉄道線ノ鉄橋ヲ守ッテ居タ。朝未明、三十人ノ反軍ニ捕ワレ、彼等ノ陣地エ引張ラレタ事モアル」

このような放浪の萬栄を首都に呼び戻したのは、彼をキューバにつれてきた大兼久安吉である。安吉は彼に中古自動車を一台買い与え、タクシー業を営ませた。これをきっかけとして、萬栄はやがて自家用車の運転手として雇われることになる。

「家族ノ運転手モナカナカ面白イ仕事ダ。給料モ相当ニ払イ、又日々ノ食事モ何不足知ラズ、立派ナ室モ在リ、主人ニ信用ヲ受クト又増給モアル。依リテ私モ初メテ、今ノ家庭ニ辛棒ナシ、正直デ働イタノダ。其ノ結果、相当ナ貯金ニ恵マレタ。其処デ冒険時代ノ借金ノ大額全部支払フテ、一安心シタノダ」

とはいうものの、彼のさすらいが終わったわけではない。これまでのように行きあたりばったりの、冒険主義的な高歩きはひとまずおさまったが、なおもハバナにおける勤め先が安定する日はおとずれなかった。自家用車の運転手になって後、一年間に十四軒の家庭を転々した、と彼自身語っている。彼の故郷でいうところのヤーカジヒールヤー（家数拾い屋）そのものである。

萬栄はその異常な家数拾いの理由を、「金儲ケノ目的ニアラズ、実ワ恋人求メノ目的ニ外ナラズデシタ」と告白している。

「去リ行ク歳月モ夢間ニ過ギルノミダ。自分ノ歳モ数エ度クナイ。而シテ、数フレバ、早ヤ三十代越ス。淋シイ気持ダ。今迄ニ於ケル私ノ冒険主義、其ノ結果如何ヲ、初メテ頭脳ニ顧ル。只ダ一人デ他国ニ在リ、未来ノ身置キデシタ。殊ニ海外ニ、親ナキ、兄弟ナキ、親類ナキ此ノ身、恰モサハラ大陸ニ淋シク生エ立ツ一本ノ樹木ニ等シカッタ。

自然ノ地球上ニ自然ノ天候ノ四季、順グリ順グリト巡ル。又帰ル。然ルニ人類ノ四季、即チ少、青、中、老ノ四季、一旦来レバ二度ト帰ラヌ。只ダ過ギ去ルノミダ。依リテ私モ早ヤ青年時代越サントスル。中年ワ今ヤ目前ニ現ワル。然ルニ、現在未ダ一人淋シク世ニ迷フ独身ノ境遇、何ント比較出来得フ。

故郷ニ在リテヤ、斯ク悩ムニ足ラズ。他国ニ於イテ、殊ニ人種又異ル関係上、如何ニシテ未来ノ賢母ヲ択ビ求メヨーカ。殊ニ又私ノ生来遠慮深キ拙者、尚ホサラ婦人ニ対シテノ遠慮コソ、天井無限デシタ」

「冒険主義者」山入端萬栄の痛ましい敗北宣言である。と同時に、断腸の棄民宣言でもある。彼はこれまで事あるごとに「冒険家」をもって自負し、「生来ノ楽天主義」を誇ってきた。しかしもはやここには、その若い気負いの余燼もない。あるのはただ、祖国から棄てられた民の絶望的な孤独と焦躁の影のみである。そのくろぐろとした影は、彼がもはや帰国の意志も希望も喪失していることを物語っている。

独り萬栄ばかりではない。それはまた彼とおなじように若くして、しかも男性のみの労働移民集団として海外へ送られながら、ついに帰国の機会にもめぐまれず、故郷から妻を迎える機会もえられないまま、「野犬ノ如」く異郷を彷徨する男たちの運命そのものでもあろう。

日本の海外移民史は、労働移民は棄民と同義語であることを教える。単身の労働移民が棄民化する率は、確かにもっとも高い。そして、棄民化の甚だしい所ほど、異民族との婚姻率も高い。不幸なことだが、わが国の移民に関するかぎり、異民族との婚姻率は、かならずしも人種差別の壁の高低を測る尺度とはならない。むしろ、棄民化の遅速を示すメーターである。

ちなみにメキシコにおける一九四〇年十月末日現在の統計によれば、在住邦人（但しバハ・カリフォルニア州在住者を除く）の男性世帯主一二五五名の中、日本人を妻としている者は二九一名であるのに対し、メキシコ人を妻としている者は四二四名にのぼる。またこれを州別に見れば、特に多数の炭鉱労働移民が送り込まれたコアウイラ州においては、男性世帯主一一九名の中、日本人を妻とする者はわずか二〇名であるのに対し、メキシコ人を妻とする者は五〇名をかぞえている。

メキシコからキューバへ逃れた若者たちもやはり、コアウイラ在住者とほぼおなじような割合で、他民族と結ばれていると推定される。

二

もちろん、メキシコの地底に送り込まれた労働移民の皆が皆、山入端萬栄とおなじ途をたどったわけではない。ここでひとまず、その生まれ島を萬栄とともにする、炭鉱移民たちの歩みの跡を見てみよう。

東洋移民会社の募集に応じて、屋部村からメキシコへ渡った炭鉱移民は七名であるが、前にも述べたとおり、岸本耕壱と名城政慬の消息はまったくつかめない。岸本徳行はメキシコ革命の戦乱に斃れている。

残る四名の中、もっとも早く帰郷を果たしたのは、宜保久元と久和の兄弟である。二人の帰国を早めるきっかけとなったのは、炭鉱のガス爆発事故であったといわれる。そのとき久元は入坑中であり、さいわい傷は負わなかったが、三日間坑内に閉じこめられていたとのこと。弟の久和のほうは、まるまる無事であった。彼はこの日、仕事を休んでいたからである。災害の日は不明だが、一九一〇年頃のことと思われる。

二人はすっかり怖気づいて、兄は日本に戻り、弟はアメリカ合州国へもぐり込んだ。帰国してまもなく久元はキャーキ屋小の娘マツをめとり、妻をつれて南アメリカへ移住した。

キャーキ屋小は、山入端萬栄の母の生家であるキャーキ屋の分家。宜保久元の妻となったマツはその三女であり、長女は屋部ウエーキ久護の十世を継承した岸本久訓の弟久仁にとついでいる。

久仁も兄久訓とおなじく、最初の妻との間に子を儲けることができなかった。そこで娶り替えたのがキャーキ屋小の長女であるが、彼女もやはり子宝にめぐまれなかった。しかしこの再婚は、思いがけず新しい時代の潮流を屋部ウエーキ一門にもたらすきっかけとなった。なぜなら、この縁組が渡し船となって、久仁夫婦は、宜保久元夫妻の住むアルゼンチンへ移住し、一門の海外散開の先駆となったからである。

久護の十世岸本久明の弟久安は、異腹の男子三人を儲けているが、その三男の虎男は、叔父久仁の養子としてアルゼンチンへ移住した。また、嫡男の久通はブラジルへ、二男の久米松はアルゼンチンへ移住した。久安の弟久栄の嫡男久康も、やがて中国へ渡る。

宜保久元夫妻がまず初めに契約労働移民として渡航したのはペルーであり、入植地はカニエテ耕地である。

カニエテ耕地は、南アメリカにおける最初の日本人移住地として知られる。森岡移民会社によってここへの集団移住が開始されたのは一八九九年（明治三十二）であり、ブラジル移民の開始より九年早い。ここはまた、奴隷的な重労働と低賃金をもって知られ、日本人移民の蟻地獄として恐れられている。

久元夫妻がここをぶじに脱出できたのは僥倖であった。二人は首都リマにおちのびて喫茶店を営み、スーペ港で長女キヨの生誕をみる。時に一九一六年（大正五）。

その翌年、久元夫妻はアルゼンチンへの移住を決意、船でチリのバルパライソへ渡り、馬でアンデス山脈を越えてブエノスアイレスにたどり着く。氷雪のアンデス越えの際、久元は凍傷にかかって耳をそこなったが、妻子はぶじであった。夫妻は首都の郊外で花卉栽培を業とし、一九一九年五月には待望の嫡男久蔵が生まれた。齢三十八にしてようやくめぐまれた男の子である。

狂喜した久元は、ぜひ久蔵に日本の教育を授けたいという一心から、彼が満一歳を迎えるのを待って、急ぎ妻子三人を帰国させた。久元が帰国したのは、それから十九年後の一九三九年である。

帰国後、久元は屋部村で農業を営み、一九六八年に世を去った。享年八十七。彼は晩年に至るまでこよなく酒を愛し、日に一升の泡盛を飲んだといわれる。妻マツは一九七〇年に世を去った。享年七十五。

久元の弟久和のほうは、兄にくらべると遙かに短い、不幸な一生であった。彼もやはり妻を求めて、再度アメリカ合州国から屋部村に戻っている。しかし、誰ひとり、彼と結婚しようとする女性はなかった。世話をする者もなかった。彼にはアメリカに妻がおり、子も生まれているという噂がつたわっていたからである。

その女性は、おなじ名護間切数久田村出身の某移民の妹であり、久和がぜひ嫁にほしいと頼んだので、わざわざ郷里から呼び寄せた人であるといわれる。一九二〇年、彼女は久和の子を生み、その子は久雄と命名された。しかし、久和はついに彼女を妻として入籍しないまま、別離したとのこと。

彼は二度目の帰国の折、辻遊郭で娼家を営む叔母のもとまで足を運び、ジュリでもよいから結婚させてほしいと頼んだが、にべもなく拒絶された。

宜保久和が生まれ島のはらからにうとまれたまま、さびしくロスアンゼルス市の玉城旅館で息をひきとったのは、一九二五年の秋である。享年三十七。遺体はエバ・グリーンで荼毘に付され、釈諦聴と法名された。司宗は羅府東本願寺別院。導師は津布良関教師。同年十一月三十日、左記のような弔報が生家に届く。

「皆様御家内中には御障りは御座居ませんか。次ぎに宜保久和君には病気の処、友人も一同心配して医師も呼び、出来るだけの事を尽しましたが、薬石もその甲斐なく去る十月十四日午前二時眠るが如くに、加州羅府市に於て死亡致しました。人事を尽して天命を待つで、彼の死も天命ですから、皆様も遠い遠い所に居られる以上、おあきらめなされ、御健康であらんことを祈って居ります。尚ほ葬式は十月十七日羅府東本願寺に於て盛大に済ましました。火葬致しましたので近近内、灰と其の日に写した写真を送りますから御受け取り下さい。尚ほ後の色々の整理は、我々がやりますから御安心下さい。整理が済んだら後で又手紙を送ります。重ね重ね御願ひ致しますが母様御心配をなされん様にして下さい。次ぎに友人から葬式の際戴いた香典料米金百弗送ってありますから御受け取り下さい」

日付は十月十八日。世話人として仲本忠二（宇茂佐）、宮里徳三（大兼久）、吉元永勇（屋部）とともに、岸本久信が名を並べている。久信は、宜保久和とおなじ船でメキシコへ渡った仲である。

久和がただ独りの子としてこの世に遺した久雄は、シカゴに住んでいるともつたえられるが、彼の確かな消息を知る者はいない。

岸本久信も、宜保久和につづいて、妻を迎えるためにアメリカ合州国から里帰りしている。帰国は一九二一年。この年、彼はすでに四十三歳になっていた。彼に対して、責任をもって結婚の世話をするから、速やかに帰国するよう、促したのは一門の主、岸本久訓である。

久訓はつね日ごろ村内の若い娘たちに対しては、好きな人と結婚するのが女にとって最高の幸福だと説きながら、こと一門の縁組みに関するかぎり、きわめて独裁的であった。

彼は殊に名護大兼久の人との縁組みを極度に忌避した。理由はほかでもない。眉屋の初祖が大兼久の人だったからである。まえに述べたとおり、久訓も弟の久仁も嫡子を儲けることができなかった。そしてその原因は、彼らの先祖が眉屋の初祖夫妻の仲を裂いた祟りであるとされた。それゆえ久訓は、「大兼久の男と結婚すれば碌なことはない」と主張し、相手かまわずかたくなに反対してやまなかった。姪の一人だけは、その反対を押しきって大兼久の男にとついだが、やがて離別し、三十歳の若さで世を去った。久訓の養子となって久護の十二世を継いだ久成の姉である。

あつものにこりてなますを吹く慎重ぶりの当主としては、祖父の妾腹の子孫である岸本久信が、宜保久和のような運命をたどることが気がかりでならなかったのだろう。

帰国した久信は久訓に対して、「私は婚期が遅れたので、なるべく若い娘と結婚して、多くの子を生ませたい」と希望した。

久訓はその要望を容れて、カニ屋小の娘ウシに白羽の矢を立てた。彼女は若いうえに、まれにみる美しい人であった。久信はひと目で彼女が気に入った。しかし、ウシのほうは、あまりに年がちがいすぎる、といって拒んだ。そこで久訓は、旭川の比嘉のヤーグヮーの娘カナを強引にとつがせた。カナは一九〇五年（明治三十八）生まれ。二人が結婚した年、夫は四十四歳、妻は十七歳であった。

久信はわが子ほど年のちがう新妻をいとおしんでやまず、まるで辻遊廓のジュリグヮーのように美しく着飾らせた。カナが身ごもると、久信は安心してアメリカへ戻った。あけて一九二三年（大正十二）に男の子が生まれ、久三と名づけられた。

久信は大喜びして妻子の写真を送らせ、食事のたびに「こんなうまいものを一人で食うのはもったいない」といって、かならずその写真のまえで食べた。彼はロスアンゼルスで実業家の家庭に雇われ、庭や車の手入れをするのが仕事であった。小柄で働き者の彼は、家人からジャッキーと呼ばれて可愛がられた。英語が下手なせいもあって街へ遊びにでることもなく、働いて金を貯えるのを唯一の楽しみとした。

結婚後、彼は五年ごとに一度里帰りすることになった。帰郷の目的は、生まれ島の苦労を忘れないためであり、周期を五年と定めたのは、それより長く帰郷しないと、ふるさとの苦しみを忘れて、金をためようという意欲がなくなるからだ、と彼は説いた。

妻カナは、夫とともにアメリカへ渡って親子一緒に暮らしたい、と思うこともあった。しかし、久信は、妻子に「あわれ」をさせたくない、といって許さなかった。

最初に帰国した折、久信は墓を造って先祖を合祀した。トートーメー（先祖の位牌）も造った。

二度目に帰国した折、赤瓦葺きの大きな家を新築した。屋部ウエーキが国王尚穆の行在所として建てたアサギを彼が買いとったのも、このときのことである。

三度目に帰国した折、屋部ウエーキ所有の田を三千坪買いとった。水田としては、文句なしの一等地ばかりである。

当時、屋部ウエーキは、多額の負債にあえいでいた。岸本久訓らが中心となって推進した分蜜製糖工場の建設計画が、無残な失敗に帰したためである。

第一次世界大戦下の好況に乗じて、屋部村に共同製糖場組合が生まれたのは、一九一八年（大正七）八月のこと。近代的な大工場を建設して、たっぷり甘い汁を吸おうという目論見であった。貧素者も半強制的に出資させられた。買わない者は村民とみなさず、葬式もしてやらないという威しに抗してただひとり、新伊豆味屋の秀幸が「わたしが死んだら小舟に乗せて、ハワイにおる徳元のもとへ押し流してくれ」といった「アダン地の石」の面目については、前に述べておいたとおりである。

そんな騒ぎまで巻きおこした製糖工場も、肝腎の機械が動かないため操業不能のままに終わり、共同製糖場組合は発足してわずか十六か月で解散した。邯鄲《かんたん》の枕となった機械は、皮肉にも当時の敵国ドイツ製であったといわれる。

長者衆の損害は大きかったが、彼らには負債の償還にあてる財産が残されていた。哀れをきわめたのは、甘言につられ、高利の借金で株を買った貧素者である。たちまち生活に窮して、八重山へ移住したり、九州大牟田の三井三池炭鉱へ働きにいったり、娘をジュリ売りする者が続出している。

そのような時期に久信が帰国したのは、久信自身にとっても、また屋部ウエーキにとっても、一つの幸運であった。なぜなら、こんなときでもなければ、屋部ウエーキが歴代の権勢にまかせて私有した美田を手放すようなことは、けっしてありえないからである。屋部ウエーキの当主は、他人の手にでなく、ぜひ一門の誰かの手に渡るよう望んでいた。

うら若い妻をえたうえ、立派な墓を造り、瓦屋を建て、選りぬきの美田まで手に入れた岸本久信は、世にもまれな果報者として村びとからうらやまれた。しかし、彼の生活はつましかった。彼は父親の久吉に輪をかけたような倹約家としても知られる。「チンヤク、チンヤク！」それが口癖であった。

カナが村から名護まで人力車に乗りたがっても許さず、俥賃二十銭を貯金して歩かせた。盆正月の先祖祭の供物も、金をかけて派手にすることを禁じた。浪費は子供の教育上よくない、というのが彼の持論であった。

一九三五年（昭和十）、カナは二人目の男の子を生んだ。名は久二男。父久信は、齢すでに五十七をかぞえるので、誰もみな稀有のワシレングヮー（忘れ子）だといって、称えたり、あきれたりした。また、女たちは「おまえ、甕を割ってから生んだろうね」と冷やかした。ちょうどひとまわり違う亥年生まれの兄久三も、弟をえた喜びよりも、他人の評判に赤面して、なぜいまになって弟を生んだのか、と母親を責めるありさまであった。

しかし、久二男は生後四年にして、ワシレングヮーという俗称を返上させられる。一九三九年（昭和十四）、三男の久雄が生まれたからである。久信は、屋部ウエーキに対する嫁選びの条件を、身をもって果たしたといわなければならぬ。

ただ残念ながら、久雄は、文字どおり父久信の忘れ形見となった。久信は妻が三男を懐妊した一九三八年、破傷風のため急逝したからである。享年六十。

かねて久信は、世代を異にする若い妻が倹約の観念に欠けがちであることを気づかい、あらたまって屋部ウエーキの久訓の妻カマドに対し、そのむねをよくよく説き聞かせてくれるように、と依頼した。それが、彼の遺言となった。

もちろん、カナが浪費癖を持っていたわけではない。新旧世代の感覚がくいちがっただけである。彼女はよく亡夫の遺言を遵奉して家屋敷を護持し、三人の子にそれぞれ中等学校の教育を与えた。

三

屋部ウエーキの当主は、阿楚屋の嫡男岸本久信につづいて、ぜひ眉屋の嫡男山入端萬栄に家を持たせたいと願っていた。久訓は終生眉屋の始祖に対する恨みを忘れることはなかったが、同時にまた、一門の頭領として、果たすべき責務を忘れることはなかった。しかし、誰に尋ねても、萬栄の所在はもとより、安否を知る者はなかった。

久訓がロスアンゼルスの久信に帰国と結婚を促していた一九二〇年の末、ハバナの萬栄はまたもや勤めさきを替えている。

「丁度十四ケン目ノ家ダ」と彼は語る。「愈々働ク事ニシタ。而シテ、女中等ワ皆、クロ人種ダ。見テ、ガッカリシタ。然ルニ主人ニ於ケル、私ニ与エル待遇、恰モ我ガ子ヲ愛スル如シダ。私ノ望ムワ、只適当ナ婦人ノミダ、ト思案ニ又思案ト共ニ励ムノミダ。日ヲ去ルニ従イ、家族方デ益益信用シテ呉レ、私モ今ノ家ヲ振リ出テ行ク事、私ノ良心ガ許サナカッタ。依リテ、私モ不動ノ体制デ心棒シタ」

食指の動く女性は依然として見あたらず、かといって去るにも去れないまま、この家で五か月間働いた萬栄は、翌年五月末には雇主一家の供をして、北米大陸へ避暑旅行にでかける。

「到着地点カナダ国境デ楽シク遊ビ、文明国タル其ノ印象、到ル所デ皆閉口スルノミダ」

彼にとっては、ついに見はてぬ夢に終わった黄金郷である。よほど去りがたかったのだろう。休暇が終わるのを待って、彼は雇主にひまを乞い、独りニューヨークに遊んでいる。そして、ここで一人の女性を見そめ、恋の虜となる。ほんのゆきずりの愛のたわむれのようにもみえるが、彼は手記に一章を設け、「北米ニューヨーク市ニ於ケル初恋イ」という見出しをつけている。彼にとっては、うそもいつわりもない初恋であったのだろう。

「婦人ニ対シテノ遠慮コソ天井無限」と自認する萬栄が、三十三歳にして初めて経験した〝ニューヨークの休日〟の顚末は、次のように綴られている。

当時相当ニ有リシ貯金ヲ頼リニ、遂イニ、ニューヨーク市エト行ッタ。見タル世界第一ノ大都会、何ント想像シテ話セヨーカ。到ル所デ閉口スルノミダ。殊ニ婦人等ノ新流行ノ体制コソ、ウラヤマシカッタ。私モヤヤニューヨーク市ヲ見物シタアゲク感ズワ、私ノ服飾デシタ。依リテ第一初メ、頭カラ足マデノ仕度ダ。其レデ、他ニ劣ラヌ紳士ノ側面ヲ飾ッタ。当市到着後ノ服飾ワ、余リ旧式デ、身体ガ縮マル様デシタ。今ワ全身ツツマル新流行、他ニ負ケヌ私ノ体制ダ。

或ル日、私ワ飲食店ノ前ヲ通ル。中ヲ見レバ、五六人ノ婦人等ガ居ル。私モ或ル紳士ノ如ク、食卓ニ席ヲ取ル。早速一人ノ美人サンガ来ラレ、何ニカ云フ。私モ飲ミ度クナイコーヒー一皿注文シタ。美人サンモナカナカテイネイデアッタ。消費セシワ少々十五仙ダ。而シ私ワ五十仙、食卓上ニ置キ、一言ナシニ出テ行ッタ。

其ノ日ノ晩モ、今朝取リシ食卓ニ席ヲ取ル。同時ニ又同ジ美人サンダ。今度ハ尚ホサラ親切ダ。ニコニコト見セル美顔、今ヤ話シカケル様デアッタ。其ノ機会ニ私モ話シ度ク、而シ未ダ早時ト我慢シタ。紳士ノ仮面ヲ冠ル私、大食ワ取ラズ、費スワ只ダ四十仙デシタ。而シテ、一弗呉レタ。残リワ貴方ニ、ト、一言シテ出テ行ッタ。

其ノ後二日後、話モ自由ニ、恰モ旧友ノ有リ様ダ。又相手ノ事情ヲ知レバ、彼女ワ、マーク・メーリー嬢デ、国ワ、昔ノ英領アイラン島人ダ。私モ、ラモン・ヤマ、キューバ国在ノ日本人、ト話シタ。

其ノ後私モ毎朝毎晩、美人サンノ所エ行キ、益々親シム。無論、私ニワマダフトコロモ福々ト自由ニ使エタ。人生、初メテノ私、男女ノ友交ニ甘ンズ。両方モ日ニ増シ仲ヨク、夜ワ映画及ビ夜遊ビダ。天下ワ私ガ支配スル様デアッタ。殊ニ夜ノ街上、手ト手ト巻キ合イシテ歩ム、何ント楽シイ世デ在ルカヲ感ズ事コソ、永遠ニデアローヲ喜ブ。

ヤヤ一ケ月モ、一日ノ如ク続ク。私モ夢中其ノママダ。月日立ツモ知ラズ。只ダ知リ得タワ、私ノフトコロダ。日ニ増シヘルノミダ。一日十ペソ位ノ勘定ダ。只ダ一日越セバ、又ヘルノミダ。茲デ情ケナイ、泣クニモ涙ガ出ナイト云フ立場デアル。働ケバ、仕事ワ沢山有ル。而シテ、今迄紳士ノ生活ヨリ、イザ飲食店ノ皿洗イ、トワ、親シイ私ノ美婦人ニ対シテ、御気之毒千万デシタ。

私モ已ムヲ得ズ、アノ印象深キ市、彼ノ可愛想ナ美人ヲ後ニ残シ、二度ト会ワヌ、彼ノ美人コソ、果シテ現在如何ン。

のちにキューバから沖縄の母親あてに送られた写真のなかに、一枚だけ、萬栄がこの当時ニューヨークで撮らせた写真がある。「天下ワ私ガ支配スル様デアッタ」という言葉どおり、得意絶頂の面影が窺われないでもない。現存する彼の遺影のなかでは、もっとも若い日のものである。

さて、ドルの都の初恋に陶酔して無一文になった萬栄は、キューバに戻るとまたもや運転手としての働き口を求めて、ハバナ駐在ドイツ公使館に雇われた。就業は一九二一年十二月一日。そしてこの日、たちまち、彼は公使館の従業員の一人にひと目惚れしている。

これまで彼がわずか一年間に十四軒の「家数拾い」をかさねたのも、もっぱら恋人ほしさからであったが、ようやく十五軒目で幸運の女神にめぐりあったことになる。その経過は「ニューヨーク市ニ於ケル初恋イ」の段にもまして熱っぽく詳細に手記され、「国境越セシ恋、万難一除シ独乙人ト結婚ス」という見出しがつけられている。ここにその全文を再録しておこう。

十二月一日、公使家庭ニ入ル。朝コーヒー飲ムニ、女中ノ案内デ、女中等ノ食堂ニ導カレ、見ルニ、コック婦人三十六歳、女中二十六歳ダ。

恋ニ焦ガレル、私ノ目カラ見タ女中、ナカナカ美人サンダ。頭ニ飾ル金髪、青キ目ノ玉、リンゴノ如キ顔色コソ、私ニガタガタ震ワセタ。而シ話セバ一言モ通ジ得ナカッタ。幸ニシテ、コック婦人サンノ英語デ幾ラカ相手ノ事情モ知リ得タ。

吾等三人食卓ヲ前ニ、飲ムコーヒーノ味サエ感ゼズ。私ワヒタスラ、彼ノ女中ニ思イヲ集注シタカラダ。又女中ガ私ニ対スル行動立派ニ知リ得タ。「確カニ私ニ愛ガ有ルヲ認メタ」又彼ノ女モ斯ク思フタニ相違ナカッタ。

聞ケバ、第一次世界大戦後、初メノ在キュー独乙公使館設立シ、故ニ二人ノ女中、二ケ年ノ契約デ連レ来タノダ。

私モ女中ノ近所ニ、立派ナ室ヲ貰ッタ。十二月十四日私ノ生レ日ヲ、忘レズニ知ラセ置イタ。言語ニ通ゼヌ二人ノ間柄モ、心ニ任セナガラ、日ニ増シ深クナルノミダ。今ヤ恋イノ正門ヲ叩カントスル私、必ラズ門内ニ待チ焦レル美ノ婦女、未来ヲ夢見テ待チタランニ相違ナカッタ。

私ニ忘レ勝チノ十二月十四日ノ晩ダ。トナリノ女中等ノ室ヨリ、極ク静カデ叩ク音ト共ニ、向フ側カラ静カニ戸ガ開カレタ。同時ニ二人ワ、手マネシツツ、入レ入レト云フ。私モ偶然トワ云エ、喜ビニ満チ、彼等ノ室ニ極ク静カニ入リ、通ゼヌ話モ、心ノ通ジノミデ沢山デシタ。

書キシ五六ノ英語デ、其ノ意味立派ニ解シタ。今夜私ノ生レ日ダカラ、小サナハンカチヲ貰フタ。其レニ又、少々ノ菓子ト御茶ガ用意シテアッタ。私モ夢ノ如クデシタ。生レテ初メテ三十二歳ヲ祝セシ印象コソ、未来ノ立派ナ私ノ賢母、エリザベツ女デアッタ。

其ノ後トイエドモ、二人ノ恋イ、水モ漏レヌ大秘密ニ納メツツ働ク。公使家庭ニワ、公使夫妻（のほか）三人ノ娘、女教博士一人、看護婦一人、及ビ女中二人、合ワセテ七名デシタ。

ダンダント日去ルニ従イ、家族等、私ニ対スル待遇此ノ上ニナキ好待遇ダ。殊ニ女中等ニモ、斯ク命ジテノ注意アッタラシイ。又公使ワタビタビ家族食堂ニ於イテ、日本人運転手ノ事ヲ大イニ賞讃シテ、自慢振リデ話シテ居タヨーダ。其処ガ未ダ吾等ノ恋イ知ラザル前ダッタ。

不幸ニシテ、吾等ノ恋イ、六ヶ月後、遂ニ知ラレタ。茲ニ於イテ、私ワ、風ニ耳在リシ為、其ノ罪ワ、風ニカブセタノダ。

一旦、二人ノ恋イ、知レシ後ノ彼等ノ態度、何ント比較出来得タカ。恰モ、今ニモ天ガクズレ来ル如クノ大騒ギダ。

殊ニ恋人、エリザベツモ色ヲ青ザメテ云フニ、二人ノ恋知ラレタカラ、早ク此ノ家ヲ出テ行ケ、二人ワ相ヨリ変ラズ恋イト恋イトヲ結ビ置クカラ、二ヶ年後必ラズ、結ベル恋イ只ダ結婚ノミダ、ト悲憤ノ涙ヲ吸イツツ暖キ別レノセップン禁ジ得ズ、又一種ノ悲劇ニ打タレツツ、今ノ内ヨリ振リ出タノダ。

ヤヤ六ヶ月間、一家内デ共ニ稼ギ、共ニ食シ、共ニ愛シ、相交ワッタ、私ノ唯一ノ恋人、今ヤ別レ別レト離レタトワ云エ、二人ワ益々強ク堅ク、恰モ不動大石ノ如クデアロー。

其ノ後、二日目、彼ノ女ヲ見度ク、夜ヲ利用シテ会イ、通ゼヌ話シモ立派ニ心ノミニ通ジサセタ。

或日、公使夫婦ワ、エリザベッツヲ呼ビ出シ、イロイロ話シ云フニ、御前アノ日本人ト結婚ヤル積リカト尋ネル。ハイヤリマスト答フ。其レナラ、御前ワ、未ダ日本人ノ習慣知ラナイ。若シ御前ガ日本人ト結婚スレバ、御前ノ夫ニ食ワス為メ、御前ガ外エ行キ働ク義務ガアル。加之《シカノミナラズ》、御前ワ、故郷ニ居ラレル親兄弟モ、訪問、絶対ニ出来ナイ。且又、人種ノ関係上、北米ニモ入国出来得ナイ。御前ノ行ク所ワ、只ダ東洋ノ日本ノミダ。依リテ御前ノ後日ノ為メ、早ク二人ノ恋イ切ッテ別レヨ、ト云フ、嘘八百ノ情言ダ。

茲デ彼ノ女子ノ態度、果シテ何レヲ取ルカト云フ悩ミ、サゾ、「従ワント欲スレバ、恋ナラズ」ノ立場。

又、独乙国ニ居ラレル両親エモ、嘘八百ノ筆術飾ル一報。無論、公使ニ順ズル外ニ道ガナカッタノダ。

其ノ後モ相変ラズ、私ワ暗キ夜ヲ利用シ面会ニ行ッタ。見レバ、日ニ増シ色ワ青ザメ、只ダ痩セルノミダ。而シテ吾等ノ恋イ、変リナキトワイエ、エリザベッツニ対シ此ノ上ニ無キ可愛想タルヲ、考エザルヲ得ナカッタノダ。

女中等モ、日曜日毎ニ午後カラ自由ノ時間ガアッタ。私ワ必ラズ、其ノ日ヲ利用ニ二人連レ出シ、遊ビ、又必ラズ、一食ヲ共ニナシ慰メテ居タ。

其ノ後トイエドモ公使ノ方デワ、益々反対ダ。然レドモ、エリザベッツワ断乎トシテ聞キ入レズ、流石ノ公使モ遂イニ失敗ニ帰シタ。

今度ワ、私其ノ者ニ反対運動試ミル。実ワ私ノ身柄調ベダ。私ノ事情ヲ知ル為メ、在キュー日本領事館ニ行ッタヨーダ。又私ノ働キ所ニ行ッテ又然リト東歩西歩ナシ、私ノ疑ヲ摑ムニ、之レ又失敗ニ帰ス。ノミナラズ、最後ノ手段トシテ、私ニ一報ノ手紙送ル。其ノ内容、左ニ記ス。

ラモン・ヤマ様

私ワ故国独乙ニ居ラレル、エリザベツ両親ヨリ手紙受取ッタ。依リテ両親ワ、貴方トエリザベットノ結婚認メズ。二ヶ年後、私ガ故郷ニ連レ帰ル責任ガアルカラ、今後貴方ワ彼ノ女ヲ訪問ナスナ。且ツ又手紙モ送ラナイ様、御知ラセシマス。

殊ニ、彼女ワ或ル病ニ悩マサレ、日ニ増シ弱体ニナルノミダカラ、一日モ早ク二人別レル様、御知ラセシマス。

一九二二年八月一日

公使　某博士

右ノ返事、其ノ翌日発ス。

公使閣下

一九二二年八月二日

ラモン・ヤマ

貴方ノ御手紙受取リマシタ。依レバ、貴方ワ、私ノ恋人ヲ訪問ヤルナ、又手紙モ送ルナト、我ガ儘ノ事ヲ言ワレマスガ、然ルニ私ワ、必要ノ場合、何時ニ限ラズ訪問ニ行ク。

又然リト手紙モ堂々ト差シ出シマス。何故タラバ、私ノ唯一ノ恋タレバナリ。

閣下ヨ、貴方ワ、他人ノ恋愛中エ無意義ニ余リ深入リヤリスギタ。ムシロ貴方ワ、一国ノ代表ノ地位ニ在ラレル閣下ノ義務ヲ尽サバ、貴国万民ノ為メノミナラズ、貴方一身上ニ来タス幸福コソ、賢明タル方策ニアラザランカ。

閣下ヨ、玆ニ又一言スルニ、エリザベツワ決シテ或ル病人ニアラズ。彼女ワ至極ク健康上勝ル。然ルニ近来、弱体ニナリツツアルワ、無情ノ貴方ガ、一種ノドレイ的待遇ニ一因スルニ外ナラン。

斯ニ拘ワラズ、吾等ノ恋ワ、日ニ増シ愛シ、親シム。黄、白、人種合同、二人ノ恋、ヤヤモスレバ独乙前帝カイゼルヨリ、ヨリ以上ノ強キ恋コソ、玆ニ存スルカラダ。

二ツノ魂一ツノ印　黄白人種

このような葛藤をへて、山入端萬栄とエリザベツ・カルベが「二ツノ魂一ツニ堅メ」たのは、一九二四年三月二日の晴れわたった日曜日である。新郎三十五歳、新婦二十八歳。

二人はこの日、型通り記念写真に納まっているが、萬栄はよほど花嫁の憔悴ぶりが気がかりだったのであろう。わざわざ「写真参照」とことわりながら、「嗚呼、他国ニ於ケル女子ノ小心ニ拘ワラズ、国境越セシ恋、又言語通ゼヌ不自由、其レニ重ネ来タル恋ノ妨害物、其ノ結果、無論来タスワ身心ニ及ボス一因コソ、弱体免ガレ得ズ。殊ニ吾等結婚当時、彼ノ女ノ姿、見ルモ哀レ、二三年前ノ彼ノ女ニアラズ。残ルワ只ダ、骨ト皮ノミデシタ。只ダ、内部ニ飾ル真正ナ魂ノミデシタ」と歎じている。

それほどまでにエリザベツを苦しめたドイツ公使の妨害の理由は、いったいなにであったのか。「決シテ人種問題ニアラズ。又人情問題デモナカッタ。実ワ、利害関係カラ生ジタ一種ノ誤リニ外ナラズ」と萬栄はいう。

彼があかすところによれば、公使が二年契約の召使として本国からつれてきたエリザベツの給料は、当時のドルに換算すれば、月額わずか二ドルであった。もし彼女が契約期間中に萬栄と結婚して退職するとなれば、替わりを入れなければならない。しかし、そのためには最低三十ドルの月給を払わねばならなくなる。これが、萬栄との結婚を妨げた唯一最大の原因であったとのこと。

契約期限が切れれば、もとより反対の理由はない。公使は二人の結婚を祝福した。彼の娘たちの教育係は式の準備をとり仕切り、娘たちは三人揃って寺院で新郎新婦に花束を贈った。

結婚して十か月あまり過ぎた一九二五年一月二十五日、二人の間に女の子が生まれた。マリア・カタリーナ・山入端である。

やがて生後三か月を迎えたマリアの写真もそえて、萬栄夫妻の結婚写真や新婚旅行の写真が沖縄の母のもとに届けられ、驚愕のまとになる。屋部ウエーキの岸本久栄のように、大和の女性と結婚した人はある。しかし、いまだかつて西洋人《ウランダー》を妻にした村びとはなかったからである。

大人たちは、どう受けとめてよいかわからない衝撃を、ひたすら沈黙によって耐えた。しかし、まだ若く、感情の激しい末妹のマツは、憤りを堪えることができなかった。

「わたしは悔しくてたまらないので、生まれて初めて萬栄あにに手紙をだしました。にいさんひとり、青い目をした、金髪のお嫁さんを貰って、はずかしくありませんか。にいさんが勝手なことをしたおかげで、眉屋はつぶれてしまいました。わたしたち姉妹は三人とも、ジュリになってしまいました。一生、結婚もできないと思います。子供もできないでしょう。わたしはにいさんを憎みます。到底この怨みは忘れません。そんなことをカタカナの字で、幾日も幾日もかかって、泣きながら書いてだしました。

それからまもなく返事がきました。遠い外国でひとりで暮らす人間ほど、心のさびしいものはない。愛する人がいなければ、とても生きてはいかれない。その気持も察して、どうか許してほしい、というような意味の手紙でした。

いまになって思えば、兄に対してひどいことをいったと思います。でもわたしたちが育ったころは、すべての責任はその家の嫡男に負わされていました。わたしもそう信じて疑いませんでした。恥のさらしついでに、なにもかも打ちあけましょう。わたしが辻を逃げだし、やがて大阪のほうまで流れていったのも、じつは一歩でも兄の近くへゆきたかったからです。少しでも近ければ、わたしの怨みもよく届くにちがいない。そう考えてのことです。若いころは、それほど兄を敵に思っていました。兄も犠牲者の一人だということがわかるようになったのは、ずっとのちになってからです」

マツはこんなふうに当時を回想する。

この率直な、しかも重い告白は、萬栄手記が投げかける最大の疑問を解くうえで、まことに重要な手掛かりを与えるものといってよかろう。疑問とは、ほかでもない。なにゆえ萬栄は苦心惨憺して、このような手記を遺そうとしたのか、また遺さざるをえなかったのか、ということである。功成り、名遂げた人物ならともかく、萬栄は、彼個人の生き恥をさらしたばかりではない。一門の恥さらしである。しかもあえて彼は筆をとった。正気の沙汰ではない、と罵られてもやむをえまい。

しかし、いまようやく謎は解かれたのである。彼はけっして後続移民の「参考ニ供シ度イ」ために、手記を遺したのではない。ただひとえに妹マツの糾弾に対する精いっぱいの弁明を書き遺しておきたかっただけである。じじつ、萬栄手記は、エリザベツとの恋を頂点として、およそ空虚な老いのくりごとにしぼんでしまう。

マツの涙がしみこんだ手紙の一字一句は、終生萬栄の肝を苦しめてやまなかったにちがいない。彼が波瀾の生涯をとじたのは、この手記を書き終えた翌年である。あるいはみずからの死を予期しての営為であったかもしれない。

四

山入端萬栄とエリザベツ・カルベがハバナで結婚したころから、キューバ在住日本人の数は徐々に増加している。すなわち、一九二三年には四〇四名であったが、翌二四年には四九七名、二五年には六三六名、二六年には六七七名をかぞえ、二九年には最高の七八八名に達する。

六年間にほぼ二倍に近い増加をみたわけであるが、その大部分は、海外興業株式会社（海興と略称）が送り込んだ製糖労働移民によって占められている。

海外興業株式会社が創立されたのは、一九一七年（大正六）である。東洋移民合資会社、南米植民株式会社、日本殖民株式会社、日東殖民株式合資会社の統合によって発足し、これにより二年後には伯剌西爾《ブラジル》拓殖株式会社を、三年後には森岡移民合資株式会社を合併して、従来の移民業者濫立時代に終止符を打つ。

「即ち当社は従来我国に於ける移植民会社が資本乏しく且遠大の抱負なく、移民の争奪を事とせる弊あるに鑑み、其の統一拡張を図って其の権威を高めしむると共に、南米、南洋其他の諸国を事業区域となし、海外移植民並拓殖の両事業遂行の大使命を負ひ創立されたものである」と、海興刊『日本移民概史』はうたっている。

この「大使命」遂行の単一代行機関として発足以降二十年間、同社が取り扱った移民数は、十六万六千余名にのぼる。この中の十四万三千余名をブラジル移民が占め、残りの二万三千余名が、ペルー、コロンビア、メキシコ、キューバ、タヒチ、大洋島、フィリピン、ニューカレドニア、オーストラリア、沿海州への移民である。キューバへの送出移民は、三九六名と記録されている。

海興がキューバ向け集団移民の送出をおこなったのは、一九二四年から二六年までの三年間である。その後は、少数の呼寄移民が断続的に渡航したに過ぎない。このように短期間で労働移民の送出が打ち切られたのは、受入先の製糖業界が、深刻な不況に落ちいったためである。

短い送出期間中も、高い渡航費が志望者の足をにぶらせている。わが国の船舶業がキューバへの直航路を持たないため、移民はパナマで外国船に乗り替えねばならず、余分の渡航費を要した。雇傭主が負担するのは、ハバナから事業所までの鉄道運賃のみであり、それも二か月以上の勤続者にかぎられた。

こうした悪条件をおかして一九二四年以降三年間に、キューバへ渡った製糖労働移民の内訳は〔別表Ⅳ〕のとおり。沖縄県出身者の比率が極度に高いことが注目される。しかもその大多数は、沖縄の製糖業の不況によって甚大な被害をこうむった農民であった。その出身町村別内訳は〔別表Ⅴ〕のとおり。幾人かの生存者の証言をつたえておこう。

〈その一、伊波伝助談〉

伝助は中頭郡美里《みさと》間切石川の人。一八九八年（明治三十一）生まれ。海興第一次キューバ行移民。船は楽洋丸。一九二四年二月三日神戸出港。

キューバへ行ったのは、二十六の年さ。なんとしても銭を儲けて、な、親と妻子を救いたい。ただその一心だったよ。

わしが兵隊にとられるころから、父親は砂糖の仲買いをしておった。ところが、そのうちにわかに砂糖の値が暴落したためにな、山ほど借金かかえて破産したさ。あわれなもんだった。口ではいわれん。

そんな貧乏だったから、わしの弟たちは、次から次に海外へ移住してしまったさ。ハワイやら、南洋やら、フィリピンやら。ハワイには二人行ったよ。兄弟は十一人で、わしが頭さ。

〔別表Ⅳ〕キューバ向け海興取扱移民数ならびに沖縄県人の全国比

渡航年月日	輸送船名	出移民数		全国比
		全　国	沖縄県	(%)
1924(大正13)年2月3日	楽洋丸	20	5	25.0
3月24日	銀洋丸	20	7	35.0
5月2日	安洋丸	21	4	19.0
6月25日	静洋丸	18	4	22.2
7月27日	楽洋丸	20	7	35.0
9月21日	銀洋丸	20	10	50.0
10月26日	安洋丸	20	8	40.0
12月16日	墨洋丸	29	14	48.0
1925(大正14)年1月31日	楽洋丸	30	11	36.6
4月23日	安洋丸	27	12	48.8
6月10日	墨洋丸	24	5	20.8
8月7日	楽洋丸	8	3	37.5
9月6日	銀洋丸	6	0	0
10月26日	安洋丸	18	10	55.5
12月8日	墨洋丸	20	11	55.0
1926(大正15)年1月28日	楽洋丸	26	8	30.7
3月5日	銀洋丸	24	4	16.6
5月2日	安洋丸	24	2	8.3
6月12日	墨洋丸	1	0	0
7月25日	楽洋丸	2	0	0
計		378	125	33.0

（備考）1. 海興から外務大臣宛「渡航移民名簿届」による。

2. 378名中、呼寄4名、途中下船1名、但し沖縄県人は含まれていない。

兵隊から戻ってまもなく結婚して、もうすぐ二人目の子が生まれるちゅうころのことだった。道つくりの人夫になって働いておったとき、キューバ移民の募集がありよるという話を聞いたさ。募集人員は全国で二十人、沖縄の割りあてはその中の五人ちゅうもんな。さっそく那覇へでかけて申し込んだ。そのときにはもう山原の本部村から三人申し込みがあっておったけん、わしは四番目だったよ。もう一人、わしとおなじ村から伊波蒲一も申し込んだ。蒲一は最後の五番目だった。

二人で大喜びしたけれど、蒲一のほうは渡航できなかった。手続きに必要な五円印紙を買う銭がなかったからだよ。蒲一の代わりに本部村からもう一人加わってな、結局は五人の中の四人が本部の人間になったわけさ。美里村からはわし一人だけ。蒲一はわしより半年遅れて、七月の楽洋丸で渡ってきた。

村を立つ前には、まっさきに小学校の恩師においとまごいした。沖縄では、母と師と客は、神のお使いといわれてな、いちばんたいせつなおかただ。そのころ、先生は北谷村に住んでおられたが、わしが挨拶にゆくと、こういわれたよ。

「おい伝助、生まれ島のことを忘れないように。向こうの人間と仲良くなって、向こうの生

〔別表Ⅴ〕沖縄県における海興取扱キューバ行移民の郡・町村別人数

郡	町村	出移民数	郡別小計
国頭郡	本部村	32	
	金武村	6	
	名護町	1	39
中頭郡	美里村	19	
	具志川村	16	
	与那城村	14	
	中城村	9	
	越来村	3	
	宜野湾村	1	62
島尻郡	糸満町	9	
	玉城村	6	
	大里村	4	
	兼城村	3	
	豊見城村	1	
	高嶺村	1	24
合計		125	125

活が面白くなったら、もう銭はたまらない。そのときには、すぐ戻ってくるのだぞ」

神さまの言葉だ。そむくことはできん。朝晩しっかり肝に銘じながら、太平洋を渡った。おなじ船に若い娘たちも乗っておった。南米へゆく娘たちさ。彼女たちは、いつも声を揃えてうたっておったよ。流れ流れておちゆくさきは、北はシベリア、南はジャバよ、いずこの土地の土とやならん、というような歌であったさ。いや、いずこの土地を墓所と定めん……だったかな。

わしたちキューバ移民二十人だけは、パナマで楽洋丸から下りた。外国船に乗り替えるためにな。移民会社の役人が、「諸君は最初のキューバ移民であるから、貨物船には乗せず、特別に客船に乗せてやる」といって、八日間パナマで船を待ったさ。乗ったのはイギリスの船だった。パナマ運河の通航賃とかいって、そこでまた銭をとられた。額は忘れたが、どっさりとられたよ。ハバナに着いたのは四月一日。神戸をでてから五十九日目だった。

ハバナの街の美しかったこと。びっくりしたさ。こんな所なら、どんどん儲かるにちがわんと思ったよ。そのときはただ、一日も早く儲けて帰りたいばかりだから。まさか五十三年間もキューバで暮らすことになろうとは、夢にも思わなかったな。

つれてゆかれたのは、マヤグヮーラという所だった。そこの製糖工場やら砂糖黍畑で八か月ほど働いたよ。人夫頭《カパター》は藤重という人でな、「あっちこっち歩きまわると銭はたまらん。ぜひとも三年間ここで辛抱しろ」といわれた。わしたちのまかないをしてくれたのは、カパターの奥さんだった。いつもその手つだいをさせられたものさ。

給料は一日一ドル五〇セントだった。日本の銭にすれば三円になる。支払いは月に二回だった。

わしたち沖縄からいった五人は、早速その給料で模合《ゆれー》（頼母子講）を始めた。まとまった銭を親元に送るためにな。わしがその模合を取ったのは、働きはじめて一か月後だった。百ドルという大金さ。妻の話では、村中の人がびっくりして、毎日毎日、わしの手紙を見せてくれ、といってきたそうだよ。

それでたちまち評判になって、な、わしの村からキューバにくる移民がどっとふえたわけさ。貧乏人だけではない。村では指折りのウエキンチュまでやってきたよ。それも兄弟三人揃って。本部村のほうは、わしの村よりもっと勢いが激しかった。

おかげで渡航費用の借金はすぐ返したが、借金はまだ山ほどある。そこで、もっと銭が儲かる仕事はあるまいかと考えて、いろいろ調べてみた。その結果、床屋がいちばんだということになって、中野という床屋さんに弟子入りしたさ。

中野さんは滋賀県の人で、セーゴ・デ・アビラに住んでおった。もとは船乗りだったけれど、南米のどこかで脱走して、キューバにきたという話だったよ。わしはこの人の店で一年間働いた。それから独立して、ハティ・ボニコの町で店を開いた。ハティ・ボニコはキューバで二番目に大きな製糖工場がある所だから、労働者の数も多い。

なにより良かったのは店の位置さ。店のすぐ前が鉄道の陸橋で、それをくぐると、向こうが製糖工場の門になっておった。毎日そこを通る労働者の頭を眺めながら、その一つ一つが銭に見えたさ。料金は四〇セントだが、一人が十日に一度は髪を刈るから、面白いほど銭が儲かる。

日本人《ハポネ》の床屋は腕が良い、といって評判になったよ。それを聞いて、遠い田舎《カンポ》からわざわざやってくる客も少なくなかった。わしはそんな客に対して、「セニョールがどれほど遠方からきたといっても、たいしたことではない。わしは二か月もかかって太平洋の向こうからきたのだよ」そういって大笑いさ。

儲けた銭は、毎月欠かさず親元に送っておった。ただ、送金には苦心したよ。何度もつづけておなじ町の郵便局から送ると、「日本人《ハポネ》は俺たちの国で儲けた銭を日本に送るばかりで、儲けさせてやった国には少しも落とさない」と非難されるからさ。

床屋を開いて二年後に、沖縄から妻を呼び寄せた。二人で働けば、一人が十年かかる分を五年で儲けられる、といってな。妻がキューバに着いたのは、一九二七年の六月二十三日だった。二人の子は親にあずけて、妻だけ独りできた。その翌年、三人目の男の子が生まれた。

「子供をかかえておっては仕事ができない」といって、斜向かいの劇場主の娘が、その子のせわを二人がかりで引き受けてくれた。それも無料で。夕方になると着替えをとりにきて、入浴までさせてくれた。おかげで夫婦二人で、なんの心配もなしに働くことができたよ。その恩は一生忘れられん。

子は七つの年に沖縄へ帰らせた。つれていってもらったのは、古謝有徳といってな、おなじ中頭郡の具志川村の人だよ。彼が帰国することになったので、ちょうど良い機会だと思って頼んだわけさ。

沖縄へ帰らせたのは、ぜひ日本の教育を受けさせたかったからだよ。だが結果的には、いのちを捨てに帰らせたようなものさ。沖縄戦にひっぱりだされて、島尻で戦死してしまったということだ。

首里工業学校の三年生のときであったそうだが、別れた七つの年の顔ばかり、眼に浮かんで消えないよ、何十年たっても。

わしもじつはもっと早く帰国するつもりだったさ。そう思えばこそ、妻もわざわざ呼び寄せ、生まれた子も一足さきに帰らせたわけだよ。ところが、五年どころではない。その十倍以上の時間が、あっというまに過ぎてしまった。儲けても儲けても、次から次に銭のいることばっかりさ。

やっと借金払いが終わると、祖父が、死んだら上等の墓に入りたい、といいだしたよ。墓を造るのは、一年がかりの大仕事さ。石は島尻の玉泉洞の近くで切りだして、港川から山原船に積んで運ぶ。船はいちばん満潮のときを選んで陸にちかづき、海に石を降ろす。それを干潮のときに陸へひきあげる。家を建てるより銭がかかるさ。墓ができあがると、今度は父親が、死ぬときには上等の家で死にたい、といいだした。親元にあずけた子供たちも、大きくなるにつれて教育費がかさむ。

そうこうしておるうちに日米戦争だろ。わしたちは敵国民として収容所にぶちこまれるわ、生まれ島は焼き滅ぼされるわ、二十年間の苦労がいっぺんで灰になったさ。ゼロからまたやりなおし。それでもどうにか一段落ついて、やれやれと思ったところが、今度はカストロの革命だろ。銭も送られず、身動きもとれんまま、むなしく年をとるばっかりだったよ。

〈その二、渡久地政則談〉

政則は国頭郡本部間切伊野波《いのは》の人。一八八九年（明治二十二）生まれ。海興第六次キューバ行移民。船は銀洋丸。一九二四年九月二十一日神戸出港。

あのころは、欧州大戦が終わって、不景気のさかりでありましたなあ。税金の督促で政府から責められ、人民は半分気ちがいになっておりました。

銭を借ろうにも、貸す人はゼロ、借りる人は万人というありさまでありました。作った砂糖の代金を前借りすれば、月に二割五分から三割の利子をとられました。義理も人情もありません。貧乏人はみんな借金にくびられてウエキンチュにこき使われ、家には夜寝に戻るだけであります。まったく、わが子を売るよりほかに途のない地獄でありました。

キューバ移民の募集広告を見たのは、村の製糖組合の事業所であります。日は忘れましたが、組合に入る『琉球新報』にのっておりました。それを見て、決心したわけであります。当時わたしは四人の子をかかえて、ひどい貧乏をしておりましたからなあ。初めに生まれた男の子が十三歳、末の女の子が二歳でありました。長男が生まれたのは、じっさいは大正二年でありますが、役所には明治四十四年生まれとして届けてあります。徴兵検査に落ちるようにと思いましてなあ。

渡航費用は、畑を売って作りました。名護から那覇までは、五人相乗りのフォード自動車に乗りました。山入端隣次郎という人がアメリカから買ってきた車でありますが、それはひどいぼろ車で、料金は三円。これなら馬車のほうがましだと思いました。

わたしたちキューバ移民二十人のほかに、銀洋丸には二百人くらい、南米移民が乗っておりました。シナ人やインド人もたくさん乗っておりました。日本では神戸の次に横浜に寄りましたが、なにしろ大地震の後のこと、見るも哀れな状態でありました。

キューバに上陸した日の夜は、ハバナの宿に泊まりました。挨拶にきた移民会社の代表の人が、

「盗難にあわないよう、会社で保管してやる」といって、わたしたち二十人の旅券をとりあげました。幾らであったたか、額は忘れましたが、銭もとられました。あとになって考えれば、逃亡をふせぐためであったと思いますなあ。移民会社の代表は、大平という人でありました。彼の息子も一緒に駐在しておりました。

翌日の夕方、汽車に乗ってハバナを立ちました。引率したのは、斎藤というカパターであります。メキシコから渡ってきた男で、スペイン語がぺらぺらの古狸でしたなあ。威張ったものでありました。つれてゆかれたのは、カマグェイ州のモロン・ピーノという大きな製糖会社であります。アメリカ人が経営しておりました。夜になると工場全体に電気がついて、昼より明るいほどであります。世界にはこんな国もあるのか、と思ってびっくりしましたなあ。

初めて働く日の朝のことでありますが、和歌山県人だけは仕事にでようとせず、迎えにきた先輩の県人と一緒に脱走してしまいました。カパターが「六か月の契約期間が終わるまで勝手な行動は許さん」といって、必死にひきとめました。だが、「われわれは自分の金で渡航してきた自由移民だ。前借金で縛られた契約移民ではない」と主張して、さっさとでてゆきました。先輩移民のおるセンフェーゴへいったそうであります。

働きだして半年間ぐらいは景気が良かったので、一日二ドル五〇セントを受けておりました。夜業もすれば、一日四ドル程度になりました。だが、それからあとは生産過剰ということで、砂糖黍刈りをしても、一日八〇セントから五〇セント、二五セント、と落ちるばっかりでありました。葡萄酒一本が三〇セントのときであります。家に送金するどころか、餓え死するほかありません。一人残らず逃げだしてしまいました。わたしも大平さんにそむきました。旅券だけは、のちになって取り返しました。

銭儲けにいった移民にとって、銭儲けができないことほどつらいことはありません。わたしもキューバに見切りをつけて、メキシコからアメリカへ密入国するつもりでありました。さいわい、わたしとおなじ村から、おなじ船で渡った崎原源吉は、アメリカに親類の人が移住しておりましたので、源吉と一緒にゆくことにしました。手紙で連絡もついて、メヒカリまでゆきさえすれば、向こうから迎えにくる、ということであります。

ただ残念ながら、二人一緒にメキシコへ渡ることはできませんでした。二人分の旅費がなかったからであります。そこで源吉がさきにいって、アメリカの親類の家に着いたら、すぐわたしの旅費を送ることにしました。源吉の旅費にあてるために、わたしはあるだけの銭をだしました。

だが、待っても待っても、アメリカから約束の旅費は届きませんでした。届くわけがありません。源吉はアメリカに入ってすぐ移民警察につかまり、密入国の罪で日本へ強制送還されたからであります。

しかたがない、二、三年待とう。そのあいだに旅費をつくろう。ひょっとしたら日本帰りもできるかしらん。そう思いまして、友人三人と一緒にイスラ・デ・ピーノの農園で働くことにしました。イスラは島のことであり、ピーノは松のことであります。日本人は松島と呼んでおりました。農園の経営者はほとんどがアメリカの金持ちで、まことに盛大なものでありました。蜜柑やパイナップルを作って、ニューヨークへ輸出しておりました。人口も一万二千ぐらいありましたろう。

あのころは製糖工場では食うことができなかったので、日本人の移民はわれもわれもとイスラ・デ・ピーノに集まってきておりました。どの農園にも日本人がたくさん働いておりましたなあ。新潟県人がいちばん多かったようであります。「沖縄はブニャート（唐芋）ばっかり食うとるそうではないか」といわれるのが、いちばん嫌でありましたよ。こちらも負けずに、「大和は粟ばっかり食うとるそうではないか」といい返しておりました。

ここで少しは銭がたまりかけたのでありますが、何年後でありましたかなあ、ひどいハリケーンに襲われて、食うていかれん世になってしまいました。国がくずれるような大風でありました。抱きかかえられないほど大きな松の樹も根からひきぬかれました。アメリカの資本家が十万ドルかけて造った城のような屋敷も、立派な牛肉工場も、すべて破壊されてしまいました。アメリカ人は、屋敷も農園も牛も棄てて、本国へひき揚げました。残ったのは土人と各国の貧乏な移民だけであります。

そうこうしておるうちに、今度は世界恐慌に襲われました。まったく、踏んだり蹴ったりでありました。仕事は二五セントの日傭取りしかありません。それも、働き口があればよいほうでしたなあ。しかたがないので、きょうはお前の番だ、あすは俺の番だ、というふうに皆で毎日替わり合って、銭になりそうな品物を売りにゆきました。そして、その銭で食いものを買ってきて、少しずつ分け合って食ったものであります。

順番がまわってきて売りにいったまではよいが、その銭で食料は買わず、自分ひとりがレストランテへいって、腹いっぱい御馳走を食って帰った男もおりましたなあ。よほど腹がへっておったのでありましょうが、皆からさんざんやっつけられましたよ。貴様のようなやつは、あすから一緒に食う権利はないぞ、といって。

そのうちに少しずつ景気も回復してきましたので、二十何人かの日本人で農業組合を結成して、胡瓜の栽培をはじめました。できた品はアメリカへ輸出しました。品質が良かったので信用もできて、とくにクリスマスの時季などは、ずいぶん大きい儲けになりましたなあ。ところが、それもやがてメキシコ産の安い品に圧されて、さっぱり売れなくなってしまいました。メキシコのほうは、キューバとは比較にならんほど労賃が安いそうであります。

そんなわけで五十何年間もキューバで暮らしながら、満足に送金もできないまま、妻子に苦労かけるばかりでありましたよ。長男の政香は小学校をでるとすぐ大阪へ働きにいって、わたしのぶんまで骨折りをしたようであります。二男の政樹と三男の政徒は兵隊にとられて、三男のほうは満洲のノモンハンという所で戦死したそうであります。これが隊長から届いた死亡通知であります。

「工兵上等兵渡久地政徒　右八月二十日満洲国興安北省新巴爾虎左翼旗ハルハ河ホルステン河合流点東々北約六粁附近ニ於テ腹部全弾ヲ受ケ戦死セラレ候条此段通告候也　追テ村長ニ対スル死亡報告ハ戸籍法第百十九条ニ依リ官ニ於テ処理可致候　昭和十四年拾月五日　工兵第六聯隊補充隊長
熊沢忠喜」

それからこれが、家に届いた最後の便りということであります。

「お父さんの所からも手紙が来ておったとの事で何によりです。近い内に帰国するとの事で、私は非常によろこんでいます。父さんも子供が二人も出征して居るのをきいたら、さぞよろこばれるでせうね。興安北省ノモンハン野戦郵便所気付　斎藤（勇）部隊栫隊　渡久地政徒」

わたしが、近いうちに帰国したいと思っておる、というような手紙をだしたことは確かでありま す。ただ、とうとう実現しませんでしたけれども、たとえそれができたところで、結局は生きて親子が会うことはできなかったわけでありましょう。この子が戦死した所は、地獄のように寒い国という話でありますなあ。

〈その三、阿波根昌鴻談〉
昌鴻は国頭郡本部間切浜本の人。一九〇一年（明治三十四）生まれ。海興第十次キューバ行移民。船は安洋丸。一九二五年四月二十三日神戸出港。

わっしの移民体験のあらましにつきましては、かつて『米軍と農民――沖縄県伊江島――』（岩波新書）のなかでも述べておいたとおりであります。従ってあまり変わりばえのしない話が多くなるかと思いますが、せっかくの機会であります、頭に浮かぶまま、幾らかの補足をさせてもらうことに致しましょう。

わっしがキューバへ渡りましたのは、戸籍の上では二十四歳のときであります。しかし、ほんとうは二十二の年でありますよ。わが子が徴兵検査に通らないように、という親心から父が罰金を納めて、じっさいより二年前に生まれたように手続きしたそうでありますから。

兄弟は腹違いをふくめて七人で、わっしがその頭であります。実の母は、わっしと弟を一人生んで離婚しました。父が再婚して、義母との間に三人の弟と二人の妹が生まれております。そんなわけで貧乏人の子沢山という言葉どおり、ひどい貧乏生活でありました。税金が払えないので、砂糖を作っても、豚を飼っても、ひとくちも食べることはできませんでした。

忘れも致しません。わっしがまだ子供の時分であります。祖父が豚を殺しているところを巡査に見つかりました。税金も納めていないのに、豚を食うとはなにごとかといって、四キロ離れた警察署まで、豚をかついで運ばされたことがあります。税金に追われて、それこそ毎日朝から晩までびくびく、一生びくびくの生活でありましたよ。

小学校に入ってからは、学用品を買うお金に苦労しました。二銭か三銭を貰うのに最低三日はかかったものであります。その場で貰ったことは一度もありません。

それほど苦しい生活でありながら、家の仏壇には、いつもたやさず茶と酒と煙草が置いてありました。酒は祖父が飲んでいました。父と祖母は煙草が好きでした。そのどれかが無くなると、母は藷を山ほど掘って頭に載せ、汗をかきかき四キロ離れた町まで売りにゆきます。そしてその金で、ほんのわずかの茶や煙草を買ってきていました。わっしは、あんなものを買うくらいなら、学用品を買ってくれればよいのに、といつも恨んだものであります。俺が大人になったら、ぜったいにお茶は飲まない。酒も飲まない。煙草も吸わない。そう、わっしは子供心に決めたわけでありますよ。

女が火をつけるときにマッチを二本使おうものなら、即座に離婚された時代であります。どうして煙草を吸ったり、酒や茶を飲んだりすることが許されるのか、わっしには納得がゆきませんでした。山ほどの重い藷が、どうしてあんな無用のちいさな軽い煙草や茶とおなじ値段なのか、それもまったく納得がゆきませんでした。

ぜひ上級学校に進みたいと思ったのは、渡久地港に水産学校の船が入ったときでありますよ。乗組みの学生がきちんとした制服を着て靴を履いている姿を見て、すっかり憬れてしまいました。しかしその当時わっしらの地方で高等教育を受けるのは大変なことでありまして、家の全財産をつぶす覚悟が必要でありました。生家だけでなく、一門が犠牲になることもありました。

あるときわっしは、上級学校に入って学問したい、と父に頼みました。すると父は、学問して貧乏するのと、学問せずに銭持ちになるのと、どちらが良いと思うか、と聞きました。そこでわっしは、学問もして銭持ちにもなります、と答えましたよ。それっきり、父はなにもいいませんでした。

さいわい、わっしは嘉手納《かでな》の県立農学校に入学できましたが、むりがたたって体をこわしたため、わずか二か月で休学しました。それから病気の治療をかねて九州の別府へゆきました。別府ゆきを勧めてくださったのは、小学校の知花英康先生です。先生は熱心なキリスト教徒であります。おかげで別府ではホーリネス教会の大沢牧師宅を宿にして、仕事の手つだいをしながら温泉治療を受けることができました。そんな御縁で大沢牧師から洗礼も受けました。十七の年であります。

その後一度沖縄に戻りましたが、進学の念はつのるばかりでした。そこで思い切って上京することに決め、大阪までゆきました。大阪から東京までの旅費は、大阪で稼ぐことにしました。ところが、やっと旅費もたまって上京する直前、関東大震災が起きました。どうすることもできません。またもや沖縄にひき返しました。キューバ移民の募集広告を見たのは、それからまもなくであります。

すぐさま申し込みました。キューバで五年間働いて五万円儲ける。それを学資にして東京で勉強する。こう決心したわけであります。当時、父はわっしを島にひきとめようと思って家内を持たせておりましたが、もちろんそんなものは屁でもありません。ただ学問するための金を儲けたいが一心で、周囲の反対を押し切ってとびだしました。最初の子が生まれたのは、わっしが日本を立って三か月ばかりあとであります。

ハワイ、アメリカ、メキシコと、なにもかも珍しいことばかりでありましたが、パナマで乗り替えた外国船のパン食には閉口致しましたよ。なにしろパンというものを見るのも食べるのも生まれて初めてであります。ざらざらして喉を越しませんから、コップに水を入れて白糖を少し溶かし、それに漬けて食べたものであります。

ハバナに上陸したときには、わっしらが履いておる地下足袋を珍しがって、黒山の人だかりでありました。足袋の先端が二つに割れているので、牛の爪だというわけです。見物人のびっくりした表情がいまでもはっきり想いだされます。

わっしら本部出身の三人は、ハバナで移民会社との契約を破って逃げました。迎えにきていた先輩移民の方から、お前たちが送られる所は食物もなければ衛生状態も悪いから従うな、と忠告されたからであります。

先輩が案内してくれた耕地に着いて、わっしは肝がつぶれました。誰もみな、髪もぼうぼう、髭もぼうぼう、乞食そっくりでありました。病人もいましたが、薬ひとつありません。わっしら三人は見るに見かねて、沖縄から持ってきた鰹節をたべさせたり、薬を飲ませたりしました。わっしはこのときにはっきりと、ここは長くおる所ではない、一日も早く引きあげよう、と心に決めたわけでありますよ。みな口々に、移民会社からだまされた、こんな不景気な国に移民させるとはなにごとか、と呪っていました。

耕地から耕地へと渡り歩いて、砂糖黍畑の草とりをするのが、わっしらの仕事でありました。鍋、釜、食器、その他いっさいの荷をカマス袋につめ、それをかついで汽車に乗って、耕地を移るのでありますゝ。五人とか十人とかの組を作って除草作業を請負うのでありますが、なにしろ地平線の向こうまでつづいておるような長い畝でありますよ。二、三日働いたら手が腫れあがって、火のように熱くなりました。

宿舎といってもまったくの掘立小屋で、床もありません。そこにハンモックを吊って寝るわけですが、わっしらはそんな物を持ちません。クバの葉をとってきて地面に敷き、そのうえにごろ寝であります。雨季でしたから、体は泥んこになっていました。

作業着もシャツもすべて、ごみ棄て場にいって拾って、それを夜のあいだに溝で洗濯して着ました。金をだして買った物は一枚もありません。煙草を吸う人は、外人が棄てた吸殻を拾っていました。わざわざ高い渡航費を払って、乞食の修業をしにきたようなものでありますよ。

風呂もありません。溝で体を洗うだけであります。外人の女に見つかりはしないかと、びくびくしていました。巡査に届けられるからであります。この国の女らはまるで裸のような格好をしておりながら、なぜ男が裸を見せただけで警察沙汰にするのか、靴下を履いていないというだけで怒るのか、わっしらにさっぱり納得できませんでした。

製糖期になると、製糖工場で働いていました。日本人だけでなく、ヨーロッパ人もロシア人も沢山きていました。日本人も、やれ和歌山県、やれ広島県、というふうに全国各県の人間がきていました。その人たちと一緒に暮らすことができたのが、わっしにとってはなにより大きな収穫でありました。

と申しますのが、わっしが少年時代に大阪まで出ましたころは、働く人募集の広告を見ましても、かならず「但し沖縄人と朝鮮人はお断り」と書いてありました。わっしはなにもわかりませんから、ああわっしらは一人前の能力がないのだなあ、としか思いませんでした。人間、学問をしなければ、教わらなければ、なにもわからないものでありますよ。馬鹿にされておるということさえわかりません。お前は馬鹿だといわれて、俺は馬鹿だと信じておるような具合であります。

ところが、こうして各県の人と一緒に働いてみて、わっしら沖縄人もけっして本土の人間と変わりはない、能力の差はない、むしろわっしらのほうが優れておる点も多い、ということがわかったわけでありますよ。本土本土と威張っているが、自分の姓名も書けない人がまだまだ沢山いました。

製糖工場で働くといっても、わっしは体が弱いので重労働はできません。掃除人夫であります。面白い国ですね、いくら綺麗に掃除をしても、休んでおるのが見つかると、すぐクビになる。いつも体を動かしていなければいけない。

製糖期が終わると機械の錆落としですが、これもやはりおなじでありますよ。三十分もあれば完全に錆が落とせるのに、一日中カンカンカンカン叩いていなければいけない。早く仕上げて遊んでおると、クビになってしまいますから。

おかげで良い訓練になりました。戦争中は防空壕にとじこもっていても、戦後は土地問題で米軍基地に坐り込みしていても、まったく退屈したことはありません。三十分で終わる仕事を八時間も十時間もひきのばす訓練をしたからでありますよ。

そのうちにいよいよ製糖業がゆきづまってしまいましたので、イスラ・デ・ピーノに渡って農業することにしました。しかしここも戦後の沖縄とおなじこと、一部の親米派が甘い汁を吸っておるだけで、労働者は奴隷と変わりません。ただどうやら粥をすすって、資本家のために生かされておるだけでありました。日本人もそうでした。十人のうち、わずかでも銭儲けのできた人間は二人、どうにかその日暮らしのできるのが三人、あとの五人はただ奴隷として生かされているだけでありｍます。

暫く大阪で働いていた当時は、人と会えば「どうかね、儲かっているかね」というのが挨拶でありましたが、キューバは、「どうかね、食っているかね」が挨拶でした。それも仲間でグループを作っての売り食いであります。みなでこんな話をしたのを覚えています。「金のある者は全財産をだして、いまキューバに住んでいる日本人が帰国することにしたら、その旅費は確保できるだろうか」「いや、ぜったいに不可能だ」という結論でありました。

わっしらはメキシコやペルーやブラジル、アルゼンチンなど、あらゆる伝手《つて》を頼って手紙をだしました。「そちらには金になる仕事はありませんか」という手紙であります。どこからの返事も、「いまは不景気だから見合わせるように」ということでありましたが、一通だけペルーから「仕事がある」という知らせが届きました。

そこで早速、わっしが先発隊としてペルーへゆきました。キューバへ渡っておよそ三年後のことであります。旅費はみながだし合ってくれました。

わっしにつづいて、平安座良秀が渡ってきました。おなじ本部村の具志堅の人で、キューバへゆくときもおなじ船でありました。

ペルーではリマの床屋で働きました。契約期間はやはり三年でありました。もっと早く帰るつもりでしたが、親友の肺病がひどくなりましたので、彼を帰国させるために貯金を全部だしました。この友人は沖縄に戻って四か月後に死んだそうであります。そんなこともありまして、わっしがようやく帰国できたのは一九三二年であります。那覇に着いたときには、五万円どころか、百円しか残っていませんでした。土産物ひとつ買わずにですよ。

那覇まで出迎えにきていた父はただもう呆然として、ものをいう力もないほどでありました。わっしは父に対して、「どうぞ喜んでください。このとおり頑丈で帰ってまいりました。大成功であります。帰りたくても帰れないまま、病気になって死ぬ人がたくさんあるのですから」と申しました。誇りにしたわけではありませんが、それがいつわりのない心情でありました。

以上三人のなかで山入端萬栄と面識があったのは、渡久地政則だけである。

政則がまだ製糖工場で働いていた当時のこと、彼と同郷の仲程銀吉が機械に腕を挟まれて重傷を負った。治療を受けるために銀吉はハバナへ運ばれ、政則がつき添った。その際にキンタという名の外科医を紹介してくれたのが山入端萬栄である。

萬栄夫妻の厚意で政則はおよそ二か月間山入端家へ寝泊まりし、後輩の看護にあたった。最初、医者は銀吉の腕を切断するつもりであったが、銀吉が「たとえ死んでも腕を切り落とすことは許さん」と拒んだので、壊れた部分の骨を削りのけて接合した。その結果、彼の右手は、政則の言葉によれば「ガニの爪のように」短くなった。同郷の人びとは彼の将来を心配し、「皆で旅費はだし合ってやるから、ぜひ帰国せよ」と熱心に勧めた。しかし、銀吉は「こんな体を親兄弟に見せられるか」といって、ついに帰ろうとしなかった。

山入端家での二か月間、親しくエリザベツ夫人の世話になった渡久地政則は、彼女の印象を「日本人に対してはまるで舐めるように親切な人でありました」といってなつかしむ。

およそ陋劣な移民政策の犠牲となった日本人が、飢餓に追われて、砂糖黍耕地から耕地へと流浪していた一九二〇年代である。このような不幸な事故でもないかぎり、無一文の移民が首都をおとずれることもなければ、山入端萬栄とめぐり会う機会もない。

ただ、この苛烈な孤独と流離の季節のさなか、偶然にも首都の街頭で萬栄と遭遇した海の旅人がいる。当時二十二歳の海軍機関少尉候補生座波鉄蔵である。

鉄蔵は一九〇五年（明治三十八）首里石嶺に生まれ、亀千代と命名された。沖縄県立第一中学校に入学して軍人を志し、まず陸軍幼年学校を目ざす。旧琉球士族の父は嫡子が軍人になることを極度に忌み、背丈より高い大豆貯蔵用の甕に教科書を投げこむなどして、彼の学習を妨害した。しかし、彼はあくまで軍人になる夢を棄てず、次には海軍機関学校を目指す。亀千代というような柔弱な名は軍人にふさわしくないと考え、鉄蔵と改名したのもその当時である。しかし、やがて幸運にも彼の弟が生まれたので、ついに父親も折れて彼の志望を認める。

一九二七年（昭和二）春、晴れて機関学校を卒業した鉄蔵は、兵学校、経理学校の卒業生らとともに練習艦隊浅間・磐手に配乗されて、八か月にわたる遠洋航海に出た。ハワイをはじめ、北米と中米の寄港地には在留邦人が歓呼して出迎え、殊に鉄蔵を迎える沖縄県人会は熱狂をきわめた。

しかし、ただ一港、キューバのハバナだけは例外であった。なんの催しも開かれなかったので、鉄蔵は独りで市内を見物してまわった。大正天皇崩御による諒闇中のこととて、白い軍服の腕に黒い喪章を巻いて。

その途中、一人の背の高い男が鉄蔵を呼びとめた。そして、あなたは沖縄の人ではあるまいか、と問う。そうだ、と鉄蔵が答えると男は歓喜の表情を浮かべて、みずからの出身地と姓名を告げた。それが山入端萬栄であった。

萬栄は鉄蔵を案内して自宅に招じ、歓迎の宴を催した。にぎやかなほうがよかろう、といって、近所に住むイタリア系の婦人も呼んだ。また、記念撮影をしよう、といって、わざわざ写真屋を呼んだ。

「嫡子に生まれながら、軍人になることをよく許されましたね、お父さんは」という萬栄の問いに対して、鉄蔵は「母が熱心に父を説得してくれたおかげであります」と答え、母の深い愛情を語った。

「初めて機関学校の休暇で帰省したときのことであります。母はちょうど庭にでておりましたが、わたくしが門を入った姿を見つけると同時に、ひとことの言葉もかわさないまま、ころぶように大急ぎで走り去りました。いったいどうしたことだろうとびっくりして、わたくしはそのあとを追いました。追いついてみてびっくりしました。母は懸命に鶏を追いかけていました。わたくしに料理して食べさせようと思ってであります。母のあまりの勢いにびっくりして、雄鶏が母に飛びかかり、額にひどい傷を負わせましたが、母はひるみませんでした。その姿を見て、わたくしはつくづく母という存在の偉大さを知りました」

萬栄は黙してただうなずくのみであった。

そのあと、萬栄は鉄蔵を誘って煙草工場の見学をさせた。その態度を見て、鉄蔵は、萬栄がその工場の従業員であることを確認したという。萬栄はここで最高級葉巻の「コロナ」を鉄蔵に贈った。

翌日、萬栄はエリザベツ夫人と愛娘のマリアをつれて浅間艦を訪れ、あらためて邂逅の歓びを鉄蔵に謝した。

以来、すでに半世紀をうわまわる歳月が経過する。しかし、座波鉄蔵は度重なる生死の激浪をくぐりながら、ふしぎに山入端萬栄との出会いのみ、年をへるに従って鮮明になるばかりである。彼はその人の氏名を忘れることができない。それにもまして、その人の印象を忘れることができない。

「なんとも暗い感じの人でありました。なぜこんなに暗いのか、どう考えてもわかりませんでしたが、そのことが、山入端萬栄という人物の印象をわたくしの心から消さない結果となったのでしょう」と。

その明暗は、両者の記念写真にもくっきりと刻みこまれ、浮かびあがっている。

兵役を逃れて異国に渡り、二度とふたたび故国へ戻る途を失った移民と、みずから志願して大元帥の股肱となる途に光明を見出そうとする若い選良の差異は、そのまま天皇制によって引き裂かれた沖縄の明暗であるともいえよう。

第八章　皇紀二千六百年

一

大和世はまた大和苦の始まりである。南島の民が苛烈な蘇鉄地獄からの脱出をうたかたの出稼ぎに託し、八重の潮路を渡って本土各地の最底辺に身を沈めはじめたのは、国外出稼ぎの場合とほぼおなじ時期からであるといわれる。すなわち、十九世紀末から二十世紀初頭にあたる。

その足跡が絶望的な逃亡と流浪の悲哀にまみれているのもまた、国外出稼ぎの場合と同様である。たとえば、一九〇一年（明治三十四）七月二十一日の『琉球新報』は、その前年大阪鉄工所に集団就職した沖縄県人三十三名中の二十四名が逃亡したと伝え、五年契約であったにもかかわらず「逃亡者の滞在日数は短きものは十日間、長きものは二百三十九日間」と報じている。

また、折しもメキシコ炭鉱移民の惨状を報道中の同紙一九〇六年（明治三十九）二月九日号は、前年十二月に福岡県大牟田の三井三池築港人夫として送られた沖縄県人四百余名中の二十一名が脱走し、「鐚《びた》一文の所持金さへなければ衣類其の他の携帯物を売却して当地（鹿児島市）までの旅金に充《あ》て僅に雨露を凌《しの》ぎて漸く此地迄来りし次第」うんぬんと伝える。

つづいて同年八月二十六日の同紙は、『紡績工場募集に就て』と題し、次のような警告を掲げている。

「布哇の移民が続々成功するにつき、当地の人民は本県を去れば何れの事業と雖も必ず成功するものと考へ、募集と云へば福岡の炭坑大牟田の築港にも応じ、其の結果は両者とも乞食同然他人の補助を得て漸く帰国することを得たるは、今より五六ケ月前のことなりき。然るに今回また紡績工女の募集を企つるものありたるより、本県の婦女子は直ちにこの募集に応ぜんとするものの如し。これ紹介者が内地知名の人々なりしと云ふを以て、工場其のものに付ては少しも不正の点なかるべきも、日給十五銭にて衣食の費用を弁じ、其の上毎月給料月額の百分の三を積み立てると云ふに至っては、其の前途は如何と気遣《づか》はれざるを得ず。（中略）殊に物価非常に騰貴せる大阪に於て僅か金七銭を以て食費に充《あ》つるとせば、彼れ等が永く其の食物にて生活に堪ふるや否や。また工女は就業後閑暇ある時と雖も容易に外出を許さるべきにあらず。（中略）然らば彼れ等が永く工場に閉ぢ込まるるも、向ふ三ケ年間勤務を継続し得るや否や。父兄たるものは宜しく其の辺に注意なかるべからず。如何となれば、当地出発前に拾円を前借するものとせば、一年間の貯金は前借金を返還するにありて、深く辛棒するものにあらざれば中々浮む瀬もなかるべければなり云々」

黒潮に乗って北上する彼ら出稼ぎ集団の流れは、一九一九年（大正八）ころからにわかにその勢いをます。第一次世界大戦による好況に乗じて日本資本主義は異常な成長をとげ、おびただしい労働力を必要とするに至ったからである。

沖縄県警察部保安課の調査によれば、一九二五年（大正十四）八月現在、北は樺太から朝鮮、南は台湾まで含めて、全日本領土に出稼ぎ中の沖縄県人労働者は一万九九二六名にのぼっている。もっともこれは、募集業者の届出にもとづく数字であり、実数は遙かにこれを上まわると見られる。およそ二倍と推定する説もあるが、ここではいま暫く警察部の示す数字の内訳を追ってみよう。

まず性別では、一万九九二六名中、男九〇九七名、女一万〇八二九名となっている。次に職業別では、総数のおよそ五割に近い八八四七名が製糸・紡績業の労働者であり、その一一七八名が男工、七六六九名が女工となっている。この後者の数は、出稼ぎ女性総数のじつに七割以上を占める。

またこれを府県別に見れば、首位大阪（八五三三名）、二位神奈川（二八四五名）、三位静岡（一二三六名）、四位東京（一〇四六名）、五位福岡（一〇四〇名）、六位和歌山（八二六名）の順位となる。

これらの府県中、山入端萬五郎が眉屋再興の橋頭堡として選んだのは和歌山であるが、果たしてどのような手づるで渡ることになったのかはあきらかでない。従ってまた、沖縄県警察部の示す八二六名（男二一七名、女六〇九名）という数字のなかに彼や弟の萬郎がふくまれているかどうかもあきらかでない。

そもそも沖縄の民が出稼ぎ労働者として和歌山地方へ導入されはじめたのは、いつごろからであろうか。『和歌山紡織株式会社五十年史』はこう述べている。

「当会社が沖縄県に於いて募集に着手したのは大正十年にして、時の工手係長平岡市次郎が渡航し、池宮城喜輝、金城清喜の斡旋によったものである。金城は弟清英と共に和歌山に於ける沖縄県人教養係となり、池宮城と金城清房とが現地に在りて募集に従事することとなった。当時関西地方に於ける在住沖縄県人は極めて稀薄で、大量募集をなし多数の進出をみたのは実に当和紡の先鞭というべきである。大正十一年頃には一汽船に二百八十名位が毎月五回の便船に欠かすことなく、世人の目を刮《みは》らすばかりであった」

また、こうも強調している。

「大正十三年紀ノ川工場争議の際には、沖縄県人は自己本来の目的初志を考慮する点に於て、会社の方針に順応するを至当として行動をとりしことが、当時社会人心に甚しき好感を与へ、沖縄人の本質を認識せしめる結果となり、これを機会として和歌山地方各会社の沖縄人採用の機運を作るに至った」

もしそうであったとすれば、眉屋の兄弟を和歌山に迎え入れたのもやはり、その不幸な「認識」と「機運」だったのであろうか。

それはともあれ、これよりのち、和紡を中心として沖縄からの出稼ぎ労働者は飛躍的に増加し、十年後にはおよそ一万名の沖縄県人が和歌山市内外に群居、衆議院議員選挙の有権者数も四、五百にのぼったという。また、和紡においては早くも一九二二年（大正十一）に「和紡沖縄県人共愛会」が結成された。同社は一九四一年（昭和十六）五月をもって解散し、錦華紡績、日出紡織、出雲製織と合併して大和紡績株式会社を組織したが、その時点までに沖縄県人中「和紡に従業して帰農したるもの既に二万人を越え、その郷里へ返金したる金額は優に八十万円を越えたりといふ。昭和十六年に於ては従業員総数の五分の二はこの共愛会々員に属す」と記されている。

山入端萬五郎が住んでいたのは、阪和線和歌山駅に近い吉田町である。人並すぐれた体力のある彼は、モスリン工場の捺染工として働きながら、夜はさかり場の露天市でバナナの叩き売りをしたり、妹のツルに頼んで宮古からとり寄せたクバ扇を売ったりして、銭儲けに励んだ。

彼はなかなかの儲け上手として名を売ったが、蓄財に淫することはなかった。米代に不自由する者があれば、人から借金してでも援助するなど、若いころから親分肌で義侠心に富み、すすんで他人の面倒を見る性分だったので、和歌山在住の郷党は、彼を「名護武士小《なぐぶしぐわ》」と呼んで敬愛した。

出稼ぎの当初、萬五郎は弟萬郎との二人暮らしであった。しかしまもなく四人所帯にふくれあがった。その一人は、萬郎が那覇で脚気療養中に知り合った少年であり、他の一人は少年の姉である。少年は萬郎を兄のように慕っていたので、ぜひおなじ工場で働きたいと頼んだ。また、彼の姉のことについては、「男ばかりでは不自由だから家事を手つだわせてほしい。そしてもし気に入ったら萬郎さんの嫁にしてください」と希望した。

少年の願いは二つながらかなえられた。砂の城にも似たその幸福はおよそ三年間つづき、やがて一瞬についえ去る。

萬郎が妻の生家の葬儀に参列するため那覇へでかけた折のこと、彼を迎えたのは、心ない家人の囁く「ヤンバラー」という言葉であった。それを耳にしたとたん、萬郎の血は凍った。山原の地に生を享けた者に対する、もっともあからさまなさげすみの言葉だからである。彼はその一言で自分が対等の人格として認められていないことを思い知らされると同時に、妻とすべきでない女性を妻としたことを悟った。彼は妻にはそれと告げず、和歌山へ引き返すが早いか、妻の荷物をまとめて離縁状とともに生家へ送り届けた。二人のあいだに子はなかった。

二度とおなじ屈辱をなめまいと決心した萬郎は、生まれ島の萬長叔父に悔恨の手紙をだしておのれの不明と軽率を詫びるとともに、できればぜひトーバル屋小《ヤーグヮ》のウサと結婚させてほしいと訴えた。トーバルウサは、萬郎がかねて好意を抱いていた娘である。体格の良い大女だったので、マギーウサとも呼ばれていた。生家は浜部落の西端にある。

しかし、ウサはすでに本部村にとつぎ、二児の母となっていたので、萬長は大島部落のサンマ屋小の娘をせわした。名はマツ。

マツはまもなく身ごもり、それを潮に萬郎は和歌山を引きあげて屋部に戻る。彼は出稼ぎ中、それこそ爪に火をとぼすように節約して金を蓄えていた。その金で生まれ島の久護部落に土地を買い、商店を営むことが夢であった。しかし、あてにした新伊豆味屋が土地を売り渋ったので、やむをえず新島に借地して小店兼用の家を建てた。場所は彼が生まれ育った眉屋から西へ七軒目にあたる。東隣が地主の新伊豆味屋、西はアジマーをへだてて萬長屋である。萬五郎あにの創建した萬五郎屋は、萬長屋のすぐ裏隣である。

家ができると、萬郎はまっさきに那覇へ母親を迎えにいった。「待っていたよ」とカマドは大喜びして帰村し、村びとを驚かせた。彼女はこれまで次男萬五郎の迎えにも応じようとせず、那覇で孤独なわび住まいに堪えていたからである。別に彼女の気が変わったわけではない。萬郎が生来病弱であっただけに、ほかのどの子よりもいとおしく思われてならなかったまでである。

マツはやがて男の子を生んだ。しかし、彼女は産後まもなく死んだ。まだ十八歳であった。男の子は辻遊廓のナベとウシが引きとって懸命に養育したが、彼もまた生後二月あまりで母のあとを追う。

ツルが萬五郎あにに呼ばれ、初の大和旅に発ったのは、萬郎がまだ最初の妻と別れる前の年の暮れである。

久しぶりに宮古を離れて沖縄に立ち寄った機会に、ぜひともひと目、ハナ子の顔を見たい、と彼女は思った。誰からも「ワーヌカミ」のように嫌われた瘡病みの子であるが、ツルはなぜかその膿まみれの子がいとおしくてならなかった。

ただ、彼女は辻に足を踏みいれる気はしなかった。ウシあねに見つかるのがこわかったからである。そこで彼女はカマダーグヮあての手紙を書き、俥屋に頼んでこっそり届けさせた。さっそくウシの目を盗んでカマダーグヮが宿にたずねて来ると、ツルは事情を打ちあけ、ひそかにハナ子の顔が見られる方法を話し合った。ツルは当のハナ子自身にも正体を勘づかれたくなかった。もしも覚られれば、ウシに伝わることは必定だからである。小児の口にだけは神さまも戸を立てられない。

「ではこうしましょう」とカマダーグヮはいった。「あすの晩、わたしがハナちゃんをつれて石屋《イシヤー》に芝居を見にゆきます。ねえさんは見つからないようついてきて、わたしたちのうしろに坐ってください。そうすれば、好きなだけあの子の顔も眺められます。声も聞かれます」

イシヤーは、一九二二年（大正十一）上之蔵に建てられた那覇劇場の通称である。当時としては珍しくコンクリート造りであったところから、そう呼びならわされた。「新天地」とも呼ばれる。

さいわい、その夜は雨であった。ツルが傘で顔を隠すようにして二人の到着を待っていると、カマダーグヮに手をひかれてハナ子が姿を見せた。ひどい栄養不良だったせいであろう。彼女は五歳になりながら、歩みは幼児のようにたどたどしかった。しかし、これがあの瘡だらけ膿だらけの子であろうかと疑うほど、彼女は白い美しい膚に戻っていた。眼も生き生きと輝いて、見るからに利発そうな面立ちである。

ツルは彼女の名を呼んで力いっぱい抱きしめたい気持を必死におさえながら、そっと二人のうしろに従って木戸口をくぐり、そっと二人のうしろの席に坐った。そして、ハナ子の横顔をあかず眺め、その声にあかず聞き入った。おかげで舞台のほうはまったくうわの空に過ぎ去ってしまって、演題も役者の名もさっぱり覚えていない。

いよいよ那覇港を発つ日、カマダーグヮはぜひ三重城まで見送りにゆかせてほしいと頼んだが、ツルは固くことわった。初めて彼女が宮古へ渡った日の別離の哀しさが忘れられなかったからである。不安にみちた初の大和旅とはいえ、ハナ子の成長を見届けることができたことだけで、ツルの心は充分に慰められていた。彼女はそのしあわせを別れの涙でかき乱されたくなかった。

未知の北国への船旅は、ツルの心にさまざまの思い出をよみがえらせた。残波岬の沖を通過するとき、彼女は「早く寝なさい」とせきたてる母の声が聞こえるような気がした。

次から次に海上を去来する島々や岬は、また、それらの名を詠い込んだ「上り口説」の歌詞とともに、ツルの脳裏に、なつかしいシキウンドゥルーの主の面影を想い浮かばせた。

この権勢並ぶ者のない花の島の長老が、初めて鹿児島まででかけた折のこと。彼女は舷側に立って島々をうち眺めながら、「上り口説」を口ずさんでは従者に向かって、歌詞に詠みこまれた島や岬が実物のどれであるか、ひとつひとつ尋ねて確認した。

こうして「招く扇や三重城、残波岬も後に見て、伊平屋立つ波おしそへて、道の島々見渡せば、七島渡中もなだ安く、立ちゅる煙は硫黄ケ島、佐多の岬にはひ並で、エイ、あれに見ゆるは御開聞、富士に見まがふ桜島」の「佐多の岬」まではぶじに済んだが、つづいてシキウンドゥルーさまは「エイ」はどれかと問うたので、供の者は返答に窮したという。「エイ」は地名ではなく、単なる掛声だからである。

ツルはシキウンドゥルーさまのことを思うと、ふしぎな安らぎと力が体に満ちるのを覚えた。そして、いつかはあのかたのように誇らかで自由な生き方をしたいと思った。

この旅にそなえてツルは和服を着て乗船したが、髪だけは琉球髷《うちなーからじ》を結っていた。それを解いて、大和風の牛糞のような髷に結いなおしたのは、いよいよ大阪に着く日である。長年親しんだ縦差しのジーファーも、横差しの大和簪に替えた。隣の客がそれを見て、「大島の女に化けたね」とからかった。奄美大島の女性の髪形は、沖縄よりずっと早く大和風に変わっていたからである。

港まで萬五郎が迎えにきていた。ツルは彼の着ている二重まわしのインバネスを見てびっくりしたが、すぐにそれが大切な防寒具であることを知った。息がとまりそうなほど風が冷たかったからである。「これはまだ大和の秋風《みいにし》さ」といって萬五郎は笑った。

ふるえきって和歌山に着くと、さらに驚くべきことがツルを待っていた。萬五郎が妹を呼び寄せたのは、彼女を助産婦にするためであった。これは弟の萬郎とも相談しての結論であり、産婆養成所に通う費用もいっさい負担してやる、と彼は胸を張った。

「えっ、わたしがクヮーナシミヤー！」

ツルは飛びあがらんばかりにびっくりして叫んだ。これまで想像したこともない仕事だったからである。

「そうさ、すばらしい仕事ではないか。おまえも知っているとおり、島にはまだ正式の検定を持った産婆はほとんどいない。そのためにどれほど多くの母や子が、落とさなくてもよいいのちを落としていることか。産婆こそは沖縄を救う大切な仕事だ。これからの新しい女の天職だ。それに収入も太いぞ。こちらでは一人生ませれば、とりあげ料は十円が相場だ。十五円払う人も珍しくないらしい」

どこで聞いてきたのか、萬五郎はそんな数字まであげてツルの決心をうながした。ツルは萬五郎あにが自分の将来を気づかってくれていることを知って、ありがたいと思った。しかし彼女はきっぱりことわった。

「わたしが小学校二年までしかいってないこと、知っているでしょう。にいさんたちと違って、わたしは字も書けないのよ。新聞もろくに読めないのよ。産婆の試験など、通るはずがないでしょう」

そういわれれば、萬五郎には答える言葉もなかった。ただ、せっかく大和までできてくれたのだから、春の花見のころまでゆっくり遊んでゆくように、と勧めた。

萬郎あにの嫁に対する気兼は重かったが、ツルは兄たちの勧めに甘えることにした。もの心ついてこのかた、兄弟三人がひとつ屋根の下で暮らした日は絶えてなかったからである。彼女ばかりではない。萬五郎も萬郎も思いはひとつであった。萬郎があまりにツルを大切にするので、彼の妻はしばしば嫉妬に狂った。

年に一度の花見の宴は、紀三井寺でおこなわれた。萬五郎はツルをつれてゆこうとしたが、萬郎は「花見ではない。喧嘩を見にゆくようなものだ」といって引きとめ、活動写真を見にゆくよう勧めた。

萬郎の予言どおりになった。酔余、歌を盗んだ、盗まないの小ぜりあいから乱闘が起き、血まみれ泥まみれになった萬五郎が、這うようにして家に戻ってきたのは、翌朝のあけがた近くであった。

ツルは兄の体にこびりついた血と泥を拭きとりながら不安におびえた。萬五郎がこんなに大酒を飲んだり、荒れたりするようになったのは、和歌山へ出稼ぎにきてからのことだからである。酒代のほうが一か月の給料より多いこともあった。

「お酒を飲むなとはいいません。でも、もう少しひかえてはどうですか。酔っぱらって喧嘩をするなんて、にいさんらしくもない」

ツルは生まれて初めて萬五郎にこう忠告した。萬五郎は腫れあがって紫色になった顔を壁のほうに向けたまま、暫くおし黙っていたが、やがてうめくような声でつぶやいた。

「島に残した子供のことが面影に立って、飲まずにはいられないのさ」

「そんなに心配なら、いっそみんなをここに呼んで、親子一緒に暮らせばよいでしょう」

「そうか、それはよい考えだ。思い切ってそうするか」

「かならずよ」

「いい」とすなおに萬五郎はうなずいた。

それからまもなく、ツルは沖縄へ引き返した。そしてふたたび宮古に戻り、化粧品の行商で生計を立てた。ツルにとっては、暗い思い出の島である。しかし、ほかに身を寄せる岸はなかった。辻にだけは二度と戻りたくなかった。

ツルにつづいて萬郎も和歌山を引き揚げた一九三二年（昭和七）、萬五郎はツルとの約束どおり、妻子を沖縄から呼び寄せた。嫡男の正男は八歳、長女小枝子は五歳、二女和枝は二歳になっていた。二年後には和歌山で三女里子が生まれる。

萬五郎にとっては八年ぶりにようやく実現した妻子との共同生活であるが、それもわずか四年間で閉じられた。妻のカマが冬の寒さに堪えきれなかったからである。

「米の御飯は食べなくてもよい。諸だけでかまわない。水道が凍るような国では暮らしたくない」

こう主張して、カマは子供をつれて沖縄へ引き揚げたので、萬五郎はふたたび酒に孤独を沈める生活に戻る。

萬五郎の寂寞は深かった。四年前、彼の妻子と入れ代わるようにして和歌山を去った弟の萬郎も、すでに後生の旅人となっていたからである。酔い痴れては萬栄兄と萬郎の名を呼んで彼は哀哭した。

萬郎が腎臓手術のために入院しているという知らせを受けて、ツルが宮古から那覇に着いたのは、一九三五年（昭和十）の二月十八日である。

港から病院に直行して見ると、つきそっているのは萬長叔父だけで、姉たちの姿はなかった。萬長の話によれば、二人とも二十日正月の用意に追われて、看病の時間がとれないとのこと。ツルはそれを聞いて、不吉な予感に襲われた。父親の萬吉が死んだのも二十二年前の陰暦正月二十日であり、ナベとウシは葬式にもまに合わなかったからである。

しかし、萬郎は重病人とは信じられないほど元気な声でツルにこう語った。

「手術を受けて達者になったら、キューバのクーミーの所へ行くことに決めたよ。クーミーと一緒に働いて、今度こそどっさり銭儲けするぞ。じつはな、近いうちに俺の子が生まれる予定だ。俺がキューバから戻って来るまでのあいだ、おまえもよく世話をしてやってほしい。頼むよ」

萬郎の子を身ごもっているのは、トーバルウサであった。当時、彼女は初婚の男と別れて子供も手放し、独りさびしくトーバル屋小のアサギで暮らしていた。兄の長い見果てぬ愛が、いまようやくこのような形でみのったことを、ツルは深い悲哀と歓喜の交錯する複雑な気持でことほぎ、そっと涙をぬぐった。

萬郎の手術は、ツルがかけつけて二日後におこなわれた。彼が手術室に運びこまれるのを見送って、ツルが病室を整理しにゆくと、同室の患者たちは口々に「ゆうべはあんたのにいさんの組踊りを聞かせてもらって、良い耳薬になったよ」「声も良いが、物覚えも格別だね。一時間も唱えしながら、一度もとちらなかったよ」とほめそやした。

萬郎が唱えて聞かせた組踊りの曲名が何であったか、ツルは覚えていない。手術室に入った兄のことが気づかわれて、心は宙に浮いていたからである。いずれにしても「大川敵討」「久志の若按司」「本部大主」「義臣夜討」「手水の縁」「執心鐘入」「巡見官」「雪払い」「夫婦縁組」「護佐丸」などの中の一つだろう。この十曲のうち、現在まで屋部に継承され、毎年一曲ずつ巡演されているのは、「大川敵討」から「執心鐘入」までの六曲である。

当村出身の芸能史家・宜保栄治郎の説によれば、この草深い村里に首里王府の御冠船踊りの花々が移し植えられたのは、一八六〇年代であろうという。師匠は名護御殿を通して招かれた大山某であり、彼に就いて最初に踊りを習ったのは「前石根《めーしにー》の大主前《ぶすめー》」、おなじく最初に組踊りを習ったのは「宇茂佐屋《うんさや》の大主前《ぶすめー》」たちであったと伝えられる。

もちろん、それらの花々が順調に咲きほこったわけではない。大和化の嵐につれて官憲の干渉がつよまり、とりわけ明治三十年代から大正十年ころまでにかけては、無残な枯死状態に追いこまれている。村びとたちがわずかに楽しむことを許されたのは、神拝みの「居遊び」のみであった。

その弾圧に抗して屋部川のほとりに八月踊りを甦生させた力はほかでもない、全村民の「世果報《ゆがふう》願い」の熱意と「屋部台湾《テーワン》」の意地であった、と村の有志は説く。「テーワン」は、野蛮国、野蛮人の代名詞である。

山入端萬郎もまた「屋部台湾」の一人として組踊りを熱愛し、毎年八月の村踊りが近づくと、まっさきに稽古に励んでいた。先妻のマツとその子が死亡した翌年もそのとおりだったので、萬長叔父から「不謹慎にもほどがある。三回忌もすまないうちに」と厳しく訓戒されたが、隠れてこっそり稽古に通いつづけたほどである。

それにしても、こともあろうに手術の前夜にそんな長い組踊りの唱えをするとは……。いったい喜んでよいことなのかどうか、ツルはとまどうばかりだった。

萬郎の手術は五時間近くかかり、ツルはその間に幾度も輸血させられた。手術室のなかは壁から天井まで萬郎の血しぶきが飛び散っていて、ツルをおののかせた。

手術が終わって麻酔から覚めると、萬郎は煙草が吸いたいといった。ツルが火をつけて唇にもってゆくと、彼は微かにひと息吸った。それからこういった。

「俺はもうだめだ。子供を頼む。男の子が生まれたら、学問をさせてくれ」

ツルはそう叫んで懸命に励ましたが、萬郎は二度とふたたびものをいわなかった。静かに涙を流すばかりであった。それからまもなく息が絶えた。享年三十五。

萬郎の遺骸が家に戻ると、母親のカマドは彼をかき抱いて慟哭するばかりで、いつまで待ってもツルの姿など目にもとめなかった。わたしだって幾年かぶりに戻ってきたのに……、そう思ってツルはゆえ知らぬ孤独を感じた。

和歌山の萬五郎親子は野辺送りにまに合わなかったので、イーフェーダチャー（野位牌持ち）の役は、萬五郎の嫡子正男に代わって萬長の孫の萬裕が勤めた。

萬郎の遺骸を乗せた龕《がん》は、トーバル屋小の角から西に折れて浜墓地に向かった。そのトーバル屋小の生垣の内側に身を隠すようにして、一人の女がぬかずいていた。トーバルウサである。

それから八十日あまり過ぎて五月十日、ウサは萬郎の子を生み落とした。男であった。一雄と命名された。

二

ツルが萬郎の最期を看とることができたのは、さいわいにも彼女が宮古島に戻っていたからであるが、助産婦になれという萬五郎の話をことわって引き返したときからのち、ずっとこの島に住みつづけていたわけではない。

最初の大和旅から帰って一年後、彼女はまず辻に舞い戻っている。彼女にとっては、死ぬよりつらいことであった。しかし、それにもましてつらいのは、芸能を棄てて生きることであった。なんとしても芸能ひとすじに生きたいという思いのみ、胸に熱かった。

ツルは姉のナベに会ってわがままを詫びるとともに、ウシの許しをえてほしいと頼んだ。この世で誰より手ごわい敵はウシだからである。

「お金は持っているの」とナベは尋ねた。

「三百円ばかり」とツルは答えた。それは彼女が辻から脱走して以来、宮古で蓄えた全財産であった。

「それだけあれば大丈夫よ。そっくりウシにあずけなさい。あのひとの機嫌をなおす特効薬だから」

こういってナベはおかしそうに笑った。

ナベの作戦はみごとに成功した。ウシはたちまち上機嫌になって嘆声をあげた。

「おまえのように銭ばかり食った女が、よくまあこれだけ貯金できたものだね。可愛い子には旅をさせよというが、やっぱり人間は他人の飯を食って苦労してみることだよ」

二人の姉にもましてツルの復帰を大喜びしたのは、彼女を「初孫」と呼んで自慢の種にしたミンタマヌカマルーさまである。

「二度とわたしを悲しませてはいけないよ」

カマルーさまは、老いの眼に涙を浮かべてツルを諭した。

ナベあねに勧められてツルは前貸金百五十円を投じ、初めて養女を一人抱えることになった。その子の名はテル子。彼女に踊りを仕込み、アンマーのツルが地方を勤める。そうしてゆくゆくは、母子二人で独立することを目ざす。

若狭町の職人に頼み、特製の簞笥をあつらえたのもこのときのこと。材料は、宮古の砂浜に二年間埋めておいたという堅牢なヤラブである。その簞笥いっぱいにテル子の晴着がつまったさまを想像するだけで、ツルの胸は希望にふくらんだ。

テル子はまだ小学校を卒業する前だったので、踊りの稽古もさることながら、ツルはまず学校の勉強をつづけさせたいと思った。しかし、案に相違して、テル子はためらいもせずきっぱり拒んだ。

「アンマー、わたしは売られてきたのですから、学校にはゆきません。早く踊りを覚えて銭を儲けたいだけです」

大人が顔負けするほど、おちついた口ぶりと態度であった。この子はまるでお婆《ハーメー》さんみたいだ、とツルは思う。言葉ばかりでなく、することもそうである。テル子は朝も誰より早く起き、忘れずにまずうやうやしく火の神を拝んだ。

しかし、せっかくこうして養女まで抱えながら、ツルは古巣での生活をながくつづけることはできなかった。警察のうるさい干渉を厭うたからである。すっかり嫌気がさしたツルは、ナベあねあての詫状を箪笥に残し、ひそかにテル子をつれて大阪へ旅立つ。彼女を同行したのは、養女にした以上、一人前になるまで養育する責任があると考えたからである。

ツルは大阪での最初の住所を記憶していない。覚えているのは、港に近い、沖縄人と朝鮮人の多い町であったこと、同郷人の大部分が那覇の人であったということだけだ。

和歌山の兄を頼る気はなかった。当時、萬五郎は郷里から妻と三人の子を呼び寄せていた。しかもその狭苦しい棟割長屋の六畳と三畳の間の広いほうは、生活費を補うために、同郷の独身者たちを下宿させていたので、たとえ一時しのぎに身を寄せようとしても、到底ツルたち二人の割りこむ隙はなかった。

ツルがまず初めに紹介された働き口はちいさな玩具製作所であり、セルロイドのおもちゃに色を塗るのが仕事であった。しかし、あまりの低賃金に堪えかね、パナマ帽の製造工場に移る。驚いたことに、現場の従業員は沖縄人と朝鮮人ばかりであった。沖縄人は原料を晒す仕事と帽子を編む仕事を受け持ち、朝鮮人はもっぱら原料を蒸す仕事をしていた。

ツルは、その年――一九三三年(昭和八)十二月二十三日の寒い朝のできごとを生涯忘れない。なにより恐ろしい冬がきて、彼女の足は霜焼けで腫れあがり、歩くのも困難なほどであった。その日も、一歩一歩、まるで針の山に登るような激痛と闘いながら工場まで足をひきずっていると、突如あちこちの工場のサイレンや汽笛が鳴りはじめ、空いっぱいにあふれた。それは皇太子の誕生を告げる号笛の音であったが、そうと知らないツルは、この世の終わりを知らせる合図ではあるまいかと思って、生きた気もしなかったという。

年があけてまもなく、養女のテル子は望郷の念にかられて沖縄へ戻り、ウシに引き取られる。やがてツルもまた、あまりの生活苦に堪えかねてふたたび宮古へ舞い戻る。彼女が萬郎あにの不幸な最後を看とったのは、このときのことである。それからまもなく、ツルはまたもや大阪へ旅立ち、さまざまの仕事を拾いつつ辛うじて飢えをしのぐ。

そんな落魄のツルに救いの手をさしのべてくれたのは、沖縄出身の鉄道員である。彼はツルが三線を弾くことを知ると、四貫島《しかんじま》の料亭にせわしようと申し出、「新しい下駄を買いなさい」といって金を渡した。ツルの履いている下駄は、すりきれてしまって、板のようになっていた。

四貫島は新淀川と宇治川に挟まれた此花区にあり、尻無川と木津川に挟まれた大正区の恩加島《おかじま》と並んで、沖縄出身者がもっとも多い地区である。

ツルがこの四貫島で住み込むことになったのは、沖縄屋という料亭である。女主人は彼女に月給二十五円を払うと約束し、支度金として二十円を前貸しした。女主人の夫はもと首里で酒造業を営んでいたが、債務に追われて大阪へ逃げてきた人とか。ツルはながらくその人の顔を見る機会はなかった。人目を避けて田舎にこもり、豚を飼っているという話であった。

ツルはこの沖縄屋で思いがけない女性とめぐり会う。「恋の花カミー」として名を売った辻の遊女カメである。彼女は特別に歌が上手だったわけではないが、世にも稀な美声を見込まれて、彼女の歌う「恋の花」がレコードになったところから、そんなふうに呼びならわされていた。多感な少女時代、ツルもどれほどそのあでやかな歌に酔ったことか。忘れがたい歌詞は次のとおり。

庭や雪降ゆい
梅や花咲ちゅい
無蔵《むぞ》が懐や
真南風《まふえ》ど吹ちゅる

ぬがし我が庭や
梅や咲かなそて
毎夜うぐいすの
通て啼ちゅさ

霰さらさらと

庭の高クバに
音たてて降ゆる
年や世果報《ゆがふう》

奇遇を喜び合った二人は、これから後、ツルが奏で、カメが舞う仲となったが、昔を知る客のなかには、カメの歌を聞きたがる者も少なくなかった。しかし、すでに彼女の声は到底「恋の花カミー」のそれとは思えないほど荒れていたので、ツルはさりげなく踊りの曲を弾いて客の所望をそらし、「さあ踊って、踊って」とカメをせきたてるのを常とした。

ツルとカメは、将来独立して二人で店を持とうと誓いあった。しかし、その夢はもろくも打ちくだかれてしまった。ツルより五つばかり年長のカメは、ツルに対する客の人気を嫉妬してやまず、ことごとに彼女を敵視するようになったからである。

ツルに縁談が持ち込まれたのは、そのさなかのこと。自分が身をひくほかはあるまいと思い悩んでいた彼女は、ついふらふらとその勧めを受けいれた。

相手の男はおなじ国頭郡の人であり、四十歳を過ぎたばかりで妻に先立たれ、二人の子をかかえていた。一人は十四、五歳になる男の子であり、一人は八、九歳の女の子である。ツルは男に惹かれたというより、むしろ母を失った二人の子に同情を覚えて、母親代わりにせわをしてやりたいと思った。ツルはいつも人から「それがあんたの不幸のもと」と笑われたものであるが、幼い子の不幸だけは見過ごすことのできない性分であった。おなじ山原の生まれであることも、彼女に運命の親しみを感じさせた。

ツルを後妻に迎えた男は、「チナグヮ」と呼ばれていた。喜納と書くのであろうか。名はセイジンといっていたが、その漢字もわからない。

「学校いかなかったから、漢字など知るものか。なんだかタナゲーのフィシャ（蝦の脚）みたいな格好だったさ」

チナグヮはそういって笑うばかりだった。

「わたしだってろくに学校行ってないけど、自分の名前ぐらいは書けるのに」

ツルは驚き、かつあきれた。

チナグヮが住んでいたのは、大阪市淀川区の加島と尼崎市の戸ノ内町を結ぶ毛斯倫橋《モスリン》の下手、神崎川の右岸である。いまは堅固な堤防にかこまれた市街地の一部になっているが、ツルが嫁いだころは、まだ見渡すかぎり葦のおい茂る川原がひろがっていた。犬の子一匹通らない、昼でもさびしい所であった、とツルはいう。

毛斯倫橋のたもとのあたりに住んでいるのは朝鮮人であり、沖縄人はもっと川下のほうに部落を作っていた。当時、ここは、職を失った下層労働者が最後に流れ着く、砂上の番外地であった。

チナグヮはこの川原で素灰《すばい》製造業を営み、数十人の貧しい同県人を使っていた。奄美大島の出身者も使っていた。また、彼らのために掘立小屋を作って貸し、月々相当の家賃を儲けた。

彼は文盲ではあったけれど、すこぶる商才にたけていた。彼が素灰の原料としてもちいたのは、流木と火災家屋の焦木である。「水の都」大阪を縦横に縫う河川と大阪湾に浮かび漂う大小さまざまの木片の類は、どれほど採ってもつきることがなかった。その採集に使うのもまた、無料で貰い受けた廃船ばかりである。

日夜頻発する商都の火災も、彼にとってはむしろ天のめぐみであった。彼は毎朝目を覚ますと、まずまっさきに字のわかる者に命じて新聞を読ませ、どこそこで火事があったと知ればすぐさま舟をやって、焼け落ちた材木を貰い受けた。

従来、素灰は山林の松葉や小枝などを蒸焼きにして製造された。その名のとおり「山素灰」である。しかし、鋳物工業の隆盛にともなって山素灰だけではたりなくなり、廃材を利用した素灰の需要がたかまった。とりわけその生産を促したのは、都市の家庭燃料として普及した煉炭である。素灰はその火つきをよくするための不可欠の媒体とされた。

廃材利用の素灰製造の場合は、松葉のように完全な素灰とはならず、消炭として残る量も多い。その消炭は袋につめ、いわゆる「カラケシ」として販売された。

チナグヮは、なにごとにも抜目のない男であった。ツルが嫁いでのち、彼は月に一度借家人たちを自宅に招いて宴会を催した。チナグヮが三線を弾き、ツルには琴を弾かせた。従業員の慰労が目的ではない。狙いは滞りがちな家賃のとり立てにあった。招かれた人びとは、御馳走にはありつきたいが手ぶらでゆくわけにはいかず、なけなしの財布をはたいて多少の家賃を納めた。

家賃のとり立てはツルの仕事の一つとされたが、それは彼女にとって、もっともつらい務めとなった。家賃どころか、あすの米代もない店子ばかりだったからである。

子供は学校の遠足代をほしがって泣き、母親は遠足代を持たせれば家賃が納められなくなるといって悲歎する、そんな場面に出くわすこともあった。

ツルが同情して手ぶらで戻ると、チナグヮは彼女を口汚く罵って、殴る蹴るの暴力をふるった。川原に住む人びとの生活がいつも極度に貧しかったのは、収入が少ないうえに、たえず自然の強暴な力に痛めつけられていたためである。平安な天候にめぐまれた大河は、母親のように優しく彼らに生命の糧をめぐんだが、ひとたび大雨を飲むと、ちょうど大酒に酔ったチナグヮのように荒れ狂った。そのたびに川原の住人は家を失い、拾った小舟のなかで暮らさなければならなかった。

妹夫婦の安否を気づかってかけつけた萬五郎とぶじを喜び合ったのもやはり、舟を家代りにしていたころのことである。萬五郎とチナグヮはいずれ劣らぬ大酒飲みだったので、酒友《ぬみどし》として意気投合していた。

妹婿の商才を高く買っている萬五郎は、彼の再起を援助するための資金として、百八十円を貸し与えた。それは萬五郎の儲けた金ではない。長兄の萬栄が「沖縄へ戻って自分の代わりに親孝行してくれ」といって、キューバからツルあてに送ってきた金である。ツルはそれを神戸の貿易商社で受け取り、そっくり萬五郎にあずけていた。その大切な金をチナグヮに貸すのは、まるでどぶに捨てるようなものだ、とツルは思った。しかし、彼女はなにもいわなかった。いえば、横暴な夫に対する怨みつらみを、兄に打ちあけることになるからである。

ツルが恐れたとおり、萬五郎あにが貸した金は、またたくまに借金の埋め合わせと酒代に消えてしまって、正月餅も買えない歳の暮れがきた。するとチナグヮは、大晦日の夜、ツルに蠟燭を持たせ、そのあかりを頼りに一艘の舟を解体した。そしてボルトや釘などを集めて売りにゆき、金を持って帰った。大和という国は何でも金になる不思議の国だ、と思ってツルは感心するばかりだった。その舟を住家にしていたのは、若い朝鮮人の夫婦と子供である。彼らがどんな罪を犯したのか、ツルは知らないが、とにかく舟に乗っておれば警察につかまりやすいということから、陸にあがって町なかに隠れることになって、舟はチナグヮが買い取ったのである。

その朝鮮人の妻は、朝鮮服しか持っていなかった。それではあぶない、とチナグヮはいって、ツルを古着屋にやり、安い和服を買わせた。下駄はツルが自分の物をゆずった。

隠すといえば、ツルはわが子をわが家に隠さなければならないこともあった。チナグヮの先妻が生んだ男の子が、十六、七になった年である。彼は手のつけられない不良少年になって教護施設に収容されたが、ある日こっそり脱走して家に逃げ帰った。「腹がへってたまらなかった」という。翌日、彼はつれ戻された。その別れぎわに、彼はそっとツルに言葉をかけた。「おやじはあい変わらずかあさんをぶっ叩いておるのやろ。けがをせんよう気ぃつけてな」

まったくなにもかも勝手が違って、世間知らずのツルはおろおろすることばかり多かった。すぐ向かいの家の主婦が出産したときもそうである。産婆がまに合わず、ツルがひとりで天手古舞いしなければならなかった。なにしろ子を生んだ経験もなければ、分娩の場を見たこともない。産婦が「出る」「出る」と叫べば、「なにが出るの」と聞き返したり、股をひろげようとすれば、あわてて両手で閉めたりした。彼女はすっかりわが無知に恥じ入り、やれやれ産婆さんにならなくてよかった、と思ったことである。

神崎川の川原でツルが素灰の煙につつまれて送った日々は、それこそ賽の川原で石を積むような、むなしい苦役の連続であった。それだけに忘れがたい歓びとなったのはナベあねの来訪である。

萬五郎の招きを受け、初めて和歌山まででてきたナベは、一日、弟に案内されてツルの住まいをおとずれた。ツルは、萬五郎に対してと同様、わが身の不幸と孤独を一言も姉に漏らさなかった。むしろつとめてしあわせそうにふるまった。幾度となく恩愛を裏切った姉がわざわざ訪ねてきてくれたことだけで、ツルはすべての悲哀を忘れることができた。

しかし、ナベは、ちりぢりにやつれ、骨と皮のようになっている妹の姿をひと目見て、彼女が不幸のどん底に沈んでいることを見ぬいた。しかし、妹の気性を知っているので傷口にふれることはひかえ、「あまりむりをすると死んでしまうよ」とのみ忠告して、養女の一人を手つだいとしてさし向けることにした。少しでも妹の重荷を軽くしてやりたい、と思ったからである。

ナベは沖縄に戻ると、約束どおり、大阪商船の船員に託して一人の少女を送り届けた。名は春子といい、まだ十三歳の、あかるい性格の子であった。ナベが適役として送り込んだだけあって、彼女は骨身を惜しまず小まめに働き、積極的にツルを助けた。口のほうもなかなか達者で、思ったことは屈託なく言葉にした。

「ここのおじさんはこわいね」

「なぜこわいの」

「朝からお酒を飲んであばれるから」

「辻にだって酔っぱらいがいるじゃないの」

「辻の酔っぱらいはこわくないさ。あばれたらアンマーが追いだしてしまうから。でも、ここのおじさんは追いだすことができないでしょう」

ツルがリヤカーを曳いて道端の木片をひろい歩くときにも、春子はいやな顔ひとつ見せずに供をし、汚れた溝のなかの木を拾ったり、車の後押しをしたりした。そして「町の掃除は楽しいね。おじさんの顔を見ないだけでも」といって笑った。彼女が「町の掃除」といったのは、初めてツルが彼女をつれてゆく折、「おばさんは屑拾いをしているのじゃないよ。町を綺麗にしてあげているの」と苦しい言いつくろいをしたからである。

萬五郎の妻が四人の子をつれて故郷へ引き揚げると、ツルは仕事のあいまを盗んで兄の家にかよい、山ほどの洗濯物をかたづけたり、埃だらけの部屋の掃除をしたりした。

「なんとか食っておるかい」と萬五郎が尋ねると、「食えるわけがないでしょう。大酒飲みの女房になるより死んだほうがましですよ」とツルは答えた。そんなとき、萬五郎が畳をはぐって一円札を幾枚か取りだし、ツルに渡した。

しかし、兄と姉の心づかいも、そしてまた春子のいじらしい手助けも、結局はながくツルを支えることはできなかった。チナグヮにつくすこと三年あまり、ツルはついにその生地獄のような生活を断ちきる決心をかため、ひそかに春子をつれて神崎川のほとりを立ち去る。「すぐにまたやさしいおかあさんがきてくれるわ。おとうさんは、その人のことを女中だというでしょう。でも、それは嘘だから、かならずおかあさんと呼ぶのよ」とチナグヮの娘にいい残して。

三

チナグヮにつかまれば、もとの木阿弥である。彼の猛り狂う姿を想像するだけでツルは総毛立った。まごまごしてはいられない。とにかく一刻も早く関西から離れなければいけない。ツルはそう思って大阪商船を利用することを避け、あわただしく山陽本線の下り列車に身をひそめた。無案内の汽車の旅であるが、九州の鹿児島までたどり着けば、沖縄通いの船があることは知っていた。

ツルの知識が誤っていたわけではない。ただ、彼女はまだあまりに本土の地理にうとかったので、終着駅の下関を鹿児島と錯覚し、沖縄行きの船を尋ねまわった。それからようやく人に教えられて関門連絡船に乗り、門司からまたもや汽車にゆられて長い九州縦断の旅をつづける。

こうしてツルと春子がどうにか鹿児島に着いてみれば、目ざす沖縄航路の船はすでに出帆したあとであり、次の船は五日さきになるとのこと。それを聞いて、ツルは目のまえがまっくらになった。五日間も宿に泊まれば、到底二人の船賃は残らないからである。当時、鹿児島・那覇間の三等船客運賃は、大人七円、子供二円五十銭であったという。

ツルは途方に暮れた。その苦境を救ってくれたのは、空腹をしのぐために立ち寄った一膳めし屋のあるじ夫婦である。情深い夫婦は、ツルの話を聞くと、気前よく二階の三畳間を無料で提供した。そのうえ、「気晴らしに」といって映画見物にも誘った。ツルはこれを辞退し、「できれば西郷さんのお墓に参りたい」と頼む。かねがね薩摩琵琶の「城山」を愛して彼女は、ぜひこの機会にそれを実現したかったのである。

店主は「〝西郷さん〟は良《ゆ》なかど。〝西郷どん〟ち言《ゆ》やんせ」とたしなめ、わざわざ夫婦づれでツルと春子を上町浄光明寺の西郷墓地へ案内した。これはあとになって店主が打ちあけたことだが、夫婦揃ってツルに同行したのは、ひょっとして彼女が自殺でも図るのではあるまいか、と真剣に心配したからである。見るも無残に憔悴したツルの姿には、よほど死の影が濃かったのであろう。

待ちに待った船出の日、ツルはなけなしの財布をはたいて、春子に夏物の簡単服を買い与える。五月の鹿児島はすでに夏のような陽気であったが、春子はまだ冬服を着ていた。

もはや春子と一緒に沖縄まで帰る船賃は残っていなかったので、ツル一人は奄美大島の名瀬までの切符を買う。それからさきの旅費は、大島でかせぐことにした。

五日間親身に面倒をみてくれた一膳めし屋の夫婦は、名物の灰汁《あく》巻きをどっさり土産に持たせ、涙ながらに名残りを惜しんだ。

七島灘の一夜があけると名瀬である。ツルは、「おばさんは会いたい人がいるから、ここで下ります。春ちゃんだけ先にお帰り」といって、春子に別れを告げた。むろん、それは偽りであり、頼るあてはなかった。

そんな捨身のツルに働き口を世話してくれたのは、彼女が通りすがりに「どこか人手のいる店はありますまいか」と問うた、豆腐売りの女である。ツルの話を聞くと、その人は自分も糸満の生まれであるといって、早速知り合いの料亭に紹介した。その店の女将も昔辻遊廓にいた人であり、ツルの身の上を知ると、おおいに同情して雇い入れた。

ツルはここで座敷と台所とを掛け持つ多忙な日夜を半月ばかりつづけたが、長いあいだの疲れがでたのであろう。高い熱に襲われて、病床に呻吟する日がひと月近くつづく。
精根つきはてて旅に病むツルの悲傷は、後年彼女がみずからの漂浪の哀れを詠った「山入端節」の心そのものであったろう。

海山も渡て　きゆやこの島に
着きゅる飛鳥《とぶとぃ》の　あはれかたら

飛鳥の思ひ　誰が知ゆが浮世
夜あけ白雲と　風に聞かな

風ままどなゆる　渡て行く先や
明日やあの島に　着きゅらと思へば

島々よ渡て　夜も暮れて行きゅさ
胸のわが思ひ　はたさやすが

誰と語らゆが　胸内の思ひ

ともに泣くものや　山のひびく
浮世なだやすく　飛びゃんてやりしちも
嵐声の絶いらん　世界やちゃしゅが

ツルは尾羽うち枯らした姿をふるさとにさらしたくなかった。かといって、ほかに頼るべき人もなかったので、思い切って病床から四貫島の「恋の花カミー」に手紙を送り、大阪以外の土地ならどこでもかまわない、適当な働き口を世話してほしいと依頼する。しかし、幾ら待っても返事は届かなかった。

ようやく病が癒えると、ツルは、最後の頼みの綱も切れた思いで名瀬を去り、那覇へと旅立つ。旅費を稼ぐどころか、三十円の借金を作っただけである。

姉のナベはいつもと変わらずツルを温かく迎え入れ、手づから料理したツィマグーを食べさせたりした。ツィマグーは豚足料理のアシティビチーのことであり、病後の養生薬として珍重される。

ウシのほうは、ツルがテル子をつれて大阪へ出奔してのち、二度とふたたび日進楼の敷居はまたがせない、と怒っていたが、病み衰えた妹の姿を見ると追い返す気も萎え、すべてをナベにまかせた。

一通の封書が名瀬から転送されてツルの手に届いたのは、彼女が日に日に元気を回復しつつあったころのこと。差出人は、東京に住む、未知の人である。けげんに思いながらひらいて見て、ツルは歓声をあげた。「恋の花カミー」が働き口を見つけてくれたのである。その雇主が手紙の差出人であり、「このたび首府在住県人会を始め、ほうぼうの皆さまよりの熱心な勧めにより、沖縄料理と舞踊の店を開くことになったので、一日も早く上京されたい」と述べられていた。

ナベは、妹の体とチナグヮの動きを憂い、いま暫くここにとどまっているほうが安全だと忠告したが、ツルのはやる心をつなぎとめることはできなかった。

先立つものは旅費である。途中で大島に寄り、三十円の借金も返さねばならぬ。ツルは姉を口説きおとして八十円を借りる。その金は、ナベが新たに一人養女を抱えるために用意している、模合《ゆれー》の金二百円のなかから出されたものである。ナベはそれをツルに手渡しながら、「これ以上わたしを苦しめないでおくれ」と告げた。

ツルが「恋の花カミー」のとりもちで働くことになったのは、東京市芝区芝浦に開店した琉球料亭沖縄屋である。ここを利用できる客は、沖縄や奄美大島から東京に遊学して高等教育を受け、官界や実業界で出世した人たちにかぎられており、女将は客筋の良さを誇りとした。

そんなお偉方の一人がツルの三線に耳をとめたのがきっかけとなり、ぜひにと勧められてレコードの吹き込みをしたのは、彼女が上京して四、五か月後である。

残念ながら、そのときのレコード会社名も、盤名も、彼女の記憶にない。ただ、その吹き込みのためにまる一週間、レコード会社のある銀座のスタジオまで通ったことと、印税としてレコード八十枚を貰ったことは覚えている。貰ったレコードの中の四、五十枚を客が売りさばいてくれ、その金で記念の腕時計を買ったことも、よく覚えている。

なにより忘れがたいのは、ナベあねに喜んでもらいたいと思って、レコードを一枚、沖縄へ送ったことである。どんな喜びの手紙がくるだろうか、とツルが楽しみにしていると、やがてナベから小包が届いた。何気なく包みを開いて見て、ツルは悲鳴をあげた。まっ黒な蛇のような乾物があらわれたからである。

ナベの手紙が同封されており、「レコードを吹き込むと、その人は肺病になるということだから、心配でたまりません。それで取り急ぎ、イラブーを送ることにしました。肺病にいちばんよくきく薬ですから、すぐにたべてください」と書かれていた。イラブーは、琉球諸島の近海に産する海蛇の一種。エラブうなぎの名で知られる。

ツルが新宿の寄席末広亭に出演することになったのもやはり、このレコードがきっかけである。交渉にきた男は、「沖縄の珍しい歌と踊りを帝都市民に紹介したいので、五分でも十分でもよい、ぜひ出演してほしい」と頼んだ。ツルがとまどって店の主人に相談すると、彼は「店の宣伝にもなるから」といって乗気になった。

当時ようやく沖縄の芸能・芸術に対する認識が一部の識者のあいだにたかまり、一九三六年（昭和十一年）五月には、日本民俗協会主催の「琉球古典芸能大会」も日本青年会館で開かれた。しかし、依然として一般民衆は琉球芸能どころか、沖縄がどこにあるかということさえ知らず、差別することのみを知っていた時代である。「四方の海みなはらからと思ふ」天子の都においてすら、求人や貸間の広告には臆面もなく「琉球人と朝鮮人お断り」の文字がのさばっていた。

よい機会である。ヤマトンチュを見返してやろう、とツルは思った。出しものは、なるべく肩の凝らない、軽快な民謡調のものを、という注文であったので、「加那ヨー」を選ぶ。歌は「加那ヨー

面影の立てば　よう加那ヨー　宿に居らりらん」に始まる、かろやかな旋律の「加那ヨー節」であり、踊りは「姉子踊《あんぐわおどい》」の伝統をふまえた、きわめて躍動的な女踊りである。これで血の燃えない者は、人間ではなく、木石であるともいわれる。

踊り子には金城清子が選ばれた。彼女は両親につれられて南洋に移住していたが、糸満に里帰りしての戻り途、神戸から船に乗る予定を変更し、汽車で東京へでて料亭「沖縄屋」に住み込んだ娘である。踊りは素人であったが、びっくりするほど筋がよく、教えればたちまち上達した。

ツルは清子とあれこれ相談して、晴れの舞台衣装を工夫した。また、履物も、蛇皮の三線に合わせようと思って、わざわざ蛇皮張りの草履を買い求める。七円五十銭という高い値段であったのを、ツルははっきり記憶している。芝浦から新宿までの道中も、むりをして人力車を走らせた。沖縄の貧乏芸者が電車できた、などと笑いものにされたくなかったからである。

ところが、俥から下りて見て、ツルはあっけにとられた。どんな立派な劇場だろうと思っていたのに、見れば貧相な木造の小屋である。ツルは「お風呂屋さんではあるまいか」と思ったが、確かに切符を売る窓口もあり、その上にかかった広告には、山入端ツルと金城清子の名もちいさく並んでいる。それを見てほっとひと安心はしたものの、ツルはまたもや、この読みづらい自分の姓を正しく「やまぬは」と読める客があるかしら……、と不安を覚えた。

それよりもさらに驚かされたのは、楽屋からそっと覗いて見た客席のさまである。ひと組の夫婦らしい老人がつくねんと坐っているだけで、ほかには人影もなかった。

「あらまあ、たったふたりきりですよお客さんは。これでもやはり幕はあけるのですか」

ツルはすっかり心ぼそくなって係りの者に尋ねた。

「もちろん、定刻開演だよ」

男はけろっとした表情で答えた。

それでもぼつぼつ客の数がふえ、幕があくころには十人程度になっていた。なんともわびしい日本舞踊につづいて、ツルたちも前座を勤める。終わればもう用はないというように、すげない態度で渡された熨斗袋の中身は、ツルが買った蛇皮の草履代よりも遥かに少なかった。

ツルはもぐり営業の芸者とみなされ、警察に呼びだされたこともある。正規の手続きをとって鑑札を受け、税金も納めなければいけない、と係官は咎めた。しかし、ツルはひるまず、こう反論する。

「へえ、これはあきれた！　内地では自由に三線を弾くこともできないのですか。沖縄は違いますよ。家族揃って、三線を弾きながら遊ぶのですよ。歌ったり踊ったりして。わたしもその習慣に従っているだけです。お客さんから一銭もとっていませんよ。三線を弾くのが楽しいから、弾かずにいられないだけのことです。鑑札とか、税金とか、人をばかにしたことをいわないでください」

「ふーん、沖縄という所はずいぶん変わった国だのう！」

「変わっているのは内地のほうでしょう」

それからのち、ツルのことが評判になり、顔見知りの警官たちは、街を通っている彼女の姿を見かけると、遠くからでも、大声をあげて「おーい、オキナワ！　オキナワ！」と呼んで手をふるようになった。

芝浦界隈ばかりではない。一度、銀座四丁目の交差点でもそう呼ばれてびっくりし、交通整理の巡査の顔を見ると、芝署にいたことのある巡査だった。

深くツルの才能を愛し、陰になり日向になりして彼女を庇護してくれた警視庁の偉い役人もいた。彼は奄美の沖永良部島の生まれである。琉球芸能を好み、みずからも格調の高い踊りをよくした。

彼はやがて官職を辞したが、そのさい、ツルを引きあわせるために、わざわざ芝署の警官を大勢、築地の料亭に招いた。その席には幾人もの選ばれた芸者衆がはべっていたけれども、彼はツルが到着するまでいっさいの音曲を許さなかった。そして、しきたりどおりまずまっさきに、ツルの伴奏で荘重に「御前風《ぐじんふう》」を舞った。

きょうの誇《ふく》らしゃや
なをにぎゃな譬《た》てる
蕾《つぶ》でおる花の
露きやたごと

ツルの心の弦もまた、譬えようのない誇りにみなぎりわたった。その誇りを呼びさましてくれた人の恩を、彼女は終生忘れることはない。これからのち、警官たちはツルを畏敬の眼で見るようになった。

「内地芸者が箱屋をつれてゆくなら、ツルさんにも恥をかかせないように」

こういって、沖縄屋の主人みずからツルの三線を持ち、築地までうやうやしくお供を勤めてくれたのも、到底忘れがたい思い出である。

警視庁といえば、山之口貘と並んで沖縄を代表する詩人として知られる伊波南哲も、当時丸の内署勤務の警視庁巡査であり、しばしば沖縄屋に遊んでいた。一九三六年（昭和十一）には長編叙事詩『オヤケ・アカハチ』を発表、翌年にはその映画化も成り、彼にとっては得意絶頂の時期であった。

しかし、この華やかな脚光に酔う八重山生まれの詩人巡査も、沖縄屋の若い踊り子たちには、許しがたい礼儀知らずのように思われたらしい。南哲がツルを、ツィルー、ツィルー、と呼び捨てにするからである。

もちろん、そのような呼びかたが礼を失しているわけではない。ただ、東京育ちの若い二世たちは、沖縄の習慣を知らないので、南哲がいかにもツルを見さげているように思ったのである。

「女の名を呼び捨てにできるのは、その人の親と旦那だけのはずですよ。失礼にもほどがあります。それでも沖縄の大詩人ですか」

踊り子たちからこう非難されて南哲は閉口し、それからのちはツルを「おばさん」と呼ぶようになった。南哲のほうが彼女より三つ年長である。今度はツルが閉口する羽目におちいった。

「気にせず、これまでどおりわたしの名を呼んでください」とツルは頼んだが、よほど踊り子たちの非難がこたえたのであろう、詩人は二度と彼女の名を口にしなかった。

それはともあれ、沖縄屋は、首都で活躍する沖縄県人会の幹部や有名人たちの優雅な社交と歓楽の場であったから、その他大勢の貧しい下層労働者が気軽に利用することはできなかった。たとえ利用したいと希望しても、女将は店の格がさがることを恐れ、けっして認めなかった。

しかし、そのいっぽう、さまざまの苦悩をかかえた女たちが解決の途を求めて、最後にたどり着くのもやはり、この選ばれた料亭の裏木戸であった。訴えを受けた県人会の幹部たちは、こと面倒と判断すればたちまち、ツルの知恵を借りるよう、勧めたからである。その招かざる客のおおかたが、男に棄てられた女たちであった。

棄てて逃げた男の住所もわからないまま、男の写真一枚だけを頼りに、はるばる沖縄から尋ねてきた女もある。ツルは苦心して手がかりをたぐり、ようやく男が仙台にいることをつきとめると、彼女をつれてわざわざ仙台まで出向いた。しかし、男はすでにほかの女と一緒になっていたので、ツルはいさぎよく諦めるよう彼女を諭し、東京へつれ戻った。その帰路、ツルは、彼女の不思議なふるまいに目をとめる。汽車が駅に着くたびに、彼女はショールの房を一つずつ結んでいるのである。ツルが不審に思ってわけを聞くと、彼女は文盲の身であることを打ちあけ、仙台までの駅の数を忘れないようにするために、と答えた。

この娘はまだあの不実な男への未練を棄てきれず、いつかふたたび、ショールの結び目をたぐりながら独りで尋ねてゆくつもりだろうか……。そう思ってツルは女の哀れに身をつまされながら、「島に帰ったら字を勉強するのよ。無学がわたしたち島の女の不幸のもとよ」と励ました。しかし、彼女は、いまさら島に戻れない、といって大阪へ出た。

彼女が大阪でほかの男と結婚したという話を聞いたのは、ツルが沖縄屋を去ってのちのことである。これでどうやら、あの哀しい未練の結び目もほどけたのだ、と思ってツルは、初めてほっと胸をなでおろした。

四

沖縄屋で働くこと一年あまり、いささかの資金を確保したツルは、大阪四貫島以来のひさしい夢であった独立に踏み切る。資金といっても貯金はないので、贔屓《ひいき》の客に頼み、借りられるかぎりの金を借りた。

なにより心強いのは、踊り子の金城清子がついてきてくれたことである。ツルにとって、これほどたのもしい片腕はない。

その名も鶴屋とつけて、二人が居酒屋を開いたのは、京橋区霊岸島一丁目一番地のこぢんまりした二階屋である。その階下を店とし、階上を住まいとした。さいわい、船着場に近く、人通りも多かったので、一杯飲屋を営むには格好の地であった。それにしても、不思議な地縁というべきだろう。第四章で紹介したとおり、ツルの兄萬栄らをメキシコへ送った移民船琴平丸の船主川崎正蔵が、かつて日本国郵便蒸気船会社の副頭取となって琉球郵便航路をひらき、那覇向け第一船が就航したのも、ここ霊岸島からである。

開店当初のあわただしさが収まると、ツルは早速ナベあねに手紙を書き、東京見物に誘う。誰よりもまず、姉に安心してもらいたかったからである。「もしきてくださるなら旅費を送ります」と書きそえた。

ナベからすぐ喜びの返事が届いた。「旅費の心配はいりません」と書かれていた。待ちに待った船の着く日、ツルは神戸港まで出迎えにかけつけた。ナベのほかにもう一人、ちいさな、愛らしい客があった。ナベが養っている娘で、名はトメ（仮名）といい、歳はまだ七つばかり。彼女には三つ違いの姉があり、姉のほうはウシの養女になっていた。

ナベは「この日を待っていたのだよ」といって、ツルが日進楼に置き去りにしていた琴から箪笥まで運んできた。そしてまた、ツルに看とられながら忽然と世を去った萬郎遺愛の三線も。もうこれで妹も大丈夫だ、とナベは本能的に悟ったのである。長いあいだ心痛の種であっただけに、ナベの喜びと安心はひとしお深かった。

ナベはトメとともにひと月近く鶴屋に滞在して帰島した。やっと一つ、姉に恩返しができた、と思ってツルは肩の荷が軽くなるのを覚えた。その姉もとっくに五十の坂を越している。今度はぜひ盛大に六十一の年日祝いをして喜ばせよう。ツルはそう心に誓った。その楽しい期待とは裏腹に、ツルが二人の姉と涙の再会をしなければならない日が訪れたのは、それからまもなくである。

忘れもしない一九四〇年（昭和十五）四月九日の朝十時過ぎ、とツルはいう。彼女がいつものとおり開店前の掃除をしているところに電報が届いた。兄の萬五郎が死んだという知らせである。

その当時、萬五郎は和歌山を去って大阪市に移り、一人息子の正男と一緒に暮らしていた。正男は、屋部小学校を卒業するとすぐ、父を慕って大阪へ働きにでたのである。この年、彼は十六歳になっていた。

ツルがほうぼう尋ね歩いて、ようやく大正区恩賀島の兄と甥の下宿にたどり着いたのは、夜も十一時ごろである。すでに葬式も終わり、遺骸は火葬場へ運ばれていた。

下宿屋の主人にそれと教えられ、ツルが薄暗い階段をあがってゆくと、つきあたりの部屋に坐っている二人の男が、待ちかねていたようにふり返った。その一人は、暫く見ないあいだにすっかりおとなびた甥の正男であったが、他の一人の初老の男はなんと、ツルが見かぎって別れたチナグヮその人である。

ツルは驚いて一瞬立ちすくみ、やにわに殴りかかられるのではあるまいかという恐怖に身を硬くしたけれども、チナグヮは立ちあがりもせず、どなりもしなかった。うやうやしく哀悼の黙礼をしただけである。

焼香を終えてツルが正男に「なぜもっと早く知らせてくれなかったの」と尋ねると、彼は「心配させてはいけないといってチャッチャーがとめたから」と答えた。

風邪をこじらせての急性肺炎が命取りとなったが、人並優れて頑健な萬五郎は、最後まで回復を信じて疑わなかったのである。死亡したのは四月八日。享年四十四。

友人代表として葬儀の世話役を勤めるとともに、いっさいの費用を負担してくれたのは、これまたツルが驚いたことに、チナグヮであった。ツルは恐縮し、東京で整えてきた金を払おうとしたが、彼はこれを拒み、「昔借りた百八十円に利子をつけて返したことにしてほしい」といった。

ツルがチナグヮから逃れたのちも、彼と萬五郎との友情は絶えることなくつづき、義兄弟としての交わりを深めていたのである。正男の就職の世話をしてくれたのもやはり、チナグヮであったとのこと。

翌朝、ツルは正男と一緒に萬五郎の骨を拾いにいった。火葬場へ行くのも初めてであるが、ツルがなによりびっくりしたのは、骨壺のちいさなことである。

「こんなちいさな壺に萬五郎の大きな体が入るわけないでしょう」

ツルはあわてて町まで出かけ、瀬戸物屋でひとかかえある大甕を買った。そしてそのなかに、洗い浄めた骨を厨子甕に納める要領で脚のほうから順々に積みあげ、一番上に頭の骨を載せた。ちいさな骨片はもとより、灰まで残らずかき集めて納めた。それからまた、チナグヮが棺に入れた酒瓶の破片も。無二の酒友であったチナグヮと萬五郎は、どちらがさきに死んでも、生き残ったほうがかならず棺に酒の瓶詰を入れるよう、固く約束し合っていたのである。

ツルはその甕を故人の部屋に持ち帰ると、正男に命じて、遺骸の正面にあたる甕の胴に「前」という字を記させた。墓に納める際、前後をまちがえないためである。

遺骨を生者の家に泊める慣習のない島育ちの正男は、彼の枕もとに骨甕が置かれることを恐ろしがったので、ツルは自分の枕もとに置いて寝た。ところが、その夜ふけ、ツルは「頭が重い」という萬五郎の声で目を覚ました。急いで起きあがり、甕の蓋をあけて見ると、なるほど、萬五郎の頭が蓋につかえているような感じである。

ツルは兄の苦痛を除くために骨を詰めなおすことにし、正男を起こして手つだわせた。少年の彼はその作業を気味悪がったので、ツルは「どうして気味が悪いの。あんたのチャッチャーの骨じゃないか」と励ました。

こうして二人で丁寧に詰め替えると、蓋と頭とのあいだに少し隙ができた。これでやっと萬五郎も頭が軽くなったのだろう、ふたたびツルを呼び起こすことはなくなった。

ツルは、一日も早く萬五郎を沖縄へつれて帰りたいと思った。しかし、優先的に乗船を認められる軍人・軍属やその家族、軍用商人などの往来が激しいため、なかなか切符が買えず、十日近く足どめをくらう。

いよいよ帰郷の日、ツルは、萬五郎が生前使っていた水道の水を瓶に詰めた。また、部屋の畳をはぐって塵を掃き集め、紙袋に詰めた。遺骨と一緒に持ち帰るためである。

そんなものを何にするのか、といぶかる正男に、ツルはこう説き諭した。

「沖縄は神の島だよ。水の中にも、塵の中にも、神様が宿っていらっしゃるのだよ」

遺骨を納めた甕は、白い布に包まず、色物の風呂敷に包んだ。戦死者の遺骨とまちがえられないためである。

船のなかで、共同の飯櫃がまわってくると、ツルはかならずそれを遺骨の前に供え、「どうぞたくさん食べてくださいい」とすすめた。そんなことをして時間をとるので、おあずけをくらった客のなかには、しびれを切らして、「なにをぐずぐずしておる。早くお櫃をまわさんか」とどなる者もあった。戦争の激化にともなう深刻な食糧不足のため、ひとびとはすっかり餓鬼のようになっていた。

それだけにいっそう、帰り着いた沖縄はツルの心をなごませた。那覇港の岸壁に立っているのは、二人の姉ばかりではなかった。辻遊廓のアンマーたちが総出で萬五郎の帰りを迎え、異郷での不運の死を悼んだ。また、生まれ島の人びとは、東屋部川の橋のたもとまで出迎えた。その涙の橋を渡って萬五郎の遺骨は、慣習どおり、彼の家には寄らず、浜の墓地へ直行した。出国後まったく親兄弟を顧みない長兄の萬栄に替わり、眉屋再興を志しておよそ十七年間、絶海の孤島ラサをふりだしに、和歌山や大阪に出稼ぎをつづけた「名護武士小」は、ここにようやくついの安息をえたのである。五年前に先立った弟萬郎の墓は、すでに無常の夏草が深く蔽っていた。

この不幸な年こそ、じつは、萬栄が初の帰国を予定していた年でもある。彼の手記にはこう綴られている。

時、一千九百三十六年ベルリン・オリンピコ大会ヲ利用ナシ、(妻ト子ヲ)第二回目ノ故国訪問ニヤッタ。マリ子モ成長ナシ、数フ年十二オダ。依リテ見学上好機会デシタ。八ケ月間、故国親兄弟等ト共ニ楽シミ交ワッテ来タ。二人ワ大イニ満足デ帰宅シタ。

帰宅後ノ二人ワ、私ニ対シ、有難サノ色ヲ飾リ、云フニ、此ノ次ノオリンピコ大会、即チ一千九百四十年、東京ニ於イテ大会開クカラ、其ノ時ワ、三人共ニ、其ノ見物、及ビ私ノ家族訪問ニ行ク事ヲ相談ダ。私モ大イニ喜ビナガラ、時期未ダ早シトワ云エ、或ル程度ノ準備怠タラズ居タ。

もし呪われた戦争さえなければ、萬栄親子の夢はかなえられたにちがいない。しかし、たとえそれが実現したとしても、萬栄はもはや二人の弟とこの世で会うことはできなかったわけである。あいついで息子二人を失った母親カマドの哀痛は甚だしかった。彼女はすでに七十六歳になり、体も頭もすっかり衰えきっていたが、萬五郎の死はいままた一挙に老いの無残を深めた。

それでもあい変わらず「あと三年、あと三年、あと三年たったら、萬栄が儲けて帰る」とつぶやきながら、萬郎屋の店番をつづけた。少しでも銭を儲けたいの一心からである。

ツルはそのさまを見かねて尋ねた。

「アンマー、銭の勘定はできるの」

「心配いらないよ。このとおり」

カマドはそう答えて、背後の柱につるされている、色とりどりの、細い布切れの束を示した。それぞれの色ごとに金額を定めて結び目をつくり、帳簿代わりにしているのである。

ツルは母親に小遣銭を渡そうとしたが、彼女はそれを受け取ろうとせず、ツルにこう説き聞かせた。

「この銭でおまえの肌着を買いなさい。女はいつも肌着だけは整えておくものだよ」

まるで幼い子を諭すように、やさしい声であった。どんなに年が寄っても、母の綺麗好きの性質は一向変わらないものだ、とツルはしみじみ感心した。

悲しいことに、その言葉がツルに対する母親の遺言となった。戦争によってツルは帰郷の途を絶たれ、二度とふたたび母子が会える日はおとずれなかったからである。

ツルは一週間ばかり屋部に滞在したが、その間、ついに萬五郎の妻と言葉を交わす機会はなかった。兄嫁は誰とも会おうとせず、裏座にとじこもって泣きつづけた。ツルはその哀れは察しながらも、「せめてひとこと、挨拶ぐらいはしてくれてもよかろうに……」とさびしく思った。

ぜひ一緒に東京へつれていってほしい、と泣いて頼む甥の正男を、ふり切るようにしてツルは村を去る。むろん、これが正男との永訣になろうとは、神ならぬ身の知るよしもないことであった。

この年は「皇紀二千六百年」として慶祝された。

第九章　鶴屋炎上

一

一九四〇年春、出稼ぎさきの大阪で父萬五郎を失い、生まれ島の屋部に戻った嫡子の正男は、名護町産業組合の書記として働くことになった。

上役の某は、彼の人柄を試すために、その机のひきだしにこっそり五十銭銀貨を入れたり、床に十銭銅貨を置いたりした。正男はそれを見つけると、けっして私することなく、ただちに上役に届けたので、いまどき稀な正直者とみとめられ、出納係に任ぜられた。

彼は屈強な大男の父とは反対に、小柄でほっそりした体つきで、顔立ちもすこぶるやさしかった。叔母のツルは「まるで歌舞伎の女形のようでした」という。容姿ばかりではない。彼は女踊りを得意とした。女装して綛掛《かしかけ》を踊る姿など、女たちまでうっとりするほど優美であった。その姿に魅せられて、踊りの道に入った娘もあるといわれる。

彼は姿形もやさしければ、心もまことにやさしかった。名護浦名物のヒートゥが獲れると、彼はかならず那覇まで自転車を飛ばし、辻遊廓の伯母二人にその肉を届けた。姉のほうのナベは「ひとりで食べるのはもったいない」といって、これを養い子全員にふるまった。妹のウシは「わざわざ正男がわたしのために持ってきてくれたのだから」といって、こればかりは誰にもわけ与えず、ひとりで宝物のように大切に食べた。

正男の妹の小枝子は、父の死亡した年、ツルに引きとられて東京へいった。四人の子をかかえた萬五郎の妻カマの負担を、少しでも軽くしてやりたいという、ツルの思いやりからである。ツルは、小枝子が生まれてまもなく、ひょっこり萬五郎屋をたずねた夜のことを忘れず覚えていた。そのとき、萬五郎はツルに対して、「この子はおまえにやる。おまえの子にして育てろ」といったのである。それだけにひとしお、彼女は小枝子がいとおしくてならなかった。

小枝子自身もまた、東京のツル叔母に引きとられることを、なによりのしあわせに思って喜んだ。彼女はこの年の春に小学校を卒業したが、頭も良く、非常な勉強好きだったので、ぜひ女学校に入りたいと思っていた。しかし、極貧の母子家庭である。かなう相談ではなかった。彼女は、遅かれ早かれ、紡績女工として売られるにちがいないと覚悟し、その日のおとずれを恐れていた。そんな土壇場の彼女に、ツルが救いの手をさしのべてくれたのである。しかも、あこがれの東京で女学校に入れてくれるというのである。

母親のカマは、もしツルが養育してくれるなら、すぐ金になる長女ではなく、まだ十歳の次女和枝のほうをと望んだ。しかし、小枝子はぜったいに自分がゆくと主張してやまなかったし、ツルも亡き兄との約束を果たすことを最大の義務と考えたので、カマはよんどころなくこれを承諾し、泣きの涙で小枝子を手放した。

小枝子は標準語を習得するためにひとまず京橋小学校の高等科に通い、翌年東京市立京橋家政女学校に入学した。

萬五郎にさき立って弟の萬郎がこの世を去り、その四十余日後に彼の忘れ形見の一雄が生をこの世に享けたのは、一九三五年である。

一雄は生後三年間を母の生家トーバル屋小で過ごした。ほかになにひとつさだかな記憶はないが、屋根の破れ目から見える星の光だけは、なぜか不思議にはっきり覚えているという。たぶん、彼ら母子だけは、母屋と離れた庭さきの粗末なアサギで暮らしていたのだろう。

一雄の生母トーバルウサが紡績女工となって沖縄を去ったのは、彼が三歳になった年である。彼女の出郷は、もちろん生活のためであるが、他にもう一つ、義姉にあたるウシの口うるさい干渉から逃れるためでもあったろうと推測されている。一雄が萬長屋の世継ぎであるだけに、ウシは彼を虎の子のように大切に思い、ことごとに母親の無能を責め立ててやまなかったからである。

トーバルウサは那覇の通堂《とんどう》桟橋から乗船するさい、人力車夫に頼んで、一雄と彼の着替えを入れた風呂敷包みを、日進楼に届けさせた。ウシはその風呂敷包みを開いて見て、これはただごとではないと勘づき、一雄に母親の所在を尋ねると、彼は無心に、ブーッ、ブーッ、と船の汽笛をまねた。
以後およそ二年間、一雄はウシのもとで育てられた。その待遇も、養女のハナ子と並んで別格とされた。食事まで特別である。ハナ子と一雄だけは、他の養女たちのように台所で芋を食わせることはせず、座敷で漆塗りの高膳につかせて御馳走を与えた。その傍に侍り、クバ扇で涼風を送るのが、他の幼い養女たちの勤めであった。

一雄はハナ子と二人で食事することを恐れ嫌った。ハナ子が箸のあげおろしまで見咎めて、彼をひどく折檻するからである。作法を仕込むためにそうするのではない。嫉妬からである。日進楼に売られて二十年あまり、彼女はウシアンマーの寵愛を一身にあつめていたので、彼女以外の誰かがウシに愛されることは、到底我慢できなかったのである。殊に一雄が眉屋の血脈であるだけに、彼女の憎しみはいっそう甚だしかった。

そんな愛憎のなかで暮らすこと二年にして一雄は東京へ送られ、ツルの手で育てられることになる。にわかにそうなったのは、日進楼に登楼する日本陸海軍の高級将校たちが、「もうすぐ日本は英米と戦争を始めるぞ。楽しみに待っておれ」と息巻くことしきりになったからである。しかもそのさい、まっさきに攻めるのは、沖縄にいちばん近い東南アジアであるという。

ウシは足もとに火がついたようにおののいた。そうなれば、どこより危険なのは、この沖縄であろう。早く一雄を安全な場所に移して、眉屋の血種を護らなければならぬ。日本中でもっとも安全な所はどこだろう。天子様のいらっしゃる東京にちがいない。彼女はこう判断し、一雄をツルにあずけることにしたのである。

さいわい、東京在住の同郷人が泡盛を仕入れるために沖縄へ戻った折、ウシは一雄を託した。託された人は、かつてツルが芝浦の琉球料亭「沖縄屋」で一緒に働いたことのある女性で、その後独立して学生相手の居酒屋を早稲田に開き、「早稲田のおばさん」と呼ばれていた。

親切な「早稲田のおばさん」は、わざわざ霊岸島の鶴屋まで一雄を送り届けにきた。ウシに頼まれて、彼の衣類はもとより、日進楼で使った彼専用の大きな高膳まで届けた。

このとき、ツルはとりかえしのつかない失敗をした。もとよりそれは彼女自身の責任ではない。一雄よりさきに到着するはずのウシの手紙が遅れたせいであるが、ツルは一雄の顔を見るなり、「おまえのウンマグヮーだよ、叔母さんだよ！」と名乗り、少年の夢を無残に砕いてしまったのである。

ウシからの手紙は、一雄より数日遅れて東京に着いた。ツルは何気なくそれをひらいて、はっと胸をつかれた。ウシは一雄を送りだすにあたり、「今度東京でおまえをひきとってくれる人が、おまえのほんとうのアンマーだよ。通堂で〝ブーッ、ブーッ〟した人は、よそのおばさんだよ」といいふくめておいたのであり、ツルもそのつもりで実の母として一雄を迎え入れるように、と書き記されてあったからである。そんな重要な手紙が遅れてしまったことを、ツルはどれほど悔やんでも悔やみきれなかった。

あとの祭りとは知りながら、ツルはあらゆる努力をかさねたが、一雄はけっして彼女を「おかあさん」とは呼んでくれなかった。

それはともかく、いまやツルは、「男の子が生まれたら学問をさせてくれ」という萬郎あにの遺言を、実行する立場に置かれたのである。彼女は、ぜひ自分の力でこの子を大学までやろうと決心した。そのためになによりまず必要なのは、一日も早く標準語を身につけさせることである。そう思ってツルは、この年家政女学校に入った姪の小枝子に対し、いっさい沖縄口《うちなーぐち》をもちいないよう厳命した。

しかし、これも失敗に終わる。それまで一雄は辻で仕込まれた上品な首里言葉を話していたが、またたくまに小枝子の影響を受け、標準語どころか、きっすいの屋部言葉に戻ってしまった。これではわざわざ東京まで島言葉を習いにきたようなものだ、とツルは慨歎せずにはいられなかった。

幸か不幸か、一雄の東京生活は、わずか半年そこそこで終わった。彼がツルの手にあずけられてまもなく、太平洋戦争の火ぶたが切られ、翌一九四二年四月十八日には早くも東京が空襲の洗礼を受けたからである。

まさか天子様の都も護れないほど日本軍が弱いとは思っていなかっただけに、ウシは天地がひっくり返ったようにあわてふためき、大急ぎ一雄を沖縄へ呼び戻した。以後、一雄はふたたびウシのもとで育てられ、上ノ山国民学校に通う。

少年の心に焼きついて消えない当時の思い出は、たえず厳めしい憲兵が馬に乗って辻の街々を巡視していたこと、バクチャヤーの海で恋人と心中した遊女が戸板に乗せられて県病院へ運ばれたこと、金をとらずに恋人を泊めた養女をウシ叔母が長ギセルで叩いていたことなど、暗い、恐ろしいものばかりという。

内外の男たちがうつつを抜かした「花の島」の栄光も昔の夢まぼろしと消え、辻遊廓は完全に日本軍の軍靴に踏みにじられてしまったのである。比喩ではない。「靴を履いたまま、兵隊がわれさきにと二階へ駈けあがっていました」と語って、当時のアンマーたちは肩を落とす。だが、それからさきの修羅のさまは、けっして口外しない。「お国のために死んだ兵隊さんに申しわけないから」というのがその理由である。

そんな殺気立った環境に一雄を置いておくことに反対し、彼を再度東京へ移すよう主張したのは、当時ウシの旦那《ターリー》になっていた渡久嶺某である。彼はみずからツルにあてて手紙を書き、花の島の惨憺たる現実と特攻基地沖縄の切迫した危機から一雄の生命と将来を護るために、ぜひもう一度ひきとってほしいと依頼した。

ツルはその手紙の主の氏名を見て、ゆくりなくも少女のころを思い起こした。彼女がウシにひきとられ、二階小様に住みこんだ当時のことである。一人の小学校教師がウシに惚れ、足繁く登楼していた。なんとその人が、ツルあての手紙の主だったのである。

彼がツルに向かって、「学校へいって勉強しなければいけない」と説教したのに対し、ツルが「ゆきたくても学校が入れてくれないではありませんか」と、悔し涙を流して抗議したことを、彼女は忘れない。

渡久嶺教師は、ウシを自分の詰尾類《ちみじゅり》にしたがっていた。しかし、楼主のミンタマヌカマルーは、「学校の先生はお金を持っていないから」といって反対した。それでも諦めきれず、彼はひそかに通いつづけた。

そのころ、ツルは仲前わきの小部屋に寝せられていたが、ある日まだ夜のあけないうちに、人の気配と囁き声で目を覚ました。そっと目をあけて見ると、いつのまにか彼女のそばにもう一組蒲団が敷かれており、一人の男が寝ていた。渡久嶺先生であった。ツルはあわてて目をとじ、眠ったふりをしながら耳を澄ました。

「早く起きてお帰りください。まもなく夜があけます。見つかったら大変ですから」

そう囁きながら、しきりに彼をゆり起こしている女の姿は見えなかったが、それが誰であるか、ツルは目をあけて確かめる必要もなかった。

それからまもなくウシは首里の酒屋の詰尾類となり、やがて彼の後援で日進楼の経営者になったのである。その姉がいつどんな事情で旦那を持ち替えたのか、ツルはまったく知らなかったが、ともあろうにあの階段下の小部屋に忍び寝していた貧乏教師が新しく旦那に納まっておろうとは。ツルは浮世の因果を苦笑しながら、彼あてに一雄の件承諾の返書を出した。

一雄がふたたび東京へ送られたのは、国民学校二年生の秋である。今度はウシみずから彼と同行することになった。彼女にとっては初の大和旅である。二人が乗った船は、敵潜水艦の攻撃を防ぐためあちこちの湾に待避の碇泊をかさねたので、那覇から神戸まで半月近い日数をついやした。

時――一九四三年（昭和十八）、二月には日本軍のガダルカナル島撤退、五月にはアッツ島守備軍の壊滅、と南太平洋諸島における敗北があい次ぎ、日本はいよいよ首の根を締めつけられつつあった。制海権は完全に連合軍に奪われ、十月には関釜連絡船崑崙《こんろん》丸も米潜水艦によって撃沈された。

そのさなか、幸運にも一雄を送り届けて東京の鶴屋に着いたウシの第一声は、「なんとまあ小さな店だこと！」という哀歎と侮蔑の言葉であった。彼女の悪口雑言に馴れているツルは、黙ってこれに耐えた。

ウシはツルの家にひと月近く滞在し、その間ひまさえあれば調理場脇の小部屋に坐って客の品定めをした。そして少しでも見栄えのする客があれば、調理に忙しいツルの袖をひっぱって、「あれはなかなかしっかりしている。ひょっとしたらお金持ちかもしらないから放さないように」と、要りもしない御節介を焼いた。

客のほうもまた、ウシの見なれない髪型や坐りかたを不思議そうに眺めた。ツルは、店に客が入っているあいだは大和ふうの正坐をしてほしい、とウシに頼んだが、「ふん、あんな窮屈な格好！」といって受けつけず、沖縄ふうの安坐をつらぬきとおした。

とにかく、ツルは一日も早くウシあねが沖縄へ帰ってくれることを願った。しかし、ウシはいっこう腰をあげようとせず、悠々とひと月近く鶴屋に滞在した。その間に二度だけ、ツルはウシを東京見物に誘った。一度目は泉岳寺の四十七士の墓であり、二度目は浅草の観音様である。ナベあねがきた折には、目黒の雅叙園などにも案内して歓待のかぎりをつくしたが、ウシあねに対しては、気の毒ながらさっぱり気乗りがしなかった。

このとき、浅草の雑沓で一雄を見失ったことも、ツルにとっては忘れがたい思い出のひとつである。どんなに捜しまわっても彼の姿は見つからず、駐在所に連絡しても行方は知れず、ひとまず自宅で待つようにと警官に説得されて霊岸島に帰ってみれば、当の本人はとっくに戻っていた。人に道を尋ねながら、独りで歩いて帰ったという。ツルは、彼が無事であった喜びにもまして、深い、大きな安心を感じた。この子はもう大丈夫、東京で生きてゆける、という確信であった。

ウシはウシで一年あまり東京空襲がとだえていることに安心し、初冬のからっ風に震えあがって御輿をあげた。土産物は何を、とツルが聴くと、「ちかごろ島は下駄がなくて」といって、大きな行李いっぱいに下駄を買わせた。もちろんその代金はツルに立て替えさせたまま、知らぬ顔を決めこんだ。帰りの船も三等室に乗った。顔見知りの高級船員が、かならず特別に一等船室に通してくれることを計算しての節約である。沖縄航路の船員で日進楼のアンマーを知らない者はなかったし、彼女の前では誰も頭があがらなかった。迷惑をかけることばかり多かったからである。

この年、萬五郎の長女小枝子は、一雄とは逆に、東京から那覇へ帰された。その理由はあきらかでない。

ツルが小枝子の引率を頼んだのは、大学の受験に失敗して、沖縄へ帰ることになった青年である。ツル叔母は帰郷の旅費として確か五十円をその男にあずけたはず、と小枝子はいう。しかし、彼は大阪でその金を遊興費に使ってしまったので、小枝子は東京へ引き返すことさえできなくなり、旅費を稼ぐため、人に頼んで就職することにした。採用してくれたのは、堺市のスコップ製造所であった。

ツルから小枝子出発の連絡を受け、その帰着の日を待っていたウシは、いつまでたっても彼女があらわれないので、事情を東京に問い合わせた。ツルはもうとっくに彼女が帰り着いているものと思っていたので、姉からの手紙を見てびっくり仰天し、すぐさま関西へいって、同県人に彼女の消息を尋ねまわった。

そんな大騒ぎまでして、どうにか沖縄へ送り届けられた小枝子は、以後日進楼にひきとられ、那覇市美栄橋《みえ》の私立積徳女学校（旧沖縄家政実科女学校）二年に編入される。

神戸から那覇までの間、日夜救命具を締めたままの旅を小枝子がしいられた船は、湖南丸である。この湖南丸は、小枝子らを運んだのを最後の航海として、あえなく海の藻屑と化した。那覇港をでて鹿児島へ向かう途中、口永良部《くちのえらぶ》島西方海上で、米潜水艦の餌食にされたのである。

軍はこれを機密としたが、日進楼に遊んだ船員が千代という遊女に漏らして巷間にひろまった。おかげで千代はもとより、抱え主のウシまでスパイ容疑者として留置され、厳しい追及を受けた。

千代は与那原の生まれ。いわゆるうりざね顔の美人であり、本土の客に愛された。一九四一年制作の『白い壁画』現地ロケに赴いた映画俳優の一人、月形龍之介の愛人としても知られた。

『白い壁画』は、富沢有為男が『婦人公論』に連載した同名の小説を、南旺映画社が映画化したものである。監督は千葉泰樹、助監督は谷口千吉。黒水病という熱帯性風土病の研究を志して西表島へ渡り、みずからも病に斃れる医師を月形龍之介が演じ、かつて彼の婚約者であった女性を入江たか子が、彼女の現在の夫を高田稔が演じた。また、島の小学校教師を花井蘭子が演じた。

「南海の孤島に自らその肉体を犠牲とし、医学日本の道に従容研究の鬼と化した若き科学者の半生と、その人類至高の博愛精神を描く、映画臨戦構へ成って南旺映画が敢て世に問ふ大作。撮影好調！　琉球へ現地長期ロケ敢行中」

当時の映画雑誌に掲載された宣伝広告はこう謳っているが、実際にロケがおこなわれたのは西表島ではない。沖縄本島の嘉手納海岸と伊豆大島であった。カメラは中井朝一。「特高や警察がつきまとい、カメラまで覗くという不自由」との闘いであったといわれる。沖縄ロケは前後二回、期間は一か月半にわたった。月形が日進楼を宿とし、千代を寵愛したのは、このときのことである。それはともあれ、最後の湖南丸船客として那覇に舞い戻った小枝子の日々も安穏ではありえなかった。

遊女の争奪戦に敗れ、遊ぶ相手を失った日本兵は、小枝子の姿を見つけると、「あの色の黒いやつでもよか。俺に抱かせろ」と叫んで、一円五十銭の切符をウシにつきつけた。ウシは「とんでもない。あれはわたしの娘で、まだ女学生です」と拒んだが、それ以後、彼女は小枝子に対し、兵隊の登楼中はぜったいに部屋からでないよう、顔も見せないよう、固く命じた。

悪夢を見ているような怯えの日々を、よりいっそう堪えがたいものにしたのは、ウシの愛を独占しなければ気のすまないハナ子の嫉妬であった。その態度は、少年の一雄に対するよりもさらに陰険と露骨をきわめた。原因はほかでもない。ウシが小枝子を女学校に通わせることを、ハナ子は到底許せなかったのである。

ハナ子を溺愛したウシは、彼女が学齢に達すると、有力者に頼んで天妃《てんぴ》小学校に入学させた。天妃校は那覇有数の名門校である。ウシがこれほどまでに肩入れした養女は、ほかに誰一人ない。恩着せがましく入れてくれるのは、上之蔵小学校ばかりであった。天妃校を優等で卒業したハナ子は、高等女学校への進学を強く希望した。しかし、これぱかりはウシも認めなかった。芸妓の修業に専念させたかったからである。ハナ子はこれを不服とし、幾度か家出してウシを苦しめた。

そんな確執が根にあるので、ハナ子は小枝子の女学生姿が憎くてたまらず、ことごとに怨みを爆発させたのである。ウシに対するつらあてでもあった。人一倍敏感な小枝子は、彼女の屈折した心情はよくわかったので、あえて逆らわずに耐えた。耐えきれなくなったときには、部屋の板壁いっぱいに刻みこまれた傷痕を撫でて涙を流した。それらの傷は、ハナ子からいじめられるたびに、一雄が悔しがって怒りを叩きつけた痕である。

小枝子にとって、誰よりも気心の合った義妹は、シズ（仮名）という名の、三つ年下の養女であった。

シズも不幸な生い立ちである。彼女の親は男子一人と女子三人を生んだが、母のほうは男の子をつれて大阪へ去り、父のほうは女の子三人を辻遊廓に売って西表島の炭鉱へでかけ、そこで死んだ。シズはその三人姉妹の二番目である。シズの妹はナベに買われ、姉のほうは他の楼に買われた。シズがまだ幼かったころ、姉のほうは妹二人を気づかって、時々日進楼まで会いにきていたが、ウシはこれを見つけると、「シズはおまえの妹ではない！」とどなりつけ、邪慳に追い返した。示し合わせて逃げるつもりではあるまいか、と警戒したのである。

夜遅くまでこき使われるシズにとって、なによりの楽しみは小学校であった。家で予習や復習をする時間は与えられなかったので、朝は誰よりも早く学校へ出かけ、校庭の砂に字を書いて勉強した。学校では誰憚ることなく姉妹が会えるのが嬉しくて、彼女は小学校を六年間で卒業してしまうことを恨めしく思った。

ハナ子には御馳走が与えられたが、シズが口にできるのは残飯ばかりであった。それも台所の隅に立ったまま、手づかみにして食べることが多かった。ナベはそんな姿を見かけると、そっと手まねきして隣の第一日進楼につれてゆき、腹いっぱい食事を与えた。

そのシズにも、いよいよ客を取らされる日がせまりつつあった。小枝子がウシにひきとられた年、シズはもう十三歳になっていた。辻に籍を置くかぎり、「御国のために協力するよう」という軍の達しに背くことの許されない年齢である。

押し寄せる日本兵の数ばかりふくれ、娼妓の数は減るいっぽうであった。いつ軍の慰安婦として戦場へ送られるかもしれないという不安に怯え、結婚を急ぐ者が続出していた。ウシはその不足を補うために、生理中の者はもとより、まだ初潮も見ない子にまで客をとらせた。

しかし、シズの抵抗は頑強であった。どれほどウシに折檻されても彼女は屈服せず、柱に抱きついて離れなかったり、便所に逃げ込んで鍵を掛け、一日中でてこなかったりなどして、ウシをてこずらせた。ナベはそのさまを見て、自殺するかもしれない、とはらはらした。

いずれにしても時間の問題だ、と観念していた小枝子は、「シズちゃんばかりはアメリカに救われたさ！」と嘆息する。彼女が死にまさる辱しめか自死を選び取るまえに、辻炎上の日がおとずれたからである。

と同時に、その日は、シズたち三姉妹あての一通の手紙が、密封のまま灰になる日ともなった。その手紙は、彼女たちの父親が西表島の地底へ去る際に、「娘たちが成人したら渡してください」といって、ナベに預けておいたものであるが、哀れ、ついに読まれることのない遺言状となってしまった。

二

ツルが初めて店を持った東京の霊岸島は、もと江戸中島と呼ばれていたが、一六二一年（元和七年）のころ僧霊巌が一寺を建立したところから、霊岸島の名がおこったと伝えられる。隅田川の河口にあって舟運に恵まれているため、三菱や住友など大企業の倉庫や卸問屋の街として発展した。また、東京湾汽船の発着所としてにぎわった。

この島と茅場町を隔てる幅およそ十五メートルの掘割には、上流のほうから霊岸橋、新亀島橋、亀島橋の三つが並び、新亀島橋の茅場町側のたもとには純子稲荷の社があって、二基の石碑が歩道ぎわに並んでいる。その一つは関東大震災の翌年に建立された「大震火災遭難者追悼碑」であり、裏面には「大正十三年九月一日建之／亀島河岸米穀商懇和会」と記されている。他の一つは、「戦災遭難死者慰霊碑」であり、裏面には「昭和二十年三月十日夜半の空襲により全町焼失の際に遭難された霊を慰むる碑／昭和五十三年三月十日／茅場町二、三丁目町会有志建之」と記されている。

茅場町のほうからこの新亀島橋を渡ればその右側の一街区が、ツルたちの住んでいた霊岸島一丁目一番地（現在新川二丁目一番地）である。

鶴屋の開店当時、その河岸のほうから進藤という酒屋、高宮という写真屋、鶴屋、塩谷という老夫婦の住むしもた屋、宮田という肉屋の順で、五軒の木造二階屋がびっしりと肩を並べていた。

進藤酒屋は亀島河岸で働く荷役労働者やダルマ船の船頭たちでにぎわい、高宮写真屋は応召兵士と家族の記念撮影で忙しかった。高宮家には三人の娘があり、上のほうから、ちよ、やちよ、さざれ、と命名されていた。国歌「君が代」の歌詞にちなんだものである。もっと女の子が生まれたら、いし、こけの、むす、まで付けなければなるまい、と近所のひとびとは評判した。三人姉妹の一人は、ボードビリアンの坊屋三郎にとついだ。

塩谷家の老夫人は、かつて美貌をうたわれた芸妓であったといわれ、体もほっそりして色が蠟のように白かった。夏の夜など、彼女が浴衣を着てひっそり立っている姿は幽霊のように見えた。夫の死後、隣組のひとたちは空襲のときのことを心配し、金を出し合って彼女を養老院に入れた。空いた家は、ツルが家人の住居用として借りた。店のほうだけではあまりに手狭だったからである。

宮田肉屋の商売は盛大であり、とくに豚肉の商いは東京で一、二を争うほどだったといわれる。若い使用人も多く、活気にあふれていた。

酒屋の主人は、四十年後のいまも、ツルがここに引越してきた当時のことをよく覚えており、「ああ、あの沖縄の美しい人ね。きてすぐ、うちに米を借りにみえましたよ。よほど生活が苦しかったのでしょう」と語る。

その新参の貧しい隣人に対して、隣組のひとびとはみんな親切であった。肉屋の若い使用人たちは、ツルから沖縄の豚料理の話を聞くと「へえ!」と感心し、豚の耳や臓物を棄てずに持ってきた。むろん、金はとらない。

これは大いにツルを喜ばせたが、問題は豚の耳毛の処理である。火にあぶって焼くのがいちばん手っとり早いが、それではたちまち毛の焦げる悪臭が隣近所に流れ、苦情がでるにちがいない。そこでツルは一計を案じ、耳皮にまず醤油をつけ、それからあぶることにした。醤油の焼ける臭いで毛の臭いが消えるにちがいないからである。試みはみごと成功した。

ところが、そのうまそうな臭いをかぎつけて、隣の主婦が、「ばかに好い臭いがしてるじゃない。何の御馳走かい」といいつつ台所に入ってきた。ツルは急いで七輪のうえの豚の耳を手でつまみ、新聞紙にくるもうとしたものの、なにしろ熱いのであっちにころがし、こっちに飛ばしして大慌てし、彼女の耳たぶまで火がついたように熱くなった。

ツルがその話をすると肉屋の若い衆は大笑いして同情し、それからのちはきれいに毛を除いたのを持ってくるようになった。

ナベあねからは、欠かさずにアンダーウンス（脂味噌）が送り届けられた。味噌を脂炒めにして豚肉をまぜたものであるが、これは沖縄料理に馴れない客にも好評を博し、なによりの酒の肴とされた。ただ、それを詰めて送られる大きなブリキ罐は、中に脂がついているので廃品回収業者が首をかしげ、「いったいなにが入っておったのか」と尋ねたりした。グリースの類と錯覚したのである。

客の多くは新亀島橋の下をのぼりくだりするダルマ船の船頭や荷役作業の労働者たちであり、気は荒いが、根はやさしい男ばかりだった。彼らの汗と埃にまみれた姿を眺めていると、ツルの胸に神崎川のほとりで素灰作りをしていた昔がよみがえり、流木を集めてのぼりくだりしたあの河この川の澱んだ潮の臭いが、ふっと鼻さきにただようような感じがしてならなかった。

鶴屋の暖簾をくぐる男たちのなかには、体いっぱいに刺青を飾っている者も少なくなかったが、その一人は刺青もさることながら、まるで布袋さまのような太鼓腹であたりを威圧していた。たまたま店を覗いた甥の一雄がその雄大な腹を見て驚き、「ワタブー！」と叫んだこともあった。ワタブターのことであり、腹が異常に大きいものに対する侮蔑語である。ツルは一瞬はっとしたが、彼が沖縄口を知らないのは幸運であった。

幼い一雄はときどきそんな軽はずみな言葉を口にして、ツルをはらはらさせた。彼女が客にだす泡盛を甕から汲んでいるところを見て、無邪気に大声で「水、入れないのか」と叫んだこともある。島から送られてきた泡盛の生一本は、一度煮立てた水で薄める。一雄はそのさまを目にしていたので、客にだすときにも、やはりいちいちそうするものと思い込んだのである。

客にだす泡盛の値段は、鶴屋の開店当時、一杯七銭であったが、配給制になって後は九銭に値あげされた。一杯の量は三勺（約〇・〇五四リットル）である。

配給制といえば、初めて鶏卵の配給を受けるために、一雄と小枝子が行列したときのことも、ツルには忘れがたい思い出の一つになっている。いざ一雄の順番がくると、彼は卵という言葉につまって、「クーガ」といった。それを聞いて背後から小枝子が、「アラン、タマグー！　タマグー！」と叫んだ。そのやりとりを聞いて店の配給係が、「ああ、おまえたち、鶴屋さんの子だね」というと、一雄はますますあわて、「アラン、ニーケー！　ニーケー！」と主張した。店に住んでいるのではなく、二階に住んでいる者だ、といいたかったのである。

彼の島言葉を聞くと、なつかしくて涙が出る、という客もあった。ツルの身の上を知って、わざわざ訪れるのではない。偶然通りすがりに山入端ツルと記された表札が目にとまり、おなじウチナンチュに違いない、と思って立ち寄るのである。

そんなとき、ツルは、姓を大和ふうに変えなくてよかった、としみじみ思う。有形無形のさまざまな差別を受けないために、ほとんどの移住者が改姓している時代であったが、ツルはそうする気になれなかった。初めてレコードを吹き込んだとき、レコード会社のほうが勝手に、「山入端では読みにくいから」といって、盤のレッテルに「山之葉」と印刷したことさえ、彼女には堪えがたい屈辱に思われた。

ただ、買出しその他に出かけて、他県人から出身地を尋ねられた場合には、彼女は沖縄とはいわず、九州の鹿児島です、と答えることにしていた。沖縄という県があることさえ知らず、鹿児島の向こうは台湾だと思っている人ばかり多かったからである。知りもしないで差別されるのが、彼女には我慢できなかった。

ツルの表札を見て訪れる人のなかには、思いがけず旧知の者もあって、彼女を驚喜させた。その一人は、彼女がまだ日進楼で芸妓をしていた当時、上之蔵《うえのくら》の古城《こじよう》という染物屋に勤めていた少年である。この古城は毎年正月になるとかならず辻から芸妓を招き、祝いの踊りを家人と従業員が見物したが、そのなかに一人、きわだって愛らしい顔をした大和の少年がいた。若い踊子たちはすっかりその美しさに魅せられ、帰りには寄ってたかって彼の頭や肩を撫でまわして名残りを惜しんだ。その子がいまでは独立し、目と鼻のさきの茅場町で呉服屋の旦那になっていたのである。

古城は泉崎の染物商・湖城とは別の店であり、経営者も大和の人であった。嫡男の古城篤之輔は詩才にめぐまれ、彼の家には詩を志す無名の青少年が出入りした。彼の妹は非常な美人であり、若い文学青年たちのあこがれのまとになっていたが、さすがに手をだす勇気のある者はなかった。篤之輔が癩を病んでいたからである。

古城の少年とのめぐり会いにもましてツルが奇遇に驚かされたのは、彼女が宮古島の料亭で働いていたころ、すぐ裏隣のユーフルヤー（銭湯）のかま焚きをしていた青年である。ツルはいつもその風呂を利用し、雨降りには跣でかま場のほうから飛びこんで彼をびっくりさせたものであるが、その青年も、いつのまにやら厳めしい警視庁の巡査になっていた。

辻の姉たちに紹介されて、沖縄からツルを頼りに上京し、鶴屋を宿にする同郷人も少なくなかった。渡り鳥のようにきまって春さきにおとずれるのは、私立大学予科の受験生たちであった。ウエキンチュは息子が徴兵検査にひっかからないようにと願って、ぜひとも大学に入れたがっていた。ある父親は、息子と一緒にひと月あまり鶴屋に逗留した。二人は毎日朝から泡盛を飲みながら、背中に蒲団をかぶって、碁ばかり打っていた。ツルが「勉強しなくても大丈夫ですか」と尋ねると、「島で勉強させておるから心配無用」と父親が胸を張ったけれども、受験は不合格に終わった。

東京を去るとき、その息子は、「今度は靖国神社で会いましょう」と挨拶した。彼だけではない。島へ戻る青年たちは誰もみな、おなじ別れの言葉を使ったが、ツルはそれを聞くのがいちばん嫌だったので、「なにをいうの。命をむだにしてはお先祖さまに申しわけないよ」と叱った。


戦争が激しくなるにつれ、食料品は日に日に底をついたが、どうにかそれを切りぬけてゆけたのは、ツルが芝浦の沖縄屋からつれてきた金城清子のおかげである。彼女はツルが舌を巻くほどやりくり上手で、これまで捨てていた野菜屑まで巧みに活用し、うまく酒の肴を作った。

ナベからの脂味噌の輸送がとだえると、彼女は豚肉の代わりに蛸の脚を使って新工夫の脂味噌を作り、海産物好きの客を喜ばせた。味噌には、熱した砂で煎った地豆《じいまみ》（落花生）を混ぜた。その地豆は、夏冬二回、ツルが成田不動尊のお護りを替えにゆくさい、農家で買い集めてきたものである。

清子は、料理ばかりでなく、酒癖の悪い客の撃退も上手であった。ツルがもてあましていると、すぐさま表につれだし、やがて「捨ててきたよ」といって戻った。けっして巡査駐在所につれてゆくのではない。言葉のとおり、さっさと何処かの街角で「捨てて」しまうのである。

そんなわけでツルは安心して店のほうを清子にまかせ、食料の買い出しに歩くことができた。彼女はその労を厭わなかった。ただ、警察につかまりはすまいか、といつもびくびくしなければならないのが苦になるだけであった。

「ツルさんの服装がよくないのよ」と教えてくれたのは、おなじ島生まれの友達である。

「わたしは買い出しにゆくときには、いちばん上等の着物で作ったモンペを着てゆくことにしています。香水もつけてゆきます。駅をでるときには、かならず偉そうな将校さんのうしろにくっついて、その人の奥さんに見せかけるの。すると、巡査のバカが、わたしにまで敬礼してくれます」

バカと鋏は使いようということわざがあるが、なるほど、このせちがらい世の中を渡るためには、いろいろな智恵があるものだ、とツルは感嘆した。

横浜までゆけば、なんでもほしいものを分けてくれる同県人の家がある、と教えてくれたのは、浅草の柳橋で千代乃屋という泡盛屋を開いていた堀川チヨである。

チヨは首里の人。一九〇四年（明治三十七）生まれ。ツルより一つ年上である。若くして大和の寄留商人にとついだ。夫は那覇市内で靴屋を経営し、辻のヨカローという菓子屋の家主でもあった。そのころ日進楼の芸妓であったツルは、その菓子屋に家賃をとりにゆくチヨの姿を見かけることがあった。いつも粋な和服に身をつつみ、髪も丸髷に結っていた。が、その後、チヨは寄留商人と別れて東京へ渡り、国頭出身の多井良信一という医師と再婚した。多井良は産婦人科医であり、その医院は千代乃屋の近くにあった。

チヨは姐御肌の性格であり、親身に同胞の世話をした。殊にツルとは気が合い、実の姉妹のように仲が良かった。

ツルがこの友人に教えられ、桜木町駅から市電に乗り替えてたどり着いた所は、さむざむしい貧民街であった。彼女はいったいこんな所に物資があるのだろうかといぶかったが、旧知のように親しく迎えられた家の物置きには、さまざまな種類の食料がうず高く積まれていた。

ツルはここで酒の肴に使うアオヤギとニシンをどっさり仕入れた。ニシンはその場で腹をあけて塩漬けにした。腹をあけると、大きな真子がつまっていた。それを乾したのがカズノコであるということを、ツルはこのとき初めて知った。豚肉もあれば、犬の肉もあった。犬の肉は病気の薬になるという話だったので、それも分けてもらった。店の客にだすのではない。セツ子という養女に食べさせるためである。その子は事情があってツルが母親代わりに育てることになり、正式に養女として入籍していたが、ちょうどそのころ、肺炎にかかって入院し、やっと帰宅を許されたばかりのところであった。

その子を退院させるとき、ツルは金城清子と一緒にタクシーで戻った。途中二人は、入院費がかさんで金がなくなってしまったが、これからどうしたらよかろう……と、運転手の耳を憚って沖縄口で相談し合った。ところが家に着いて車賃を払おうとすると、運転手はそれを押し返した。「お客さんの話は全部聞いておった。じつはわたしも沖縄の人間だ」といって。

セツ子は体は弱かったが、口は達者であった。ツルは買物に出かける折など、しばしばセツ子をともなったが、彼女は電車のなかでもバスの中でも男さえ見かければ、「ねえおじさん、うちのお店にきてちょうだい。お酒がいっぱいあるよ」と誘って、ツルを赤面させた。「知らない人にそんなことを話すものではありません」とツルが注意しても、セツ子は無邪気に「お客さんの多いほうがお金儲かってよいでしょう」といい返すばかりであった。

もちろん、セツ子の言葉はうそではなかった。鶴屋に運び込まれる酒やビールなどの量は、戦局が深刻になるにつれて増えるばかりであり、置場にこまることさえあった。疎開のために店をたたむ業者が急増し、彼らは受給の権利をツルに譲ってくれたからである。

狭い町内に七、八軒あった酒屋も次々に姿を消し、アルコールに餓えた客は鶴屋にむらがったが、せいぜい十五人程度しか坐れない小店である。開店時刻を待ちかねた男たちが新亀島橋の向こうまで長い行列をつくり、ツルはその交通整理に手を焼かなければならなかった。

女優の山田五十鈴が、霊岸島に住む映画監督と一緒に飲みにくることもあった。彼女はツルが驚くほど酒のほうは強かったが、海には弱かったのだろう。今度伊豆大島までロケにゆく予定になっているが、船に乗るのが嫌だから迷っている、というようなことを監督に話していた。ツルはそれを聞きながら、ああ、このひとはとても沖縄まで来ることはできない、と心のなかで思った。

セツ子は五つの年まで東京で育ったが、ウシが最初の東京空襲にびっくりして甥の一雄を呼び戻すことにした折、彼の供を命じられた金城清子と一緒に沖縄へ帰り、以後はウシの手で育てられた。

セツ子が去ってまもなく、ツルは生後まだ二十三日目の男の子をあずかった。「深いわけがあって親の名はあかされないが、それを承知でお宅にあずかってもらえまいか」と、知り合いの産婆に頼まれたのである。生みの母は手放すまいとしたらしいが、いわゆる不義の子として、むりやりに里子に出されたのだろう。他人の不幸を見殺しにできないツルは一も二もなく引き受けることにして、周囲の者から「酔興にもほどがある」と笑われた。

じっさい、それは大変な重荷になった。ツルは夜もろくに眠ることができず、炊事場で立ったまま居眠りした。彼女はこのとき初めてハナ子を育てたウシあねの苦労を偲び、自分を鞭打った。

ツルはその子を健と名づけた。健康に育ってほしいと願ったからである。しかしその甲斐もなく健坊は感冒にかかって肺炎を併発してしまった。京橋公会堂にミルクの特配を受けにいったときのこと、係員から子供をつれてこなければ支給されないといわれ、寒風のなかをつれていったのが原因である。

健坊の入院中、警戒警報が鳴るたびに、ツルは夜中でも病院にかけつけ、彼を抱いて防空壕に避難した。電燈がつけられないので、月あかりでミルクを溶き、肌であたためて飲ませることもあった。

しかし、健坊が生きて退院する日はついにおとずれなかった。彼が息をひきとる前日、ツルは暫く仮眠しているあいだに一つの夢を見た。健坊がほかの子に手をひかれながら、歩いて水たまりのそばを通ってゆくのを、ツルが家の二階から眺めている夢であった。まだ歩けもしないのに、なぜそんな姿が見えたのか、彼女は不思議でならなかった。

健坊の容態が急変すると、ツルは急いで医者を呼びにいった。看護婦と一緒に彼女がベッドにかけつけたとき、彼はしきりに眼を動かしていた。そしてやっとツルの顔に眼をとめたかと思うと、そのままこと切れた。

死んだ健坊を鶴屋につれて戻るとき、ツルは産婆に頼んで、彼の母親を病院まで呼び寄せた。せめてこの世の名残りとして、母親の胸に抱かせてやりたかったからである。若い母親は「喜んで抱きます」といってわが子を抱きしめ、ツルが横につきそうて霊岸島までタクシーに乗った。激しく雨の降る日であった。

ただ、ツルは心を鬼にして、この不幸な女性がその後の仏事に顔を見せることだけは固く禁じた。生みの母と悟られないようにするためである。葬式その他の面倒な仕事はすべて、不慣れなツルに替わって隣組のひとびとが受け持ってくれた。

健坊を棺に納める折、一本の白木の杖が遺体の脇に置かれるのを見てツルが尋ねた。

「あらまあ、なぜ杖がいるのでしょう、この子はまだ歩けませんのに……」

「あの世にゆけば、あかんぼうでも歩くようになるのです」

こう、僧侶が説明した。

それを聞いてようやくツルは、健坊の死の前夜、つかのまの仮眠中に見た不思議な夢の光景の謎が解けた。水たまりのあったことも、納得できた。雨の日に死んだからである。

山入端萬五郎は、生前、多くの同郷人を和歌山の紡績工場に呼び寄せていた。ツルはそのひとびとを東京につれてきて、自動車修理工場など、適当な勤め口を世話した。兄に替わってそうすることが、あとに残った妹としての義務であると思ったからである。

そのためにツルはありもしないひまを見つけては和歌山まで出かけ、「いつまで茶粥ばかり啜っているつもり。手に職をつけなければいけません。一生紡績工場の飼い殺しでは惨めすぎます。思い切って東京へゆきましょう」と熱心に知人を説いた。そのことが会社側に知れ、労務係と激しく口論することもあった。出かけたついでに田辺あたりの漁村まで足をのばし、煮干しをどっさり仕入れて帰るのも、ツルにとっては大切な仕事の一つになっていた。彼女はなんとかして鰹節を手に入れたかったが、それは到底不可能だった。

ツルが和歌山から東京へ移動させた一門の一人は、萬長屋の三世萬裕である。一世の萬長は嫡子萬亀（一八九六年生）ほかに二名の子を儲け、萬亀は嫡子萬裕ほか六名の子を儲けた。萬裕は一九二二年生まれである。

最初に萬亀が和歌山へ出稼ぎに渡ったとき、嫡子の萬裕と長女の初子は、母親とともに屋部に残された。しかしやがて萬亀は妻を和歌山に呼び寄せ、萬裕と初子だけが島に残されて祖父母に養育された。萬裕が父母のもとにひきとられたのは、小学校の卒業後である。

不幸なことに彼は長らく祖父母に甘やかされ、わがままいっぱいに育ったため、父母との折合いが悪く、親子喧嘩が絶えなかった。ツルはそのさまを見て胸を痛め、ぜひ彼を東京で自立させようと思ったのである。

その当時、萬裕はまるで不良青年のように髪を長くのばしていた。「この非常時になんという格好してるの」とツルは叱りつけて坊主刈りにさせてから、彼を東京へつれていった。

ツルは彼を近くの自動車修理工場に就職させたが、まもなく彼は徴兵検査に合格して陸軍にとられた。入営の前日、ツルは彼のために送別会を開き、和歌山から父親の萬亀を招いた。萬亀は暫く鶴屋に滞在して東京見物を楽しんだが、その間ずっと和服を着て、袴と白足袋を履きつづけた。

男はみな、国民服にゲートルを巻いている時代である。ツルは気がひけてならなかったので、せめて足袋だけでも目立たない黒色のものに替えさせようと思った。しかし、萬亀は従妹の思惑など歯牙にもかけず、白足袋で押しとおした。

ツルが萬裕につづいて東京に呼び寄せた儀部カメとその娘昌子は、ツルたちの母の生家キャーキ屋の一門である。カメとツルとは従姉妹にあたり、カメのほうがツルより四つ年長である。

カメは若くして紡績女工を志したが、親の許しがえられなかったため、ひとまず那覇に出て働くことにし、池宮城喜輝の家に子守りとして住み込んだ。

池宮城喜輝は、『和歌山紡織株式会社五十年史』にも特筆されているとおり、和紡が沖縄において女工募集を開始した一九二一年当時から、金城清喜とともに斡旋業者として活躍した人物である。それだけによほど羽振りもよかったのだろう。一九二四年十二月十五日発行の「沖縄県人会機関紙」は、関西沖縄県人会に対する基金寄付者として、平尾喜三郎の金壱百円也に次いで池宮城喜輝の金五十円也を報じている。

「池宮城というひとはいつもジュリ狂いばかりして、花の島に入りびたっていました。そのたびに奥さんはわたしに命じて、花の島を捜しまわらせたものです。それがなによりいやな仕事でした」

儀部カメは、池宮城家に住み込んでいた当時をふりかえってこう語る。

カメがようやく許されて和歌山紡織の女工になったのは、二十四の年である。彼女はその地で結婚し、昌子を生んだ。夫の死後、和紡を退職して建築屋に勤める。紡績女工の賃金では到底子を育てることができなかったからである。

屈強の男たちにまじって板に鉋を掛けている小さなカメの姿を見て、ツルが心を痛め、早く東京に呼び寄せようとしていた当時、カメの娘は四国出身の綾田竹夫という青年と恋愛中であった。ただ、竹夫の親は二人の結婚に反対であるという。その話を聞くと、ツルはさっそく堺市まで出かけて彼の親に会った。父親は盲目であり、母親は腹膜炎を患って床に臥していた。ツルはその二人を前に、「沖縄も四国もおなじ日本の島ではありませんか。人間に変わりはないはずです」と説き、自分が全責任を持つから二人の結婚を認めてくれるよう頼んだ。すると竹夫の両親は、「あなたのみえるのを待っていました。どうぞよろしくお願いします」といって喜び、父親は壁づたいに、母親は畳の上を這いながら、ツルを戸口まで送った。

ツルは二人を東京につれてゆくと、どちらもおなじ運輸会社の修理部に勤めさせた。二人が夫婦であることは秘密にして。「ぜったいに勘づかれないよう」とツルはよくよく念を押した。

しかし、勘づかれるも勘づかれないもなかった。まもなく昌子の腹がふくれはじめた。ツルはあわてて彼女を退職させ、鶴屋のほうを手つだわせることにした。やがて昌子は男の子を生んだが、生後まもなくその子は死亡した。

ツルが健坊を里子としてひきとったとき、昌子はまるでわが子の生まれかわりのように喜び慈しんだ。彼が肺炎で入院すると、その襦袢をもって深川の祈禱所にこもり、平癒を祈願した。ツルはその恩を忘れない。健坊の死にさきだってツルの見た夢の中で、彼の手をひきながら水たまりのそばを通り去っていった子は、じつに昌子の子であった。

昌子の母の儀部カメは、おなじ京橋区内の明石国民学校に雇われて給食婦を勤めた。しかし、ほどなく解雇された。彼女が空腹の児童を哀れに思い、規定外に多くの食事を与えたからである。カメが学校から追われたあと、児童たちはいつまでも、「あのおばさんがきてくれないかなあ」といって彼女のやさしさを恋い慕った。

サイパン、グアム、テニアン、と「玉砕」の悲報がつづく一九四四年（昭和十九）の夏、一人の軍服姿の若者がひょっこり姿を見せて、ツルやカメたちを夢かとばかりに驚喜させた。カメの実兄の子である。名を儀部茂男といい、満十九歳。彼はこの年すすんで航空整備兵を志願し、特幹第三期生として所沢陸軍航空整備学校に入れられたのである。

茂男は三人兄弟の二男として生まれた。長男の名は喜光。彼は一九一九年（大正八）に生まれ、一九四二年（昭和十七）ガダルカナル島で戦死した。三男の名は康男。一九三二年（昭和七）に生まれ、熊本県に学童疎開中であったが、連絡がとだえていた。

茂男はこの弟が疎開先で肋膜炎に罹ったと聞いていたので安否を気づかい、ツルたちに尋ねてもらったが、消息はつかめなかった。

茂男が所沢での訓練を終え、鹿児島の基地へ出発するとき、ツルとカメは餅を作って面会にいった。いよいよ別れの時刻がせまると、ツルは腕時計をはずして茂男に与え、こう諭した。

「あんたも知っているでしょう、沖縄では女は男の護り神です。これをウナイガミにしてください。かならずわたしの霊があんたを護ります。あんたは戦死した兄さんに替わって儀部の家を継がなければならない人です。けっしていのちをむだにしないように」

その時計は、ツルが生まれて初めて東京でレコードの吹き込みをした折、記念として買った品である。彼女はそのちいさな六角形の時計を肌身放さず愛していた。


おなじ年の冬、山入端萬郎の遺児一雄が学ぶ霊岸島の明正国民学校は、秩父盆地の影森に学童集団疎開をおこなったので、一雄もこれに従って影森国民学校生徒となる。宿泊させられたのは金泉寺という古寺の本堂である。

東京湾のほとりとは比べものにならないほど秩父の寒気は厳しく、疎開児童たちはひどい霜焼けに苦しめられた。金泉寺の和尚は見かねて豆腐の殻を湯で溶き、そのなかに手足をつけさせた。それがもっとも利目のある治療法であるという。

ツルは一雄に面会するため金泉寺を訪ねた折、ひとりひとりの生徒に黒糖のかけらを一つずつ配った。難問は、一雄に食べさせるために作ってきた餅を、どうすればこっそり彼の腹に入れることができるかである。ツルはあれこれ思案したあげく、人目につかない便所の中がよかろうと思って、周囲の友達にわからないよう、沖縄口でそのむねを彼に伝えた。しかし、一雄はさっぱり叔母の言葉がわからず、「え?」「え?」と問い返すばかりだった。

ツルはこれまで一雄が一日も早く大和口に慣れるようにと祈っていたが、彼女の膝もとを離れてどれほどの日数もたたないうちに、彼はすっかり沖縄口を忘れてしまっているのである。ツルはにわかに大切な甥が遠い所へ奪い去られたような、さびしさを覚えずにはいられなかった。

明正国民学校児童の集団疎開はわずか数か月で中止され、以後はそれぞれの保護者が安全な田舎の親類縁者のもとに至急疎開させるよう指示された。しかし、ツルはいったいどこの誰に頼めばよいのやら、まったく見当もつかなかった。

その苦境を見て、助け舟を出してくれたのは、一人の朝鮮人である。彼は貨物自動車を運転しており、房総半島の山奥から東京まで木材を運搬するたびに、かならず鶴屋に立ち寄って憩うのを楽しみにしていた。声は大きいが、心のやさしい男であった。

「安心してわしにまかせなさい。おかみさんがいちばんよくわしの気持をわかってくれるように、このわしもおかみさんの気持をいちばんよくわかっておるよ」

こう彼はいった。ツルは舟が港を見つけたような心地であった。昔、彼女が神崎川のほとりで若い朝鮮人の夫婦を逃がしてやった話をしたとき、彼の眼が濡れたのを彼女は知っていた。

彼がせわをしてくれた疎開先は、千葉県君津郡松丘村(現在君津市)三本松の幸田寺という真言宗智山派の末寺である。

三

松丘は房総半島南部のほぼ中央に位置する山村である。木更津に河口をもつ小櫃川の上流にあたり、小櫃川ぞいに国鉄久留里線が走っている。

木更津と久留里の間一四・一キロメートルに千葉県営久留里軽便鉄道が開通したのは、一九一二年（大正元）末である。開通後およそ十一年をへて県営鉄道は無償で国鉄に譲渡され、一九三六年（昭和十一）にはようやく久留里以南一〇キロメートルにわたる山間部に軌道の延長をみた。その終点が上総亀山駅であり、途中に平山と上総松丘の二駅が設けられた。

その実現を目ざしてくりひろげられた延長期成同盟の運動は八年の長きにわたり、その経費として松丘だけでも八千円の村債を負うたといわれる。しかし、地元民がこの新しい鉄道の恩恵を受けたのは、わずか八年間にすぎない。一九四四年（昭和十九）十一月、久留里以南の鉄道輸送は廃止となり、軌条も鉄橋もすっかり撤収された。軍需を補うためである。

山入端ツルは大切な甥の生命を護るために松丘の幸田寺を頼ったとき、初めてそのことを知った。しかし、それほど不便とも苦痛とも感じなかった。もともと鉄道とは無縁の世界に生まれ育ったからである。むしろ彼女は眉にせまる山々の緑がなつかしくてたまらず、ここはまるで山原のような所だと思った。地形ばかりでなく、風も、光も、どことなく本部半島を偲ばせてならなかった。峠を越せばすぐ向こうに、羽地や今帰仁の村や海が待っているような気分がした。一つには、幸田寺の住職夫妻がいかにも素朴で温厚なひとがらだったからである。二人を見ると、ツルは父と母の姿を思い出さずにはいられなかった。

ツルの心にそれこそ「地獄に仏」と映った幸田寺の山田豊英師は、一八九三年（明治二十六）の生まれ。千葉県安房郡長狭町（現在鴨川市）が生地である。十歳にして小糸町長福寺大野智明の法資となり、同年成願寺小柴僧正に従って剃髪得度した。県立木更津中学校をへて智山勧学院本科を卒業し、一九二三年（大正十二）瀧泉寺住職を拝命。三年後に幸田寺の兼務住職となり、一九四〇年（昭和十五）幸田寺正住職を拝命した。また、一九二二年（大正十一）より一九三四年（昭和九）に至る十二年間、村立松丘尋常高等小学校の訓導を勤めた。

豊英はすこぶる学問を好み、生涯清貧に甘んじた。綾夫人とのあいだに子はできなかったが、四人の男の子を貰い受けて育てた。

「子が生まれないからといって、子を育てなければ、わが身を生み育ててくれた親に申しわけない。腹にこそ子は授からなかったが、手に授かることができた」

こういって豊英はけろりとしていた。

ツルはその言葉を聞いて、深い感銘を覚えた。彼女もまた、手の腹に授かった子ばかり養ってきたからである。ああ、わたしも少しは親に恩返しをすることができたのだ、とツルは思った。

彼女がまず初めにこの草深い上総の山奥に疎開させたのは、甥の一雄と従姉の儀部カメ母子である。ツル自身は最後まで霊岸島にとどまって店を護ることに決め、簞笥その他の家財道具類のみを移す。そのさい、親切な朝鮮人の運転手は琴もトラックに積みこもうとしたが、ツルはこれをおしとどめた。ほかの品はともかく、鳴物だけは最後までそばに置いておきたかったからである。

萬郎あにの形見の三線は、「ツルさんはどうせ弾くひまがないのだから」といって、同郷の友人が借りていっていた。


第二回目の空襲がおこなわれた一九四四年十一月二十四日以降、マリアナ諸島を基地とするB29戦略爆撃機の編隊は、昼夜をわかたず東京とその衛星都市への攻撃を重ね、市民を恐怖と混乱のどんぞこにつきおとした。この年十二月末までに首都を襲ったB29は二百三十六機、投下された焼夷弾は七千余個、爆弾一千余個、死者五百五十五名、全焼家屋三千九百三十八戸をかぞえる。

あければ一九四五年、爆撃の密度はますます強まり、その被害もいちだんと甚だしくなった。『東京都戦災誌』によれば、一月中の来襲機は数百、投下された焼夷弾二千八百二個、爆弾五百四個、死者五百九十名、傷者九百九十一名、全焼家屋八百五十戸、全壊家屋五百二十五戸、被災者約六千四百名。次いで二月には来襲機七百五十一、焼夷弾八千二百六十二個、爆弾一千四百七十三個、死者七百五十名、傷者一千一百九十七名、全焼家屋二万五百六十四戸、全壊家屋五百五十五戸、被災者約八万一千六百名をかぞえた。

この間に丸の内、有楽町、銀座など都心部も破壊され、首都の大半は無残な廃墟と化しつつあったが、本所、深川、浅草など隅田川ぞいの下町や山入端ツルたちの住む京橋区の一部は奇蹟的に攻撃をまぬかれ、三月九日の夜半まで生きのびていた。

その夜、ツルは三日ぶりに東京へ戻ってきた。当時茨城県の田舎に疎開していた親友の堀川チヨを頼って、食料の買い出しにいったのはよいが、どっとばかりに疲れがでて体を動かす気力も失せたまま、チヨのもとで休養していたのである。連日連夜の空襲にさまたげられて睡眠もろくにとれず、彼女は身も心もすっかり衰弱しきっていた。

萎えた脚をひきずるようにして上野駅に降り立ったツルを迎えたのは、吹きとばされそうなほど強い北風に乗って流れる、ぶきみな警戒警報のサイレンの唸りであった。発令時刻は二十二時三十分。ラジオは「敵機二機本土近く接近し、房総半島沖を旋回しつつあり。充分なる警戒を要す」という東部防衛司令部発表を報じた。そのときすでにB29二機は東京上空に侵入していた。それから暫くして空襲警報が発令された。

いっさいの交通がとだえ、灯を消した街は一瞬後に刑の執行をひかえた死刑囚のように沈黙していた。歩いて戻るほかはない。風にあらがう一歩一歩、背負ったリュックサックの重みがツルの肩にくいこんだ。しかし、これでまたとうぶん食いつなぐことができるのだと思うと、彼女は光明を感じた。貴重品の鶏卵をたっぷり仕入れることができたのも、予期しない収穫であった。

途中、彼女は幾度か警防団員に呼びとめられ、防空壕への待避を要求された。そのたびに彼女は、「すぐこのさきにわたしのうちの防空壕がありますから」といって、さきを急いだ。やっと霊岸橋にたどりついたあたりで、彼女は「空襲警報解除！」という声を耳にした。

ツルはわが家に帰って肩の荷をおろすが早いか、モンペを穿いたまま、倒れるように蒲団に横たわった。ただもう一刻も早く眠りたいばかりで、ほかには欲も得もなかった。

「空襲！」という誰かの声がツルの眠りを破ったのは、すぐそのあとである。聞こえたのはそのひと声だけであり、いつものように空襲警報のサイレンも聞こえなければ、その発令を伝える警防団員の連呼もまったく聞こえなかった、と彼女はいう。

これはけっして彼女が眠りこけて聞きのがしたのでもなければ、聞きたがえたのでもない。じじつ、警報よりも空襲のほうが早かったのである。つまり、空襲の開始は三月十日午前零時八分であり、空襲警報の発令は零時十五分だったのである。

〝運命の三月十日〟として記録される歴史的な大空襲は、こうして一挙にその幕を切って落とし、たちまち空前の規模にわたる焦熱地獄を現出した。この作戦に動員されたB29爆撃機はじつに三百三十四機、投下された焼夷弾は十数万個（約二千トン）という数字を示している。その目的とするところは、目前にせまった米軍の沖縄上陸作戦を有利に導くための牽制攻撃であったといわれる。米軍が慶良間《けらま》列島に最初の上陸を敢行したのは、これより十六日後の三月二十六日である。

そのような牽制攻撃の第一波として、この夜、ツルたちの頭上にくりひろげられた無差別絨毯爆撃は、かつて悪魔さえも想像したことのない大量蒸焼戦法であった。まず最初に先導部隊が高性能ナパーム焼夷弾を投下して広大な火の囲いを作る。攻撃区域を明らかにするとともに、住民の退路を遮断するためである。次いで後続部隊がM69焼夷弾を十五メートル間隔で投下する。そのなかでもとくに多く用いられたのが、〝モロトフの花束〟とか〝モロトフのパンかご〟と呼ばれた大型弾である。それは空中で破裂して七十二個の小型焼夷弾を吐き出し、文字どおり炎の花束となる。

この蒸焼戦法の戦果は、折からの烈風の援助をえて、仕掛人自身を驚かせるほど絶大であった。木造家屋の密集した江東地区を中心として二十六万八千戸を超える家屋が灰となり、被災者は百万名にのぼった。死者の数は八万三千六百と記録されている。

ツルが「空襲！」の声にとび起きて表へでたとき、空はすでに紅蓮の火の雨に満ちあふれていた。彼女はテツ子という手つだいの娘をうながして、無我夢中に歩道わきの防空壕へと走った。その壕は、鶴屋と隣の高宮写真屋が共同で使用するために掘ったものである。その入口でツルはひとしきりもがいた。あまりあわてふためいていたので、頭上の枠に防空頭巾がひっかかっていることも気づかず、ただもう奥へ逃げこもうとしたのである。

ツルとテツ子につづいて、写真屋の家族が逃げこんできた。ツルが店のほうの二階に下宿させている運送会社の事務員も、若い友人をつれて入ってきた。おなじ会社の運転手であり、その夜たまたま彼の部屋に泊まっていたのである。ツルはそうと知って初めて、店の前にトラックが停められてあったことを思い出し、運転手に尋ねた。

「車は邪魔にならないかしら」

「心配ないさ」

運転手がそう答えたので、ツルはそれ以上なにもいわなかった。こんなときには一人でも男の多いほうが心強いからである。

それからまもなく、表で「鶴屋が燃えてるぞ！」という叫び声があがった。肝がつぶれそうなほど驚いてツルが壕から這いでて見ると、屋根を火炎がなめていた。

玄関口に積みかさねておいた蒲団をかかえだすのがやっとであり、ほかになにひとつ持ちだす余裕はなかった。大切な琴も炎に呑まれてしまった。男たちが店のほうから持ちだしたのは、ツルが食料の仕入れに使っていた自転車だけである。ツルは男たちに手つだってもらって、蒲団を新亀島橋のたもとの共同便所に運びこんだ。そのコンクリート造りの便所は、橋を渡って向こう岸の角にあり、どこよりも安全な場所のように思われた。

そのあいだにも火災はひろがるいっぽうだったので、運転手はトラックを避難させることになり、ツルたちにも同行するよう勧めた。そこでまた火の粉をくぐって共同便所から蒲団を持ち帰り、自転車とともに荷台に積みこんだ。いまさらながらツルは、こんな非常のときにこの運転手が店に泊まっていたことを、神様の助けだと思って感謝せずにはいられなかった。しかし、それもしょせん、つかのまの安堵にすぎなかった。

一行四人を乗せたトラックは、火煙に追われるままに、新川の大通りをのろのろと東へ下って永代橋のたもとまでたどり着いたが、そこで警官に阻止され、引き返すよう命じられた。

「川向こうはもっとひどい！」

警官の声は殺気立っていた。さからうすべもない。車はふたたびおなじ道をよたよたと引き返した。引き返すほかはなかった。永代橋の通過が許されないかぎり、もはや脱出を託す一本の橋もなければ、道路もなかったからである。せっかくここまで逃げのびてきたのに……。そう思うと、ツルは地獄につき落とされてゆくような戦慄を覚えた。しかし、じっさいは、幸運な退却だったのである。もしこのとき彼女たちがこの鋼鉄の大橋を渡っていたとすれば、到底生きのびることはできなかったにちがいない。

トラックは火攻めに遭ったけだもののようにあえぎあえぎ、必死に逃げ道を求めて西へ西へと這い進んだ。そしてやがてぐったりと坐りこんだまま、動かなくなった。

「とうとうくたばったよ。名誉の戦死だ」

運転手は萬歳を唱えるように手をあげた。

もうどうにでもなれ、と観念してツルは車を降りた。あたりは目のくらむような火の海であった。が、彼女はただちにそこがどこであるかを知った。なんとわが家のすぐ近くだったのである。そこでトラックのエンジンがとまったことに、ツルは、単なる偶然とは思えない不思議なみちびきのようなものを感じた。と同時に、これまでの心の狂乱がうそのように鎮まっていった。

ツルの足はおのずから鶴屋のほうへと向かった。隣組のひとたちがどうしているか、彼女は気がかりでならなかった。その途中でぱったり高宮写真屋の家族と出会った。

「まあツルさん、こんなところでなにをぐずぐずしているの。さあ一緒に早く、川へ、川へ」

高宮夫人はそう喋るまももどかしげにツルの袖をひっぱった。

「川へ？」

「そうよ、こうなればもう川にとびこむほかないじゃないの。さあ早く早く」

「それはいけません、奥さん」とツルは精いっぱい冷静に主張した。「大震災のときにも川のなかで焼け死んだひとがとても多かったというではありませんか。だからこの前も、空襲を受けたときはけっして川に逃げないようにという、偉いひとの話があったばかりではありませんか」

そういわれて、高宮夫人はようやく心の乱れをとりなおした。

「そうだったわね、確かに。それじゃ小学校のグラウンドにしましょう」

「いいえ、学校はやめましょう。あそこはついこのごろも爆弾を落とされた所ですから」

昼をあざむく猛火のなかでそんなやりとりを交わしたあげく、ツルは高宮夫人たちとともに、もよりの空地に避難した。ツルが寝泊り用に借りていた棟と宮田肉屋との境に直撃弾が落ちたのは、そのすぐあとである。別の一弾は、新亀島橋の厚いコンクリートの床を突き破り、橋の下に避難しているダルマ船を沈めた。

ツルが逃げのびた広場には、すでにおおぜいの避難民がひしめいていた。誰も恐怖のかたまりのようにうずくまって、声ひとつ立てる者はなかったが、手だけは休むまもなく動かしつづけた。それぞれの前に坐っている人の頭巾や背にふりかかる火の粉をはたきのけるために。

そのうちに、幾十秒か、まったく呼吸のできない時間が襲いはじめた。「空気がなくなったのです」とツルはいう。「息をすることができるのは、まわりの家のどれかが、どどーっと焼け落ちるときだけでした。ふしぎですね。そのときだけ、どこからか、冷たい空気がすーっと入ってくるのです。そのときだけ、はーっと息をしていました」

ツルは、このまま、ここで、自分は死ぬのだろう、と覚悟した。つくすべきことはつくした、と思って、心はやすらかであった。

甥の一雄を千葉に疎開させたとき、ツルは従姉の儀部カメに箪笥の鍵をあずけ、「もしわたしが空襲で死んだら、このひきだしのなかの物を一雄に渡してくれるように」と頼んでおいたので、なんの不安もなかった。彼女はそのひきだしのなかに、一雄名義の預金通帳はもとより、戸籍謄本から父萬郎の写真に至るまで、大切に納めておいた。自分が死んだあと、彼がどこの誰の子であるか、わからないようでは哀れをする、と思いはかったからである。

ツルは肩にさげた非常用の布鞄を開き、白布でくるんだ健坊の位牌をとりだすと、それを着物の胸もとに仕舞いながら、心のなかで語りかけた。

「健坊、こわがらなくてよいのよ。おかあさんもすぐ健坊のところにゆくからね。おとなしく待っているのだよ」

それからどれほどの時間が過ぎたのか、ツルは腰のあたりが冷えるのを感じて、自分がどうやらぶじに生き残ったことを知った。

肺の動きが楽になるにつれ、ひとびとの口に言葉がよみがえりはじめた。

「やれやれ、とんでもねえ陸軍記念日だ！」

そうやけくそにどなる者もあった。その声を聞いて、ツルは初めてきょうが三月十日であることを思い出した。

離ればなれになった肉親や縁者の名を呼び交い、互いの生存を確かめあう、そのざわめきがたかまるなかで、ツルはふと自分の名を呼ぶ男女の声を耳にした。ふり向いて見ると、綾田竹夫と彼の妻の昌子であった。

ツルが仲をとりもって結婚させ、和歌山から東京に呼び寄せて就職させた彼ら夫婦は、当時、明石町の聖ロカ病院の近くに住んでいた。鶴屋まで千二百メートルもあろうか、ほんの目と鼻の距離である。恩人の一大事とばかり、大急ぎでかけつけたが、あちこちで進入を阻まれ、すっかり時間をくったという。

「あんたのほうは？」

ツルはまっさきに尋ねた。

「大丈夫さ。アメリカの病院があるから、爆弾ひとつ落とさないよ」

竹夫はこう答え、きょうから彼の家で暮らすよう、ツルに勧めた。ツルとテツ子はそれに従い、運送会社の男二人はそれぞれ近県の実家に戻ることになった。

地獄の猛火にくるまれながら、どうにか助かったのはツルの自転車だけであり、他はすべて灰になっていた。ツルはその自転車を押して、鶴屋の焼跡に別れを告げた。

この一夜、ツルは生涯忘れがたい多くのできごとを体験したが、なかでもとりわけ強く印象に残っているものの一つは、罹災者のやさしさである。まだ鬼火のように余燼のくすぶる未明の廃墟をさまようひとびとは、だれかれなく、どこでやられたのですか、ぶじでよかったですね、けがはありませんか、と声をかけていたわりあい、慰めあい、飲み水や食いもののある場所を教えたりした。

つきあたっても「すみません」ひとこと言わない東京の人間が、こんなにやさしくなるものかと思って、ツルはただただびっくりするばかりだった。それはさながら、彼女たちが避難した空地で、まわりの人家が焼け落ちる瞬間、どこからともなく冷たい空気が流れこんできて、彼女の肺を生き返らせてくれた奇蹟とおなじように、かつて味わったことのないあたたかな人心地を彼女の胸によみがえらせた。

四

東京の下町が全滅したといううわさは、風に乗って舞い落ちる黒焦げの紙や布切れとともに、その日のうちに儀部カメたちの住む上総の山奥へも届いた。

カメは折しも畑仕事にでかける途中であったが、村びとからその知らせを聞いたとたんに足が動かなくなり、薬罐をさげたまま号泣した。彼女にとって、その知らせは、ツルの死そのものの知らせに異ならなかったからである。ツルが彼女に一雄の後事を託し、箪笥の鍵まであずけたのも、すべて、きょうを予感してのことのように思われて、彼女は悲哀に肝を裂かれた。

たまたまそこに通りかかったのが、鶴屋を贔屓にする朝鮮人の運送業者である。彼は事情を聞くや、たちまち持ちまえの大声をあげて笑った。

「そんなばかなことがあるものか。あのひとは運の強いひとだよ。ぜったいに死んではおらん。わしが保証する。もしあのひとが死んでおったら、わしの首をあげよう」

「でも、わったぁチルーは遺言して東京に戻ったのだよう……、一雄の箪笥小《ぐゎ》の鍵小《ぐゎ》まであずけていったのだよう……」

こう歎いて涙を拭うまにも、ひとしきり、黒い雪のような紙切れがカメのまわりに舞いおりた。それを見ると、またもや彼女は眼の前がまっくらになって嗚咽した。

「あきよう、東京の灰小だよう、東京の灰小だよう、わったぁチルーはアメリカーに焼き殺されてしまったのだよう……」

「やれやれ、そう思いたかったら、勝手に思いなさい。わしはかならずツルさんを捜しだしてみせるから。そのかわり、ツルさんが生きておったら、おばさんの首を貰うぜ」

運送屋はこういい残して去った。

幸田寺の豊英和尚も気が気でなかった。寺に集団疎開していた本所区小梅国民学校の児童たちが合宿を中止し、帰京したばかりだったからである。

子供好きの和尚の祈りもむなしく、死をまぬかれた児童はかぞえるほどしかなかった。


ツルとテツ子は、ひきとめられるままにひと月あまり、綾田夫婦の家で暮らした。そのあいだにツルはめきめき体が肥え、「なんだか非国民みたい」とテツ子に冷やかされるありさまであった。

「これがほんとうの焼けぶとりだね。灰が肥やしになったのでしょう」

ツルはそんな冗談をいって笑ったが、それはけっして言葉のたわむれでもなければ、引かれ者の小唄でもなかった。我ながら驚くほど爽やかな実感であった。

この間一度だけであるが、ツルを怒り狂わせる不幸な事件が起きた。盗難に遭ったのである。それも、選りに選って、哀惜する健坊の位牌を盗み去られたのである。三月十日の大空襲の際にも、そればかりは肌身離さず護りぬいた品である。彼女の受けた衝撃はひどかった。

盗まれたのは、ツルが彼の祭壇を整えるために外出し、焼け残った店を捜し歩いて花立てや燭台、香炉などを買い求めているあいだのことである。戻ってきて、さっそくそれを仏前に並べようとする折、はじめて彼女は位牌がないことに気づいた。

「あきよう、健坊がいないよう」

ツルの叫び声に驚き、綾田昌子がかけつけた。

「どうしたの、おばさん」

「健坊がいないのよ、ごらんなさい、わったぁ健坊がいなくなったのよ」

そういいながらツルが指さす祭壇を見て、昌子もやっと位牌が消えていることに気づいた。

「誰か来なかった、わたしが出かけているあいだに？」

「来たわ、若い女のひとが一人……」

その女はツルが外出するのと入れ違いに綾田家を訪れ、健坊の生みの母であると名乗ったうえで、仏さまに参らせてほしいと昌子に頼んだ。そうといわれれば、ことわるわけにもゆかず、昌子は彼女をツルの部屋に通したのである。ツル叔母が戻ってくるまでゆっくりするように、と昌子はひきとめたが、彼女はあわただしく立ち去ったという。

誰が犯人であるか、もはや疑いの余地はなかった。おそらく健坊の実母は、昌子がお茶を入れようとして部屋をあけた隙に、素早く奪い隠したのであろう。

ツルは、あくまでわが子を抱きとろうとする母親の情念を哀れと思った。しかし、そのために仏さま参りを口実にし、それもツルの外出を見とどけて、万引きまがいの卑劣な行動をとったことを、到底是認はできなかった。健坊の遺体をひきとる際、ひそかに母親を病院へ呼び、その胸に抱かせてやったのも、せめてこの世の名残りにと思えばこその計らいであったが、いまに及んでこのような仕打ちを受けようとは。

「わたしはぜったいに許さない！」

ツルは煮え返る憤りをおさえかね、買ったばかりの仏壇用具を一つ残さず叩き割ってしまった。

むろん、そのような恩知らずだけが、ツルの避難さきを捜し求めてきたわけではない。彼女のせわになった多くの同郷人が、安否を気づかって次々に訪れ、彼女を感激させた。わけても彼女を喜ばせたのは、朝鮮人の運送屋である。彼はつねにもまして大声でツルのぶじを喜び、こう励ました。

「これからだよおかみさん、早く千葉へいって家を建てよう。一雄君も待ってるぜ」

「え、家を建てる？」

「簡単なことだよ家なんて。焼けた鶴屋よりでっけえ二階屋を建てることにしよう。材料は心配いらん。わしにまかせな」

ただ、建具や畳が手に入れにくいから、強制疎開をさせられる家の品をゆずり受けておくように、とツルに勧告した。

お安い御用とばかり、ツルはそれらの確保に力をそそいだ。ときあたかも三月十日の大火災に懲りた政府が大都市疎開強化要綱を決定し、その名も敵前間引疎開と称する、民家の強制立退きを進めている最中のこと。もったいないほど立派な品を、ツルは無料で分けてもらうことができた。

「よかったら店の品も、好きなだけ持ってゆきな。どうせ割られてしまうのだから」

こういってくれる陶磁器屋もあった。ツルは厚意に甘えて、みごとな絵模様の大皿から茶碗蒸しの器まで、箱づめのままどっさり貰い受けた。

「あんなときになっても、女って欲の深いものですねえ。使うあてもないと思いながら、手のほうがさきに出てしまうのだから」

とツルは当時をふり返って笑う。

いよいよ東京を去る日、ツルはとっておきの配給米を炊いて握り飯を作り、健坊の遺骨の眠る寺に詣でた。本堂も庫裡も無残に焼け落ちていたが、庭の樹々は、黒焦げの枝に若芽を吹きはじめていた。その門前に彼女は坐って、握り飯を供え、線香を焚きながら、健坊に語りかけた。

「健坊、おかあさんだよ、おかあさんが迎えにきたよ。これからいっしょに千葉へゆこうね。向こうへいったら、もうひもじい思いはさせないよ。おかあさんが一生懸命に働いて、おいしいものを腹いっぱいたべさせてあげるよ」

かれこれ半時間あまり、ツルは心をこめて健坊に語りつづけた。そばを通るひとびとがふしぎそうに眺めたが、彼女は意にとめなかった。健坊が喜んで千葉へ同行してくれるようにと、ただそれのみを祈った。位牌がなくなっているだけに、彼女は不安をおさえきれなかった。

ツルが貰い受けた建具や畳、食器類などを積み込んだトラックは、途中幾度も、西へ西へと飛行する米軍機の翼の下をくぐった。そのたびに、今度こそ襲撃されるのではあるまいかと怯え、荷台の隅に身をちぢめながら、ツルはテツ子の手を力いっぱい握りしめて、「これからだよテッちゃん、しっかり気張ろうね」と励ましつづけた。それはまた、ツルみずからを力づける、必死の掛け声でもあった。

運んだ荷物は、日々の生活に必要なものを除いて、そっくり朝鮮人の運送屋が自宅にあずかってくれた。彼の妻は上総亀山駅前で旅館を営んでおり、部屋数も多かったので、少々の荷物は邪魔にならなかったのである。おかげでツルたちは身軽に松丘の幸田寺へ移ることができた。

寺におちついて、米の配給手続きにでかけたときのこと。係の男はツルが沖縄の生まれであることを知ると、へえっとびっくりして顔をあげ、まるで珍しい外国人でも眺めるように頭の頂きから足のさきまで、じろじろと見おろし、見あげた。

その無遠慮な視線は、この緑ゆたかな半島もやはり大和以外のどこでもないという、このうえなく単純な、しかも血の凍るような冷厳な事実を、あらためてツルに悟らせた。東京の廃墟をさまようひとびとがあまりにやさしかったので、彼女はそのことをついうっかり忘れかけているところであった。

ツルたちが幸田寺で寝泊りしたのは、本堂西側の一室である。仏壇の斜めうしろにあたり、壁ぎわの棚には骨壺を納めた木箱がぎっしり積まれていた。

なんとなく死霊がただよっているような、そのうすら寒い部屋で起居をともにすることになったのは、ツル、テツ子、一雄、儀部康男の四人である。ツルは、康男が沖縄から九州の熊本に学童疎開させられたあと、暫く連絡がとれなくなってやきもきしただけに、彼をぶじにひきとることができたのは、なにより大きな喜びであった。時に康男十三歳、一雄十歳。二人が転入した松丘国民学校は、山門前の坂を下った所にあり、ようやく疎開学童の姿が目立ちはじめていた。

寺に移って暫くのあいだ、二人の少年は遺骨の群れと同居するのを気味悪がった。ツルは「そんな臆病者《しかむん》は兵隊になれないよ」といって笑ったが、夜半、鼠が走るたびに、骨壺がかたかたと揺れる音を聞くのは、やはりけっして気味のよいものではなかった。

いちばん閉口させられたのは食事である。骨壺の山を眺めながらでは食いものの味もしないので、このときだけは部屋のそとの広縁を使った。

とはいえ、食いざかりの少年たちがもっとも心待ちにしたのは、檀家の葬式や法事であった。そんなとき、豊英和尚は寺に届けられた餅や菓子などを、かならずツルたち一家にも分け与えてくれた。それが待ち遠しくてたまらず、一雄は「どこかで早く葬式がないかなあ」などと独りごとをつぶやき、ツルから頭をこづかれた。

豊英和尚は、朝晩の勤行の折には彼の家族ばかりでなく、かならずツルたち一家四人も呼んでお経を唱和させた。おかげで、康男と一雄はたちまち門前の小僧なみに経文をそらんじるようになり、和尚を喜ばせた。ただツルのみはさっぱりであった。あすはなにをどうして食いつなげばよかろう……と、そのことばかり思案して、せっかくの有難いお経もうわのそらだったからである。あすの心配のない夜は、経本を手にしたまま、こっくりこっくり居眠りをした。

「なにも心配することはない。ほとけさまが護ってくださる」

和尚はいつもそう説いたが、食糧難は日を逐うて深刻をきわめた。その飢餓地獄からツルたち四人を護ってくれたのは、夭折した健坊である。ツルは彼のために衣類をたくさん買い溜めしていた。そしてこればかりは、彼の死後も手放す気にならないまま、他の荷物と一緒に疎開させていた。その一枚一枚が、麦になったり芋になったりして、一家四人の露命を養った。

食えるかぎりの野草摘みも、ツルとテツ子の重要な日課の一つであったが、松の根の供出作業にかりだされて、思うにまかせない日がつづいた。そのため、月のあかりを頼りに芹や蓬を摘み歩き、畑泥棒とまちがえられそうなこともあった。

松の根を掘りあげる作業は、苦しい力仕事であった。しかし、その根から採れる油で飛行機を沖縄へ飛ばせるのだと聞いて、ツルは死物狂いに働いた。米軍の大部隊が沖縄本島に上陸し、激しい攻防戦がおこなわれているというニュースを耳にするにつけても、彼女は親兄弟や門中の安否が気づかわれてならなかった。それだけにまた、日本軍の必勝を祈る気持も切実であった。

第十章　波も音立てな

一

那覇市辻町奥村渠小路の日進楼が戦火によって焼失したのは、東京都京橋区霊岸島の鶴屋がおなじ悲運にみまわれた日より五か月前の一九四四年（昭和十九）十月十日である。

その呪われた火曜日の朝、ウシの養女たちと姪の小枝子は、これまで聞いたことのない異様なウシの叫び声に眠りを破られた。

「ジッテキ！　ジッテキ！　ジッテキダヨウ！」

ジッテキが実敵という意味であることは、女学生の小枝子にもわからなかった。むりはない。市民の多くがそうであった。彼らは晴れわたった朝空をつんざく爆音に驚きながらも、まさか米機動部隊の襲撃とは思わず、初めのうちは日本軍の大規模な演習であろうと錯覚した。空襲警報が発令されたのは、米軍が火ぶたを切って四十分も過ぎた七時三十二分である。

空襲は六時五十分ごろに始まって午後三時四十五分まで五波に及び、来襲機は延べ九百機にのぼった。その第一波二百四十機が急襲したのは、読谷山村の陸軍北飛行場、北谷村の中飛行場、那覇市南郊の海軍小禄飛行場など、主要な航空基地である。つづいて九時過ぎからおよそ一時間にわたって、延べ二百二十機が各飛行場と艦船を襲った。さらに十一時四十五分から十二時三十分にかけて延べ百四十機が、那覇、渡久地、名護、運天港、与那原、泡瀬など、本島各地の港湾施設を攻撃する。

こうして日本陸海軍の抵抗を完膚ないまでに制圧した米機動部隊は、いよいよ攻撃の的を那覇市街にしぼり、まず十二時四十分から一時間、次いで午後二時四十分からおなじく一時間にわたり、徹底的な無差別絨毯爆撃をくりひろげた。

折しも二か月つづきの旱天であったため、乾ききった家々はひとたまりもなく焼夷弾の餌食となり、市街地のほぼ九割が廃墟と化した。ただ、不幸中のさいわいは、白昼の被災だったことである。焼失家屋は一万一千戸にのぼったが、死者二百二十五名、負傷者は三百五十八名にとどまった。もしこれが深夜の攻撃であったとすれば、犠牲はさらに甚だしかっただろう。

燃えさかる火炎に追われ、逃げ場を失った「花の島」の住人たちは、辻町の地下にひろがる天然の洞窟へと殺到した。その洞窟は俗に千人壕と呼ばれ、どこまでつづいているかわからないほど、巨大なほらあなであるといわれる。

しかし、やれ助かった、と思ったのもつかのまである。避難者は抜刀した警官隊によって壕外へ追いだされた。当時、県警本部警防課警部補の職にあった池原徳英の証言によれば、追いだしの任にあたったのは、同本部警備隊の下地小隊であるという。

「辻方面に向かった下地小隊は、辻の建物の地下の自然壕に千人以上の避難者がいることを発見、早く出てくるよう呼びかけたが、誰一人出ようとしないので、最後は抜刀してみんなを壕外に追い出し、隊員が海岸ぞいに泊方面に誘導、みんな無事に泊高橋を渡ってそれぞれ避難した。もし警察官の適切勇敢な行動がなかったら、大変な悲惨事が起きたであろうと思うと、よかったとホッとした」

これは、『沖縄の慟哭・戦時篇』に収められた池原証言の一部であるが、同書にはまた次のような記録も見えている。証言者は、当時那覇警察署員であった山城朝健。

「後で聞いた話だが、辻の大きな自然壕には千人近い住民が避難していた。しかし、そこに煙が入ったら、たちまち窒息する。ということで、そこから動こうとしない住民を出すために、警官（普久原朝章警部補＝当時の那覇署警備小隊長）が抜刀までし、強制的に立ち退かした。もし、そうしなかったら、おそらく大勢の住民は煙にまかれて窒息死したであろう、とのことであった」

前者のいう下地小隊が正しいのか、それとも後者のいう普久原小隊が正しいのかは別の問題として、抜刀までして避難民を追いだした理由が、洞窟内での窒息死をふせぐためであったことは確かだろう。

警官の抜刀におびえて地上にあがった養女のハナ子は、壕のすぐそばで、幼い養女たちを抱きかかえるようにしながら、茫然と立ちすくんでいるアンマーのウシを発見した。それこそ神さまのお導きであろう、とハナ子は感謝する。小枝子とシズの姿は見えなかったが、彼女たちはとっくに若狭町の海岸まで逃れていた。あわて者の小枝子は、その途中一度、あやうく命を落としかけた。バクチャヤーの高い断崖から飛び下りようとしたのである。その寸前、日本兵に発見されてひき戻され、ようやく正気に返ったという。シズも至近弾の爆風に吹き飛ばされた。大切にしている着物が気になってたまらず、それを取りに戻ったときのことである。

それぞれがさまざまの危難に翻弄されながらも、ぶじに若狭の海辺でめぐり会えたのは幸運であった。誰も朝からまだ藷ひとつ食べていなかったが、それでも空腹は感じず、ただしきりに喉ばかり渇いた。

米軍が上陸するかもしれない。田舎に親類など身寄りのある者は速やかにそちらへ避難するように、という命令が警防団員によって伝えられたのは、とっくに太陽が慶良間の沖に沈んでからである。浜辺にうずくまっていたひとびとは、ざわめき立って避難を開始した。日本軍がまったく頼りにならないということは、きょう一日ではっきり証明されたのである。飲み水を探しにゆく力もないほど疲れきっていたが、誰ひとりとして二の足をふむ者はなかった。

その黒い、おびえきった長蛇の列にくわわって泊高橋を過ぎ、二時間ばかり歩いたあたりの坂道で、ウシたち一行は早くも一名の落伍者をだした。生まれつき心臓の悪いハナ子が倒れたのである。しかし、あたりには人家もなく、ほどこす術もなかった。やむなく小枝子が背負って歩くことになった。彼女はいつもハナ子の虐待を受け、悔し涙にくれることが多かったが、いまはそんな恨みにこだわっている場合ではない。小枝子は渾身の力をふりしぼってハナ子を背負いつづけた。そうして一時間歩いたあたりで、たまたま一台の徴用馬車が通りかかった。渡りに船とばかり、ウシは警護の兵隊に事情を訴え、病人を馬車に乗せてもらう。

こうしてどうにか窮地を脱した一行は、不眠不休で歩きつづけて翌日の夕方、ようやく屋部にたどりついた。

なによりの幸運は、体の弱いナベが養女のトメをつれて、四か月ばかり前に屋部へ疎開していたことである。もしそうでなかったとしたら、この都落ちは、さらに多くの時間と心労をついやす旅になったろう。ナベが帰郷するころまではまだかろうじて船便もあったので、ウシは名護から那覇まで軍用坑木を運んできた山原船を借り、姉ともども、大切な家財道具類や衣裳も疎開させることができたのである。

小枝子は生家の萬五郎屋に戻り、ウシと養女たちは萬郎屋に身を寄せた。萬郎の死後九年間、ひとりさびしく萬郎屋を守ってきた母親のカマドは、長女のナベに加えて、いままた次女のウシとも一緒に暮らせるようになったことを心から喜び、そのしあわせがいつまでもつづくようにと願った。しかし、老いた母親の願いにそむいて、ウシはハナ子たち五人の養女をつれ、なおも北上しなければならない羽目におちいった。十・十空襲の被災者は、定められた避難さきでしか食糧の配給が受けられなかったからである。背に腹は替えられず、ウシと養女たちは、指定された大宜味村謝名城へ移動した。ここは、一九〇七年二月、ラス・エスペランサス炭鉱コンキスタ第三坑の爆発災害に遭って惨死をとげた大城蔵一の生地である。

しかし、ウシたちにとって、ここも安住の地ではなかった。海に浮かぶ痩馬の背のような地勢の大宜味村や国頭村は、もともと食糧の自給のできない寒村《かれぐに》である。そこに戦争が襲いかかったのだから、ひとたまりもない。食糧増産の掛け声は高かったが、働けるかぎりの男たちは軍に徴用されて労働力は底をつき、村民さえ蘇鉄で餓えをしのぐ惨状であった。不毛の荒地をひらいて植えた甘藷まで、容赦なく軍用として供出をしいられた。

早くここを去って屋部に戻るように、という神のお告げを受けたのは、養女のハナ子である。彼女はまだ少女時代の一日、突然意識を失って倒れ、そのとき、ウシアンマーが実の母ではないこと、実の父母の姓名から住所まで、神が教えてくれたという。それ以後、彼女はすっかり神憑りになったのである。

ハナ子は神のお告げを奉じて単身ひそかに屋部まで出かけ、屋部ヌンドゥルチの当主吉元栄真をたずねて窮状を訴え、涙ながらに特別のはからいを乞うた。当時、屋部村は名護町と合併して屋部区となり、栄真は名護町会議員に選ばれていた。また、国頭郡翼賛壮年団の本部員として勢力をふるっていたので、彼の尽力によってウシたち一家は屋部への転入を許された。

ウシと五人の養女たちが謝名城から屋部に舞い戻り、蘇生の喜びをかみしめることができたのは、やがて苦難の一九四四年も暮れようとするころであった。

舞い戻った、といっても、彼女たちが萬郎屋でくつろげるのは、夜のとばりが村を蔽い隠しているあいだだけであり、昼間はいつ襲いかかってくるかもしれない米軍戦闘機の銃撃を避けるために、部落後方の山あいに掘られた防空壕に身をひそめなければならなかった。それでもまだここ屋部川のほとりの家々には、とぼしいながら藷や米、味噌などの蓄えがあって、ひとびとの心の荒みをやわらげた。特産の屋部大根も、例年になく豊作であった。

この年は、萬五郎屋の母子にとっても、眉屋に劣らず多事多難な一年となった。とりわけ大きな災厄は、二十歳になる一人息子の正男が兵隊にとられたことである。

母親のカマはこの避けがたい大厄をなにより恐れていたので、その前年、正男をせきたてて結婚させた。萬五郎屋の血統を絶やさないために嫁として選ばれたのは、おなじ新島に住むソーメイ屋の娘の比嘉貞子である。正男より二年後れて寅年に生まれ、十七歳になっていた。寅年の女は歳の数ほど千人針を縫うことができるといわれるから、かならず正男のいのちをつなぎとめる。カマはそう信じて疑わなかった。テンプラは祝儀の膳に欠かせない料理であるが、その油が手に入らず、カマは牛の脂を溶かして代用した。

カマの念願どおり、貞子は男の子を生み、弘明と命名された。その子の眼もあかないうちに、父親の正男は兵隊にとられた。

長女の小枝子は、十・十空襲のほとぼりがさめると、母親の反対を押しきってふたたび那覇美栄橋の積徳女学校に戻ったが、もはや学業どころではない。強制連行された朝鮮人の軍用人夫とともに、校庭に山積みされた砲弾の錆落としをするのが日課であった。やがて積徳女学校生は積徳隊として陸軍第二十四師団の野戦病院に配属され、軍と運命をともにすることになるが、小枝子はあやうく難を逃れて九死に一生をえる。たまたま食糧補給のために帰郷中、にわかに空襲が激しくなって那覇へ戻れなくなり、やむなく屋部にとどまっていたからである。

次女の和枝は、この年の春、屋部国民学校高等科を卒業したとたんに徴用され、伊江島の飛行場建設作業にかりだされる。時あたかも日本軍は本土防衛のための不沈航空母艦として、伊江島に東洋一の大飛行場を建設中であり、国頭の住民はあげてその人海作戦に投入されていた。これに動員された延人員は名護町だけでも二万に達すると推定されているが、彼らは異口同音に、「戦争中なにがつらかったといって、あれほどつらいことはなかったなあ。あきさみよう！　あれだけは死ぬまで忘れられない」と悲憤する。

米軍機の襲撃におびえながら、その地獄の苦役に堪えた和枝が、初めて兄の正男と面会するために浦添まで出かけたのは、この年も暮れの一日である。母親のカマは途中の危難を心配したが、伊江島で死地をくぐりぬけた和枝は、「アメリカには慣れているさ」といって強行した。兄に会いたいが一心であった。そのころすでに謝名城から戻ってきていた伯母のウシも同行した。彼女は、名護湾でヒートゥが獲れるたびに、徹夜で那覇まで自転車をとばして届けてくれた甥の正男を、わが子のように愛していたので、かねがねこの日を待ちこがれていたのである。

彼女たちは夜なかに屋部を出発したが、途中歩いたり、徴用馬車に乗せてもらったりして浦添の仲西国民学校にたどり着いたのは、翌日の夕方であった。当時、正男の所属する部隊はこの国民学校に駐屯していた。

面会所で待たされているあいだに、和枝は目ざとく兄の姿を発見した。彼は水桶をかついで運動場を通っているところであったが、そのあいだにも将校や古年次兵とすれちがうたびに、いちいち右手をあげて敬礼をしていた。和枝はその姿を見ただけで哀れがこみあげ、たちまち涙があふれた。

やがて面会が許されると、正男はその短い時間を惜しむかのように、和枝たちが持ってきた重箱の御馳走を、息もつかずにむさぼり食った。それは、和枝たちも一緒に食べるつもりで三重ねも用意してきたものであるが、彼女たちの口に入るひまはなかった。まるで餓鬼猫《がちまやー》のようになった兄の姿を見れば見るほど、和枝はますます哀れがつのって、拭いても拭いても涙がとまらなかった。

「あきさみよう！　よっぽど腹がへっているらしい。あすも面会にきてあげよう」

ウシはこういって、正男の小隊長に再度の面会許可を頼んだ。彼女は辻で高級将校の扱いに馴れていたので、小隊長程度は子供扱いであった。小隊長もこころよくこれを許可した。ウシは大喜びして小隊長の手を握り、彼を辟易させた。

その夜、ウシは和枝をともなって那覇へゆき、焼け残った朋輩の家に一泊した。そして事情を話し、御馳走を作ってくれるよう頼んだ。和枝はこんな焼野が原に食べものがあるのだろうかといぶかりながら、疲れはててぐっすり眠ったが、翌朝起きて見ると、珍しい御馳走がどっさり並んでいた。食物ばかりでなく、正男の好きな煙草まで山積みされていて、和枝をびっくりさせた。

ウシはそれをかかえて意気揚々と仲西国民学校に乗りこみ、好きなだけ正男の腹につめこませたが、今度ばかりは到底半分も食べきれなかった。「それではひとつ、番兵小《ぐわ》にもお裾分けを」と、ウシは餅やサーターアンダギーやテンプラを持って営門にゆき、立て銃をして並んでいる衛兵たちの口に押しこんだり、ポケットに入れたりしてまわった。和枝は、伯母のそんな物怖じしない、自由なふるまいを見て、ただただあきれるばかりであったが、心の奥でなんとなく誇らしいものも感じた。日本軍の前でこれほど卑屈にならない人間を見たのは、彼女にとってこれが初めてである。

こうして最初で最後の面会は終わった。それ以後は米軍の攻撃が激しくなるばかりで、二度と出かける機会はなくなってしまったからである。

ただこれよりのち、もう一人だけ、正男と会うことのできた妹がいる。那覇の積徳女学校に戻り、砲弾の鋳落としをしていた長女の小枝子である。当時すでに正男の部隊は安謝《あじゃ》川の河口附近の陣地に移動しており、那覇からの距離も近かった。その知らせを受けて小枝子は、仲良しの同級生も誘って部隊をおとずれ、互いのぶじを喜びあった。

小枝子が屋部に戻ってその話をすると、母親のカマは、どんな食べものを持っていったか、と尋ねた。小枝子はありのまま正直に、なにも持ってゆかなかった、と答えた。それを聞いたとたんにカマは怒り狂い、おまえのような薄情者はわたしの娘ではない、といって罵った。

この年の六月から九月にかけて、眉屋の親類には早くも戦争の犠牲があい次いだ。

まず最初に非業の死を遂げたのは、萬五郎屋に嫁いだカマの妹のカナである。彼女は幼くして辻に売られて遊女を勤めたあと、サイパン島へ渡って料亭の女将になったが、六月十五日より七月九日に至る日米両軍の苛烈な攻防戦のなかで自決したと伝えられる。

次に痛ましい犠牲となったのは、浜の眉屋こと、山入端萬盛の孫娘ウトとその男の子二人である。彼ら母子三人は、南西諸島の老幼婦女子を本土と台湾に避難させるという東条内閣の決定に従って、八月二十一日、対馬丸に乗って那覇を発ったが、翌日の午後十時三十五分ごろ、米潜水艦の魚雷攻撃を受けて十島灘の藻屑と消えた。船客一千七百余名のうち、七百三十七名の学童と八百名以上の老幼婦女子が死亡し、救助されたのは二百名足らずであった。ウトの夫はボルネオ島で戦死した。また、山入端ツルが和歌山から東京に呼び寄せた山入端萬亀の嫡子萬裕は、九月二十七日、中国の中部戦線において戦病死した。

そんなさまざまの不幸と絶望がうずまくなかで、ただ一人、山入端萬栄の母親だけが上機嫌であった。この年、満八十歳を迎えた彼女は、めっきり老衰して頭も霞み、うつつともまぼろしとも見定めのつかない言動が目立つようになっていたが、機嫌がよくなったのはそのせいではない。ながらく消息の絶えていた萬栄から、待ちに待った手紙が届いたからである。

その封書は、イスラ・デ・ピーノの捕虜収容所で書かれ、キューバ赤十字社を通じて送られたものであった。用いることを許された言葉は最高二十五語、その内容は厳密に個人または家族あての通知にかぎられ、スペイン語以外の外国語を用いることも厳禁されている。囚われの萬栄がその不自由な枠のなかから母に送ったメッセージは、次のとおりである。語数の正確を期すためであろうか、一語ごとにピリオドがふられている。

¿ MAMA. ESTAS. BIEN ? ESTOY. BIEN. EN. CAMPOS. de. CONCENTRACIÓN. MI. ESPOSA. HIJA. MUY. BIEN. TAMBIEN. EN. CAMPOS. de. CONCENTRACIÓN. PERO. ESTAMOS. SEPARADOS. RECUERDO. PARA. TODOS.

（おかあさん、お元気ですか。わたくしはいま捕虜収容所で元気にしています。わたくしの妻も娘も、やはり捕虜収容所で元気にしています。ただ、それぞれひきわけられています。みな

さんによろしくお伝えください）

一語の過不足もなく、きっちり二十五語を使って綴られたこの手紙の日付は、一九四四年一月二十六日となっている。偶然のめぐりあわせかどうか、この年のこの日はあたかも陰暦一月一日にあたり、もっとも大切な沖縄正月の祭日である。また、これも偶然に落ちたものかどうか、一本の頭髪が封筒の底に入っていた。長さ七センチばかりの黒い毛である。

ナベはその手紙をアルゼンチン帰りの村びとに読んでもらったが、年老いた母親を心配させないようにと思って捕虜収容所のことは伏せ、こんなふうに伝えた。

「萬栄も、嫁も娘も、揃って元気ということです。そしてこの戦争が終わったら、かならず帰ってくるから、おかあさんも元気で長生きしてくださいということです」

その言葉を聞いてカマドは生き返ったように大喜びし、「わったぁ萬栄がアメリカから戻ってくる」と村びとにふれまわった。そればかりか、米軍機が来襲するたびに手をふって歓声をあげた。

「わったぁ萬栄が天から飛んでくる！」

「ばかなことをいってはいけません。あれは恐ろしい敵の飛行機です。アメリカ軍の飛行機です。大和の兵隊さんに聞こえたら、どんなひどい目にあうかしれませんよ」

ナベは必死にこう戒めたが、なんのききめもなかった。わが子が住んでいるのはアメリカであり、アメリカ人は萬栄の友人《どし》である、と彼女は無邪気に信じて疑わなかった。

山入端萬栄と彼の妻子が敵国人として自由を奪われたのはいつであるか、残念ながらあきらかでない。彼の手記には、こう記されているのみである。

明クル四十一年ノ末、遂イニ世界大戦ト化シタ。無論、吾等日独ノ家庭、敵国ニ於キ、存在、何ント比較出来得タカ。殊ニマリ子モ米国ノ或ル大学ニ学ブ為、入学試験ニ及第、愈々入学ト来タ。然ルニ来タルワ、当国ノ官憲ダ。同時ニ学室ヨリ引張ラレ、母親ト共に収容、入獄スル事、二ケ年ト六ケ月デシタ。私モ当国ノ官憲ニ身ヲ渡シ、三ケ年ト九ケ月間男子ノ収容所ニ於イテ日ヲ暮ラシ、其ノ為メ、静カナ幸福ノ日独家庭、遂ニ一朝一夕ニシテ、散リ去ラレタノデアル。

想像もされなかった虜囚生活である。その屈辱と焦燥の歳月を、萬栄が大きくかぞえ誤るはずはない。彼もまた大多数の日本人とおなじように一九四五年の十一月から十二月中に解放されたとすれば、彼が敵国人として監禁されたのは、一九四二年の三月から四月にかけてということになる。(正確には四月十七日と判明)

これは他の多くの同胞に比べて異常に早い拘束であるが、萬栄らとともに虜囚生活を送った竹内憲治の『花と革命』によれば、「ドイツ人と一部の日本人は開戦後まもなくから収容されていて、栄養失調や医療の不備から死亡する者もあった」という。萬栄もその不幸な運命を荷なわされた「一部の日本人」の一人であったのだろうか。

彼だけではない。妻のエリザベッツと娘のマリアも捕らわれている。これもまた、きわめて異常なことである。女性でありながら収容所に監禁されたのは、ハバナの日本公使館に勤めていた小川某と萬栄の妻子のみであったという。エリザベツがドイツ人であり、マリアもドイツ公使館に勤めていたために、そのような異例の災難を招いたのだろう。「吾等日独ノ家庭、敵国ニ於キ、存在、何ント比較出来得タカ」という萬栄の言葉には、敵国人としての十字架を二つながら負わされた身の悶えがひしひしと感じられる。

捕らわれの年の一月に満十八歳を迎えたマリア・カタリーナ・山入端は、たぐいまれな才媛の誉れ高く、父萬栄の生き甲斐のすべてが彼女に託されていた。その愛娘まで、米国留学を目前にしながら、しかも学園で拉致されてしまったのである。萬栄の絶望、それこそ「何ント比較出来得タカ」……。この世の光が一瞬にして消えゆく戦慄は、かつて彼がメキシコのサカテカスでパンチョ・ビリャ軍に捕らえられ、銃殺を待っていたときにも劣らず強かったであろう。

萬栄はまずハバナのカスティリョ・デ・プリンシペ（皇太子の城）に投獄されたあと、船でイスラ・デ・ピーノへ送られた。収容されたのはスペイン統治時代の巨大な城郭を使った監獄であり、日本人はマツシマ監獄と呼びならわしている。島の北東部に位置して海に近く、正面に向かって右側には低い大理石の山がせまっている。

ここにキューバ在住の日本人男子が送り込まれたのは、一九四三年の一月から二月にかけてであり、その数は三八六名（二世八名を含む）といわれる。最初、彼らはドイツ人と一緒に収容されていたが、のちにそれぞれ別棟に分けられた。日本人が収容されたのは、正面宮殿のすぐ後方右側の建物であり、ドイツ人が収容されたのは、その左側の建物である。ドイツ人は総じてプライドばかりひけらかして、他国人となじもうとしなかった、と竹内憲治は述べている。

どちらも細長い矩形の六階建て獄舎であるが、日本人の入れられた右側の建物は山に近く、樹々の緑や小鳥のさえずりが虜囚の心を慰めた。この二つの建物の後方には、一度に五千名を収容できる円形食堂を囲んで、やはり円形の六階建て獄舎が四つ並んでおり、日本人もその大食堂でスープやシチューをあてがわれた。

自由を奪われた身とはいえ、収容所内での行動は比較的自由であり、労役を強制されることはなかった。日本から移住して間のない若者たちのなかには、この際とばかり、監視兵や警察を教師にしてスペイン語の習得に励む者もあった。険悪な対立を事としたのは、キューバ官憲と日本人ではなく、祖国の勝利を盲信する日本人と敗戦の見通しをとる日本人であり、前者には日本陸軍の経験者が多かったという。

山入端萬栄はそれらの葛藤をよそに、終始孤独にとじこもっていた。彼はもともと日本人との交際を好まず、「日本人会は会費をとるばかりで、なんの役にも立たない」と公言してついに入会しなかったが、ここでもかたくなに背を向けつづけた。それゆえ、ほぼ三年近い期間をともに過ごしながら、誰の心にも彼は存在の影らしい影を落としていない。彼自身がすでに影になってしまっていたのかもしれない。

愛してやまない「日独家庭」を失って影に変わった男が、毎朝まだ誰も寝静まっているうちに、シャワーを浴びに五階からそっと下りてゆく。どんなに足音をしのばせても、監視塔のそびえる巨大な吹き抜けの空間に、サンダルの音が反響する。これをうるさがった一人の日本人が、ある朝、階上からバケツの水を彼にぶっかけた。以後ぱったり彼はシャワーを浴びにゆかなくなったという。これだけが、沖縄に生まれながら、日独両国の悪運を一身に背負いこまされてしまった萬栄についての、いまに残るただ一つの思い出話である。

いっぽう、萬栄の妻と娘は終始カスティリョ・デ・プリンシペの古城に監禁されつづけたが、娘のマリアはここで警備役の若い警察官に見そめられ、のちに彼と結ばれることになる。それはまた、戦後における眉屋の運命を、大きく変える分かれ目ともなった。

二

明ければ一九四五年(昭和二十)、米軍は四月一日の沖縄上陸作戦を敢行するために十八万の兵力を結集し、いまや遅しと攻略の牙をといだ。米統合参謀本部は、最初、沖縄侵攻を三月一日と決定したが、用意の万全を期するため一か月延期されたのである。その前年の十月三日、統合参謀司令部が太平洋艦隊司令長官兼太平洋区域司令長官ニミッツ提督の進言を容れて台湾攻略作戦を中止し、沖縄攻略を命令した瞬間、「神の島」沖縄は無惨にもいけにえの島と決定づけられたといってよかろう。

ニミッツは沖縄を日本の喉首と考え、これを締めれば、敵の息の根をとめることができると判断した。これに対して日本の将軍たちは、沖縄をトカゲの尻尾と考え、せいぜいここに敵をひきつけておいて本土決戦の時間をかせぎ、そのうえで尻尾は切り捨てようと計画していた。「捨て石」作戦といわれるゆえんである。
沖縄の民をもまた「捨て石」のしがらみ程度にしか思っていない帝国陸軍は、米軍の上陸近しと見て一月三十一日、不法きわまる現地防衛召集を強行し、満十七歳から四十五歳までの民間人男子をことごとく徴発して戦闘部隊に配置した。前年十一月、沖縄から台湾へ移動させられた第九師団の穴埋めであったといわれるが、『名護六百年史』はこれを沖縄民衆に対する「死の宣告」と呼び、彼らの歴史上「最も憎悪すべき事件の発端」として鋭く糾弾している。比嘉宇太郎の綴る名護町民の「死出の旅路」は次のとおり。

上命とあれば致し方なく、馬方輸送や鶴嘴を握る人足部隊に仕立てられ、彼等はその家族と別れを惜しんで死出の旅路へ出立した、その一部隊は間部山《まぶやま》部隊に、残余の大部隊は、首里飛行場設営の任務を帯びて南部戦線に配置された。翼賛会、町役場その他軍需関係要員を控除するだけで、その数実に四百六十人、町内働き盛りの男子青壮年層は、悉皆《しっかい》徴発されて行った。四月中旬、米海兵隊が上陸して激烈な陸戦が展開された後、首里方面防衛隊は、現地で召集解除となったが、時已に遅く、帰るに道も隙もなかった。無辜《むこ》の防衛隊は戦塵の中をさ迷いながら大方は戦死し、生還する者は二割にも達しなかった。
郷土の中堅勢力は斯くして潰れた。

この痛ましい人柱とひきかえに、名護など国頭の町村が受け入れを強制されたのは、那覇をはじめ中・南部からの疎開者である。二月七日、沖縄の防衛に任じる陸軍第三十二軍は、足手まといの老幼婦女子を国頭地方へ移動させるよう県当局に要請したため、かろうじて徴発にもれた郡民は、連日山中の疎開小屋建設作業に動員された。名護町に割りあてられたのは、一棟六坪の小屋、三百六十五棟であった。

つづいて三月に入ると、男女中等学校の職員と生徒も動員され、男子生徒は「鉄血勤皇隊」を編成された。名護の第三中学校生徒が配属されたのは、本島北部の守備にあたる宇土部隊である。

沖縄守備軍は最初から武運に見放されていたといわれるが、宇土武彦大佐にひきいられるこの部隊もやはり例外ではなかった。前年六月二十九日、鹿児島から沖縄へ向かう途中で米潜水艦に撃沈された陸軍輸送船富山丸の生き残り部隊である。この船に積まれた兵力四千六百名のうち、三千七百名が行方不明となった。

『名護六百年史』によれば、この第三中「鉄血勤皇隊」は、沖縄守備軍の参謀長・長勇少将、沖縄県知事・島田叡、学校長山田有功の三者会談によってとり交わされた覚書（一、第一線の戦闘には繰り出さない。二、後方の輸送部隊にあてる。三、学校長は責任上従軍生徒父兄に諒解を求める）に基づいての編成であり、その数は三百名。出征は三月二十七日夜。彼らは配属将校谷口博中尉に指揮されて宇土部隊の傘下に入り、わずか二十日あまりで戦場の露と消える。

これよりさき三月一日、第三中学校で徴兵検査がおこなわれ、一九二六年（大正十五年・昭和一）生まれの壮丁はほとんど漏れなく軍隊にとられた。これまで兵役の義務を課せられるのはかぞえ歳二十一であったが、兵力の甚大な消耗を補うため、この年から二十歳にさげられたのである。彼らの悲劇的な儀式を祝福するかのように、この日、米軍は三度目の大空襲を名護に加えた。

「検査官と多数の壮丁達は、窓から掃射される機銃砲や爆弾の炸裂するとどろきに、時折度胆を抜かれたが、それでも痩我慢を押し通して、日中恙《つつが》無く、この大行事を終了することが出来た。若し米軍がこれを察知していたら、一撃にして校舎諸共多くの生命が失われたであろう」と『名護六百年史』は述べている。

いつの世にも、手塩にかけた子を徴兵されることほど、母親にとって深い悲しみはなかったが、ましていまは生還を望むべくもない戦世《いくさゆ》である。その絶望を慰めるために、ひとびとは、わが子が寅年の生まれであることの縁起にすがった。

「徴兵雑俎」と題して、「愈々検査とならば如何なる現象を呈するならんと吾人これを心痛すること恰《あたか》も臨月前の産婦に於ける如くなり」と報じたのは、沖縄で初の徴兵検査がおこなわれた一八九八年（明治三十一）の『琉球新報』六月一日号であるが、その年徴兵された壮丁もやはり一八七八年（明治十一）生まれの寅の衆であった。虎はよく千里を行って、千里を戻るという。沖縄の徴兵もまた、寅年生まれに始まって、寅年生まれに終わった。ただ、しんがりの寅の衆の大多数は、骨になって帰還したのである。

その一人、吉元嘉直は、屋部村の久護に生まれた。生家は屋部ヌンドゥルチの分家であり、屋号を井《ハー》の上《ウィ》という。屋敷のすぐそばに井戸があることから、そう称されるようになったのである。井戸は一般に「カー」と呼ばれるが、ここでは訛って「ハー」と呼ぶ。

嘉直は当時まだ第三中学校の五年生であったが、卒業式を眼のまえにして兵隊にとられたのである。彼の兄はさいわい本土の高等工業学校に在学中であったので、兵役をまぬかれた。

いよいよ明日は宇土部隊に入隊という日、彼は父親の嘉善に頼んで、萬五郎屋の長女小枝子と婚約を交わした。かねがね小枝子に愛情を抱いていた彼は、ぜひ入隊前に約束をかためておきたかったのである。小枝子は突然の申し入れに驚いたが、もとよりこれを拒む理由はなかった。彼女は、学業も優れ、面立ちの澄みきった好青年の嘉直を、ひそかに慕っていたので、その人のいのちを彼女の魂で守ってさしあげることができれば、こんなしあわせはないと思った。

翌日、嘉直は家族と馬に名残りを惜しんで村を離れた。嘉善は小枝子もつれて、せめて集合場所の第三中学まで見送りにいってやりたいと思ったが、あまりにも敵機の襲撃が激しいので、とうとう諦めざるをえなかった。その当時、彼は名護町警防団の第二分団長として屋部区の警護にあたっており、危急の際に村を留守にすることはできなかったのである。

吉元嘉善は一九〇〇年（明治三十三年）の生まれ。人品、体格、頭脳ともに人並み優れたうえ、家柄もよかったので、徴兵検査に合格すると近衛兵に選ばれ、村の誇りにされた。皇太子裕仁殿下が沖縄経由で欧州へ出立するみぎりにも、東京駅まで護衛兵を勤めたという。除隊後、村に戻って結婚したが、あとつぎができると単身ペルーへ渡る。ときに嘉善二十六歳。首都リマにおいて理髪業を営むなどして金を蓄え、一九三八年、三十八歳にして帰国。儲けた金で家を建てかえる予定であった。しかし、まもなく戦争が激しくなって実現しないまま、ついに亡国の憂き目にさらされたのである。

彼も伊江島の飛行場建設作業にかりだされて、つぶさに辛酸をなめた一人である。頑健とはいえ、すでに四十六歳になる彼は、これでは殺されてしまうと恐れ、思いきって馬車曳きに転向した。

初めのあいだ、伊江島では馬車徴用もおこなわれ、徴用された馬方も馬もひどい苦しみを受けたが、嘉善が馬車曳きを思い立ったころにはその苦役も中止になり、地元駐屯部隊の荷役にまわされていた。馬車徴用のなにより有難いところは、「きょうは馬が疝痛をおこした」とか、「馬車の修繕をしなければならない」とか、口実をもうけて休めることである。

そのころ、沖縄で馬と車を購入するのは至難事であったが、運よく嘉善は、持ち主が召集されて曳き手のなくなったものを入手できた。馬が千円程度、馬車が三百円程度であったという。かなりの大金だが、家の建てかえができないまま、ペルーで儲けた金を持っていたのが役立ったのである。

主な仕事は、屋部国民学校に陣どる陸軍部隊の兵糧や行李などの運搬であったが、数久田の奥の南明治山で伐採された松の大木を運ばされることもあった。それらの松は、軍隊が地下壕の構築に使う坑木にまわされた。急造の、ほそい、まがりくねった林道をのぼりくだりするのは、熟練した馬方でも容易なわざではない。嘉善のすぐ眼のまえで、馬車もろとも、谷底深く転落した者もある。人は奇蹟的にいのちびろいしたが、馬は死んだ。

嘉善がどんな夜ふけに馬車を曳いて戻っても、蹄の音が聞こえると次男の嘉直がとんできて馬のくつわを押さえ、父親が車をはずすのを待って、馬小屋へつれてゆく。馬の世話は、すべて嘉直がひき受けてくれた。その息子も、とうとう兵隊にとられてしまったのである。これよりのち、嘉善は日夜、警防団の第二分団本部に詰める時間が多くなった。

分団本部は屋部寺後方の山腹に掘った防空壕に置かれ、常時十名前後の団員がたむろしていた。

また、警防団のそばにいるほうが心強い、といって寄り集まる老人たちも多かったので、嘉善はどこにいるよりも憂いをまぎらわせることができた。

その壕のあたりは、屋部に村づくりがおこなわれた当時、凌雲和尚が村びとのために雨乞いや火難除けの祈禱をした所と伝えられている。この霊験あらたかな聖地に、村を戦災から守る警防団の本部がもうけられたのである。信心ぶかい村びとは、仏の加護を念じて供物をたやさなかった。

しかし、その祈りもむなしく、ついに火の手のあがる日がおとずれる。まっさきに犠牲となったのは、陸軍船舶部隊が入っていた屋部国民学校である。村びとこぞって木を伐り出し、選りぬきの良材を使って建築された校舎は、焼夷弾攻撃を受けてたちまち全焼してしまった。攻撃されたのは白昼であるが、火勢が強くて手のつけようがなかった、と吉元嘉善はいう。ただ、その日が何月何日であったか、嘉善をふくめて誰も記憶しない。すでに日付のない地獄の日々がつづいていたからである。

村が艦砲射撃を受けた日も、誰ひとり覚えていない。名護湾の沖を十重二十重に埋める米軍艦隊は、まず東屋部川ぞいに村の東側を縫うように砲撃し、次に後方、さらに西側を砲撃した。砲弾が落ちたのは、いずれも田畑のなかであるが、故意か偶然か一発だけ、屋部ウエーキとその東隣のニシンジョー屋をへだてる石垣に命中し、破片がニシンジョー屋の家屋を傷つけた。

砲撃が終わるのを待って、その着弾地点を調べてまわった吉元嘉善は、米軍が慎重に民家を避け、村の周囲だけを方形に攻撃していることを知り、これは早く村から逃れるようにという警告にちがいないと判断した。そこで即座に警防団を解散し、団員は速やかにそれぞれの避難小屋に戻るよう命じた。本部の許可も仰がないままの独断専行である。彼はその責任を知りながらも、部下の生命を守ることにみずからの首を賭けた。

最後まで行動をともにした団員たちは、夜陰を待って家に残した食料や衣類を持ち出し、それぞれの家族のこもる山奥へ避難していった。それを見届けて嘉善もやれやれと肩の荷をおろした気分になり、馬車に荷を積んで山へ逃れた。彼の妻は、山奥の防空壕で子を生んでいた。

屋部寺のまんまえに砲弾が撃ちこまれたのは、その翌日である。もし吉元嘉善の英断がなかったとしたら、屋部寺もろとも、多くの警防団員のいのちも消え去ってしまっただろう。

村を追われたひとびとは、米軍の攻撃を避けるために山奥へ山奥へと逃れ、宇土部隊の拠る間部山の後方まで逃れる者もあった。日本軍の背後にかくれているのがもっとも安全だろう、と思ったからである。

こうして転々と避難場所を移すあいだに、彼らは荷になる身のまわりの品をつぎつぎに放棄し、やがてその日の食いものにもこと欠くようになった。村まで食料をとりにゆくほかはない。昼をあざむく曳光弾におびえながら、山坂をころびつまろびつ、避難壕と村を往復する列がつづいた。

深い山ひだの壕に住む村びとを、米軍艦載機の機銃掃射にも劣らず悩ませたのは、坑道をひたす湧き水であった。この年は例年になく雨が多く、毎日のように激しい雷をともなって雨が降り、壕のなかでも傘がいるほど水滴が落ちた。着物も寝具もぐしょぐしょに濡れたが、それを干すこともできない。敵機の目標になるからである。風邪と栄養失調のために病人が続出し、死亡者が跡を絶たなかった。
殊に哀れをきわめたのは、母乳がでなくなった赤子たちである。米の粉や麦の粉があっても、火が使えないので煮ることができず、谷川の水で溶いたままを飲ませるほかはなかった。そのために消化器をこわし、どれほど多くの乳児が死んだことか。壕内で生まれ、日の光も見ないまま、壕内で死ぬ新生児も少なくなかった。むろん、戸籍簿にも登録されないままの生であり、死である。

生きながらえるひとびとは、シラミに悩まされた。それも「忌みジラミ」と呼ばれて、もっとも忌み嫌われる種族である。この忌みジラミが湧くのは、なにか大厄の襲う前兆であると語り伝えられている。彼らはついさきごろ、寅年生まれの徴兵に前途の光明を見いだし、虎は戦に勝って千里の道を戻ると喜んだばかりであるが、今度はシラミに前途の絶望を予想し、重い不安におののかずにはいられなかった。

これよりのち、虎とシラミが、彼らの心中で日本軍と米軍のように戦いつづけるが、やがてシラミが虎に勝ったことを知る。慶良間《けらま》列島に米軍が上陸したという噂が、どこからともなく流れてきたのである。果たしてそれが事実か、また、いつのことか、彼らは確かめるすべもなかったが、同時にこれを否定するすべもなかった。いつ、どこで、なにが起こっても不思議はない、と彼らはとっくに諦めきっていた。

バックナー中将のひきいる米軍歩兵第七七師団が、首都那覇の西北方に浮かぶ慶良間の島々を攻略したのは、三月二十六日の朝である。翌日、米軍は早くも列島の大部分を制圧し、三十一日には歴史的な米国海軍の「軍政布告第一号」の布告を見る。慶良間列島における日本の行政権を停止し、列島とその住民を米軍の軍政下に置くむね、中外に宣言したのである。渡嘉敷、座間味、慶留間の島々では住民の集団自決がおこなわれ、悲惨な死を遂げた者は婦女子を含めて七百名にのぼったといわれる。

慶良間列島を突破口として、米軍は「愛の日」と名づけた四月一日の朝、沖縄本島への上陸作戦を開始した。作戦地域は中頭郡西方の嘉手納海岸である。雨の多い季節にしては珍しく晴れわたり、空には一片の雲もなかった。風も弱く、海は凪いでいた。四個師団より成る第一〇軍上陸部隊を援護するため、戦艦十隻、巡洋艦九隻、駆逐艦二十三隻、砲艦百十七隻が砲撃にあたり、五インチ砲以上の砲弾約四万五千発、ロケット弾三万三千発、追撃砲弾二万二千五百発が撃ちこまれた。日本軍の抵抗はなく、上陸部隊は午前中に嘉手納の中飛行場と読谷山の北飛行場を占領し、六万以上の兵力を海岸線に集結した。やすやすと橋頭堡を確保できたのは、いかにもエイプリル・フールにふさわしい成果であったという。

海と空からの援護の下、戦車を先頭とする上陸部隊の進出は迅速であり、またたくまに本島を南北に分断したうえで、じりじりとその両翼に軍を進めた。その一部は早くも四月七日夕、戦車百三十台と歩兵約五千をもって名護附近まで進攻し、日本軍国頭支隊の抵抗を排除した。また、これと呼応して第六海兵隊も、名護、宇茂佐、屋部の海岸に上陸し、本部半島の喉首を制した。九日後に予定されている第七七歩兵師団の伊江島攻略を成功させるためにも、本部半島の間部山に拠る宇土部隊の殲滅が急がれたのである。

海兵隊が上陸した日の夜、照明弾はひときわ煌々と名護湾と無人の村々を照らし、山奥の壕のなかまでほのぼのと白かった。

三

屋部ウエーキ久護家の岸本静子は、屋部海岸に上陸した米軍によって、もっとも早く捕らえられた村びとの一人である。

静子は一九二〇年(大正九)旭川のハーヌパタ屋に生まれ、十八歳で屋部ウエーキに嫁ぎ、岸本久成の妻となった。久成は久訓の叔父久栄の次男として一九一五年(大正四)に生まれたが、久訓には子がなかったため、養子として迎えられた人である。久訓兄弟に子ができないのは、彼らの先祖が眉屋の始祖夫婦の仲を裂いた祟りとわかり、両人の遺骨を一つの墓に納めて子孫の繁栄を祈ったという話は、前に述べておいたが、その待望の男子を生んだのが静子である。生まれた子は久嗣と名づけられた。一九三九年(昭和十四)生まれである。もし久成が戦場に駆りだされさえしなければ、静子はもっと多くの子宝にめぐまれただろう。

久護は村中でもっとも保守的な気風のつよい部落であるといわれるが、久成はその旧慣打破の最先鋒として活躍した。便所と豚舎を切りはなして、いわゆる「文化便所」を最初に建てたのも彼である。義父の久訓は彼が同志を集めて生活改善運動を論じるのを嫌い、議論するひまがあったら田の草をとれ、と叱った。すると彼は集会場所を田畑に移し、働きにでたふりをして、仲間と議論に花を咲かせた。静子はそんな夫を深く敬愛し、うるさい舅の眼から庇ったが、彼は太平洋戦争が始まるとたちまち召集を受け、やがて南太平洋のガダルカナル島へ送りこまれて戦死した。

静子はそうとも知らず、ながらく消息のない夫の身のうえを案じながら、旭川の山奥で不自由な壕生活を送っていたが、その日、久しぶりに山をくだって村へ向かった。彼女の家の後方五百メートルばかりの所にある壕内に、食料や衣類などが残されていたからである。

まだあまり太陽が高くない空に、米軍機がわがもの顔に飛びこうていた。それも、これまでにない超低空飛行である。静子は、日本軍と交戦しているのだろうかと思ったが、そんな様子もない。とにかく恐ろしくてたまらないので、同行してきた彼女の伯父をせきたて、最寄りの壕に逃げこんだ。敵機が飛び去るのを待つほかはない。

するとやがて、壕の入口で激しく吠える犬の声が聞こえた。どこの犬かしら、こんなところに……と静子が怪しんでいると、今度は人間の声が聞こえた。

「デテキナサイ！　デテキナサイ！　デテコナイト、ウチマス」

静子は、最初、それを日本兵の声かと思ったが、どうも言葉の感じが違う。ひょっとしたら……という恐怖が、彼女の体を電流のように走った。

暫く待って、ふたたびその不思議な声が聞こえたが、彼女は動かなかった。三たびおなじ声が聞こえても、彼女はやはり動かなかった。動こうとしなかったのではない。体が石のようになって、動かなかったのである。

三度目の声が消えてまもなく、ピシッと弾丸を撃つような音が響いたかと思うと、にわかに壕内にガスのようなものがたちこめ、彼女は息苦しくてたまらなくなった。

ウウーッ、と呻き声をあげて、静子の伯父が這いはじめた。静子も伯父のあとにつづいて、無我夢中に壕外へ這いのぼった。

その二人を、待ちかまえていた男たちが、前後左右からとり囲んだ。誰もみな、静子がこれまでに見たことのない大男であった。手には自動小銃が握られていた。軍用犬もやはり、彼女が見たことのない大犬であった。犬はしきりに彼女のモンペに鼻をすり寄せて臭いを嗅いでは、誇らしげに男たちの顔を見あげた。静子はこのときほど犬を憎んだことはない。

草色の奇妙なまだら模様の服を着た男たちは、二人に手をあげさせ、武器を持っていないことを確かめると、歩くよう身ぶりでうながした。どこかにつれていって、殺すつもりだろう。静子はそう思いながら、命じられるままに歩いたが、村のそばまできて、あっと息を呑んだ。

彼女たちが米軍機の襲撃におびえながら稲を植えたばかりの田も砂糖黍畑も、無残に車のわだちにえぐり荒らされ、その一角には巨大な戦車がびっしり並んで、長い砲口を間部山のほうに向けていた。視界のさまたげになる民家にはロープが掛けられ、ブルドーザーで引き倒されていた。道の悪い所には、はぎとった畳が敷きつめられていた。

静子たちはなおも歩かされて海岸まで出たが、そこにも揚陸されたばかりの戦車がうなりをあげており、海は上陸用舟艇で埋まっていた。東屋部川の向こう側、村びとが神聖な古島として崇める寄揚森の斜面には砲兵陣地が築かれ、大砲が幾つも据えられているのが見えた。

なぜアメリカ兵がこんな光景を見せてまわるのか、静子はさっぱりわからなかった。死の恐怖にとらえられていたからである。このとおり、米軍はおまえたちの島を占領しているのだ、むだな抵抗はあきらめて米軍に服従するように、という無言の威圧と教訓のためであったと気づいたのは、死の恐怖が消えてからである。

こうして村をひとまわりしたあと、静子たちは焼け落ちた屋部国民学校の敷地につれてゆかれ、アメリカ兵からキャンデーやチーズなどを与えられた。しかし、静子はそっと草むらに捨てた。毒殺を恐れたわけではない。どうせ殺されるのなら、敵の恵みものなど食べず、浄らかに死にたい。彼女は毅然としてこう決心した。

その間にも次々に米軍に発見された村びとが校庭に集められた。ペルー帰りの狂人もいた。彼を家にとじこめたまま、家族は山に避難したのである。米軍の攻撃が激しくなって食物も届けられなくなり、その人は幾日も餓えきっていたのだろう。ただ独り無心にアメリカ兵のプレゼントを喜び、おねだりをくり返した。

夕暮れが近づいたころ、日本語の上手な兵士が一同にこう告げた。

「みなさん、きょうからこの村で生活してください。このとおり私たちアメリカ軍が守っていますから、心配ありません。安心していてください」

もし反対したらどうなるのか、静子は不安におののいた。しかし、わが子のことを思うと、到底だまっているわけにはいかない。彼女は断崖から身を投げるような気持で口を開いた。

「すみませんが、わたしは帰らせてください。お願いします。まだちいさい子供が山で待っています。年をとった両親も待っています。わたしがこのままここに残ったら、どんなに心配するかしれません」

「オッケー、わかりました」とアメリカ兵は簡単に許可を与えた。「ここの様子をみなさんによく話して、明日また、家族と一緒に帰ってきなさい。われわれは心から歓迎するでしょう。ここにいるのがいちばん安全です。日本軍のそばにいるのがいちばん危険です。それではサヨナラ、待っています」

その言葉を聞いて、静子はゆめかとばかりに喜んだ。いのちが助かったのが嬉しかったのではない。死はとっくに覚悟していた。しかし、わが子や親兄弟と離れて、独りで死ぬのはいやであった。なぜひとも家族と一緒に死にたいと願っていた。そのたったひとすじの望みの糸が、いまふたたびつながれたのである。これでわたしもみんなと一緒に死ねるね……と思って、彼女は涙ぐんだ。

静子が村を離れるころ、戦車の列はもうすっかり擬装網につつまれて、ちいさな丘のように見えた。その側を通りぬけて旭川に通じる道路にでると、彼女の脚はおのずから速くなり、やがて走りはじめた。走ると却って危険だ、と思ったが、脚のほうがいうことをきかなかった。

その日の朝、山をくだるときには、米軍機に発見されないようにと思って、道路は歩かず、森の繁みばかりを歩いた。しかし、いまは、そんなことを考えるゆとりもなかった。ただ一刻も早く、わが子のいる所に戻りたいが一心であった。

それにしても……と、彼女は坂道をかけのぼりながら思った。アメリカが上陸しているのに、日本軍はなぜ戦わないのだろう……。これで勝てるのだろうか……。そう思えば思うほど不安がつのり、彼女の脚は速くなるばかりだった。

静子は息せき切って山に戻るや、彼女がきょう見たことの一部始終を報告し、早くもっと山奥に逃げなければあぶない、と促した。これを聞いて屋部ウエーキもハーヌパタ屋もびっくり仰天し、早速さらに山奥のウチマタへ移動した。彼女はのちになってこの日を思い出すたびに、みずからの愚かさに恥じいると同時に、戦争に勝つことばかり教わって、負けたときのことはなにひとつ教わらず、手をあげるみちも知らなかった自分を哀れと思う。

おかげで屋部ウエーキとハーヌパタ屋の家族は、これまでにもまして恐怖におびえた日夜を送る羽目におちいり、遠くで吠える犬の声にも肝をつぶした。ただ、救いは、米軍の上陸を境にして艦載機の無差別攻撃が絶え、米軍はもっぱら目標を日本軍の陣地にしぼって砲撃するようになったことである。その時間も正確に定まっていた。

それゆえ、両家族は夜になると旭川までくだって静子の生家で休み、朝早く弁当を持ってウチマタの壕に隠れるという生活をくり返したが、そのうちに米軍とともに暮らす村びとの話を聞いて下山する者もふえたので、静子たち家族もついに痩せ我慢に見切りをつけて山をくだった。食料もすでに底をつき、老いた久訓の健康も気づかわれたからである。

ひさしぶりに村に戻った久訓は、彼の建てた家が倒されずに残っているのを見届けて安心したが、軒のまわりのハナシバヤー（放し柱）を鋭くえぐる機銃弾の痕に眼をとめ、いまさらながら米軍の猛攻に驚くとともに、いのち拾いをしたという実感を深くするばかりであった。

彼らは数日間をなつかしい瓦屋根の下で過ごしたあと、投降した村びとや疎開者たちとともに羽地村田井等の収容所へ送られた。空からは連日米軍機が次のようなビラを撒き、半島民の下山を促している最中であった。漢字にはすべてカタカナがふられている。

本部半島住民に告ぐ

アメリカ軍側に来て居る皆さんの同胞が断言する様にアメリカ軍の方針は沖縄県民を親切丁寧に取扱ふ事です。此の方針の下にアメリカ軍は本部半島民の安全を期する為に左の注意事項を発行します。此の注意事項に従はない人には生命の安全は保證出来ません。自分の安全の為に左の注意事項に従ひなさい。

一、本部半島住民は直に道路に沿ってタイラ及びナカジン（ナカオシ）に来る事。
二、午前八時より午后五時の間に来る事。
三、子供達と別れず子供を連れて家族一緒になって出来得る限り食糧や着物を持って来る事。
四、夜間は兵隊と間違へられて撃たれる恐れがあるので絶対にアメリカ軍の戦線に近寄らない事。
五、兵隊と間違へられる様な服装をしない事。又武器は絶対に持たない事。

アメリカ軍はタイラ及びナカジン（ナカオシ）で皆さんに食糧、安全な避難所及び医療を与へます。早くタイラ及びナカジン（ナカオシ）に行きなさい。

屋部ウエーキにつづいて、眉屋の一族にも運命の日がおとずれる。

その朝、ナベとウシは養女たちをつれ、壕をひろげるための坑木を切りにでかけた。養女のなかに一人、臨月の腹をかかえている者があり、その産室を作らなければならなかったからである。わたしのために苦労をかけるね、といって妊婦も大きな腹をかかえながら同行した。

突如、彼女たちの前にアメリカ兵が立ちはだかったのは、みなが肩に木をかついで戻る途中である。逃げるひまもなかった。彼女たちは壕のそばまでつれてゆかれ、壕内に誰が残っているかと尋ねられた。ナベが進みでて母の名を呼んだが、幾度呼んでも、母親のカマドは姿をあらわさなかった。そこでアメリカ兵の一人がナベを先頭に立て、壕のなかに入っていった。

アメリカ兵のあらあらしい足音も耳に入らないのか、カマドは壕の奥に安置した眉屋の位牌の前にぬかずき、熱心に祈願をつづけていた。ナベは、母の驚愕を思うだけで胸をしめつけられるような気がしたが、いまはどうするすべもない。どうかなるべくとり乱さないように、と祈りながら、できるだけ静かにやさしく、「アメリカの兵隊さんがつれにきましたよ」と母の背に告げた。

「ア…メ…リ…カー…?」

地の底から湧くような声でカマドはそうつぶやいて、ゆっくりとふり返った。ナベは母の心を動揺させまいと思って、必死に彼女の眼を見つめながら、背後で銃をかまえている大男を、無言でそっと指さした。するとカマドは、暫くのあいだその見知らぬ訪問客の顔を、息をひそめるようにして見あげていたが、やがて彼女の顔いっぱいに微笑がただよった。ナベは母親のそんな嬉しそうな表情をひさしく見たことがないので、一瞬、母は気がふれたのではあるまいか、と疑ったほどである。しかし、カマドはわが娘の心配をよそに、アメリカ兵の顔を見つめたまま、こう喜びの声をあげた。

「やっぱり来たね、わったぁ萬栄の友達《どし》が」

それから彼女はいつも肌身離さず持っている風呂敷包みをあけると、にこやかにアメリカ兵を手まねきした。彼女が包みからとり出したのは、萬栄がキューバから送り届けた結婚写真や家族の記念写真である。その一枚一枚をアメリカ兵に見せながら、彼女はそれぞれの顔をゆびさして説明した。

「これ、わったぁ萬栄、アメリカー、これ、わったぁエリザベス、アメリカー、これ、わったぁマリ子、皆《むる》アメリカー、皆アメリカー」

それから、こう尋ねた。

「御胴《うんじゆう》（あなた）見なかったかい？」

若いアメリカ兵にも、この老婆のいいたいことはよく理解できたのだろう。彼の顔にもやさしい微笑が浮かんだ。彼は丁寧に写真を揃えてカマドに返し、ポケットに持っているかぎりの煙草と菓子を風呂敷に包ませた。それから手をさしのべて彼女をかるがると抱きかかえた。

その間、壕のそとでカマドの身を案じ、かつはみずからの運命を恐怖しつづけていたウシと養女たちは、まるで親子のように仲良くほほえみかわしながらあがってきた二人の姿を見て、ただただびっくりするばかりであったが、同時にまた、なにか不思議なやすらぎと希望を与えられた。これよりのち、養女たちは深い畏敬の念をもってカマドを仰ぐようになる。

彼女たちは数日間屋部村で米軍の保護を受けたあと、羽地収容所へ送られた。

萬五郎屋のカマは、屋部ウエーキの静子とおなじように、村に食料をとりに戻る途中で米軍につかまったが、子供をつれに帰らせてほしいと頼んで許され、いったん旭川の奥のサトマタに戻った。

ただ、彼女は、静子のように家族をさらに山奥へ避難させる途は選ばず、彼女の娘たちばかりか、近くに避難している村びとまで誘って、ぞろぞろと山をくだった。

カマの子孫には、早くも痛ましい戦争の犠牲が出ていた。やっと一歳になったばかりの初孫弘明が、栄養失調のために死亡したのである。女手ひとつで守り育てた一人息子の正男を兵隊にとられたうえ、いままた彼のひとつぶだねまで奪いさられたカマの悲哀は、弘明の母親にも劣らず深かった。わが子を飢餓という最大の敵から守ることを至上の義務と思えばこそ、恥も外聞も忘れて悪戦苦闘をつづけてきた彼女である。飢餓に敗れることほど、彼女にとって堪えがたい屈辱はありえなかった。

アメリカーもまさか人は食うまい。とにかく村に戻りさえすれば、かならず生きのびられる。なんとしても生きのびて、正男のいのちを守ってやらなければならぬ。それだけがカマの一心であった。

萬五郎屋の母子も、収容所へ送られるまでの数日を村で過ごした。集結させられた場所はヨシナカ屋である。最初のあいだ、ひとびとは殺されるのではあるまいかと恐れ、樹陰のあたりに身をひそめるようにしてぶるぶる震えていたが、カマは独り大胆不敵にふるまい、身ぶり手ぶりでアメリカ兵を相手に用を弁じた。米軍が炊き出してくれるカレーライスのような食いものも、彼女はまっさきに食べてみせ、みなに配ってまわった。

屋部の村びとが米軍につかまり、羽地村に送られはじめたころ、羽地は無人の村と化していた。

村びとは東方の多野岳の山深く逃れていたからである。主を失った豚や牛馬、鶏などが餌をさがしてさまよい歩く道端や田畑には、まだなまなましい人間の死体が至る所にころがっていた。村を守るために戦わされた護郷隊員である。彼らが武器として持たされたのは竹槍だけであったから、哀れ「護棒隊」と呼ばれていた。

羽地は山原一の米どころである。「羽地のターブッカ」という言葉どおり、土も肥え、水にも恵まれていた。従って村びとの生活も豊かで、家々の庭や畑にはさまざまの食料が隠されてあった。山奥の避難壕で餓えきっていた屋部の村びとは、これを発見して眼を見張りながらも、当分のあいだ食欲は起こらなかった。食いものがようやく喉を越すようになったのは、砲火も徐々に鎮まり、羽地に送りこまれる島民の数も急激に増加し、米軍の命令で死体が片づけられてからである。それでもなお、人目につかない砂糖黍畑などの繁みには腐爛死体が放置され、そのあたりの黍だけはお化けのように大きく成長していた。

これよりさき、本部半島を包囲したアメリカ海兵隊は、半島住民の強制移動を終えると一気に宇土部隊の殲滅攻撃を展開し、日本軍を間部山から八重岳へと追いつめた。その防禦戦で早くも二千名の兵力を失った宇土部隊長は、ついに八重岳の砦を放棄し、四月十六日の夜陰に乗じて約十二キロメートル東方の多野岳に転進した。この敗走部隊が米軍の邀撃を受けたのは、八重岳と多野岳のほぼ中間地点に位置する、羽地村古我知の武田薬草園附近である。かろうじて生き残り、多野岳に逃れた将兵も多くは傷つき、武器を携行する者はほぼ三分の一に過ぎなかった。

米軍はなおも追撃の勢いをゆるめず、四月二十四日を期して多野岳を包囲攻撃し、日本軍は壊滅した。

いっぽう、さきに慶良間列島を制圧した米軍第七七師団は、四月十六日以降伊江島に上陸作戦を敢行し、日本軍と熾烈な攻防戦をくり返した末、ついに城山に星条旗を立てた。日本軍が島民千五百名を巻きこんで最後の突撃をおこない、無残きわまる〝玉砕《タッチユウ》〟をとげたのは、同月二十二日である。その道づれにされた島民のなかには、豊かな黒髪を切り落として男装した女性もあったという。

こうして本部半島に吹きすさぶ戦乱の嵐がひとまず静まると、屋部の村びとはさきを争って羽地を去り、村への帰りを急いだ。その途中、そこが宇土部隊と鉄血勤皇隊の墓場とも知らず、武田薬草園をぬける山路に入ったひとびとこそ不運であった。気がついてみれば、折りかさなる屍の山に足を踏みこんでいたのである。

そんな血の池地獄をくぐりぬけて村に辿りついたのもつかのま、彼らはまたもや羽地へ追い戻された。米軍が半島に出没する敗残兵の掃討作戦を開始したからである。敗残兵の隠れ家になるのを防ぐために、村は焼きはらわれた。

萬五郎屋のカマが、母を呼ぶ正男の声に驚いてとび起きたのは、屍臭の流れる羽地川のほとりに追い戻されてまもない一夜である。急いで表に走りでて見たが、どこにも人の姿はなかった。彼女はわが子の運命を気づかって狂乱し、「マサオー！　マサオー！」と絶叫した。まわりの者は「空耳だよ」といって慰めたが、彼女は確かにわが子の肉声を聞いたのである。

カマは不安におののき、占い師に観てもらった。その人の占いは算盤でおこなわれ、よくあたるという評判であった。彼は神妙に幾度も幾度も算盤の珠をはじき鳴らした末に、こう告げた。

「ちいさな子供を抱いて立っておる。あきらめなさい」

ちいさな子供……、それがサトマタの避難壕で死んだ正男の子の弘明であることはまちがいない。カマは眼の前がまっくらになった。そのぬばたまの闇のかなたに、やさしく抱きあって立っている、父と子の姿が白く浮かびあがった。あきよう、あのちいさな弘明がもうはるばる南の戦場に父を尋ねていっているのか……と、カマは胸が張り裂ける思いであった。

それでもなお彼女はあきらめきれず、南のほうから落ちのびてきたひとに会えばかならず、「わったぁ正男、見やんたがやあ?」と問うた。

米軍が嘉手納海岸に上陸してからすでに一月あまり、必死の防戦の甲斐もなく日本軍は次々に戦線を突破され、首里落城の日がせまりつつあった。五月三日、第三二軍司令官牛島満中将は「皇国ノ安危懸リテ此ノ一戦ニ在リ　全員特攻忠則尽命ノ大節ニ徹シ醜敵撃滅ニ驀進スヘシ」という訓示を与え、死中に活を求める総攻撃を命令した。しかし、攻撃は失敗に帰し、いたずらに甚大な兵力の消耗を招いただけである。攻撃の中止された五月五日の戦力は、第六二師団が四分の一(歩兵は六分の一)、第二四師団が五分の三(歩兵は五分の二)、独立混成第四四旅団が五分の四、軍砲兵隊が二分の一、弾薬三基数と見積もられるほどの低下状態であったという。

五月二十二日、第三二軍は残存兵力およそ五万を本島最南端の嘉屋《きやん》武半島に転進させることを決し、月末までにこれを完了した。途中で約二万の兵力を失う悲劇の大作戦であったとはいえ、それ以上の損失をまぬかれたのはひとえに、折しも連日降りしぶく小満芒種《しゅうまんぼうしゅ》の雨の助けであった。米軍偵察機は視界を奪われ、地上軍は足を奪われていた。この機に乗じて四月三十日には軍司令部も南下に成功し、司令部を摩文仁南岸八二高地の洞窟に置く。文字どおり背水の陣である。

最後まで首里戦線に踏みとどまり、転進作戦の援護にあたった殿軍と独立混成第四四旅団も三十一日には後退し、日本軍が難攻不落を誇った古都の地下城塞は、完全に米軍の手に落ちた。運搬不可能のまま、この巨大な地下壕に残されていた重傷者の数は、およそ一万にのぼると推定されているが、その大半は自決したと伝えられる。

これより二十三日後の六月二十三日午前四時三〇分、第三二軍司令官牛島満中将は「矢弾尽き天地染めて散るとても魂還り魂還りつつ皇国護らん」ほか一首の辞世を遺して、長勇参謀長とともに司令部の洞窟出口附近で自決をとげた。その二日後の二十五日午後二時三〇分、大本営は次のとおり発表した。

一、六月中旬以降に於ける沖縄本島南部地区の戦況次の如し

（イ）我部隊は小禄及南部島尻地区に戦線を整理したる後優勢なる航空及海上兵力支援下の敵七箇師団以上に対し大なる損害を与へつゝ善戦敢闘ありしが六月十六日頃より逐次敵の我主陣地内滲透を許すの已むなきに至れり

（ロ）大田実少将の指揮する小禄地区海軍部隊は我主力の南部島尻地区転進掩護に任じたる後六月十三日全員最後の斬込を敢行せり

（ハ）沖縄方面最高指揮官牛島満中将は六月二十日敵主力に対し全戦力を挙げて最後の攻撃を実施せり

（二）爾後我将兵の一部は南部島尻地区内の拠点を死守敢闘しあるも六月二十二日以降細部の状況詳かならず

二、我航空部隊は引続き好機を捕捉し同島周辺の敵艦船及航空基地を攻撃すると共に地上戦闘に協力しあり

三、作戦開始以来敵に与へたる損害は地上に於ける人員殺傷約八万　列島線周辺に於ける敵艦船撃沈破約六百隻なり

四、沖縄方面戦場の我官民は敵上陸以来島田叡知事を中核とし挙げて軍と一体となり皇国護持の為終始敢闘せり

三か月にわたる主力戦はここに至ってひとまず終息したわけであるが、その後も敗残将兵は北部の山中にこもり、米軍にゲリラ戦を挑みつづけた。また、米軍に投降する一般住民や通敵容疑者を容赦なく殺害した。

この間における彼我の犠牲者数は諸記録かならずしも一定しないが、大田昌秀編著『総史沖縄戦』は、米軍戦死者一万二五二〇、日本軍は他府県出身の正規軍戦死者六万五九〇八、地元沖縄出身兵と防衛隊員の戦死者二万八二二八、戦闘協力者五万五二四六、住民九万四七五四、という数字をあげている。これを合計すれば、軍民合わせて沖縄県民の戦没者は十五万名を超え、当時の人口の三分の一を失ったことになる。

萬五郎屋の正男もその一人である。母親のカマが彼の声を聞いたのは、不幸にして空耳ではなか

った。占い師の占いもあたったのである。焼土に平和がよみがえるのを待ってカマは、わが子の戦死した場所と教えられた西原の洞窟をたずねたが、あまりにも累々たる骸骨の山で捜しようがなかった。

宇土部隊に入隊する前日、カマの長女小枝子と婚約したハーヌウイの吉元嘉直も、間部山で戦死した。傷ついた戦友を後方に運ぼうとするところを中隊長に制止され、中隊長のそばに戻ったとたん、至近距離にせまっていた米軍の機銃弾を浴びたという。その翌年、父親の嘉善は苦心してわが子の埋められた場所をたずねあて、遺体を発掘した。三体一緒に埋められており、その一体は大男の中隊長であり、他の一体は羽地生まれの小柄な兵卒であった。嘉直の頭蓋骨には弾痕があった。嘉善がそれを布で包むと、まだ十九歳の若々しい面影がよみがえった。

波も音立てな
あたら若人《わかむん》の玉ちらす命
ねむらでむの

嘉直らのいのちを玉と散らして宇土大佐が米軍に降伏したのは、敗戦の年の秋である。鬼哭の沖縄戦記『鉄の暴風』には、「終戦の年の十月二日、宇土大佐は、山中各所の部下残兵に連絡、伊差川に集結を命じ、軍装で部隊降伏を願い出た」と記されている。また、「十一月一日宇土大佐は、軍装に威儀を正し、刀を吊って山を降りた。田井等地区米軍政官メリス大尉に投じた」とも記されている。

三月十日の大空襲で東京霊岸島の家を失ったあと、山入端ツルたちが身を寄せていた上総松丘の幸田寺住職山田豊英は、沖縄戦についての大本営発表をラジオで聞いた六月二十五日夜、近所の婦人たちを寺に呼び集めた。ツルひとりに悲報を告げるのがつらかったからである。

なにも知らないツルは、今夜はまたどんなお説教があるのかしらと思いながら、腫れあがった足をひきずって本堂の階段を上った。彼女は国防婦人会の奉仕作業で山へ松の根を掘りにゆき、足首をくじいていた。それでも彼女は、この松の油を燃料にして特攻隊が沖縄へ飛ぶのだと聞かされていたので、一日も作業を休まなかった。

豊英和尚は、「ここに疎開中の山入端さん御一家は、みなさんも御存知のように沖縄県のかたですが」と前置きして、ツルの悲歎を気づかいながら、じつはこういう大本営発表があったと伝え、「玉砕された皇軍将兵のみなさんと沖縄県民のみなさんの御冥福をお祈りしましょう」といって、ねんごろにお経をあげた。

ツルは驚愕して母や姉たちの生死を心配しながらも、このときほど豊英和尚をありがたく思ったことはない。いつもあすの食いもののことばかり気にかかって、お経のほうはうわの空であったが、この日ばかりはなにか大きなちからにすがりつく思いで、彼女は一心に仏さまの加護を祈った。

その夜、ツルは眠れないまま、梅雨の晴れまのいざよいの月明かりに浮かぶ、一雄の無心な寝顔を見つめて絶望に耐えた。たとえ一門すべて死にたえても、いまここにこうして眉屋の血を受けついでこの子が生きている。この子を守ってきただけでわたしの苦労は報いられたのだ、と彼女はみずからを慰め、これからも守りぬこう、と固く決意した。

沖縄陥落の悲報は、いつどのような形で山入端萬栄のもとに届いたのであろうか。彼の手記にはひとことも記されていないので、推し測るすべもない。

「今日もまた、送葬のラッパが城壁にしみ込むように流れていた。送られていくのはドイツ人の霊か、あるいは日本人の魂か、私はもう幾度となく、死者を弔うこのラッパの音を聞いている。美しいとしか言えないほど、それは哀しく、暗い音色である。敵も味方もない。戦争の波風にひきさらわれた魂に向かって、人間本然の心が捧げる祈りであり詞であろうか」

竹内憲治は『花と革命』にこう記しているが、幸田寺の庭に沖縄の死を悼む鐘の音が流れていた日もやはり、バラデロ湾に送葬のラッパの音は流れていたのだろうか。

四

米軍司令部が投降民を収容するために田井等村を開設したのは、第六海兵隊が名護湾に上陸して五日後の四月十二日である。この特異な新島は、旧羽地村の田井等、親川、川上の三地区をもって成り、村役所は親川に置かれた。ここに集結されたのは、名護、本部、今帰仁、羽地、伊江島、伊平屋島など、六町村の難民である。

日本軍の敗退にともなって村は急速にふくれ、市制を布かれた九月には人口七万二千に達する。

同月二十日には市会議員選挙、二十五日には市長選挙がおこなわれ、初めて女性に選挙権が与えられた。市民警官制《シビリアン・ポリス》も導入され、その任にあたる者はC・Pと称された。

画期的な自治権を持つ新市民の誕生とはいえ、しょせんは金網のなかの自由民に過ぎない。老幼婦女子は一般民家に居住することを許されたが、青壮年男子は米軍の幕舎に隔離され、軍作業を強制された。彼らはその有刺鉄線にかこまれた収容所を「カンパン」と呼びならわしている。カンパウンド（構内）の転訛であるが、そのものずばり「金網」という漢字をあてて「カンパン」と読ませる例が多い。

眉屋の一族はこのカンパンとバラック建ての小屋の密集する難民都市で七か月を超す日々を送った。どうにか餓えをしのぐに足るだけの食料は米軍が無償で配給してくれたが、藷、味噌、青野菜の類は自力で確保するほかはない。「どこの畑に隠してある甕の何番目には何が入っているということまで、神さまが教えてくださった」と有難がるのは神憑りのハナ子であるが、そんな彼女にも神の啓示が届かないことがあったのだろう。黒人兵に襲われ、暴行されかかったことがある。さいわい、M・Pに発見され、あやうく難を逃れたという。

難民の数がふえて地元の隠匿食料も底をつくと、屋部の村びとは危険を冒して生まれ島まで足をのばした。しかし、せっかく確保した品は、途中で待ちかまえる同胞のC・Pに没収されることが多かった。

か弱い女性ばかり十人の眉屋を救ってくれたのは、上原という少年である。ハナ子は軍作業にゆくトラックの車上で初めて彼と出会ったとき、なにが原因か、少年は暴れ狂っていた。これを見かねてハナ子は、「敵の捕虜になったからといって沖縄人の誇りを忘れてはいけない」と叱った。すると少年はすなおに、「ハイ、わかりました、オカーサン」と軍隊口調で謝った。

この年、ハナ子は二十歳になったばかりである。幾つも年下には見えない少年から「オカーサン」と呼ばれて、すっかり顔が赤くなった。しかし、訂正は求めなかった。この子もきっと勤皇隊かなにかに動員されて生死の境をさまよい、傷ついた魂は母の愛に餓えきっているのだろう、と思ったからである。

これからのち、上原少年は軍作業の帰りにはかならず眉屋の宿にたち寄り、「ハイ、オカーサン、戦果です」といって、大きな藷を十個届けるようになった。

すでにカンパンには島民が「時熱《ツキニチ》」と呼んで恐れるマラリアが蔓延しており、上原少年もこれに冒されて作業にでられないことがあった。しかし、一日休めば、その翌日には藷を二十個届け、二日休めば、その翌日三十個を届けた。

ウシはほとほと少年の厚意に感じ入り、彼を夕飯に招くことにした。そして、「カンパンの食事は野菜が少ないそうだから」といってフーチバージューシー（蓬の葉の炊きこみ飯）を作ろうとした。しかし、フーチバーは採りつくされて手に入らなかったので、カンダバー（藷の葉）と銀飯でもてなした。その米は、彼女が後生大事にブリキ罐に詰め、老いた母親の薬用として守りつづけてきた内地米である。養女たちは、盃一杯でよい、たまには食べさせてほしいと願ったが、むろん叶えられる夢ではなかった。

幾度か羽地の仮住まいを転々としたあと、眉屋の一族は親川のサトマタに移った。入れてもらった家の当主はハワイに出稼ぎにいったまま帰国できなくなったということで、年老いた彼の母親と二人の娘がひっそりと留守居していた。娘は姉妹そろってまぶしいばかりに美しかったが、あまりに美しすぎるので男たちは神の衆として恐れ、誰ひとり結婚を申し込まなかったという。妹のほうはやがて哀れにも日本兵に射殺された。米軍の煙草を持って山中の知人をたずねる途中であったとのこと。

老婆のほうも若いころはさぞ美しかったろうと思われる面ざしの人であったが、ウシの養女たちは彼女が癲癇《てんかん》を病んでいるという噂を耳にして以後、恐れてその家の井戸水を飲まなくなり、わざわざ裏山の湧き水を汲みにでかけた。

この家は屋部ウエーキのように大きな家であり、幾十人もの難民がぎっしり寝泊まりしていたので、夜も恐怖におびえることはなかった。それでも女たちは万一の危難をふせぐために、部屋の中央に頭を寄せあって就寝した。

眉屋の一族が日本の降伏を知らされたのも、このサトマタに住んでいたときである。しかし、誰も本気にする者はなかった。またアメリカーがわたしたちをだましているよ、としか思わなかったし、いずれきっと日本軍が沖縄を奪い返しに来るものと信じて疑わなかった。そのなかでただ一人、カマドだけは、わったぁ萬栄が戻って来る、といって喜びの涙を流した。

長い不自由な避難生活は、八十一歳になるカマドの生命をすっかりむしばみつくしていた。遠からず唐旅に発つ日がおとずれるかも知れないと思ったハナ子は、ひそかに上原少年に頼んで、釘と板を集めてもらった。そんなものをなににするの、と不審がる義妹たちに対しては、屋部に戻って家を建てるの、と答えておいた。

ハナ子はまた上原少年に頼んで、米軍が棄てたメリケン粉の袋や、食用油の空罐を集めた。袋の底にはたっぷりメリケン粉が残っており、空罐を火でぬくめればたっぷり油が流れでた。

ある朝、ナベが目を覚まして見ると、誰より早起きの母親がまだ眠っていた。驚いてさわって見ると、すでに体は冷えていた。

枕もとには、いつものとおり、きちんと風呂敷包みが置かれていた。どんなときにも肌身離さず持ち歩いていた包みである。屋部でハブマタの避難壕と萬郎屋を往き来していたころ、米軍の照明弾にあわてて畑にころがり倒れても、彼女はそれをしっかり胸に抱きしめていた。

包みをあけて見ると、純白の死装束一式が入っていた。萬栄から送り届けられた手紙と写真も手巾にくるまれていた。

遺骸は上原少年が拾い集めてくれた木で作った棺に納められ、親川墓地の一隅に埋められた。葬儀の料理も、少年が集めてくれたメリケン粉と油を使って作られた。

「まことの人だったのだね、こんなときに畳のうえで死ぬことができたし、棺に入ることもできたのだから」

まわりのひとびとはこう褒めたたえて、ナベとウシを慰めた。

山入端カマドの正確な死亡月日は不明である。ただ、戦火で焼失した戸籍が後年復元されるにあたり、十月二十三日午前三時として届け出された。

親川墓地に仮埋葬されたカマドの遺骸は、遺族が屋部に戻ってのち、夫の萬吉が眠る眉屋の墓に移された。墓地はさいわい米軍の砲撃をまぬかれ、玄室の遺骨はすべて無事であった。

羽地における捕らわれの期間、萬五郎屋の一族も田井等からサトマタへ、サトマタから仲尾次へと、あわただしく移り歩いた。

サトマタに住んでいた六月ごろ、と萬五郎の長女の小枝子はいう、彼女は積徳女学校時代の親友が真喜屋の米海軍病院で働いていると聞き、早速たずねていって互いに無事を喜びあった。そして友人に勧められるまま、看護助手として、この海軍病院で働くことになった。ここに勤めれば、食料その他さまざまの特別給与があると聞いたからであるが、それにもまして、母のそばを離れて生きたかったからである。

小枝子は、母親のカマが正男の安否を気づかって愁嘆するさまを見るのが、つらくてならなかった。母の気持がわからないわけではない。天にも地にもただ一人の兄の運命を思うと、彼女も胸が裂ける感じであった。しかし、彼女は、兄の生死にも劣らず、三月前に婚約したばかりの吉元嘉直の生死が気づかわれて、夜もろくろく眠れなかった。そんなとき、彼女は、少しはわたしの苦しみも考えてよ、と母をどなりつけたい衝動にかられて狂おしかった。

湖のように美しい羽地内海の風光は小枝子の心をなごませたが、その波静かな内海のほとりに設けられた海軍病院はこの世の修羅場であった。米軍の傷病兵ばかりでなく、二月に「玉砕」した硫黄島の日本軍兵士も三十名あまり収容されていて、小枝子をびっくりさせた。

それにもまして彼女が驚かされたのは、米軍の精神病患者の多いことであった。小枝子は、最初、米軍は気ちがいまで兵隊にひっぱったのかと思って驚いたが、そうではない、激戦によって起こった戦闘恐怖症であると聞かされ、二度びっくりした。

この特異な戦闘恐怖症患者の多発状況とその原因について、『総史沖縄戦』は次のように述べている。

ちなみに戦闘恐怖症の患者は、早くも四月中旬頃から米軍の野戦病院にあふれはじめていた。四月末日には、第一〇軍司令部は、三〇〇〇人以上にも達した患者を収容するため、とくにこの種の患者のために専門の野戦病院をつくったりしている。

米軍の戦史によると、沖縄戦での戦闘恐怖症患者は、太平洋戦争の全期間を通じて最も多く、そして最も重症だったという。軍医たちが、その原因を調べたところ、最大の原因は、特攻機ではなく、日本軍の砲術の正確さに起因するものだった。日本軍の砲術の巧みさを信用しない米軍兵士もいて、彼らはドイツ軍の将校が日本軍砲兵隊を指揮しているにちがいないとさえ考えていたようである。

眼にふれるもの、耳に伝わること、すべてが小枝子にとって恐れと驚きであったが、同時にこのクロロホルムとクレゾールの臭気の流れる病院で過ごした日々は、かつて知らない歓びの感情を彼女にもたらした。生きて人の力になること、人の心のささえになることのしあわせを発見したのである。

彼女の前には、もはや、敵も味方もなかった。彼女がスプーンにのせて口に運んでやる食事を、重傷のアメリカ兵がうまそうにすすりこむ。その唇と舌と喉の動きを見守っているだけで、彼女は人生の満足を感じた。もしうまく喉を越さなければ、まるで自分のいのちがちぢむような絶望を感じて涙が白衣を濡らした。

屋部の村びとが七か月を超す抑留生活から解きはなたれたのは、敗戦の年も終わりに近い十一月下旬である。

生きかわり、死にかわり、営々と三百年かけて築きあげ、守り育ててきた島は、見るかげもない廃墟と化していた。かろうじて破壊をまぬかれた家も、屋根と柱だけになっていた。ひとびとは廃材を寄せあつめて形ばかりの穴屋を建て、周囲を米軍払いさげのシートでかこって、不自由な鮨づめの雑居生活をはじめた。

電灯もなければ、蠟燭もない。米軍の空罐を利用してランプを作り、マッチの代わりに火薬の粉を使った。足のふみ場もないような雑魚寝の夜に、ランプが倒れて壁のシートに燃えうつり、火災が頻発した。「屋部村常ニ火多クシテ房屋ヲ焼ク」という草創期の悪夢がいままた現出したのである。

さいわい、眉屋の一族は、破壊をまぬかれた屋部ウエーキ久護家で雨露をしのがせてもらうことになる。寄宿人は眉屋一族のほか十一家族およそ五十人に及び、さしも広大な邸宅も満員札どめの混雑であった。眉屋には三番座が提供され、屋部ウエーキ十一世の岸本久訓夫妻は仏壇のある二番座を守った。

荒れはてたわが家に戻って、久訓がなにより亡国の悲哀を深くしたのは、仏壇のうえに掲げられた「久護殿」の扁額ばかりか、歴代先祖の位牌札を納めるイーフェまで姿を消してしまったことである。アメリカ兵はその朱塗りの衝立状をしたイーフェを額ぶちとして愛用し、恋人の写真や女優のブロマイドを入れてジープの窓にかざっていた。

破壊された住居の再建と並んで、なにより急を要したのは、農作物の生産である。しかし、米軍の重戦車におしつぶされた田畑は石のように固くなって、婦女子や老人の鍬を寄せつけなかった。また、復興にあたって名護町（当時田井等市名護区）に供給された家畜は、役馬二十八頭、豚四十二頭、山羊二十頭、鶏六羽のみである。町の人口は、すでに一万五千を突破していた。しかもその三分の二をうわまわる人口が屋部に集中しており、飢餓の恐怖はひとしお深刻であった。

飢饉年にそなえて植えられていた蘇鉄もたちまち食いつくされ、村民は遠く部間あたりまで野生の蘇鉄をとりにでかけた。マンゾウ瓜《ウイ》（パパイヤ）の樹の芯をかじり、シパンプー（石蕗）の茎で餓えをまぎらわす日々がつづく。

山入端ハナ子が当時名護区社会事業課長の任にあった吉元栄真にくどきおとされ、米軍政府の食糧担当官の前で琉舞を踊らされたのも、そのころのことである。ハナ子はこれを嫌悪したが、「島を餓死から救うためと思って」と栄真に手を合わせられれば、むげにはことわりきれなかった。殊に彼は、一年前にハナ子の懇望を容れ、彼女たち母子八名を大宜味村謝名城から屋部に転入させてくれた恩人でもある。その人の顔に泥を塗るわけにはいかなかった。

餓えにも劣らず村びとを苦しめたのは、マラリアの猛威である。『名護六百年史』によれば、田井等からの帰郷後一年間にマラリア病で死亡した町民の数は、総人口の一割近くに達したという。国防色に塗りつぶされた東京の街を羽織袴に白足袋姿でのし歩き、案内役の山入端ツルを辟易させた萬長屋の当主萬亀もまた、この病魔には勝てず、高熱のために狂い死んだ。享年五十。「マンキーはやさしいC・Pだった」と村びとは追慕する。田井等に収容されていた当時、萬亀もC・Pに任じられていたが、他の同僚のように村びとの食料運びを冷酷にとり締まり、これを横領することをしなかったからである。

萬亀の死によって、山入端萬栄はすべての従弟を失ったわけであるが、彼の死んだ夜、千葉の幸田寺に疎開中の山入端ツルは、ふしぎな夢を見た。羽織袴姿の萬亀が寺の広縁に手をつき、「マッチー、頼むよ」と、ただそのひとことを残して消え去ったのである。

ほんの一瞬の短い夢であったが、ツルは彼の着ている羽織の紋章まで、はっきり眼に見た。それは眉屋の紋であり、その羽織はツルの兄萬郎の形見であった。萬郎が死んだ折、母親のカマドはその羽織を棺に入れようとしたが、萬亀がこれに反対した。その羽織を形見として譲り受けたかったからである。ツルはその日のことをよく覚えている。

それにしても、萬亀はいったいなにを彼女に頼みたかったのか、ツルはどう考えてもさっぱりわからなかった。萬亀の長女の初子が元気よく手をふりながら、幸田寺の高い石段をのぼってきたのは、その翌日である。戦争中、彼女は徴用されて大阪の軍需工場で働いていたが、戦争が終わっても島へ戻れないまま、ツル伯母を頼って、はるばるたずね歩いてきたのである。そこで初めてツルは、夢のなかで萬亀が「マッチー、頼むよ」と頭をさげたのは、娘のせわを頼むということであったと悟る。ただ、まさか萬亀が死んでいるとは夢にも思わず、互いのぶじを初子と喜びあうばかりであった。

一九四六年一月二十九日、いけにえの島の民が餓えとマラリアにさいなまれているまっただなかで、連合軍最高司令官マッカーサー元帥は北緯三十度以南の南西諸島を日本から分離すると宣言した。一六〇九年には薩摩藩に侵され、一八七九年には天皇政権に侵された南西諸島は、いままたアメリカ世を迎えたのである。

これを知って山入端ウシは、まるで虎の子をとられたようにあわてふためいた。眉屋の血すじを絶やすまいと願えばこそ、萬郎の遺児一雄をわざわざ大和の都に避難させたにもかかわらず、突如、手の届かない異国の人にされてしまったのである。こんなことになるのなら、ツルにあずけるのではなかった、とウシは無念のほぞを噛んだ。

いっぽうまた、山入端ツルも生まれ島がアメリカのものになったと知って、なにより心配したのは一雄の将来である。アメリカ世ということになれば、やがて一雄も成人のあかつきには徴兵され、アメリカの軍隊に入れられるにちがいない。それではこれまでの苦労も水の泡になる。なんとかして戸籍を日本に移す方法はあるまいか、と夜も眠れないほど頭を痛めた。

この歴史的な世替わりの年の五月二十日、宇茂佐、屋部、山入端、安和の旧四個村七区は名護町と袂をわかち、新たに屋部村として独立した。

山入端萬栄は、フィデル・カストロが革命政権を樹立した一九五九年、ハバナ市サン・ラファエルの自宅で病歿した。享年七十一。彼の妻のエリザベツ、娘のマリア、孫娘のエリザベツとカタリーナは、革命の嵐を逃れて西ドイツ領ベルリンに去り、さらにハノーバーに移る。

萬栄の姉ナベは、一九六〇年、那覇市安里の自宅で老衰死した。享年七十五。

萬栄の妹ウシは、那覇市栄町で料亭を営んだのち、一九七五年、おなじく安里の自宅において老衰死した。

萬栄の次妹ツルは、東京都新橋で料亭を営みながら琉舞の振興に力をつくしたが、ウシの最期を看取ったあと東京をひきあげ、一九八三年現在は那覇市安里に住む甥の一雄宅に身を寄せ、文字の独学に励んでいる。

彼ら眉屋一族の戦後における苦難の歩みについては、もし許されるならば、いつの日にか稿を改めて書きとどめたいと思う。

あとがき

——これ、読んでみませんか。

いつもながらやさしくほほ笑みながら、一冊の薄いちいさな本を私にさしだしたのは、琉球新報記者の三木健氏である。氏は『西表炭坑概史』の著者として知られる。

手渡された本は『わが移民記』と題されており、著者は山入端萬栄、編集者は志良堂清英と記されている。まだ米軍政府支配下の一九六〇年一月に琉球新報印刷課によって発行され、定価は五〇仙となっている。

その夜、私は那覇市末吉の三木氏宅で一気にこれを読みおえ、夢はメキシコの砂漠をかけめぐった。一九七四年の春、私はラテン・アメリカ諸国に農業移民として渡った炭鉱離職者をたずねて歩く途中、メキシコに立ち寄りながら、恥ずかしいことだが、まさか今世紀初頭に多くの日本人が炭坑夫としてメキシコの地底に送りこまれていようとは、まったく知らなかったのである。矢も盾もたまらず、一九七八年春、私はメキシコ行きを決行することにした。

——待っていましたよ、と言って三木氏はさりげなく餞別の入った封筒をさし出した。ありがたく頂戴してわが家に戻り、封をひらいてみて、私は驚いた。まだ封も切らないままの給料袋が入っていたのである。ふるえる手でそれをひらくと、給与明細書どおり三月分の差引支給額がそっくりそのまま入っている。とめどなくあふれおちる涙が、その緑色の明細書を濡らした。薄給の地方紙記者とその家族の一か月分の生活費を、私は一円も残さず犠牲にしてしまったのである。沖縄に足を向けては寝られない。

そんな熱い友情にささえられてメキシコの地底への旅は始まったわけであるが、まずはグアテマラに接するチャパス州の榎本移民ゆかりの地をめぐり、炭鉱移民上陸地のサリナクルースを経てえんえんと北上をつづけ、ようやく目ざすコアウイラ州の炭田地帯にたどりついた日の感動は忘れがたい。こんな砂漠のはてに炭鉱があるのだろうか、と不安にかられていた私は、やがて蜃気楼のように地平線に浮かびあがる黒いボタ山と黒煙を吐く大煙突を見て、一瞬、二十年昔の筑豊炭田にまい戻ったような幻覚におそわれた。車のまきあげる炭塵のにおいまでが、私の肺をなつかしくふくらませた。

こうして私とメキシコ向け炭鉱移民との出会いが始まり、山入端萬栄を生んだ眉屋との出会いが始まった。なによりのしあわせは、萬栄の妹ツル女との出会いである。以来今日まで五年間、私は休むまもなく沖縄へ通い、ツル女の思い出の糸をたぐりつづけた。思い出すのもつらいできごとのみ多かったろう。しかし、彼女は一度として率直な態度を失することはなかった。その信じがたいほど毅然として率直な姿勢は、しばしば私を圧倒するほどであった。圧倒されながら、私は、沖縄の真実を、ヤマトンチュに心底伝えずには死んでも死にきれないという、それこそ必死の気魄を、彼女の澄みきった漆黒の双眸に感じた。

志良堂清英氏が『わが移民記』の下敷にした萬栄の手記「在外五十有余年ヲ顧リミテ」も、キューバから送られた数多くの写真や書簡とともに、彼女によって大切に守られていた。その貴重な手記を縦糸とし、ツル女のひとり語りの形式をとった「三味線放浪記」を横糸として、この『眉屋私記』は織られたのである。「三味線放浪記」は一九五九年十月五日号から三十六回にわたって琉球新報に連載され、校閲者として東恩納寛惇の名が見えている。

ただ、ツル女の告白によれば、東恩納氏は校閲の役を担当したのではなくて、みずからすすんで彼女の話を聞き、親しく筆をとってこの異色の物語を書いたのであるという。それにもかかわらず作者としての名を伏せ、あえて「校閲・東恩納寛惇」と偽ったのは、この高名な沖縄史学者の体面を傷つけまいとする、周囲の者の気づかいからであろう。「わしが書いたのに、なぜわしの名を出さないのか」と不満をもらしながらこれを書きおえたあと、東恩納氏はツル女に向かって、「この次には萬栄にいさんのことを書かせてもらおう。それとこれとを合わせて一冊の本にまとめれば、新しい沖縄の近代史ができるぞ」と語ったという。

もしこれが実現していれば、きっと東恩納史学に新生面がひらけたであろう。しかし、残念ながら彼はツル女との約束を果たせないまま、一九六三年、満八十歳をもって孤高の生涯をとじた。そしていまごろになって、私ごとき浅学菲才の文学の徒が老大家の果たせなかった仕事をうけつぐ結果になったのは、運命のいたずらというほかはあるまいが、さぞかしあの世で「これでは沖縄の近代史にならん」と悲憤し、太い眉をしかめていらっしゃることだろう。

初めにこのつたない私記の発表の場を与えてくれたのは、一九七九年冬季に創刊された『季刊人間雑誌』（草風館）である。ただ同誌はいのち短く八一年冬季号をもって廃刊となったので、その後は独りひそかに書きつづけ、どうにかようやく日本敗戦の時点までこぎついたところを、潮出版社にひろわれたわけである。思えば浅からぬ因縁と言えよう。私が初めて炭鉱離職者をラテン・アメリカ諸国にたずねた折の記録『出ニッポン記』（一九七七年刊）を出版したのも同社である。もしその仕事旅がなければ、私はとうてい今回の仕事に旅立つことはなかったろう。その意味では、私にとって、『眉屋私記』と『出ニッポン記』は姉妹篇である。

幾つかの心残りがないではない。そのなかでもとりわけ大きなもののひとつは、おおぜいの皆さんのお力ぞえにもかかわらず、ついにキューバへの旅が許されなかったことである。山入端萬栄はキューバを第二の祖国として四十三年間生活し、そこの土となっているだけに、私の無念は深い。せめて一人娘のマリアに生前の思い出を聞きたいと思うが、彼女の消息もさっぱりつかめない。

病床に呻吟しながら最後までこの仕事の進行を待ちわびていた萬五郎屋の長女比嘉小枝子さんを始め、屋部村の生き字引のような儀部喜太郎翁や吉元嘉善翁など、この私記に登場する人物の幾たりかも、ここ数年間にあい次いで世を去られた。また、東洋移民会社によってメキシコの地底へ送られた沖縄県人のなかではただ一人の生存者として、コアウイラ州の炭鉱町パラウに住みつづけていた金城福太郎翁も、ついに常世へ旅立たれたと聞く。今後まだ山ほど話を聞かせてもらいたかった方々ばかりであるが、いまは衷心よりご生前の厚情を感謝し、謹しんでご冥福を祈るほかはない。

このようなかけがえのない故人の話をふくめて、事実にまちがいないように、極力留意したつもりである。ただなにぶんにも関係者が多く、しかもそのひとびとは広く日本の内外に散っており、確認のできがたいことのみ多い。伏してご寛恕を乞う次第である。さらに多く関係者の証言がえられるならば、より正確な事実があきらかになるばかりでなく、もっと血のかよった肉づけができたであろうと思うが、それはまた後日の楽しみにとっておくとしよう。

いつものことながら、今回もまた、行くさきざきで、かぞえきれないほど多くの皆さんのおせわになった。その方々の氏名とお力ぞえの概要を列記するだけでも、一冊の本を必要とするほどである。私はそのふれあいをつうじて、これまで想像もしなかったほど熱い愛情を総身に感じた。それはほかでもない、沖縄に寄せる心の熱さである。これほど沖縄を大切に思うひとたちが、これほどおおぜいいる。そのことを知っただけでも、私は充分に報いられたと思う。心からお礼を申しあげたい。

なお、末尾ながら、本書の装幀をひきうけてくださった田村義也氏と煩瑣な編集を担当してくださった阿部博氏に対し、深甚の謝意を表します。

著者

一九八四年二月四日

解題

炭鉱移民と辻売りで紡ぐ民衆史

三木　健

『わが移民記』との出会い

『眉屋私記』の初版が刊行されたのは、一九八四年である。これまで筑豊の地底の坑夫たちをテーマにした記録文学で、近代日本の在り様を撃ち続けてきた上野英信が、沖縄を正面から取りあげた異色の作品である。

一九七七年一一月。一つの小さな冊子との出会いから、その取り組みは始まった。一九六〇年一月に琉球新報印刷課が発行した『わが移民記』である。著者は山入端萬栄、編集は志良堂清英、一一一頁、定価五〇仙（セント）。ドル時代に刊行されたこの冊子を勤め先・琉球新報社の倉庫で見つけた私は、南米旅行から帰国した上野に送った。萬栄が書き残した「在外五十有余年ノ後ヲ顧ミテ」という漢字とカタカナで書き連ねた手記をもとに、琉球新報の記者をしていた志良堂が読み砕いて編集しなおし、一部新聞に連載したものをまとめたものである。

萬栄は沖縄県北部の屋部村から一九〇七（明治四〇）年に、第二次炭鉱移民二五〇人の一人としてメキシコに渡っている。

上野英信は二〇世紀半ばのエネルギー革命で、日本の火床・筑豊炭鉱から職を失ったヤマの仲間たちを追って南米の各地に長期取材に出かけ、『出ニッポン記』を刊行したばかりであった。遅ればせながら何かの参考になれば、という軽い気持ちから送ったのであった。

数日後、上野がひょっこり那覇に訪ねて来た。カバンの中からくだんの冊子を取り出し、さりげなく私の前に置いた。「これが、どうかしましたか」と尋ねると、改まったように「これをこのままにしておくのはもったいないと思いましてね。できればもっと現地調査をして掘り下げて書いた方がいい。三木さん、やってみませんか」という。たぶん沖縄に対する遠慮や配慮に出たものと思うが、私はむしろ、あれほど炭鉱労働者のことを追究し、南米にまで出かけた上野こそがやるべきだと思い、辞退したが、自身でその覚悟をすでに固めているように見えた。上野は後にこう書いている。


一九七四年の春、私はラテン・アメリカ諸国に農業移民として渡った炭鉱離職者をたずねて歩く途中、メキシコに立ち寄りながら、恥ずかしいことだが、まさか今世紀初頭に多くの日本人が炭坑夫としてメキシコの地底に送りこまれていようとは、まったく知らなかったのである。矢も楯もたまらず、一九七八年春、私はメキシコ行きを決行することにした。

（『眉屋私記』あとがき）

二〇世紀も後半に入り「追われゆく坑夫たち」の行く先々を訪ねた上野にとって、同世紀初頭、すでに炭鉱移民たちがいたことは、大きな驚きであったに違いない。「矢も楯もたまらず」メキシコ行きを決めたその心情が偲ばれる。

とはいえ、『わが移民記』との出会いは、一つのきっかけであって、いずれ沖縄移民について取り組まねばならない、ということは『出ニッポン記』において、すでに示唆されていた。炭鉱離職者を取材したボリビアの移住地・サンファンから、さほど遠くないところに戦後の沖縄移民によって開拓されたコロニア・オキナワがある。上野はそこで米軍基地建設で土地を奪われた沖縄移民とめぐりあう。同書の最終章「自然動物園を逃れて」のなかで、炭鉱移民と沖縄移民について、次のように書いている。

無限の憤りと悲しみにみちた「艦砲ぬ喰ぇーぬくさー」ということばになぞらえるとすれば、先祖伝来の田畑はもとより、親兄弟まで暗黒の地底に呑まれ、あげくの果て〝エネルギー革命〟によって坑口を追われた炭鉱労働者は、さしずめ「石炭ぬ喰ぇーぬくさー」ということになろう。そして彼ら、累々たる屍の山をかきわけるようにして命からがら南米大陸の涯まで逃げのびた「艦砲ぬ喰ぇーぬくさー」と「石炭ぬ喰ぇーぬくさー」こそは、二十世紀後半の日本移民史を血に染める、最も象徴的な二つの大集団であるといわなければならない。(『出ニッポン記』最終章)

また上野は『眉屋私記』の「あとがき」でも「もしその（『出ニッポン記』の）仕事旅がなければ、私はとうてい今回の仕事に旅立つことはなかったろう。その意味では、私にとって、『眉屋私記』と『出ニッポン記』は姉妹編である」とも書いている。このように『出ニッポン記』から『眉屋私記』へと続く仕事の流れは、二〇世紀後半の日本移民史の「象徴的な二つの大集団」というくくりの中で、いずれ取り組まれるべきテーマであったに違いない。

ツル女との巡り合い

『眉屋私記』の取材は、沖縄についたその日からスタートした。まずは関係者に会うことからと、『わが移民記』の編者である志良堂に消息を聞き、屋部村に萬栄の兄弟姉妹や親類縁者を求めて、芋づる式に訪ね歩いた。なにより幸いであったのは、眉屋六人きょうだいの末娘ツルが健在であったことだ。

彼女は戦後、東京・新橋でやっていた「颱風」という沖縄料理の店を数年前に畳んで、二男兄・萬郎の子で那覇に住んでいた一雄のもとに身を寄せていた。子どものいないツルは、早世した萬郎の一粒種の一雄を、わが子として育ててきた。上野が初めて訪ねたとき、彼女は一雄の小学生の孫娘の教科書を借りて、漢字の練習をしていた。

ツルの凛とした対応ぶりについて、上野は書いている。

なによりのしあわせは、萬栄の妹ツル女との出会いである。以来今日まで五年間、私は休む間もなく沖縄へ通い、ツル女の思い出の糸をたぐりつづけた。思い出すのもつらいできごとのみ多かったろう。しかし、彼女は一度として率直な態度を失することはなかった。その信じがたいほど毅然として率直な姿勢は、しばしば私を圧倒するほどであった。圧倒されながら、私は、沖縄の真実を、ヤマトンチュに心底伝えずには死んでも死にきれないという、それこそ必死の気魄を、彼女の澄みきった漆黒の双眸に感じた。(『眉屋私記』あとがき)

まことにツルの存在なくして、この作品は生まれなかった。それほど彼女の存在は大きかった。ツルは一族の写真や萬栄からの手紙、手記「在外五十有余年ノ後ヲ顧ミテ」を大切に保管していた。それればかりか彼女自身の波乱の半生を綴った「三味線放浪記」という『琉球新報』に連載された切り抜きまで見せてくれた。彼女が書いたようになっているが、新橋の「颱風」に出入りしていた琉球史研究の大御所・東恩納寛惇が聞き書きしたものである。紙上では東恩納は「校閲」ということになっている。上野はこれらの基礎資料すべてを複写した。取材の見通しを付けて、ひとまず筑豊に戻った。

二か月のメキシコ取材

年が明けて一九七八年、いよいよメキシコ、キューバへの取材旅行となったが、キューバへの渡航許可が、最後まで下りなかった。理由はよく分からなかったが、そこでメキシコだけとなったが、その時、上野はスペイン語の話せる沖縄の青年を同行させている。理由は異郷の地で何十年も沖縄に帰っていない移住者たちに、戦後生まれの沖縄の青年を見せたい、というのであった。いかにも上野らしい配慮である。

琉球大学のスペイン語教授の紹介で、琉大を出て二年ほどスペイン留学から沖縄に戻ったばかりの屋宜盛保が同行を引き受け、写真家の千葉安明の三人でメキシコに飛び立ったのは一九七八年四月二四日のことである。萬栄の手記を手掛かりに、彼の足取りをなぞった。辛酸をなめたコアウイラ州の炭鉱跡や元炭鉱移民の金城福太郎らを訪ね、さらにメキシコ革命のゆかりの土地などを取材し、六月二三日に帰国している。メキシコ滞在中、日本大使館を訪れキューバへの入国申請をしたが、何の返事も来なかった。

帰国するや、さっそく沖縄を訪れ、関係者にメキシコの報告をし、いったん筑豊に戻った。一〇月一五日に再度沖縄へきて、本格的な取材にかかった。翌年の二月半ばまで、四か月に及ぶ長期滞在であった。那覇でのツルからの聞き取りはもちろんだが、屋部の取材で名護市に長逗留することもしばしばであった。このため名護で上野を取り巻く酒好きの仲間もできた。

日頃から「記録文学を志す者は、時間を惜しむな、カネを惜しむな、命を惜しむな」をモットーとした上野らしい徹底したやり方であった。時間はともかく、カネを惜しむなときては、家計を預かる晴子夫人もさぞや大変だろうな、と余計な心配をしたものだ。那覇で素泊まりのホテルに長逗留するときは、出勤前に家内がこしらえた弁当を、ホテルに届けるのを日課とした。せいぜい私にできるのは、それくらいのことであった。

移民と辻売りで紡ぐ

眉屋一族の物語は、萬栄の手記「在外五十有余年ヲ顧ミテ」をタテ糸に、妹ツルの「三味線放浪記」の語りをヨコ糸に編まれた。全十章からなる物語は、漢字混じりのカタカナで綴られた萬栄の硬派の手記と、柔らかいツルの語りが交互に展開され、沖縄からメキシコへ、キューバへ、ヤマトから沖縄へと世界を駆け巡る。

十章の前に「嘉例吉《かりゆし》の渡波屋《とわや》」という序章を設けている。渡波屋は物語の主人公たちの故郷・屋部村の東西の川が、名護湾にそそぐ河口に屹立する岩座である。そこは昔からヤマトへ、海外へと出稼ぎに村を去る人々を見送る場所である。嘉例吉はしあわせを意味する沖縄の言葉で、旅立つ人たちの幸せを祈願する場所でもあった。岩座で枯葉をもやし、ヤマトへ向かう我が子の乗った沖行く汽船に「ここが親だよー、ここを見るんだよー」と、声を限りに叫んだのである。上野はこう描写している。

渡波屋は双頭の岩座である。根本は一つだが、上の方は風浪に削られて、南北に　それぞれ独立している。根まわりはおよそ五十メートル。高さは八メートル余り。その根の部分から頂上まで、まわりはすべて、切り立った断崖絶壁《ふちばんた》である。

いつごろから渡波屋と呼ばれるようになったのか、あきらかでない。しかし、その頂に登ってあたりを展望すると、みごとにその体をあらわした名であることがうなずかれる。それというのも、ここに立つかぎり誰しも、さながら彼自身が綾船のへさきに立ち、いままさに大海原にのりだそうとしているような、心のときめきを覚えるからである。

（『眉屋私記』序章）

屋部に親類縁者を捜し求めて訪ねた眉屋取材の初日に、上野を案内して、はじめてこの渡波屋に登ったが、上野自身が「いままさに大海原にのりだそうとしているような、心のときめき」を抱いていたのだ。その意味で、渡波屋は眉屋一族のみならず、上野自身にとっても象徴的な場所であった。文中の「根まわりはおよそ五十メートル。高さは八メートル余り」とあるのは、一九七九年九月に長男の朱を伴って訪れたとき、彼に手伝わせて歩幅で実測したものである。その執着のほどがうかがえる。

ともあれ、渡波屋は村の内と外を分ける境であった。誰しもが一旗揚げて故郷に錦を飾ることを夢見ながら、再び故郷の土を踏むことなく、異国の土となったのである。眉屋の萬栄もそのひとりであった。

物語は屋部村の山入端萬吉、カマドを両親に持つ萬栄、萬郎、萬五郎の男三兄弟と、ナベ、ウシ、ツルの三姉妹を中心とする一族の話として展開する。貧しさゆえに三兄弟は萬栄のメキシコ炭鉱移民をはじめ、次々と出稼ぎで村を後にする。沖縄からメキシコへの炭鉱移民は、二〇世紀初頭の一九〇五年に二二三人、〇七年に二五〇人が太平洋を渡っている。その多くはメキシコ経由で移民大国・アメリカを目指していたという。コラウイア州の炭鉱に着く前に、列車からトランクを放り投げ、自らも飛び降りる脱走者が後を絶たなかったというが、萬栄は炭鉱で働いている。上野はその炭鉱労働の過酷さについて、生存者たちから引き出し、当時の新聞資料などで浮かび上がらせている。

やがて砂漠の街にもメキシコ革命の嵐が吹きすさび、否応なしに呑みこまれていく。身に一銭もない萬栄は政府軍の傭兵となる。革命軍に捕えられ、銃殺処刑される直前に、日本人と分かり一命を取りとめる。この辺りは前半の大きな山場である。その後、キューバにわたりドイツ領事館の運転手となり、やはりそこで働いていたドイツ人の女性と恋仲となり結ばれる。しかし、第二次大戦で捕虜となり、戦後、カストロのキューバ革命の年に逝去する。

一方の三姉妹は、ナベ、ウシが那覇の辻遊郭に身売りされ、末娘のツルも姉たちに引き取られ、芸妓として身を立てていく。辻遊郭については、戦前に沖縄の作家・新垣美登子が「男は花園に遊び、女は地獄に泣く」として『花園地獄』という小説を書いていたが、特異な「花の島」の社会は、外部からは容易にわからない世界である。

しかし、上野はツルの口から次々と糸を手繰りよせ、辻の共同体社会を描き出している。「花園地獄」を描きながら暗さがないのは、そこに生きる人たちの志情《しなさき》の沖縄的な精神世界と、眉屋再興に夢を託す姉妹の健気な姿があるからだ。

長じてツルは姉たちのもとを離れ、身につけた三線や筝の芸を武器に、宮古島、和歌山、奄美大島、東京、千葉などを転々と放浪しながら身を立てる。東京の下町に「鶴屋」という沖縄料亭を構える。やがて戦争が来て東京大空襲で「鶴屋」は炎上し、千葉県に疎開する。物語はそれを追うようにして、ヤマト社会に生きる沖縄人の姿を写し出す。

沖縄戦が始まり、辻のナベとウシは生まれ島屋部に戻り、母親のカマドを連れてガマ（洞穴）に難を逃れる。しかし、米軍の掃討戦が迫り、ナベとウシが捕えられる。ナベはガマの中に母親がいることを教え、米兵をガマに招じいれる。カマドは祈りを捧げていたが、ナベがアメリカ兵の来たことを告げると、にこりと笑い「やっぱり来たか。萬栄の友人《どうし》が迎えに来てくれたか」と言うのであった。

ナベは一瞬、母は気が狂ったのかと思った。カマドは大事に抱えていた風呂敷包みをほどき、キューバの萬栄から送られてきた手紙や結婚式の写真などを米兵に見せ「これもアメリカー、これもアメリカー」などと喜々として説明。米兵はうなずき、やさしくカマドを抱きかかえるとガマを出た。萬栄の友人が迎えに来ると信じていたカマドは、ついにその日が来た、と嬉しそうであったという。まるで映画の一シーンでも見るような光景である。親族の絆を大切にする志情が、国境や国家を突き抜けて息づく姿を凝縮している。後半のクライマックスといってもいい。

記録文学の視線

上野は取材途中のある日、「事実は小説よりも奇なり、というが、あまりにも話ができすぎているので、私が作り話を書いているのでは、と思われないか心配だ」と話していた。また「一メートルでもよい、想像の羽を伸ばしたいと思うのだが、やっぱり事実にはかなわない」とも語っていた。「事実をして語らしめよ」という記録文学の精神を貫いたものであるが、その「事実」をすくいあげる目がなければ、単なる事実でしかない。筑豊炭鉱の闇の世界から、地上を見続けてきた上野ならではのことである。

移民と辻売りという近代沖縄の底辺を貫く二つのテーマによって、そこに息づく民衆の姿を映しだしたのである。初版が刊行されて後、多くの評者が「沖縄の近代史に初めて路地裏のアンマーたちが登場した」と評したのもこのためであった。それも顔の見えない「へのへのもへ」の民衆像ではなく、名前を持ったひとりひとりの人間をとおして描き出された。眉屋一族の歴史は、近代の沖縄民衆の体験であり、歴史であった。

本書の表題の『眉屋私記』は、上野の謙遜に出た表記と、眉屋一族の私記という二重の意味が込められているかと思うが、私は眉屋一族を通して沖縄民衆の歴史を記録したという意味で『眉屋史記』と受け止めている。ちなみに本書が地域の人たちに共感・共有された事例として、本書が高等学校の教師によって自主教材化され、授業で取り上げられたこと、いま一つは、本書がきっかけとなって、屋部字誌の編集事業が行われたこと、さらに沖縄タイムス社の出版文化賞を受賞したことをあげておきたい。

教材化は、北部工業高校の上原昇、岸本豊秀の両教諭によって取り上げられ、難解な文章ではあったが、いくつかの章のなかから文章を抜粋して読み合わせが行われた。屋部村を後にした萬栄たちが、さまざまな困難を乗り越えて生き抜く様子を、生徒たちに伝えようとして取り組まれた。

字誌の編集事業は、一九八四年四月一日『眉屋私記』の出版祝賀会が、屋部公民館で村民百人余が参加して開かれた際、提案され発足している。それは『眉屋私記』が屋部の歴史を書いているにもかかわらず、自分たちの知らないことが多すぎる、村民自身が地域の歴史を知らねばならない、ということにあった。上野はその編集委員会の顧問ということになった。字誌『屋部ひとびとくらし』は、二〇〇二年に屋部区から刊行された。

沖縄タイムス社が主催する出版文化賞の受賞は、一九八四年、第五回の正賞である。それも選考対象著作二一六点の中から決まったものであった。

未完の戦後編

『眉屋私記』の最後は、次のような文章で締めくくられている。

　彼ら眉屋一族の戦後における苦難の歩みについては、もし許されるならば、いつの日にか稿を改めて書きとどめたいと思う。（『眉屋私記』第十章・波も音たてな）

『眉屋私記』の戦後編である。これについては戦前編の取材のころからすでに構想していたようで、取材も並行して進めていた。ただ、心残りはキューバ取材が果たせなかったことと、萬栄の一人娘・

マリア・ヤマノハの行方が、ようとしてつかめなかったことである。上野は次のように書いている。

幾つかの心残りがないではない。そのなかでもとりわけ大きなもののひとつは、おおぜいの皆さんのお力ぞえにもかかわらず、ついにキューバへの旅が許されなかったことである。山入端萬栄はキューバを第二の祖国として四十三年間生活し、そこの土になっているだけに、私の無念は深い。せめて一人娘のマリアに生前の思い出を聞きたいと思うが、彼女の消息もさっぱりつかめない。(『眉屋私記』あとがき)

それにもかかわらず、「戦後編」への望みは捨てきれなかった。『眉屋私記』刊行の後、筑豊での仕事が控えていた。『写真万葉録・筑豊』の編集である。有名・無名の写真家たちが捉えた膨大な筑豊の写真を、全十巻に編集する作業である。写真家の岡友幸と共に、編集作業に取り組んでいたが、それが一段落した一九八七年一月二日、岡を伴って沖縄を訪ねた。拙宅で親しい人たちを集めて新年会を催した。戦後編取材の再開を期待していたが、上野はなぜか元気がなかった。

翌月の二二日、九州大学附属病院に入院し、検査の結果、食道癌とわかった。治療の効果が上がり、食道癌はなくなり退院。さっそく戦後編の資料準備にかかり、連載を予定していた岩波書店の雑誌『世界』の担当者と八月二三日、沖縄へ行くことになった。ところが、出発のその日、激しい疲労感を覚え自宅で倒れた。輸血のため近くの鞍手町立病院に入院し、以後病床に伏すことになる。癌が転移していたのだ。そして一一月二一日、六四歳の生涯を閉じた。

不思議なこともあるもので、死後一年近くたった一九八八年九月、上野があれほど捜し求めていた萬栄の一人娘マリアとその娘二人が、フロリダのマイアミに健在であることが判明した。二人娘の長女・エリザベッツが経営するビア・レストランに、沖縄から旅行に来ていた女性が偶然、客として訪れた。エリザベッツがヤマノハという沖縄姓であることに気づく。訊けば祖父が山入端萬栄だという。沖縄に帰った彼女は、電話帳からツルたちの所在を探し出し、連絡が取れた。

ちょうどこの年の一二月一〇日に「上野英信さん一周忌の集い」が、那覇市内で計画されていた。マリアとエリザベッツの二人は、それに合わせて沖縄に来ることになった。誰よりも喜んだのは、ツルである。一〇月八日、那覇空港に二人を出迎えたツルは、満面に笑みをたたえてマリアを抱きしめた。二人は初対面なのに、一瞬にして打ち解け、心を通わした。「一周忌の集い」には、筑豊から晴子夫人や朱、記録文学の同志・川原一之らも同席した。

翌日、マリアたちは、ツルたちの案内で屋部村の屋敷跡や、浜に面した眉屋一族の墓に詣でた。誇らしげにマリアの手を引いて歩くツル。かつて母親のカマドが戦時中のガマの中で、アメリカ兵士に「萬栄の友人が迎えに来た」と笑みを浮かべた姿がオーバーラップした。その時、私は眉屋の戦後編はここに完結した、と思った。上野は自らの一周忌に、マリアたちを招きよせ、長い長い眉屋の物語を、劇的に完結させたのである。やはり「事実」には、私たちの想像を超える何かがあるのだろう。（敬称略）

（ジャーナリスト）

本書は、一九八四年三月十日に潮出版社より出版されました。
本書はこれを底本として復刊したものです。

上野英信（うえの　ひでのぶ・えいしん）1923年，山口県に生まれる。1947年，京都大学支那文学科を中退して炭鉱に入り，1957年まで海老津炭鉱，高松炭鉱，崎戸炭鉱などに坑夫として働く。そのころより炭鉱労働者の文学運動を組織するとともに，炭鉱についてのルポルタージュを書く。1964年に「筑豊文庫」を創設。1987年没。
著者：『親と子の夜』（未来社），『追われゆく坑夫たち』（岩波書店），『日本陥没期』（未来社），『地の底の笑い話』（岩波書店），『どきゅめんと・筑豊』（社会新報社），『天皇陛下萬歳』（筑摩書房），『骨を嚙む』（大和書房），『出ニッポン記』（潮出版社），『廃鉱譜』（筑摩書房），『火を掘る日日』（大和書房），『眉屋私記』（潮出版社），『写真万葉録・筑豊』＝趙根在と共同監修（葦書房）など多数。

眉《まゆ》屋《や》私《し》記《き》

■

2014年11月3日　第1刷発行

■

上野英信

発行者　西　俊明

発行所　有限会社海鳥社

〒812-0023 福岡市博多区奈良屋町13番4号

電話092(272)0120　FAX092(272)0121

http://www.kaichosha-f.co.jp

印刷・製本　大村印刷株式会社

ISBN978-4-87415-924-8

［定価は表紙カバーに表示］